U0500299

本书系2017年度“天津工业大学学位与研究生教育改革项目”
——法律硕士《行政法专题》课程教材建设的最终成果。

THEORY, NORM AND PRACTICE OF ADMINISTRATIVE LAW

行政法

理论、规范与实务

杜文勇◎著

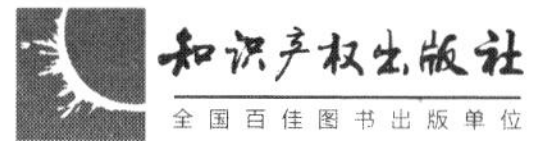

图书在版编目（CIP）数据

行政法理论、规范与实务 / 杜文勇著. —北京：知识产权出版社，2019.6
ISBN 978-7-5130-6222-0

Ⅰ. ①行… Ⅱ. ①杜… Ⅲ. ①行政法—中国—研究生—教材 Ⅳ. ①D922.1

中国版本图书馆 CIP 数据核字（2019）第 076761 号

责任编辑：雷春丽　　　　责任印制：刘译文
封面设计：张新勇

行政法理论、规范与实务
杜文勇　著

出版发行：知识产权出版社有限责任公司　　网　　址：http://www.ipph.cn
社　　址：北京市海淀区气象路 50 号院　　邮　　编：100081
责编电话：010-82000860 转 8004　　责编邮箱：leichunli@cnipr.com
发行电话：010-82000860 转 8101/8102　　发行传真：010-82000893/82005070/82000270
印　　刷：北京嘉恒彩色印刷有限责任公司　　经　　销：各大网上书店、新华书店及相关专业书店
开　　本：720mm×1000mm　1/16　　印　　张：25.5
版　　次：2019 年 6 月第 1 版　　印　　次：2019 年 6 月第 1 次印刷
字　　数：390 千字　　定　　价：88.00 元
ISBN 978-7-5130-6222-0

序　言

行政法作为宪法的实施法，如何将控制行政权的基本理念落实于法律生活实际，是法科学生学习中必须面对的核心命题。自给法律硕士研究生讲授行政法专题课程以来，我一直想写一部适合高层次人才培养需要的行政法教材。现在，借助天津工业大学开展的“研究生课程优秀教材建设”的机会，使得本人多年的愿望得以付诸实施。经过两年多的搜集资料、写作和修改，这部在总结行政法专题课程讲义基础上撰写的教材，终于可以付梓出版了。本书与其他同类教材相比，呈现如下特点。

第一，遵循法律硕士专业的实践训练逻辑，以培养学生的实践操作能力为宗旨，按照原理——规范——诉讼（案例分析）的编写思路，将理论、规范和司法审判三者有机结合。市面上常见的法律硕士研究生用的行政法教科书或教材，在体例上通常采用案例教程的编写模式，或以介绍基本概念和理论为中心，将有关案例穿插其中；或纯粹以分析案例为中心，结合案例介绍相关行政法理论和规范。本书注重研究生实践能力的培养，突出法律硕士研究生教材的应用性和实践性。当然，本书并未忽略行政法理论前沿问题的关注。笔者始终认为，无论是本科生还是研究生，行政法理论都是行政立法和司法实践的基本支撑。在行政法教材中对行政法理论的忽视，实际上很难将行政法的基本理念落实于行政立法和司法实践的过程中。

本书采用上下篇的编写体例。上篇是对行政法基本理论、法律问题，结合案例进行的梳理，即对行政法基本原则、行政主体、行政行为、行政程序和行政救济等五大核心问题的阐释。下篇是行政法各论，采用类型化的方式，对目前行政诉讼法确定的受案范围进行分类梳理，对每一种类型的案件从理论、规范和争讼三个方面进行编写，意图为学生将来从事行政法律实务提供一个可操作的蓝本。

第二，理论概要注重问题的归纳，关注各理论的争议点。力求反映行政法与行政诉讼法学理论发展的新成果，显示学术的前瞻性，再附以“深度阅读”的书目，旨在加深学生对相关理论的把握深度。对行政法的基本理论知识，除学术界有争议的内容外，一般不再涉猎。

第三，法律规范着重对现行有效的法律条款的系统梳理。不仅关注单行法律的规定，还努力归纳与此主题相关的其他法律、行政法规及地方性法规，甚至规章和司法解释的内容。

第四，实务争讼是对行政法案例的介绍和简析。众所周知，司法审判应该提升对行政法理论的关注与吸收力，也要为行政法律漏洞的修补提供实践检验；同时，对案例的分析也是提高学生实践能力的关键一环，因此，案例分析都是法律硕士研究生教材的重点内容。本书选择的（近230个）案例大致有三个来源：一是最高法院近几年发布的指导案例或典型案例；二是各省、自治区、直辖市高级人民法院近几年公开发布的典型案例；三是个别案例选自行政法案例分析的教材。

需要特别说明的是，由于篇幅所限，本书绝大部分案例只给出了案例名称和法律简析。为便于读者了解案情，对于源于各省、自治区、直辖市高级人民法院近几年公开发布的典型案例，在案件名称旁附二维码，全案基本情况一扫便知，从而进一步方便了教学和研讨。

本书虽主要为法律硕士专业研究生编写的教材，但并不排除其他层次的读者能从中获取有益的启发和思考。当然，由于本人水平有限，本书无可避免地会存在一些错漏和缺陷，欢迎读者们提出宝贵的意见。

杜文勇
2019 年 5 月于津西社会山

目　录 CONTENTS

上篇　总论

下篇　分论

Part 上篇

Administrative Law

总　论

第一章　行政法基本原则

本章提要

我国行政法学界对行政法基本原则的研究始于20世纪80年代初，但彼时就其内容而言，大多属于行政管理原则的罗列，明显带有政治学的味道。① 到20世纪80年代末期，才逐步脱离行政管理原则的窠臼，成为行政法学的独立课题。至20世纪90年代末，在学术上，虽然有三原则、四原则或六原则等不同观点，但大多数学者取得共识的是合法性原则和合理性原则。② 进入21世纪，随着外国行政法学专著的译介，行政法学界对行政法基本原则的研究开始走向深化和系统化。近年来，学者们试图构建行政法基本原则的体系，研究成果颇丰。

本章根据各家的研究成果，基于对行政权的控制原理，认为建构行政法基本原则体系，应该体现形式正义、程序正义和结果正义的价值。故行政法基本原则应该包括依法行政原则（实现起点控制、追求形式正义）、程序正当原则（实现过程控制、追求程序正义）和合理行政原则（实现结果控制、追求实体或分配正义）。这些原则在大陆法系和英美法系中，虽然表现形式有别，但其基本理念都是相同的。

在全国人大的行政立法上，在有关单行法律中，也逐步写入体现行政法基本原则的条款。在司法审查上，除依法行政原则运用较多外，正当程序原则和行政合理原则运用较少。

① 王珉灿主编：《行政法概要》，法律出版社1983年版，第43－60页。

② 张尚鷟主编：《行政法学》，北京大学出版社1991年版，第33－39页；罗豪才主编：《行政法学》，北京大学出版社1996年版，第30－34页，该教材还增加了“行政应急性原则”。

第一节　依法行政原则

一、依法行政理论概要

（一）依法行政的含义

依法行政是指行政主体根据宪法和法律设立、取得和行使行政权力，对其行政活动的后果承担相应的法律责任。“依法行政”中的“法”应包括宪法、法律和行政法规，但主要是法律，即全国人大或全国人大常务委员会制定的规范性文件。与“依法行政”相似的概念还有“行政合法”“法治行政”。在理论上，有“依法行政原则”与“行政合法原则”“法治行政原则”的争议。有学者认为，“合法性原则渊源于法治原则并以后者为基础，但法治原则属于宪法原则，合法性原则则属于行政法原则，它们的层次是不同的”，并基于此认为，在中国应确认“行政合法性原则”。①

本书认为，“合法”与“依法”主要是站的角度不同而已，其内涵并无太大差别。如果站在立法者或法院的角度，就是判断行政主体是否“合法”行政；如果站在行政部门的角度，就是如何“依法”行政。通行教科书也采用了“依法行政”的表述。

（二）依法行政原则的内容构成

依法行政的内容应包括主体及职权法定、法律保留和法律优先三项内容。

1. 职权法定

有学者将职权法定概括为行政权限法定原则，“是指行政机关的设置、职权来源、职权范围以及行使职权的方式都必须具有法律上的依据，并符合法律规定”。② 本书认为，职权法定应该包含以下内容，即行政主体设置法定、职权法定、编制法定和各部门关系法定等。需要指出的是，现行主流观

---

① 胡建淼：“关于中国行政法上的合法性原则的探讨”，载《中国法学》1998 年第 1 期。

② 黄贤宏、吴建依：“关于行政法基本原则的再思考”，载《法学研究》1999 年第 6 期。

点将“权责一致”作为行政法基本原则之一。实际上，“职权”本身就是权力与职责的统一，无必要将“权责一致”上升为行政法的一项原则。

2. 法律优先

法律优先，也称“法律优位”。德国行政法的法律优先原则，“是指行政应当受现行法律的约束，不得采取任何违反法律的措施”。[①] 我国学界通行观点认为，“法律优先”包含消极和积极两方面的意义，积极意义是行政主体必须主动、积极地执行现有法律；消极意义在于行政行为不得与法律规定相冲突，甚至采取违反法律的行政措施，从而事实上达到废止、变更法律的后果。

3. 法律保留

在德国，法律保留是指“行政机关只有在取得法律授权的情况下，才能实施相应的行为”。[②] 这近似于英美法系国家中的“依法而治”，意指在国家的基本法律秩序的建构上，一些事项专属于议会的立法来规范。法律保留意味着行政主体不得自创某些规则。其作用是，一方面，防止行政权的过度膨胀；另一方面，那些关乎公民基本权利的事项，若交由行政主体制定规则，公民权利的实现将容易受到行政权的严重威胁。

二、依法行政的法律规范

依法行政中的“法”，包括两部分：一是宪法对行政组织和职权的原则规定，二是行政组织法和单行法律对行政机关职权的具体规范。

（一）宪法依据

《中华人民共和国宪法》（以下简称《宪法》）将行政主体职权规定于以下章节：第三章第三节国务院、第五节地方各级人民代表大会和地方各级人民政府以及第六节民族自治地方的自治机关。如《宪法》第 86 条对国务院的组成、第 89 条对国务院的职权以及第 90 条对国务院各部委的组织和职权等作出了原则规定；第 105 条至第 109 条对地方各级人民政府的地位、职权

---

① ［德］毛雷尔：《行政法学总论》，法律出版社 2000 年版，第 103 页。

② 同上书，第 104 页。

等作出原则规定;《宪法》第三章第六节对民族自治地方的政府职权作出了与第五节地方政府职权的相同规定等。

（二）法律依据

我国规范中央行政机关和地方行政机关的法律，主要是《中华人民共和国国务院组织法》（以下简称《国务院组织法》）和《中华人民共和国地方各级人民代表大会和地方各级人民政府组织法》（以下简称《地方各级人大和地方各级人民政府组织法》）以及诸多单行法律。

《国务院组织法》第10条规定了国务院总理、副总理及各部、各委员会的职权，“……根据法律和国务院的决定，主管部、委员会可以在本部门的权限内发布命令、指示和规章”。《地方各级人大和地方各级人民政府组织法》第55条第3款规定了“地方各级人民政府必须依法行使行政职权”；第59条规定了县级以上的地方各级人民政府行使的十项职权，尤其第5项规定的职权范围广、影响公民、法人和其他组织权利的程度深；第61条规定了乡、民族乡、镇的政府行使的七项职权。

其他单行法律也有对某类事项行使行政职权的规定。例如，《中华人民共和国行政处罚法》（以下简称《行政处罚法》）对公民的人身限制中的行政拘留权，赋予县级以上公安机关行使等。《中华人民共和国行政许可法》（以下简称《行政许可法》）将行政许可实施权赋予有关的行政机关等。

三、依法行政实务案例

案例1.1　安徽省黟县碧阳镇人民政府违法征收教育附加费案①

【本案争议点】 碧阳镇人民政府征收教育费附加的行为是否合法。

【法律简析】 我们认为，行政征收必须符合法定原则。征收的具体执行机关，征收的对象、数额、程序等，都必须有明确的法律依据。在该案中，第一，就附加费征收的主体来看。根据《中华人民共和国教育法》（以下简称《教育法》）第58条第2款的规定，“省、自治区、直辖市人民政府根据国务院的有关规定，可以决定开征用于教育的地方附加费，专款专用”。因

① 徐文星:《行政机关典型败诉案例评析》，法律出版社2009年版，第55-57页。

而黟县碧阳镇人民政府不享有教育费附加的行政征收权。第二，就征收的依据来看。碧阳镇人民政府征收教育费附加依据的是该政府自己制定的碧政字〔1999〕44号《关于征收教育费附加的若干规定》，这属于其他规范性文件，而非法律，因而其征收依据违法。第三，从缴纳主体来看。根据法律规定，有义务缴纳教育费附加的是缴纳产品税、增值税、营业税等的单位和个人，其他任何单位和个人均不得擅自扩大范围实施，黟县人民政府制定的〔1996〕07号《关于多渠道筹措教育经费，增加教育投入的若干规定》中并未规定小学生为征收对象，与法律明令禁止乱收费的规定相违背。

【分析结论】碧阳镇人民政府在无合法有效的法律依据情况下，向张浩等三人征收教育费附加的行为，属超越职权的违法行为，应予撤销，其已征收的教育费附加应予退还。

案例1.2　周某某诉清水县人力资源和社会保障局劳动和社会保障行政确认案①

【本案争议点】清水县人力资源和社会保障局以“通知”的方式解除太平乡政府与周某某签订的劳动合同是否合法。

【法律简析】法院认为，根据《中华人民共和国劳动法》（以下简称《劳动法》）和《中华人民共和国劳动合同法》（以下简称《劳动合同法》）的有关规定，解除和终止劳动合同，应由劳动者和用人单位依照法定条件进行。劳动行政部门无权解除劳动者与用人单位之间的劳动合同。清水县人力资源和社会保障局辞退周某某的行为属于超越职权作出的行政行为，应予撤销。

【裁判结果】判决撤销清水县人力资源和社会保障局作出的辞退周某某的通知。

案例1.3　重庆市国博会展有限公司请求确认重庆市渝北区统景镇人民政府行政行为违法案②

【本案争议点】统景镇人民政府阻止国博会展有限公司设置

---

① 甘肃高院召开“2015年度甘肃行政审判十大典型案例新闻发布会”，甘肃法院网，http://www.chinagscourt.gov.cn/detail.htm?id=2334276，访问日期：2019年4月15日。

② “重庆法院去年授理‘民告官’案近万件，附十大典型案例”，人民网，http://cq.people.com.cn/n2/2016/0519/c365401-28366929-2.html，访问日期：2019年4月15日。

广告牌的行为是否合法。

【法律简析】法院认为，行政机关在没有法律、法规或者规章授权的前提下作为，又不能证明其行为属于协助性行为，或者已经获得具有法定职权机关的委托授权，则属于超越职权行为。根据《重庆市户外广告管理条例》（重庆市人民代表大会常务委员会制定）第4条“市、区县（自治县）市政主管部门负责城市规划区范围内的户外广告设置的监督管理。市、区县（自治县）交通主管部门负责公路建筑控制区范围内的户外广告设置的监督管理。市、区县（自治县）工商行政管理部门负责户外广告发布登记和监督管理”的规定，统景镇人民政府没有监督管理户外广告设置的法定职权，其阻止国博会展有限公司安装户外广告牌的行为属于超越职权的行政行为，应当被法院判决确认违法。

【裁判结果】判决确认统景镇人民政府于2014年2月17日制止原告国博会展有限公司在渝北区草统路3km＋600m至10km右侧公路红线范围内安装高立柱广告牌的行为违法。

第二节　程序正当原则

一、程序正当理论概要

（一）程序正当的基本含义

程序正当（或正义）是通过法律程序本身的运作而实现的价值目标。该原则发源于英国的“自然正义”理念，发展于《美国宪法》的“正当法律程序”条款。现今已普遍为欧美国家的行政法所承继，并被确立为行政法的原则。正如施瓦茨指出，“行政法更多的是关于程序和补救的法，而不是实体法。由各个不同的行政机关制定的实体法不属于行政法的对象，只有当它可以用来阐明程序法和补救时才是例外。我们所说的行政法是管理行政机关的法，而不是行政机关制定的法”。[①] 日本学者谷口安平也指出，“程序法并不是助法，而是具有实体内容形成作用的法的重要领域（实体法上所规定的权利义务如果不经过……具体的判决就只不过是一种主张或‘权利义务的假象’），只是在一定程序过程产生出来的确定性判决中，权利义务才得以实现真正意义上的实体化或实定化”。[②] 在本质含义上，程序是实体行政权力控制的关键装置，也是公民权利实现的程序保障，其正当与否是检验行政权力能否被控制及公民权利能否实现的基本尺度。

（二）程序正当的内容构成

程序正当原则主要体现在行政行为的全过程的程序步骤上，大体包括行政信息公开、程序中立、程序参与、程序公正和程序效率等五项内容。

1. 行政信息公开

行政信息公开是指行政主体在行使职权时，除涉及国家秘密、个人隐私和商业秘密外，行政活动的依据、过程和结果，以及其掌握的公共信息资料，必须向行政相对人及社会公开。[③] 同时，行政主体在实施行政行为的过程中，履行向相对人或公众的告知义务也是信息公开的重要内容。

2. 程序中立

程序中立是指行政主体在决策和事件处理的过程中，不存在人为偏移和“走后门”而造成不公正的结果。“任何人不能做自己案件的法官”，是程序公平的核心价值。为保持行政主体的中立状态，需要建立禁止单方接触规则、事件回避等规则和制度。

3. 程序参与

程序参与包括公众参与和个案参与。公众参与是涉及公共事务和利益的事项必须允许公众依法适当参与，包括对行政立法的参与、行政决策的参与和行政主体有关公共利益事项听证程序的参与等。社会民众通过参与

---

① ［美］施瓦茨：《行政法》，徐炳译，群众出版社1986年版，第3页。

② ［日］谷口安平：《程序的正义与诉讼》，王亚新、刘荣军译，中国政法大学出版社1996年版，第7页。

③ 关于公开原则内容进一步分析，可参见胡建淼、章剑生：“论行政程序立法与行政程序法的基本原则”，载《浙江社会科学》1997年第6期。

行政程序，监督行政机关依法行使行政权力。如参加价格听证会，可以监督行政主体价格调整的正当性，参加环境评价听证，可以监督行政许可的合理性等。

个案参与是指行政决定的事项涉及当事人的权益时，必须告知当事人有参与的权利，包括获得通知、申辩、陈述和申请听证等权利。行政相对人可以通过参与行政程序维护自己的合法权益。

4. 程序公正

程序公正的内容包括行政主体在实施行政行为时，须在程序上平等地对待各方当事人，排除各种可能造成不平等对待或产生偏见的因素。具体包括任何行政决定都必须说明理由，在行政程序中遵循案卷排他的原则，听取利害相关人的意见等。

5. 程序效率

程序效率主要是指程序（成本）上的（利益）效率。提高程序效率，包括在法定的期限内，尽量缩减受理、审查和决定等时限；减少程序环节，如减少不必要的步骤、简化行政手续，从而提高程序效率。为此，须建立时效制度、代理制度等。本书认为，“高效便民”是程序效率的必要内容，而非一个独立的原则，故高效便民宜放在程序正当原则中进行考察。

二、程序正当原则的规范

（一）程序正当的宪法依据

《宪法》的相关条款内含行政程序的正当性要求。如《宪法》第2条第3款规定：“人民依照法律规定，通过各种途径和形式，管理国家事务，管理经济和文化事业，管理社会事务。”《宪法》第27条第2款规定：“一切国家机关和国家工作人员必须依靠人民的支持，经常保持同人民的密切联系，倾听人民的意见和建议，接受人民的监督，努力为人民服务。”《宪法》第41条第1款规定：“中华人民共和国公民对于任何国家机关和国家工作人员，有提出批评和建议的权利；对于任何国家机关和国家工作人员的违法失职行为，有向有关国家机关提出申诉、控告或者检举的权利，但是不得捏造或者歪曲事实进行诬告陷害。”这些条款可以认为是参与原则的宪法依据，间接体现了对行政主体信息公开的要求，因为只有信息公开才有可能实现行政参与。另外，公民在法律面前一律平等的原则，更是行政程序中遵从公平、公正原则等的直接宪法依据。

（二）行政程序的法律规范

我国目前尚无统一的行政程序法，只在一些单行法中引入了正当程序的条款和规定，如《行政处罚法》《价格法》（以下简称《价格法》）和《行政许可法》等规定的听证程序。同时，《行政处罚法》《中华人民共和国行政复议法》（以下简称《行政复议法》）和《行政许可法》也对行政公开原则作出了明确规定。2008 年实施的《中华人民共和国政府信息公开条例》（以下简称《政府信息公开条例》），虽然只是一部行政法规，但其全面贯彻行政公开原则，致力于建设一个公开、透明政府的努力还是值得肯定的。[①] 这也为行政程序立法提供了经验。

此外，一些单行法律也规定了应遵循的程序规则。如《中华人民共和国突发事件应对法》（以下简称《突发事件应对法》）第 10 条规定：“有关人民政府及其部门作出的应对突发事件的决定、命令，应当及时公布。”从而贯彻了信息公开原则。

① 2019 年 4 月 15 日《政府信息公开条例》首次修订，5 月 15 日施行。修订后的条例规定了行政机关应主动公开的十五类信息。对涉及公众利益调整、需要公众广泛知晓或者需要公众参与决策的政府信息，行政机关应当主动公开：（1）行政法规、规章和规范性文件；（2）机关职能、机构设置、办公地址、办公日期、联系方式、负责人姓名；（3）国民经济和社会发展规划、专项规划、区域规划及相关政策；（4）国民经济和社会发展统计信息；（5）办理行政许可和其他对外管理服务事项的依据、条件、程序以及办理结果；（6）实施行政处罚、行政强制的依据、条件、程序以及本行政机关认为具有一定社会影响的行政处罚决定；（7）财政预算、决算信息；（8）行政事业性收费项目及其依据、标准；（9）政府集中采购项目的目录、标准及实施情况；（10）重大建设项目的批准和实施情况；（11）扶贫、教育、医疗、社会保障、促进就业等方面的政策、措施及其实施情况；（12）突发公共事件的应急预案、预警信息及应对情况；（13）环境保护、公共卫生、安全生产、食品药品、产品质量的监督检查情况；（14）公务员招考的职位、名额、报考条件等事项以及录用结果；（15）法律、法规、规章和国家有关规定规定应当主动公开的其他政府信息。同时，删去申请获取相关政府信息需“根据自身生产、生活、科研等特殊需要”的规定。

三、程序正当原则实务案例

案例 1.4　张某诉黎城县人民政府土地行政处理案①

【本案争议点】 黎城县人民政府确认张某取得集体土地使用证无效的程序是否正当。

【法律简析】 山西省高级人民法院二审认为：第一，根据国土资源部《关于加强农村宅基地管理的意见》（国土资发〔2004〕234 号）的规定，申请宅基地使用证一般需遵循以下程序：（1）申请人向所在村委会提出申请；（2）村委召开村民会议或村民代表大会讨论后张榜公布；（3）公布期满无异议的，报乡镇审核；（4）报县（市）审核；（5）颁发权属证书。被诉决定认定张某在申请宅基地审批时采取隐瞒和欺骗手段，证据并不充分。第二，检察机关在办理刑事案件过程中收集的证据，行政机关在行政执法中是否可以作为证据采信，应当视不同情况区别对待。认为黎城县检察机关的调查笔录可以作为认定被诉行政行为合法依据的上诉理由不能成立。第三，2005 年 1 月，张某填写了 200508006 号《农村居民建房用地审批表》，经村民代表、村民委员会主任、国土资源中心所、乡镇政府、耕保股、国土资源局、县领导签字或盖章确认。张某的宅基地审批符合法定形式要件。第四，按照正当程序的基本要求，行政机关在作出对行政管理相对人、利害关系人不利的行政决定之前，应当告知其事实、理由和依据并给予陈述和申辩的机会。被诉决定剥夺了张某的宅基地使用权，对其重大财产权益产生不利影响，黎城县人民政府既未事先告知张某，也未给予其陈述和申辩的机会，而是径行注销其土地使用权证，程序明显不当。因此，被诉决定显然不符合正当程序的基本要求。

【裁判结果】 被诉行政行为认定事实不清、证据不足，且违反正当程序原则，原审判决撤销该行政行为是正确的。判决黎城县政府在本判决生效后重新作出行政行为。

① “山西公布 2017 年行政审判十大典型案例，全部都是民告官”，人民网，http：//sx. people. com. cn/n2/2018/0516/c189132 -31586998. html，访问日期：2019 年 4 月 15 日。

案例 1.5　洛南县秦岭文化艺术会展商务有限公司诉洛南县住房和城乡建设局强制拆除建筑物违法案①

【本案争议点】洛南县住房和城乡建设局拆除秦岭书画博览中心建筑物的程序是否正当合法。

【法律简析】法院认为，依据《中华人民共和国城乡规划法》（以下简称《城乡规划法》）第 11 条第 2 款、第 64 条规定，对于违反《城乡规划法》的行为，被告具有依法查处的法定职权。但本案被告在强制拆除前未履行对当事人的催告义务，未告知当事人应享有的权利，也没有作出强制执行决定，即对原告修建的建筑物实施强制拆除。依照《中华人民共和国行政强制法》（以下简称《行政强制法》）第 34 条、第 35 条、第 36 条、第 37 条、第 44 条的规定，被告实施强制拆除的行为属程序违法，对原告要求确认被告拆除行为违法的请求，依法应予支持。

【裁判结果】判决确认被告洛南县住房和城乡建设局于 2014 年 11 月 28 日强制拆除原告洛南县秦岭文化艺术会展商务有限公司修建的 1 米多高围墙的行为违法。

案例 1.6　蒋某某诉蒙自市国土资源局、蒙自市城市管理综合行政执法局、蒙自市文澜镇人民政府行政强制拆除案②

【本案争议点】三被告实施强制执行是否符合法定程序以及原告应否获得赔偿。

【法律简析】终审法院认为，行政机关实施强制执行必须有基础行政决定并符合法定程序。本案中蒋某某建盖的仓库未依法取得建设工程规划许可证，属违法建筑，依法可以限期拆除，但行政机关在行政执法过程中，未依法通知，作出决定、催告和公告，即强制拆除蒋某某的违法建筑，在主体、

① “陕西高院公布八起行政强制措施违法典型案例（2015 年）”，陕西法院网，http://sxfy.chinacourt.org/article/detail/2015/12/id/2310634.shtml，访问日期：2019 年 4 月 15 日。

② “云南省高级人民法院公布 2017 行政审判十大典型案例”，中国日报网，https://www.chinadaily.com.cn/interface/yidian/1120781/2018-06-29/cd_36482430.html?yidian_docid=0JQ45wDn，访问日期：2019 年 4 月 16 日。

程序等方面均违法，且具体执法过程中没有对物品进行清点和保全，将房屋内的化肥等物品搬至观音桥综合市场，给蒋某某造成财产损失。三被告无证据证实损毁的物品价值，应承担举证不能的不利后果。

【裁判结果】判决维持一审确认违法的判项（三被告强制拆除的行政行为违法），撤销一审驳回其他诉讼请求的判项，由三被告共同赔偿蒋某某经济损失人民币7万元。

案例1.7　产品质量电子监管网案①

【本案争议点】国家质量监督检验检疫总局推广电子监管网的程序是否正当。

【法律简析】分析认为，就本案而言，暂且不说这种防伪标志是否就是有效的监管手段，就算是必要的监管措施，国家质量监督检验检疫总局（以下简称原国家质检总局）也应该按照依法行政的要求，公开、公正地通过法律程序进行招标，而不是“暗箱操作”。具体而言，首先，采取监管措施的目的在于执法，而非“部门利益”；其次，侵害性的监管措施应该有法律的专门授权；最后，监管措施的采取应该进行公开招标，而非“暗箱操作”。

【分析结论】原国家质检总局推广电子监管网的程序缺乏正当性。

第三节　合理行政原则

一、合理行政的理论概要

（一）合理行政的含义

合理行政是指行政主体的任何决定应当具有理性，属于实质行政法治的范畴，尤其适用于裁量性行政活动。它是针对行政决定或行政行为结果的，

① 徐文星：《行政机关典型败诉案例分析》，法律出版社2009年版，第18－21页。

是对结果的一种控制。更重要的是，该原则对实现实质正义具有重要价值。有学者认为，该原则“在实体方面对行政法的贡献与自然公正原则在程序方面的贡献相同”。[①] 也有学者认为，该原则是合法性原则的必要补充，“除法律外，应有一套确认的规范或原理原则借以保证广泛的自由裁量权不致被滥用。这就比‘依法办事’的原则更进了一步，或将‘法’一词推广，把法理或正义（Justice）之类的内容包括在内”。[②]

（二）合理行政的内容构成

从历史发展上看，合理性原则相较于比例原则有更丰富的内容。根据研究成果，合理行政原则的内容可以概括为：比例原则、适当考量、裁量均衡和信赖保护。

1. 比例原则

行政主体采取的措施和手段应当必要、适当。行政主体实施行政行为可以采用多种方式实现行政目的的，应当避免采用损害当事人权益的方式。该原则最初来源于《德国行政法》提到的“警察权力不可违反比例原则”。[③] 在《美国行政法》中，与比例原则类似的是合理性原则、平衡原则、最不激烈手段的原则。[④]

比例原则的内容包括：第一，合目的性，是指行政主体行使裁量权所采取的具体措施必须符合法律目的。为满足这一要求，就需要行政主体在作出决定前准确理解和正确确定法律所要达到的目的。在多数情况下，法律会对其立法目的作出明确规定，但有时法律规定的目的可能比较模糊，在这种情况下就需要行政主体根据立法背景、法律的整体精神、条文间的关系、规定的含义等因素作出综合判断。第二，适当性，是指行政主体所选择的具体措施和手段应当为法律所必需，行为结果与措施及手段之间存在适当的比例。

---

① ［英］威廉·韦德：《行政法》，楚建译，中国大百科全书出版社 1997 年版，第 67 页。

② 龚祥瑞：《比较宪法与行政法》，法律出版社 2003 年版，第 306 页。

③ ［德］奥托·迈耶：《德国行政法》，刘飞译，商务印书馆 2002 年版（1895 年出版，1923 年第三版中提到），第 67 页。

④ “报刊文摘”：“行政法中的比例原则”，载《中国法学》1990 年第 1 期。

为达到这一要求，就需要行政主体根据具体情况，判断拟采取的措施对达到结果是否有利和必要。第三，损害最小，是指在行政主体可以采用多种方式实现某一行政目标的情况下，应当采用对相对人权益损害最小的方式。即行政主体能用温和的手段实现行政目标，就不能选择使用更激烈的方式。

2. 适当考量

行政主体作出行政决定和进行行政裁量，只能考虑符合立法授权目的的各种因素。有时不得考虑不相关因素，有时又要考虑不相关因素（排除因素的考虑）作出行政决定或实施行政行为。

3. 裁量均衡

这一内容与程序正当中避免偏见的区别在于，裁量均衡是就行政裁量结果而言的，它涉及相对人实体权利的决定，而避免偏见是程序中的“平等对待”，它只是涉及程序权利。就行政决定而言，裁量均衡要求行政主体面对多个相对人的情况下，要以公平的原则来对待所有的相对人并作出相应的决定。如在干预行政中，裁量均衡的判断意味着行政主体是平等对待所有污染企业，进行监督检查或作出处理决定，还是选择性执法；在给付行政、许可行政中，裁量均衡的判断意味着行政主体是否对相同条件的相对人采取了统一的标准，还是采取区别对待进行处理。

4. 信赖保护

信赖保护“是指当社会成员对行政过程中某些因素的不变性形成合理信赖，并且这种信赖值得保护时，行政主体不得变动上述因素，或在变动上述因素后必须合理地补偿社会成员的损失”。[①] 诚信一般只是对程序的约束，而信赖保护是基于一定的行政撤回或收回行为，造成损失应遵循的补偿原则。正式确认“信赖保护”作为行政法的一项原则的，是1973年10月召开的德国法学者大会，该次大会将“行政法之信赖保护”作为会议主题之一。[②] 在授益行政领域，特别是“给付行政”或“福利行政”作为普遍的国家义务情

① 范旭斌：“论我国行政法上的信赖保护原则及其完善”，载《学术论坛》2006年第10期。
② 城仲模：《行政法之基本法律原则（二）》，三民书局股份有限公司1997年版，第238页。

形下，“为维护这种新型的法律关系，国家不得不致力于提高自身的公信力，保护人民基于信赖所产生的合法的和合理的权益，以维护法律秩序的安定性，实现提高全民社会福利的职能目标”。[①] 由此，信赖保护就成为现代行政法合理性原则的重要内容。

二、合理行政的法律规范

在我国的相关实定法中，个别单行法律引入了合理行政的某些规范内容。例如，《行政处罚法》第 4 条规定，“……设定和实施行政处罚必须以事实为依据，与违法行为的事实、性质、情节以及社会危害程度相当”。这是贯彻比例原则中适当性内容的体现。

《社会抚养费征收管理办法》第 3 条第 2 款规定：“社会抚养费的征收标准，分别以当地城镇居民年人均可支配收入和农村居民年人均纯收入为计征的参考基本标准，结合当事人的实际收入水平和不符合法律、法规规定生育子女的情节，确定征收数额……”这是裁量均衡的体现。

《行政许可法》第 8 条规定，“公民、法人或者其他组织依法取得的行政许可受法律保护，行政机关不得擅自改变已经生效的行政许可。行政许可所依据的法律、法规、规章修改或者废止，或者准予行政许可所依据的客观情况发生重大变化的，为了公共利益的需要，行政机关可以依法变更或者撤回已经生效的行政许可。由此给公民、法人或者其他组织造成财产损失的，行政机关应当依法给予补偿”。这是信赖保护原则的具体体现。

《突发事件应对法》第 11 条规定，“有关人民政府及其部门采取的应对突发事件的措施，应当与突发事件可能造成的社会危害的性质、程度和范围相适应；有多种措施可供选择的，应当选择有利于最大限度地保护公民、法人和其他组织权益的措施……”这是最小侵害原则的具体体现。

三、合理行政原则的实务案例

在行政审判实务中，违反合理行政原则的基本问题点，主要是行政主体

---

① 刘丹：“论行政法上的诚实信用原则”，载《中国法学》2004 年第 1 期，第 33 页。

自由裁量限度宽泛、不合比例等。

案例 1.8　上海市辉慈医疗器械有限公司诉崇明县财政局行政决定案①

【本案争议点】 在政府采购过程中，设定产品为欧美品牌，且作为实质性条款加以限制是否合理。

【法律简析】 法院认为，根据《中华人民共和国政府采购法》（以下简称《政府采购法》）第22条的规定，不得以不合理的条件对供应商实行差别待遇或者歧视待遇。同时，该法第10条规定了特定例外情形应当优先采购本国货物、工程和服务的原则。本案中，涉案医疗器械招标文件设定产品为"欧美一线品牌"，排斥了非欧美品牌产品供应商，未平等地给予所有潜在供应商公平竞争的机会，带有明显的倾向性，违反了上述原则。被告崇明县财政局对原告辉慈医疗器械有限公司投诉所涉政府采购活动进行了全面审查，认定招标文件中设定产品为欧美品牌，且作实质性条款加以限制，具有明显歧视性，有违《政府采购法》第22条第2款规定，故依据《政府采购供应商投诉处理办法》有关规定判决被诉处理决定（责令重新开展采购活动），程序合法、事实清楚、适用法律正确。

【裁判结果】 判决驳回原告诉讼请求。

案例 1.9　熊某某诉双流县规划建设局、双流县房产管理局、双流县胜利镇人民政府规划行政强制案②

【本案争议点】 行政主体实施的行政强制拆除行为是否合理。

【法律简析】 法院认为，双流县规划建设局在告知、公告和催告之后决定强制拆除违法建设的程序合法。但强制拆除行为的实施，既要保证行政管理目标的实现，又要兼顾相对人的权益，应以达到行政执法目的和目标为限，尽可能使相对人遭受最小的侵害。双流县规划建设局在实施强制拆除行为时

---

① "最高人民法院发布人民法院经济行政典型案例（2015年）"，最高人民法院网，http://www.court.gov.cn/zixun-xiangqing-15842.html，访问日期：2019年4月16日。

② "省法院发布四川法院行政审判十大典型案例（2016年）"，个人图书馆，http://www.360doc.com/content/16/0504/23/21727081_556335145.shtml，访问日期：2019年4月16日。

（双流县房产管理局、双流县胜利镇人民政府派员到场），因拆除方法不符合拆除安全技术规范的规定，且这种拆除方法造成房屋损害。故双流县规划建设局实施的强制拆除行为不必要地增加了熊某某的损失，给熊某某造成了过度的不利影响，属于明显不当。被告的强制拆除行为不符合最小侵害原则。

【裁判结果】判决确认双流县规划建设局于2013年12月13日对双流县胜利镇牧马山易城41栋房屋实施的强制拆除行为违法，驳回熊某某的其他诉讼请求。

案例1.10　江西省山里货科技有限公司诉南昌市新建区人民政府土地行政许可及南昌市人民政府行政复议案[①]

【本案争议点】南昌市新建区人民政府撤销行政许可的决定是否合理。

【法律简析】江西省高级人民法院审理认为，依据《行政许可法》第8条规定，公民、法人或者其他组织依法取得的行政许可受法律保护，行政机关非因法定情形不得擅自改变、撤回已经生效的行政许可。本案中，山里货科技有限公司依法取得的养殖项目设施农用地使用的行政许可，应受法律保护。新建区人民政府仅提供了《新建县乐化镇总体规划（2012－2030）》《新建县乐化镇控制性详细规划》等材料作为撤回行政许可的证据，尚不够充分证实诉争的行政许可存在《行政许可法》第8条规定的依法予以撤回的情形，违反了信赖保护原则。

【裁判结果】判决撤销新建区人民政府作出的《关于撤销山里货养殖场项目设施农用地使用审核的决定》。

案例1.11　藤县富华化工有限公司诉藤县人民政府收回国有土地使用权纠纷案[②]

【本案争议点】藤县人民政府无偿收回国有土地使用权的行为是否合理。

【法律简析】终审法院认为，根据有关法律规定，以出让等有偿使用方

---

① “江西高院发布2017年行政诉讼典型案例”，江西法院网，http：//jxfy. chinacourt. org/article/detail/2017/12/id/3098145. shtml，访问日期：2019年4月16日。

② “广西高级人民法院公布十起民告官典型案例（2015年）”，华律网，http：//www. 66law. cn/domainblog/115540. aspx，访问日期：2019年4月16日。

式取得土地使用权进行房地产开发的，超过出让合同约定的动工开发日期满2年未动工开发时，可以无偿收回土地使用权。富华化工有限公司取得涉案宗地后，已经在出让合同约定的动工开发期限内建设了部分厂房等构筑物，不符合可以无偿收回土地使用权的情形。藤县人民政府作出的无偿收回决定违法，没有进行利益衡量，依法应予撤销，但考虑到涉案宗地已被第三人（钛白粉工业项目）善意取得并建设投产，为保护善意第三人的合法权益，维护交易安全的公共利益追求，对于藤县人民政府无偿收回决定，不宜以判决撤销的方式处理，应依法确认违法。藤县富华化工有限公司因违法行政行为遭受的损失，另行依照《中华人民共和国国家赔偿法》（以下简称《国家赔偿法》）的相关规定予以解决。

【裁判结果】判决确认藤县人民政府无偿收回涉案宗地的决定违法。

案例1.12 黄某友、张某明诉大冶市人民政府、大冶市保安镇人民政府行政允诺案①

【本案争议点】大冶市人民政府不履行对招商引资者进行奖励的行政允诺是否合理。

【法律简析】法院审理认为，黄某友、张某明在尖锋集团投资过程中实施了招商引资中介行为，起到了一定的作用。大冶市人民政府应根据《大冶市关于鼓励外商投资的优惠办法》"凡从市外引进合作、合资、独资项目者，引进额在1000万元人民币以上的，经验资确认后按实际到位资金的千分之八由受益单位给予一次性奖励"的规定对黄某友、张某明给予奖励。

【裁判结果】判决确认黄某友、张某明与大冶市人民政府之间的行政允诺关系成立，并责令大冶市人民政府在90日内给予黄某友、张某明奖励。

案例1.13 上海市勤辉混凝土有限公司诉上海市奉贤区人民政府责令关闭行政决定案②

【本案争议点】奉贤区人民政府作出的责令关闭行政决定是否合理。

---

① "湖北省高院发布行政审判5个典型案例（2015年）"，汉丰网，http：//www.kaixian.tv/gd/2015/0501/600808.html，访问日期：2019年4月16日。

② "人民法院环境保护行政案件十大案例（2016年第二批）"，载《人民法院报》2016年3月31日，第3、4版。

【法律简析】终审法院认为，勤辉混凝土有限公司从事的混凝土生产客观上存在粉尘排放，按照常理具有对水体产生影响的可能性，现有证据不能证明该粉尘排放确实没有对水体产生影响。虽然涉案区域被划为二级水源保护区系在勤辉混凝土有限公司成立之后4年，但是该公司继续生产排放粉尘等污染物可能会对水体产生影响，奉贤区人民政府责令其关闭，于法有据，并不违反信赖保护原则。

【裁判结果】判决驳回上诉，维持原判（驳回原告诉讼请求）。当然，奉贤区人民政府其后对因环保搬迁的企业应当依法给予合理补偿。

案例1.14　廖某某诉龙南县人民政府土地征收补偿安置案①

【本案争议点】龙南县人民政府不履行征收补偿安置的行为是否合理。

【法律简析】法院经审理认为，廖某某的诉讼请求实质上是要求龙南县人民政府履行其对廖某某土地安置问题作出的书面意见即龙南县人民政府书面同意给廖某某在大罗小区安排安置地，由龙南县国土资源局办理相关手续。行政机关履行行政管理职责应遵守诚实守信原则，该意见属于行政机关的行政允诺，应当依法履行，非因法定事由、法定程序，不得撤销、变更。江西省赣州市供电公司运维检修部出具的函件说明，龙南县人民政府提供给廖某某的安置地存在重大安全隐患。故廖某某要求龙南县人民政府将土地另行安置在远离电力设施的安全区域的理由成立。

【裁判结果】判决责令龙南县人民政府重新为廖某某提供安置地。

案例1.15　槐某某等不服石林彝族自治县计划生育局行政征收案②

【本案争议点】石林彝族自治县计划生育局对槐某某等作出两次征收社会抚养费的行为是否合理。

【法律简析】我们认为，任何行政征收行为，一方面要依法进行，另一方面要合理，即在行政主体实施征收过程中，必须考虑相关因素，确定具体的征收数额。本案中，被告对原告进行了两次行政征收：第一次征收的计划外怀孕费，是为促使原告终止妊娠从而实现计划生育的目的；第二次是征收

---

① “江西高院发布2017年行政诉讼典型案例”，江西法院网，http：//jxfy. chinacourt. org/article/detail/2017/12/id/3098145. shtml，访问日期：2019年4月16日。

② 徐文星：《行政机关典型败诉案件分析》，法律出版社2009年版，第67－71页。

社会抚养费，其主要目的同样是通过这样的收费来促使原告形成计划生育意识。《社会抚养费征收管理办法》第3条第2款规定："社会抚养费的征收标准，分别以当地城镇居民年人均可支配收入和农村居民年人均纯收入为计征的参考基本标准，结合当事人的实际收入水平和不符合法律、法规规定生育子女的情节，确定征收数额。社会抚养费的具体征收标准由省、自治区、直辖市规定。"《云南省社会抚养费征收管理规定》第3条第3款规定："本条规定的违法生育人员，本人上年度实际收入高于统计部门公布的上年度全省城镇居民年人均可支配收入和地州市农民年人均纯收入的，还应当以其超过部分为基数加收3倍的社会抚养费。"从该规定可以看出，社会抚养费的征收标准主要依据当事人的收入水平。

本案中原告夫妇均为失业人员，靠领取社会最低生活保障金生活，且其无法终止妊娠主要是自身的身体原因。故被告按照最高标准征收135954.20元社会抚养费的行为，根本没有合理考虑相关因素，是在形式合法的外衣下作出的不合理行政行为。故石林彝族自治县计划生育局前后两次的征收决定也是明显不妥当的。

【分析结论】被告石林彝族自治县计划生育局对原告夫妇征收社会抚养费135954.20元的决定，未考虑原告的经济状况及不能中止妊娠的自身身体条件，其行为本身就违反了合理性原则与依法行政原则。

深度阅读

1. 城仲模主编：《行政法之一般法律原则（一）》，三民书局股份有限公司1999年版。
2. 城仲模主编：《行政法之一般法律原则（二）》，三民书局股份有限公司1997年版。
3. 周佑勇：《行政法基本原则研究》，武汉大学出版社2005年版。
4. 程骏业：《行政法基本原则元论》，知识产权出版社2009年版。
5. 李卫华：《行政参与主体研究》，法律出版社2012年版。

第二章　行政主体

本章提要

行政主体的概念，就其渊源来说，是从法国和日本引进来的。“就法律意义而言，行政主体是实施行政职能的组织，即享有实施行政职务的权力，并负担由于实施行政职务而产生的权利、义务和责任的主体”。[①] 行政主体资格理论探讨行政主体资格的构成、取得、变更和丧失。在行政主体的分类上，有诸多分类法。我国学界一般将行政主体分为行政机关、法律法规授权的组织和行政机关委托的组织三类，该分类更具有现实和司法审查参照意义。

行政主体的职权行使必须依法进行，这就涉及行政组织法的建设，即行政组织的立法问题。现实来看，我国行政组织法是极不健全的，除《宪法》《国务院组织法》及《地方各级人大和地方各级人民政府组织法》对各级政府组织进行了粗略规范之外，更详细的组织法目前仍处于阙如状态。为此，加强政府组织立法是全国人民代表大会的紧迫任务。

司法实务上，主要涉及行政主体资格、职权和行为程序的合法性审查。对法律法规授权的组织和行政机关委托的组织的被告资格审查，成为法院审查判断的难点和重点。

---

① 王名扬：《法国行政法》，北京大学出版社2016年版，第30页。

第一节　行政主体理论

一、行政主体的概念和内涵

（一）行政主体的概念

在我国大陆理论界，早期一般以“行政机关”为基础概念展开对行政权行使主体资格问题的探索，更多是从管理学、组织学的角度进行研究。有学者认为，“行政机关”这一概念，“其含义有时包括法律、法规、规章授权的组织和其他社会公权力组织，有时又不包括。这样，由于概念上的不统一，往往导致逻辑思维和学术理论上的混乱”。[①] 自 20 世纪中后期开始，行政法学界开始使用“行政主体”的概念。从渊源上，“行政主体”概念，是从法国和日本等“移植”过来的。在德国一般用“行政组织”的概念，“联邦德国并不拥有一个统一的、封闭的行政组织，相反，它支配着许多分为独立单元的行政组织，即行政的集合体”。[②]

在法国学界，“行政主体”被定义为实施行政职能的组织，即享有实施行政职务的权力，并负担由于实施行政职务而产生的义务和责任的主体。从性质上讲，行政主体属于公法人。日本学者也认为，行政主体，“一般是指在行政法律关系上具有权利，或具有能承担义务资格的法律主体中执行行政的一方”。[③] 行政主体具有优越的地位，是一个技术性概念，是对行政法律关系中担当行政任务的团体的统称。为淡化特权色彩，一般称之为行政体。

我国大陆学界使用行政主体概念“通常有两种用法：其一，指行政机关和法律、法规授权的组织及其他社会公权力组织；其二，具体指能独立以自己名义对外行使行政职权和承担法律责任的某一行政机关或法律、法规授权

---

① 姜明安：《行政法》，北京大学出版社 2017 年版，第 159 页。
② ［德］G. 平特纳：《德国普通行政法》，朱林译，中国政法大学出版社 1999 年版，第 18 页。
③ ［日］室井力主编：《日本现代行政法》，中国政法大学出版社 1995 年版，第 271 页。

的组织及其他社会公权力组织”。[①] 本书认为，“行政机关”与“某一行政机关”的区别在于，前者应解释为一级政府，后者应解释为政府的工作部门，或称“部门行政机关”。通说将行政主体定义为，能以自己名义行使行政职权，作出影响行政相对人的行政行为，独立承担行政法律责任的行政机关或法律、法规授权的组织。

（二）行政主体的内涵

一般认为，行政主体至少包含以下几层含义。

（1）行政主体一般情况下是组织而不是个人。这一点区别于行政官员和公务员，虽然行政行为是由具体的行政公务人员完成的，但必须是以实施行政行为的机关、组织的名义，否则就是个人行为。

（2）行政主体是依法拥有行政职权的组织。这一点区别于一般的企事业组织和社会团体。企事业组织和社会团体没有法律、法规的特别授权，不能行使国家行政权和实施行政行为。

（3）行政主体能以自己的名义行使行政职权和参加诉讼，即必须具有独立的法律人格。这一点区别于行政机关内部机构和行政机关委托实施行政行为的组织。内部机构和被委托的组织虽然在委托范围内实施行政行为，但它们不能以自己的名义，而只能以委托行政机关的名义实施行政行为。

（4）行政主体能独立承受行政行为效果与行政诉讼效果。这一点区别于国家公务员和内部机构。行政主体能对外承担行政法律责任，在行政诉讼中能作为被告参加诉讼。公务员和内部机构实施行政行为，但对外不能承担行政法律责任，不能作为被告参加行政诉讼。

（5）行政主体的范围包括行政机关和法律、法规授权的组织。行政主体主要指行政机关，但又不限于行政机关。法律、法规如授权非行政机关的某种组织行使某项行政职权，实施某种行政行为，该组织即能取得行政主体的地位。

---

① 姜明安：《行政法》，北京大学出版社2017年版，第159页。

二、行政主体的资格

行政主体资格是指符合法定条件的组织，经过法定途径和程序获得的行政主体法律地位。

（一）行政主体资格的构成要件

行政主体资格的构成要件，是指一定的组织取得行政主体资格所必须具备的条件。一般将“行为主体应具备行政主体资格”作为主体合法要件之一，而对行政诉讼被告资格的认定，也是建立在行政主体理论基础之上。[①]对行政主体资格的认定，主要从其资格构成要件入手。符合行政主体资格要件的就是行政主体，否则就是非行政主体。

具备行政主体资格一般需下列要件：通过法定程序由有权机关批准而成立、获得组织法或单行法授权的正式组织；具备一定的组织机构和人员编制；法定的管辖事务范围和一定的职权与职责；能够以自己的名义实施行政行为；能够独立承担相应的法律责任。

（二）行政主体资格的取得

具有独立的行政职权与职责，是行政主体获得独立法律地位的核心要素与标志。根据行政主体的职权与职责的来源不同，行政主体资格的取得主要有两种途径：

（1）依照宪法和行政组织法的有关规定直接取得行政主体资格。在我国，这些行政主体的对象是：国务院及其各部、委员会和直属机构；地方各级政府及其派出机关；县级以上地方政府的各个工作部门。

（2）依照宪法和行政组织法以外的单行法律、法规或规章授权规定取得行政主体资格。这些行政主体的对象主要是行政机关的派出机构、公务组织和社会组织等。

（三）行政主体资格的变更和丧失

（1）行政主体资格的变更。已取得行政主体资格的组织，若由于某种法

---

① 沈岿：“重构行政主体范式的尝试”，载《法律科学》2000年第6期。

定原因使得行政主体出现分立或合并，即发生行政主体资格的变更。发生变更后，涉及一系列法律问题需要处理，如行政职权、职责的承继，既往行政行为和事务的认可与继续进行以及给予救济等。

（2）行政主体资格的丧失。已取得行政主体资格的组织，若由于某种法定原因而被解散或被撤销，以及授权到期或被取消授权，就会丧失行政主体资格。丧失资格后，会发生一系列需要处理的法律问题，如行政职权的归属、行政责任的承受和行政诉讼被告的确认等。

三、行政主体的分类

（一）国外对行政主体的分类

（1）德国行政主体的分类。在德国，行政组织被分为三类，一是部委行政。“部委行政通常被纳入直接国家行政的范畴，在联邦和州行政层面都是如此。”二是地方自治行政。“主要由乡镇和乡镇联合体组成，是《德国基本法》和州宪法规定的第二种行政组织类型”。三是公务自治行政。“作为关系人（成员）自治的公务自治行政在国家法上的主要特征是独立的法律地位，领导机关通过其成员获得直接的民主合法性证明，不受指令约束，独立执行由关系人赋予的任务。”①

（2）法国行政主体的分类。法国法律承认三种行政主体：第一种是国家。其认为国家是最主要的行政主体，因为行政是国家的一种职能，国家当然具有实施行政职务的权力，并承担由此产生的义务和责任。第二种是地方团体。在法律规定的范围内，地方团体对地方性事务具有决定权，承担由此产生的义务和责任。所以地方团体是一种以地域为基础的行政主体。第三种是公务法人。法国法律称这种具有独立法律人格的公务机关为公共设施管理机构或公共机构。一般是指因某种行政职能的执行要求一定的独立性，法律把它从国家和地方团体的一般行政职能中分离出来，成立的专门实施这种公务的组织。

---

① ［德］汉斯·J. 沃尔夫等：《行政法（第三卷）》，高家伟译，商务印书馆2007年版，第105页。

（3）日本行政主体的分类。在日本，行政主体实际上分为行政机关、国家行政组织和地方自治组织三类。①行政机关又被分为行政（官）厅（如国土交通大臣、税务署长）、辅助机关（如次官、局长、科长）、咨询机关（如审议会、调查会）和执行机关（如警察管、征税职员）等。[①] ②国家行政组织又被分为中央省厅、外局（委员会、厅）和附属机关及地方分支部、局。[②] ③地方自治组织以“地方公共团体的机关”的形式体现，在这一机关里设置作为议事机关的议会，作为议会执行机关而设置首长。议会和首长均被规定由居民直接选举产生。[③]

（二）我国学界对行政主体的分类

根据不同的标准，学者们将行政主体分为不同的类型。

（1）一组分类法。这种分类的标准是根据行政主体相互间的关系以及同一行政主体内部行政机关之间的关系为标准所作的划分，分为中央集权制、权力下放制和分权制三种具体类型。中央集权制是全国行政事务管理高度集中，由中央政府决定的行政组织制度。权力下放制是中央集权制的一种形式，又有分散式的权力下放，或称垂直式的权力下放；集中式的权力下放，或称平面式的权力下放两种类型。分权制是指行政事务分别由国家及其他行政主体实施，其他行政主体的公务由国家进行法律监督，没有指挥命令权。[④]

（2）两组分类法。第一组，根据取得行政主体资格的法律依据不同，将其分为职权性行政主体和授权性行政主体；第二组，根据行政主体的组织构成和存在的形态不同，分为行政机关、行政机构、公务组织以及社会组织。[⑤]

（3）三组分类法。这也是主流观点，第一组，是根据行政职权的来源不同，分为职权行政主体和授权行政主体；第二组，根据管辖范围不同，分为中央行政主体和地方行政主体；第三组，根据组织结构的差异和行使职权的

---

① ［日］南博方：《行政法（第六版）》，杨建顺译，中国人民大学出版社2009年版，第14页。
② 同上书，第18－19页。
③ 同上书，第19页。
④ 王名扬：《法国行政法》，北京大学出版社2016年版，第32－37页。
⑤ 莫于川主编：《行政法案例研习教程》，中国人民大学出版社2009年版，第58－59页。

对象不同，分为地域行政主体和公务行政主体。[①]

四、行政主体的职权与职责

这一问题，学者们常以不同的视角加以归纳。一般将行政主体的职权分为抽象的权力和具体的权力。抽象的权力主要是行政主体制定行政法规、规章和一般规范性文件的权力；具体的权力主要是其对具体的人或事作出处理、实施行政行为的权力。

（一）行政职权

行政职权是国家行政权的转化形式，是行政主体实施国家行政管理和服务活动的资格及权能。行政职权主要有固有职权和授予职权两大类。固有职权，是依行政主体的依法设立而产生，并随行政主体的消灭而消灭；授予职权，是来自有权机关（如立法机关）的授权行为，授予职权既可因授权机关收回授权而消灭，也可因行政主体的消灭而消灭。有学者总结归纳了行政机关的七项主要职权，即行政立法权、行政命令权、行政处理权、行政监督权、行政裁决权、行政强制权和行政处罚权等。[②]

（二）行政职责

行政职责是行政主体在行使职权过程中必须承担的法定义务。任何行政主体在享有或行使行政职权的同时，必须履行职责。行政职责随行政职权的产生、变更或消灭而发生相应变化。行政职责是义务，不能抛弃或违反，否则将承担相应的法律责任。有学者根据宪法和行政组织法的规定，总结归纳了行政机关的一般职责包括保障国家安全、维护社会秩序、保障和促进经济发展、保障和促进文化进步、健全和发展社会保障与社会福利、保护和改善人类生活环境与生态环境等六项职责。[③]

五、行政主体之间的关系

行政主体之间的关系是指行政主体之间根据法律的规定而具有的在行使

---

① 应松年主编：《行政法与行政诉讼法学》，高等教育出版社2017年版，第75页。

② 姜明安：《行政法》，北京大学出版社2017年版，第168－169页。

③ 同上书，第165－167页。

行政权力、履行行政职责、实施行政活动过程中所形成的法律关系。由于这种关系要由行政法来调整，在实践中非常重要，所以必须加强研究。一般认为，行政主体之间的关系可以分为纵向和横向两类。

（一）行政主体之间的纵向关系

行政主体之间的纵向关系是指在行政组织系统中基于隶属性所形成的上下级行政主体之间的关系。这类关系又可分为两种。

(1) 领导关系。即上下级行政主体之间的命令与服从关系。在领导关系中，上级行政主体享有命令、指挥和监督等项权力，有权对下级行政主体违法或不当的决定等行为予以改变或撤销。下级行政主体负有服从、执行上级行政主体决定、命令的义务，不得违背或拒绝，否则就要承担一定的法律后果。上下级行政主体之间的领导关系具体又有垂直领导关系和双重领导关系两种类型。垂直领导关系中的行政主体，一般只直接接受某个上级行政主体的领导，如地方海关只接受海关总署领导。双重领导关系中的行政主体则要同时接受两个上级行政主体的直接领导，如地方各级公安机关既要接受上级公安机关的领导，又要接受本级政府的领导。

(2) 指导关系。即上下级行政主体之间的一种行业或业务上的指导与监督关系。在指导关系中，上级主管部门享有业务上的指导权和监督权，但没有对下级行政主体的直接命令、指挥权。上下级行政主体之间究竟应实行垂直领导关系、双重领导关系抑或是指导关系，应根据他们的性质及职权要求等来确定，并由行政组织法加以规定。

（二）行政主体之间的横向关系

这是指没有相互隶属关系的行政主体之间，在行政活动中形成的关系。两个行政主体不论是否处于同一级别，只要他们之间不存在隶属关系，都是横向关系。在横向关系中，不存在领导和指导关系。根据宪法和法律的规定，行政主体之间的横向关系大致包括下列类型。

(1) 管辖关系。管辖关系的基础是法定职权的归属。由于各不同部门和地域行政主体的管辖范围不同，形成不同行政主体之间的管辖关系。这种管辖关系包括各级政府部门之间的事务管辖和不同地域政府之间的事务管辖。

（2）公务协作关系。公务协作关系，可以依法划分为两种关系，即法定公务协作关系和自由公务协作关系。前者是指法律、法规等明确规定应当进行的公务协作关系，这种关系中法律规范对公务协作的条件、范围、主体等都作了明确的规定。在法定的范围内，一方行政主体有权请求其他行政主体进行公务协作，被请求的行政主体不能拒绝，否则要承担法律责任。后者是指法律规范没有对公务协作的条件、范围、主体等作明确的规定，对于行政主体的公务协作请求，由请求机关和被请求机关根据具体情况协商解决。

（3）监督制约关系。主要是审计部门、财政部门与同级其他行政部门之间的关系。这种关系是由这些部门享有法定的特定职权决定的。如审计机关受政府首长的直接领导，享有监督其他部门财务工作的职权，故其他行政部门必须予以配合。再如财政部有权监督财税方针政策、法律法规的执行情况；检查反映财政收支管理中的重大问题等，其他各部委也要加以配合。

六、行政主体理论的反思和完善

有的学者从中外行政主体比较的角度进行分析，提出进一步完善我国行政主体理论的看法：一是明确行政主体作为行政法上的独立法律人格的实质含义，将我国行政法学上的行政主体予以正确定位；二是理顺行政法中行政主体、行政机关、行政机关构成人员三者之间的关系；三是全方位、深层次、多角度地研究行政主体理论。①

有的学者认为，我国行政主体存在的缺陷在于行政主体与主体的组织构成相矛盾，与组织的活动不相协调，难以解决违法主体与责任主体的衔接关系及行政违法与行政犯罪的协调关系，也不便于行政诉讼被告的确定。鉴于此，应将行政主体概念修改为：行使行政职权的组织及其个人，并且在此基础上将行政主体划分为名义行政主体、过渡行政主体和实际行政主体。② 当然，也有的学者提出反对意见，认为“名义行政主体”的“名义”完全是多余的。③

---

① 李昕：“中外行政主体理论之比较分析”，载《行政法学研究》1999年第1期。

② 杨解君：“行政主体及其类型的理论界定与探索”，载《法学评论》1999年第5期。

③ 杨海坤：“在探索中前进还是后退——与杨解君商榷”，载《法学评论》1999年第5期。

第二节　行政主体的法律构成

一、行政组织法概述

（一）行政主体设置和运作的原则

宪法是行政主体最根本的法律渊源，其主要条款，构成了行政主体形成的直接依据。1982 年《宪法》确立了行政主体设置和依法行政的基本原则。这主要体现在 1982 年《宪法》第一章总纲和第二章国家机构两章的相关条款中。

（1）人民主权原则（《宪法》第 2 条第 1 款、第 3 款）。国家的一切权力属于人民，自然政府的权力也属于人民。人民有权通过各种途径参与行政事务的管理。

（2）人民代表大会至上原则（《宪法》第 3 条第 3 款）。行政机关由权力机关产生并受其监督原则。所有国家行政机关都由权力机关产生，中央行政机关是通过间接方式由全国人民代表大会决定。地方行政机关由地方权力机关选举产生。这是处理行政机关与权力机关相互关系的根本准则。

（3）央地职权适当分权原则（《宪法》第 3 条第 4 款）。《宪法》规定，“遵循在中央的统一领导下，充分发挥地方的主动性、积极性的原则”。这当然包括对行政机关设置的原则性规定，即在中央政府统一领导下，充分发挥地方政府的主动性和积极性，一些行政事务宜由地方政府管理的，就交由地方政府管理。

（4）机构精简原则（《宪法》第 27 条第 1 款）。《宪法》规定，“一切国家机关实行精简的原则，实行工作责任制……”行政机关也要实行精简原则，行政机关的设置必须符合宪法的这一原则规定。

（5）接受人民监督原则（《宪法》第 27 条第 2 款），行政主体要倾听人民的意见和建议，为人民服务。《宪法》规定，“一切国家机关和国家

机关工作人民必须依靠人民的支持……接受人民的监督，努力为人民服务”。

（二）《宪法》中有关中央行政机关的条款

（1）国务院的性质、组成及首长负责制。①国务院即中央人民政府，是最高国家权力机关的执行机关，是最高国家行政机关。②人员组成：国务院由总理，副总理若干人，国务委员若干人，各部部长，各委员会主任，审计长，秘书长组成，即组成国务院全体会议成员。③首长负责制。国务院实行总理负责制。各部、各委员会实行部长、主任负责制。

（2）国务院的职权。《宪法》第89条规定了国务院行使的18项职权，包括根据宪法和法律，规定行政措施，制定行政法规，发布决定和命令；统一领导全国地方各级国家行政机关的工作，规定中央和省、自治区、直辖市的国家行政机关的职权的具体划分；领导和管理教育、科学、文化、卫生、体育和计划生育工作；领导和管理民政、公安、司法行政等工作。这些职权都是立法者制定《国务院组织法》的基本依据。根据该条的规定，国务院的职权分为专门职权和授予的职权两类，前一类是宪法明确规定了的，后一类是第18项职权，即全国人民代表大会的授权，这种授权也要遵守宪法的原则性规定，即凡由最高权力机关行使的职权不应授予国务院。

（3）国务院各部委。《宪法》第90条规定，“国务院各部部长、各委员会主任负责本部门的工作；召集和主持部务会议或者委员会会议、委务会议，讨论决定本部门工作的重大问题。各部、各委员会根据法律和国务院的行政法规、决定、命令，在本部门的权限内，发布命令、指示和规章”，这是宪法对国务院部门的组织和职权的原则性规定。

（4）国务院审计署的宪法地位。《宪法》第91条规定：“国务院设立审计机关，对国务院各部门和地方各级政府的财政收支，对国家的财政金融机构和企业事业组织的财务收支，进行审计监督。审计机关在国务院总理领导下，依照法律规定独立行使审计监督权，不受其他行政机关、社会团体和个人的干涉。”审计机关直接接受国务院总理的领导，并对其他行政机关等行使审计监督权。

（三）《宪法》中有关地方行政机关的条款

1. 普通地方行政机关

（1）性质、体制和任期。《宪法》第 105 条至第 106 条规定：一般地方行政机关的性质是地方权力机关的执行机关，其任期为五年。各级地方政府实行首长负责制（省长、市长、县长、区长、乡长、镇长负责制）。

（2）各级地方政府职权。《宪法》第 107 条规定："县级以上地方各级人民政府依照法律规定的权限，管理本行政区域内的经济、教育、科学、文化、卫生、体育事业、城乡建设事业和财政、民政、公安、民族事务、司法行政、计划生育等行政工作，发布决定和命令，任免、培训、考核和奖惩行政工作人员。乡、民族乡、镇的人民政府执行本级人民代表大会的决议和上级国家行政机关的决定和命令，管理本行政区域内的行政工作。省、直辖市的人民政府决定乡、民族乡、镇的建置和区域划分。"由此，地方各级政府在本辖区范围内享有广泛的行政管理职权。

（3）对于县级以上政府工作部门的规定。《宪法》第 108 条规定："县级以上的地方各级人民政府领导所属各工作部门和下级人民政府的工作，有权改变或者撤销所属各工作部门和下级人民政府的不适当的决定。"这是在原则上规定了地方政府与其工作部门的关系，即领导和被领导的关系。

（4）审计机关的宪法地位。《宪法》第 109 条规定："县级以上的地方各级人民政府设立审计机关。地方各级审计机关依照法律规定独立行使审计监督权，对本级人民政府和上一级审计机关负责。"由此可以看出，《宪法》规定对地方审计机关实行双重领导。

（5）中央政府与地方各级政府的关系。《宪法》第 110 条第 2 款规定："地方各级人民政府对上一级国家行政机关负责并报告工作。全国地方各级人民政府都是国务院统一领导下的国家行政机关，都服从国务院。"由此，地方政府与上级政府是垂直领导关系，全国各级地方政府，都服从国务院的领导。

2. 民族自治地方的行政机关

《宪法》第 114 条规定："自治区主席、自治州州长、自治县县长由实行

区域自治的民族的公民担任。”《宪法》第 115 条规定：“自治区、自治州、自治县的自治机关行使宪法第三章第五节规定的地方国家机关的职权，同时依照宪法、民族区域自治法和其他法律规定的权限行使自治权，根据本地方实际情况贯彻执行国家的法律、政策”。由此，民族自治地方的行政机关享有一般行政机关的职权，同时还享有宪法和法律特别规定的职权。

二、行政主体的法律类型

根据《国务院组织法》《地方各级人大和地方各级人民政府组织法》和《中华人民共和国民族区域自治法》等法律，以及相关单行法律的关于行政主体的规定，我国行政主体一般分为行政机关、法律法规授权的组织和委托的组织三大类行政主体法律类型。

（一）行政机关

1. 中央行政机关

中央行政机关，是国务院和国务院所属各工作部门的总称。包括国务院、国务院各部委和国务院特殊机构三大部分。

（1）国务院组成及职权，具备行政主体资格。《国务院组织法》第 2 条第 1 款规定，国务院组成人员包括总理、副总理、国务委员、各部部长、各委员会主任、审计长和秘书长。国务院实行总理负责制。总理领导国务院的工作，副总理、国务委员协助总理工作。

国务院工作中的重大问题，须经国务院常务会议或者全体会议讨论决定。总理召集和主持国务院常务会议和国务院全体会议。

国务院的职权，可以分为基本职权和专门职权。国务院统一领导各部和各委员会的工作，并且领导不属于各部和各委员会的全国性的行政工作，统一领导全国及地方各级国家行政机关的工作。

国务院办公机构，即国务院办公厅，没有独立的行政职权，不具有行政主体资格。

（2）国务院各部委及职权。国务院各部委是国务院领导下主管特定国家行政事务的行政机构，依法分别履行国务院的基本行政管理职能，包括各部、各委员会、中国人民银行和国家审计署。国务院各部委是中央主要的行政主体。目前，经过多次机构改革，至2018年3月，国务院各部委除国务院办公厅之外，共有包括国家发展和改革委员会、国家安全部、生态环境部、退役军人事务部、中国人民银行、财政部、自然资源部、国家卫生健康委员会、应急管理部和审计署等在内的26个部委（简称部委行署），它们均具备行政主体资格，并有规章制定权。

国务院各部设部长一人，副部长二至四人；各委员会设主任一人，副主任二至四人，委员五至十人；实行部长、主任和审计长、行长负责制。部长、主任领导本部门的工作，召集、主持部务会议、委务会议和委员会会议。

国务院组成部门主要通过对它所管理的国家行政机构工作中的重大方针政策、工作部署等事项实施管理，并对国务院负责。国务院组成部门工作中的方针、政策、计划和重大行政措施，应向国务院请示报告，由国务院决定。根据法律和国务院的决定，国务院组成部门可以在本部门的权限内发布命令、指示和规章。

（3）国务院特殊机构。根据《国务院组织法》第8条和第11条的规定，国务院可根据工作需要和精简原则，设立若干直属机构和办事机构。国务院特殊机构包括国务院直属机构、国务院办事机构、国务院组成部门管理的国家行政机构和国务院直属事业单位及特设机构。

第一，国务院直属特设机构（1个），即国有资产监督管理委员会，具有行政主体资格。

第二，国务院直属机构（10个），是国务院主管某项专门业务的行政机构，具有独立的行政管理职能，具备行政主体资格，并有规章制定权。

第三，国务院办事机构（2个），是协助国务院总理办理专门事项的行政机构，不具有独立的行政管理职能。

第四，国务院直属事业单位（10个），一般不具有独立的行政管理职能，不具有行政主体资格，法律、行政法规授权行使职权的除外。

第五，国务院部委管理的国家局（16个），即国务院组成部门管理的国家行政机构，由国务院组成部门管理，主管特定业务，行使行政管理职能。它们不是该主管部门的内设机构，具有行政主体资格，但不具有规章制定权。

（4）国务院机构的设立、撤销或者合并规则。根据《国务院组织法》第8条的规定，国务院组成部门的设立、撤销或者合并，由国务院机构编制管理机关提出方案，经国务院常务会议讨论通过后，由国务院总理提请全国人民代表大会决定。在全国人民代表大会闭会期间，提请全国人民代表大会常务委员会决定。

2. 地方行政机关

根据《地方各级人大和地方各级人民政府组织法》的规定，地方政府分为三种形态：一是直辖市—区的结构；二是直辖市—区、县、自治县—乡、民族乡、镇的结构；三是省、自治区—设区的市（行政公署）—县、市—乡、民族乡、镇的结构。形成目前我国地方政府的复杂结构。

为此，地方行政主体可以作如下划分：地方各级政府、地方政府的工作部门、地方政府的派出机关、地方政府的内设机构和议事协调机构、工作部门的内设机构和派出机构。

（1）地方各级政府。地方政府是综合性行政机关，实行条条管辖，垂直领导。《地方各级人大和地方各级人民政府组织法》对地方人民政府的性质和地位作出了下述规定："地方各级人民政府是地方各级人民代表大会的执行机关，是地方各级国家行政机关。"（第54条）"地方各级人民政府对本级人民代表大会和上一级国家行政机关负责并报告工作。县级以上的地方各级人民政府在本级人民代表大会闭会期间，对本级人民代表大会常务委员会负责并报告工作。全国地方各级人民政府都是国务院统一领导下的国家行政机关，都服从国务院。"（第55条第1、2款）

《地方各级人大和地方各级人民政府组织法》的这两项规定中的第一项规定即明确了地方各级人民政府的性质——地方各级人大的执行机关和国家行政机关；第二项规定确定了地方各级人民政府与本级人大、本级人大常委会的关系，与国务院的关系以及上下级国家行政机关相互之间的关系——分别为向其负责和报告工作的关系、接受统一领导的关系以及领导与被领导、下级向上级负责并报告工作的关系。

地方各级人民政府由正副职政府首长和各政府工作部门负责人组成。省、州级人民政府组成人员包括秘书长，乡镇人民政府则只设乡、镇长，副乡、镇长，而不再设专门工作部门。地方各级人民政府均实行首长负责制。

地方各级人民政府的职权，分为基本职权和专门职权。前者由《地方各级人大和地方各级人民政府组织法》规定，后者由单行法律、法规根据需要规定。《地方各级人大和地方各级人民政府组织法》分别规定了县级以上地方人民政府的职权（共10项），省级政府、地级市政府的制定规章权，[①] 乡镇人民政府的职权（共7项）。

（2）地方政府的工作部门。工作部门是专门性行政机关。县级以上地方人民政府的工作部门主要有：财政、公安、民政、司法、文化、交通和教育等委员会、厅、局（科）。各地方政府根据本地区行政管理的实际需要，按照有关程序设立其他必要的行政机构。

《地方各级人大和地方各级人民政府组织法》第64条第3、4款规定："省、自治区、直辖市的人民政府的厅、局、委员会等工作部门的设立、增加、减少或者合并，由本级人民政府报请国务院批准，并报本级人民代表大会常务委员会备案。自治州、县、自治县、市、市辖区的人民政府的局、科等工作部门的设立、增加、减少或者合并，由本级人民政府报请上一级人民政府批准，并报本级人民代表大会常务委员会备案。"

省、自治区、直辖市人民政府的各工作部门接受本级人民政府的统一领导，并且依照法律或者行政法规的规定受国务院主管部门的业务指导或者领导；自治州、县、自治县、市、市辖区人民政府的各工作部门受本级人民政府统一领导，并且依照法律或者行政法规的规定受上级人民政府主管部门的业务指导或者领导。

第一，部分工作部门为本级地方政府组成部门，实行条块管辖和双重领导，如县公安局接受本级政府（县政府）的统一领导，并且受上级主管部门（市公安局）的业务指导或领导。

第二，另一部分工作部门不属于本级地方政府的组成部门，实行条条管辖和垂直领导，如全国垂直领导的国税、海关、金融和外汇管理等部门，

① 《中华人民共和国立法法》（以下简称《立法法》）（2015）将制定规章权的主体已扩大到所有设区的市的政府。

以及省以下垂直领导的地税、工商、质量监察、药品监督和国土资源等部门。

（3）地方政府的派出机关。派出机关是由有权地方人民政府在一定行政区域内设立，代表设立机关管理该行政区域内各项行政事务的行政机构。根据《地方各级人大和地方各级人民政府组织法》第68条的规定，派出机关有三类：第一类是省、自治区人民政府设立的派出机关（行政公署），设立的主要条件是“在必要的时候”和“经国务院批准”；第二类是县、自治县的人民政府设立的区公所，设立的主要条件是“在必要的时候”和“经省、自治区、直辖市的人民政府批准”；第三类是市辖区、不设区的市的人民政府设立的街道办事处，设立的主要条件是“经上一级人民政府批准”。派出机关具有行政主体资格。

（4）地方政府的派出机构。派出机构是由有权地方人民政府的职能部门在一定行政区域内设立，代表该设立机构管理该行政区域内某一方面行政事务的行政机构。部门行政法根据有关行政领域的具体情况对派出机构的设置和职权作出规定，例如，《中华人民共和国治安管理处罚法》（以下简称《治安管理处罚法》）对公安派出所职权的规定。

派出机构的法律地位包括三种：一是由法律、法规、规章授权，在授权范围之内作出一定的行政行为时是有行政主体资格的（如根据《治安管理处罚法》第91条的授权，公安派出所有权作出的警告、500元以下罚款的治安处罚）。二是接受行政机关委托作出行政行为。此时派出机构不是行政主体，没有资格以自己的名义行使权力，不能独立承担法律责任，应当以行政机关为被申请人或被告。三是根据相关司法解释，将内设机构和派出机构越权的情形分为幅度越权和种类越权，并分别确定责任主体。

（5）地方政府的内设机构。地方政府的内设机构有两种类型，地方各级政府的内设机构和工作部门的内设机构。行政机关内部总是由一些机构组成，即内设机构。这些内部机构除非得到法律、法规、规章的特别授权，一般不能成为行政主体，既不能以自己的名义行使行政权力，也不能独立承担相应的法律责任。

（二）法律、法规授权的组织

法律、法规授权的组织指依具体法律、法规授权而行使特定行政职能的非国家机关组织。根据有关法律、法规的规定，这种社会组织大致有以下几类。

1. 基层群众性自治组织

基层群众性自治组织是《宪法》第111条确认的，分别在城市和农村按居住地区设立的基层群众性自治组织，包括居民委员会和村民委员会两种组织形式。这两种自治组织一般不具有行政主体的资格。根据《中华人民共和国城市居民委员会组织法》（以下简称《城市居民委员会组织法》）和《中华人民共和国村民委员会组织法》（以下简称《村民委员会组织法》）的授权行使一些行政职权。

《城市居民委员会组织法》（法律）第3条授权居民委员会办理本居住地区居民的公共事务和公益事业，调解民间纠纷，协助维护治安，协助人民政府或者它的派出机关做好与居民利益有关的公共卫生、优抚救济、青少年教育等项工作。

《村民委员会组织法》（法律）第2条、第4条和第5条授权村民委员会办理本村的公共事务和公益事业，调解民间纠纷，协助维护社会治安；协助乡、民族乡、镇的人民政府开展工作；依照法律规定，管理本村属于村农民集体所有的土地和其他财产，保护和改善生态环境等。

2. 行政机关的内设机构和派出机构

行政机关内设机构，系指独立机构的内部组织，又称内部机构。这两种机构一般不具有行政主体资格，但法律授权其行使若干行政职权，在法律授权的范围内行使职权，具有行政主体资格。

例如，《中华人民共和国税收征收管理法》（以下简称《税收征收管理法》）（法律）第14条授权“税务所”行使与“税务机关”相同的征税职权。

《治安管理处罚法》（法律）第91条授权公安派出所，直接行使一定的行政处罚权，即警告和500元以下的罚款。由此，公安派出所获得了在此范围内的行政主体资格。

《中华人民共和国动物防疫法》（以下简称《动物防疫法》）（法律）第 8 条授权“县级以上地方人民政府设立的动物卫生监督机构依照本法规定，负责动物、动物产品的检疫工作和其他有关动物防疫的监督管理执法工作”。这里所说的“植物检疫机构”和“动物卫生监督机构”就是法律法规授权的组织，这些机构一般不是行政机关。

《植物检疫条例》（行政法规）第 3 条授权县级以上地方各级农业主管部门、林业主管部门所属的植物检疫机构，负责执行国家的植物检疫任务。

3. 企业事业组织

企业事业组织[①]是指国有企业、集体所有制企业、私营企业、股份制企业、外商及港澳台投资企业等不同经营形式的企业，以及属于事业单位性质的各种组织、机构。法律法规授权这些组织行使一定的行政职权的情况比较多。大致有以下几种情况。

《教育法》（法律）第 29 条授权公立学校及其他公立教育机构招收学生或者其他受教育者，对受教育者进行包括开除学籍等的处分，对受教育者颁发学业证书，聘任教师、职工以及对其实施处分等。这些职权大多具有行政性的特征。

《中华人民共和国学位条例》（以下简称《学位条例》）（法律）第 8 条第 1 款规定，学士学位，由国务院授权的高等学校授予；硕士学位、博士学位，由国务院授权的高等学校和科学研究机构授予。

《城市生活无着的流浪乞讨人员救助管理办法》（行政法规）第 2 条规定，“县级以上城市人民政府应当根据需要设立流浪乞讨人员救助站。救助站对流浪乞讨人员的救助是一项临时性社会救助措施”。救助站是实施临时救助的行政主体。该法第 6 条至第 15 条赋予救助站对流浪乞讨人员实施若干救助措施的义务。为此，救助站就是被行政法规授权的实施救助管理的行政主体。

《中华人民共和国烟草专卖法》（以下简称《烟草专卖法》）（法律）第

① 《国家统计局关于〈统计法〉第二十七条中“企业事业组织”认定的复函》（国统字〔1998〕70 号）（2017 年 12 月 21 日已失效）。

14 条第 2 款授权“全国烟草总公司根据国务院计划部门下达的年度总产量计划向省级烟草公司下达分等级、分种类的卷烟产量指标。省级烟草公司根据全国烟草总公司下达的分等级、分种类的卷烟产量指标，结合市场销售情况，向烟草制品生产企业下达分等级、分种类的卷烟产量指标。烟草制品生产企业可以根据市场销售情况，在该企业的年度总产量计划的范围内，对分等级、分种类的卷烟产量指标适当调整”。这些职权都具有行政管理的性质。

《中华人民共和国人民币管理条例》（行政法规）第 33 条授权“办理人民币存取款业务的金融机构发现伪造、变造的人民币……数量较少的，由该金融机构两名以上工作人员当面予以收缴，加盖‘假币’字样的戳记，登记造册，向持有人出具中国人民银行统一印制的收缴凭证，并告知持有人可以向中国人民银行或者向中国人民银行授权的国有独资商业银行的业务机构申请鉴定……”

随着改革的深入，相对于事业组织而言，法律、法规已经逐步缩减授权企业组织行使行政职权。如 2013 年成立了中国铁路总公司，原铁道部转为国家铁路局，成为交通运输部管理的国家局，是行政机关，与企业分开，《铁路法》规定的铁路运输企业行使的部分行政管理职权已经失效。

4. 行业组织

行业组织是指由作为行政相对人的公民、法人或其他组织在自愿基础上，基于共同的利益要求所组成的一种民间性、非营利性的社会团体，主要是各种行业协会。这些行业组织在法律法规授权的情况下，管理本行业广泛的行政事务，行使某些行政管理权。

《中华人民共和国注册会计师法》（法律）授权注册会计师协会行使一些行政管理权。该法第 7 条授权中国注册会计师协会组织实施注册会计师资格考试的职权；第 9 条第 1 款授权省、自治区、直辖市注册会计师协会受理和办理符合条件的注册会计师注册事宜；第 12 条授权注册会计师协会颁发由国务院财政部门统一制定的注册会计师证书的职权；第 13 条授权注册会计师协会撤销注册，收回注册会计师证书等职权。

《中华人民共和国律师法》（法律）第 46 条第 1 款授权律师协会行使多项行政职权，包括保障律师依法执业，维护律师的合法权益；制定行业

规范和惩戒规则；组织律师业务培训和职业道德、执业纪律教育，对律师的执业活动进行考核；对律师、律师事务所实施奖励和惩戒；受理对律师的投诉或者举报，调解律师执业活动中发生的纠纷，受理律师的申诉等。当然，该条第 2 款也规定，“律师协会制定的行业规范和惩戒规则，不得与有关法律、行政法规、规章相抵触”。

《中华人民共和国拍卖法》（以下简称《拍卖法》）（法律）第 16 条授权拍卖行业协会统一组织拍卖师资格考核，经考核合格的，由拍卖行业协会发给拍卖师资格证书。该法第 17 条授权拍卖行业协会“对拍卖企业和拍卖师进行监督”。

总的来看，法律、法规授权的企业事业组织一般是国有的公用企业、金融企业和全国性总公司等。如公用企业包括邮电、煤气公司和自来水公司等，它们也被授权实施一部分行政职能。法律、法规授权组织的范围较为广泛，且不是固定不变的。根据国家行政管理的需要，法律、法规对授权的对象经常会有所调整。

5. 工青妇等社会团体

工会、共青团和妇女联合会是我国目前三大社会团体，相关法律、法规授权这些社会团体行使部分行政职权。如《中华人民共和国工会法》（法律）第三章授权工会多项职权，保护职工的合法权益。如有权对企业、事业单位侵犯职工合法权益的问题进行调查；有权参加职工因工伤亡事故和其他严重危害职工健康问题的调查处理，向有关部门提出处理意见，并有权要求追究直接负责的主管人员和有关责任人员的责任；参加企业的劳动争议调解工作等。

（三）行政机关委托的组织

1. 行政机关委托组织的概念

行政机关委托的组织是指受行政机关委托行使一定行政职能的非国家行政机关的组织。该组织以委托机关的名义在委托事项范围内从事行政管理活动。

首先，被委托的组织不是行政机关或其他国家机关，它们的基本职能不是行使行政职权或其他国家职权，而是从事其他非国家职能性质的活动，如生产活动、经营活动、科研活动。行政机关虽然也可以在本系统内相互委托，如上级行政机关委托下级行政机关行使某种职能，甲地行政机关委托乙地行政机关办理某种事项等，但这种委托是行政机关系统内的相互协作。不同于行政机关对非国家机关的组织的委托，被委托的机关、机构、单位不属于被委托组织。

其次，被委托的组织仅能根据委托行使一定的行政职权，而不能行使一般的行政职权。所谓“一定的行政职权”，指委托行政机关委托其行使的并且依据法理是允许委托其他组织行使的某种行政职权。有些行政职权，根据法理是不允许委托非行政机关的组织行使的，如行政立法权、对行政相对人实施涉及其人身自由的行政处罚或行政强制措施权，颁发营业执照或其他重要许可证照权。

最后，被委托的组织行使一定的行政职权是基于行政机关的委托，而非基于法律、法规的授权。因此，其行使职权是以委托行政机关的名义，而不是以被委托组织自己的名义进行，其行为对外的法律责任也不是由其本身承担，而是由委托行政机关承担。

2. 被委托组织的条件

被委托组织的条件通常由具体法律、法规规定。例如，《行政处罚法》规定，行政机关依照法律、法规或者规章的规定，可以在其法定权限内委托其他组织实施行政处罚，但受委托的组织必须符合以下条件：（1）属于依法成立的管理公共事务的事业组织；（2）具有熟悉有关法律、法规、规章和业务的工作人员；（3）对违法行为需要进行技术检查或者技术鉴定的，应当有条件组织进行相应的技术检查或者技术鉴定。

三、我国行政组织法的体系及完善

（一）我国行政组织法体系

目前，我国行政组织法体系包括两部法律，一是《国务院组织法》，现行国务院组织法是1982年第五届全国人民代表大会第五次会议通过的，该法共11条；二是《地方各级人大和地方各级人民政府组织法》，该法自1979年全国人大制定颁布以来，经过多次修改，最近的一次修改是2015年的第五次修改，该法共69条。

（二）完善行政组织法体系

根据民主和法治的原则，任何行政机关的存在和运作，都必须有组织法的根据，有人民代表机关的授权。即使不是常设的和实体性机关，如协调性的委员会①、联合执法机构，只要行使行政职权，均应有相应的组织法律、法规规范其组织职权和基本活动方式。从中央来看，国务院的部、委、直属机构均无相应的组织法律或条例；从地方来看，省、市、县、乡、镇等均无单独的行政组织法给予规范。这种情况不仅与民主、法治原则相悖，而且也使我国历次政府机构改革成效甚微，以致精简—膨胀—再精简—再膨胀，最后机构重叠、人浮于事、效率低下，是政府财政变成“吃饭财政”的重要原因。因此，为了建设法治政府和高效政府，必须加强和完善我国的行政组织法建设。

任何国家的行政组织法体系与该国的行政机关体系应是一致的。因此，就整体而言，行政组织法体系应包括中央行政组织法和地方行政组织法两大部分。中央行政组织法又包括中央人民政府（国务院）组织法和中央人民政府工作部门（部、委、直属机构、办公机构等）组织法（或组织条例）。地方人民政府组织法则包括省、自治区、直辖市、设区的市、自治州、县级市、县、自治县、乡、民族乡、镇等各级人民政府的组织法。

构建完整的行政组织法体系是赋予立法者的急迫任务。这包括一方面要完善和修改现有组织法，主要是国务院组织法；另一方面要充实行政组织法的结构。其中包括创制如下法律：（1）行政组织基本法，一是中央各部委组织法；二是地方政府组织法（省政府组织法、市政府组织法、县政府组织法、乡镇政府组织法）；（2）行政组织设置编制法，一是中央各行政机关设置编制法，二是地方各级政府设置编制法；（3）社会自治组织法，如行业组织法、社会团体法等实现公民社会自治的基本法律。

① 国务院和地方政府均设有多种协调性的委员会、办公室，如主管防灾、绿化、科教、编制、精神文明建设以及打击各种违法行为（黄、非、毒、私等）的协调性机构。

第三节　行政主体的实务案例

【典型案例】

案例2.1　乔某某诉铁道部铁路旅客票价管理案①

【基本案情】1999年11月8日，国家计划委员会以计价格〔1999〕1862号文件向国务院请示关于对部分旅客列车运价实行政府指导计价的有关问题。在该请示中请示了“允许部分铁路客运票价适当浮动”，包括“允许客流较大线路、经济发达地区线路和春运、暑运、节假日客运繁忙线路的铁路旅客票价适当上浮”等问题，并请示拟将原由国务院行使的制定和调整铁路客运票价的审批权部分授予国家计划委员会的有关问题，包括“跨局行驶的旅客列车，由铁道部负责确定浮动的区域、线路和时间，报国家计划委员会批准后实施”等请求授予权限的问题。1999年11月，国务院以〔1999〕办1862号请示，以铁财函〔2000〕25号《关于报批部分旅客列车政府指导价实施方案的函》向国家计划委员会上报，拟定对部分旅客列车实行政府指导价，其中包括在春运期间实行票价上浮的有关实施方案，如涨价起止时间、涉及的铁路局、涨价条件及幅度等。2000年11月8日，国家计划委员会依据国务院的授权，以计价格〔2000〕1960号《关于部分旅客列车票价实行政府指导价有关问题的批复》批准了铁道部的上述实施方案。2000年12月21日，铁道部根据国家计划委员会计价格〔2000〕1960号批复作出通知。该通知确定2001年春节前10天（1月13日至1月22日）及春节后23天（1月26日至2月17日）北京铁路局、上海铁路局、广州铁路（集团）公司等始发的部分直通列车实行票价上浮20%—30%。为此，乔某某于2001年1月17日、22日分别购买的2069次列车到磁县、邯郸的车票共计多支付9元。乔某某认为，铁道部通知的作出违反法定程序，依据《铁路法》《价格法》有关规定，制定火车票价应报经国务院批准，而铁道部未经该程序审批，同时，依据

① 北京市高级人民法院行政判决书（2001）年高行终字第39号。

《价格法》有关规定，票价上浮应召开价格听证会，而铁道部未召开听证会，故请求法院判决撤销通知。

【本案争议点】（1）如何认识铁道部的主体资格；（2）铁道部的通知的性质属于抽象行政行为还是具体行政行为。

【法律简析】我们认为，铁道部（现改“国家铁路局”为交通运输部管理的国家局）原来是国务院的一个部，是中央行政机关中最主要的行政主体之一，并有制定部门规章的权力。本案中，原铁道部以“通知”的形式，对铁路旅客票价进行调整，从以下几方面可以看出，原铁道部的这一行为是属于行政行为，而非具有普遍约束力的行政命令。第一，下发通知对象的特定性，通知明确针对六个铁路局发布；第二，该行为所指向的对象的性质，该通知指向的六个地方铁路局是企业，是行政管理的相对人；第三，该通知行为的性质是执法行为，不是行政立法行为；第四，该通知行为的效力，对地方铁路企业运输经营产生了实际影响，并使部分消费者产生直接损失；第五，该通知是整体决定，通过一次行为完成，而不是反复适用的。

【分析结论】通过以上分析，可以得出该通知属于具体行政行为。

案例 2.2　田永诉北京科技大学拒绝颁发毕业证、学位证案①

【基本案情】田永于1994年9月考取北京科技大学，取得本科生的学籍。1996年2月29日，田永在电磁学课程的补考过程中，随身携带写有电磁学公式的纸条。考试中，去上厕所时纸条掉出，被监考教师发现，当即停止了田永的考试。

北京科技大学制定的《关于严格考试管理的紧急通知》（校发〔94〕第068号，以下简称第068号通知）规定，凡考试作弊的学生一律按退学处理，取消学籍。据此该校于1996年3月5日认定田永的行为属作弊行为，并作出退学处理决定。同年4月10日，被告填发了学籍变动通知，但退学处理决定和变更学籍的通知未直接向田永宣布、送达，也未给田永办理退学手续，田永继续以该校大学生的身份正常学习及参加学校组织的活动。1996年9月，

---

① 最高人民法院指导案例38号（最高人民法院审判委员会讨论通过，2014年12月25日发布）。

被告为田永补办了学生证，之后每学年均收取田永交纳的教育费，并为田永进行注册、发放大学生补助津贴，安排田永参加了大学生毕业实习设计，并且其论文指导教师领取了学校发放的毕业设计结业费。田永还以该校大学生的名义参加考试，先后取得了大学英语四级、计算机应用水平测试 BASIC 语言成绩合格证书。被告对原告在该校的四年学习中成绩全部合格，通过毕业实习、毕业设计及论文答辩，获得优秀毕业论文及毕业总成绩为全班第九名的事实无争议。

1998 年 6 月，田永所在院系向被告报送田永所在班级授予学士学位表时，被告有关部门以田永已按退学处理、不具备北京科技大学学籍为由，拒绝为其颁发毕业证书，进而未向教育行政部门呈报田永的毕业派遣资格表。田永所在院系认为原告符合大学毕业和授予学士学位的条件，但由于当时原告因毕业问题正在与学校交涉，故暂时未在授予学位表中签字，待学籍问题解决后再签。被告因此未将原告列入授予学士学位资格的名单交该校学位评定委员会审核。因被告的部分教师为田永一事向原国家教育委员会申诉，原国家教育委员会高校学生司于 1998 年 5 月 18 日致函被告，认为被告对田永违反考场纪律一事处理过重，建议复查。同年 6 月 10 日，被告复查后，仍然坚持原结论。田永认为自己符合大学毕业生的法定条件，北京科技大学拒绝给其颁发毕业证、学位证是违法的，遂向北京市海淀区人民法院提起行政诉讼。

【本案争议点】（1）如何认识北京科技大学的行政主体资格；（2）对于该案应如何处理。

【法律简析】法院生效裁判认为：根据我国法律、法规规定，高等学校对受教育者有进行学籍管理、奖励或处分的权力，有代表国家对受教育者颁发学历证书、学位证书的职责。高等学校与受教育者之间属于教育行政管理关系，受教育者对高等学校涉及受教育者基本权利的管理行为不服的，有权提起行政诉讼，高等学校是行政诉讼的适格被告，即北京科技大学是属法律授权的组织。

高等学校依法具有相应的教育自主权，有权制定校纪、校规，并有权对在校学生进行教学管理和违纪处分，但是其制定的校纪、校规和据此进行的教学管理和违纪处分，必须符合法律、法规和规章的规定，必须尊重和保护当事人的合法权益。本案原告在补考中随身携带纸条的行为属于违反考场纪律的行为，被告可以按照有关法律、法规、规章及学校的有关规定处理，但其对原告作出退学处理决定所依据的该校制定的第068号通知，与《普通高等学校学生管理规定》第29条规定的法定退学条件相抵触，故被告所作退学处理决定违法。

退学处理决定涉及原告的受教育权利，为充分保障当事人权益，从正当程序原则出发，被告应将此决定向当事人送达、宣布，允许当事人提出申辩意见。而被告既未依此原则处理，也未实际给原告办理注销学籍、迁移户籍、档案等手续。被告于1996年9月为原告补办学生证并注册的事实行为，应视为被告改变了对原告所作的按退学处理的决定，恢复了原告的学籍。被告又安排原告修满四年学业，参加考核、实习及毕业设计并通过论文答辩等。上述一系列行为虽系被告及其所属院系的部分教师具体实施，但因它们均属职务行为，故被告应承担上述行为所产生的法律后果。

国家实行学历证书制度，被告作为国家批准设立的高等学校，对取得普通高等学校学籍、接受正规教育、学习结束达到一定水平和要求的受教育者，应当为其颁发相应的学业证明，以承认该学生具有的相当学历。原告符合上述高等学校毕业生的条件，被告应当依《教育法》第29条第1款第5项及《普通高等学校学生管理规定》第34条的规定，为原告颁发大学本科毕业证书。

国家实行学位制度，学位证书是评价个人学术水平的尺度。被告作为国家授权的高等学校学士学位授予机构，应依法定程序对达到一定学术水平或专业技术水平的人员授予相应的学位，颁发学位证书。依《中华人民共和国学位条例暂行实施办法》（以下简称《学位条例暂行实施办法》）第4条、第5条、第18条第3项规定的颁发学士学位证书的法定程序要求，被告首先应组织有关院系审核原告的毕业成绩和毕业鉴定等材料，确定原告是否已较好地掌握本门学科的基础理论、专业知识和基本技能，是否具备从事科学研究工作或担负专门技术工作的初步能力；再决定是否向学位评定委员会提名列入学士学位获得者的名单，学位评定委员会方可依名单审查通过后，由被告对原告授予学士学位。

【裁判结果】（1）北京科技大学在判决生效之日起30日内向田永颁发大学本科毕业证书；（2）北京科技大学在判决生效之日起60日内组织该校有关院、系及学位评定委员会对田永的学士学位资格进行审核；（3）北京科技大学于判决生效后30日内履行向当地教育行政部门上报有关田永毕业派遣的有关手续的职责；（4）驳回田永的其他诉讼请求。

【同类案例】

案例2.3　点头隆胜石材厂不服福鼎市人民政府行政扶优扶强措施案①

【本案争议点】福鼎市人民政府属于哪一类行政主体，其作出的行政扶优扶强措施是否合法。

【法律简析】地方各级人民政府都具有行政主体资格，福鼎市人民政府是地市级人民政府，当然具有行政主体资格，其所实施的行为如果侵犯了公民、法人和其他组织的合法权益，可以作为行政诉讼的被告。那么，福鼎市人民政府的行政行为是否侵害了相对人——点头隆胜石材厂的合法权益？

本案中，福鼎市人民法院认为该文件未明确对原告点头隆胜石材厂确定权利与义务，但却通过强制干预福建玄武石材有限公司的销售办法，直接影响到点头隆胜石材厂的经营权利，属于侵犯经营自主权，原告可以提起诉讼。但是，在本案中，政府下发的14号文件实质上是破坏了公平竞争的社会经济秩序，属于侵犯了公平竞争权。侵犯公平竞争权是否属于具体行政行为，是否具有可诉性，是本案的焦点。既然法条没有具体列举出来，可以根据具体行政行为的内涵去判定。具体行政行为针对特定的对象与特定的行为，本案中，依据政府下发的14号文件，第三人福建玄武石材加工企业行将全市的玄武岩荒料只供应给22家扶优企业，造成点头隆胜石材厂逐年减产，对象与行为都具有特定性。因此，政府的行为应属于具体行政行为，属于人民法院行政诉讼的受案范围，点头隆胜石材厂有权提起行政诉讼。

【裁判结果】判决确认被告福建省福鼎市人民政府于2001年3月13日作出的鼎政办〔2001〕14号文件违法。

---

①《最高人民法院公报》2001年第6期。

案例 2.4　张某某诉涞源县涞源镇人民政府土地行政确认案[①]

【本案争议点】涞源镇人民政府是否有权对荒地承包经营权争议进行处理。

【法律简析】法院认为，根据国土资源部2010年颁布的《土地权属争议调查处理办法》第14条的规定，农村土地承包经营权争议案件不作为土地权属争议案件受理。本案王某某与张某某之间属于荒地承包经营权争议，而非土地所有权和使用权争议。根据《中华人民共和国农村土地承包法》第51条的规定，因土地承包经营发生纠纷的，双方当事人可以通过协商、调解解决。当事人不愿协商、调解或者协商、调解不成的，可以向农村土地承包仲裁机构申请仲裁，也可以直接向人民法院起诉。故涞源镇人民政府对此争议作出处理决定属超越法定职权。

【裁判结果】判决撤销涞源镇人民政府作出的处理决定。

案例2.5　何某某诉华中科技大学拒绝授予学位案[②]

【本案争议点】作为法律授权的行政主体的高校作出的处理决定，应如何处理。

【法律简析】法院生效裁判认为，本案主要涉及被诉行政行为是否可诉、是否合法以及司法审查的范围问题。

第一，被诉行政行为具有可诉性。根据《学位条例》等法律、行政法规的授权，被告华中科技大学具有审查授予普通高校学士学位的法定职权。依据《学位条例暂行实施办法》第4条第2款“非授予学士学位的高等院校，对达到学士学术水平的本科毕业生，应当由系向学校提出名单，经学校同意后，由学校就近向本系统、本地区的授予学士学位的高等院校推荐。授予学士学位的高等院校有关的系，对非授予学士学位的高等院校推荐的本科毕业生进行审查考核，认为符合本暂行办法第二条及有关规定的，可向学校学位评定委员会提名，列入学士学位获得者名单”，以及国家促进民

---

① “河北高院2015年度行政审判十大典型案例”，微公网，https：//www.weixin765.com/doc/jnqttiqf.html，访问日期：2019年4月16日。

② 最高人民法院指导案例39号（最高人民法院审判委员会讨论通过，2014年12月25日发布）。

办高校办学政策的相关规定，华中科技大学有权按照与民办高校的协议，对于符合本校学士学位授予条件的民办高校本科毕业生经审查合格授予普通高校学士学位。

本案中，武昌分校对该校达到学士学术水平的本科毕业生，向华中科技大学推荐，由华中科技大学审核是否授予学士学位。何某某以华中科技大学在收到申请之日起60日内未授予其工学学士学位，向人民法院提起行政诉讼，符合《最高人民法院关于执行〈中华人民共和国行政诉讼法〉若干问题的解释》第39条第1款的规定。因此，华中科技大学是本案适格的被告，人民法院应当依法受理。

第二，被告制定的《华中科技大学武昌分校授予本科毕业生学士学位实施细则》第3条的规定符合上位法规定。华中科技大学在法律授权范围内将全国大学英语四级考试成绩与学士学位挂钩，属于学术自治的范畴。高等学校依法行使教学自主权，自行对其所培养的本科生教育质量和学术水平作出具体的规定和要求，是对授予学士学位的标准的细化。因此，何某某因未通过全国大学英语四级考试，不符合华中科技大学学士学位的授予条件，武昌分校未向华中科技大学推荐其申请授予学士学位，故华中科技大学并不存在不作为的事实，对何某某的诉讼请求不予支持。

第三，对学校授予学位行为的司法审查以合法性审查为原则。各高等学校根据自身的教学水平和实际情况在法定的基本原则范围内确定各自学士学位授予的学术水平衡量标准，是学术自治原则在高等学校办学过程中的具体体现。在符合法律法规规定的学位授予条件前提下，确定较高的学士学位授予学术标准或适当放宽学士学位授予学术标准，均应由各高等学校根据各自的办学理念、教学实际情况和对学术水平的理想追求自行决定。对学士学位授予的司法审查不能干涉和影响高等学校的学术自治原则，学位授予类行政诉讼案件司法审查的范围应当以合法性审查为基本原则。

【裁判结果】 湖北省武汉市中级人民法院终审判决驳回上诉，维持原判（驳回原告何某某要求被告华中科技大学为其颁发工学学士学位的诉讼请求）。

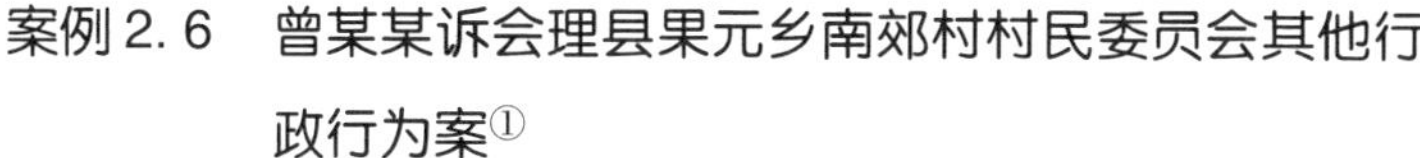

案例 2.6 曾某某诉会理县果元乡南郊村村民委员会其他行政行为案①

【本案争议点】（1）村民委员会属于哪一类行政主体；（2）该案应如何处理。

【法律简析】法院认为，根据《村民委员会组织法》第 8 条第 2 款、第 36 条第 1 款的规定，村民委员会在一定范围内具有社会公共管理的职能，具有一定的公共权力，在一定范围内具有行政诉讼被告地位，即村民委员会也是属于法律授权的组织。《四川省城乡规划条例》第 53 条第 2 款规定，在乡、村规划区内使用原有宅基地进行农村村民住宅建设的，申请人应当持原有宅基地批准文件或者宅基地使用证明、户籍证明、住宅建设方案或者政府提供的通用设计图、村民委员会书面意见等材料向镇、乡人民政府提出申请，由镇、乡人民政府依据乡、村规划审批，核发乡村建设规划许可证。据此，村民委员会对本村内使用原有宅基地进行农村村民住宅建设具有行政管理的职能，有权以自己的名义实施相应行政行为。因此，南郊村村民委员会是本案适格被告。

南郊村村民委员会没有在举证时限内向一审法院提交证据和所依据的规范性文件，应当视为该行政行为没有相应证据。

【裁判结果】判决撤销南郊村村民委员会于 2015 年 5 月 27 日向曾某某作出的“在你没处理好同顾某某柔盾纠纷，得到四邻签字之前，暂时不予你申请的宅基地原拆原建许可签字盖章”的决定。

案例 2.7 李某福诉玉林市玉州区城北街道办事处行政裁决纠纷案②

【本案争议点】街道办事处无授权作出的民事纠纷处理决定是否合法。

【法律简析】法院认为，城北街道办事处裁决的是李某福与李某松户之间因建房而引起的通行纠纷及相关占用土地纠纷，是民事法律关系，并非行

---

① “省法院发布四川法院行政审判十大典型案例（2016 年）”，个人图书馆，http://www.360doc.com/content/16/0504/23/21727081_556335145.shtml，访问日期：2019 年 4 月 16 日。

② “广西高级人民法院公布十起民告官典型案例（2015 年）”，华律网，http://www.66law.cn/domainblog/115540.aspx，访问日期：2019 年 4 月 16 日。

政法律关系，城北街道办事处无权裁决；另外，土地证属于已有法律既定约束力的使用权凭证，城北街道办事处无权对土地证的法律效力予以裁决，其裁决既违反了法定程序又超越了法定职权。

【裁判结果】 判决撤销城北街道办事处就李某福与李某松户之间的纠纷作出的处理意见。

案例 2.8 慈溪市国土资源局违法注销土地使用证案①

【本案争议点】 慈溪市国土资源局实施的注销土地使用权的行为是否合法。

【法律简析】 法院认为，根据《中华人民共和国土地管理法》（以下简称《土地管理法》）第 16 条、《确定土地所有权和使用权的若干规定》第 2 条的规定，土地权属争议的处理决定权是法律赋予人民政府的职权，没有法律法规的授权，其他部门对土地权属争议作出处理决定都是无效的。人民政府将注销、更正土地使用证书权授予土地管理部门，只能视为委托。土地权属争议的处理决定权是法律赋予人民政府的职权，没有法律法规的授权，被告对土地权属争议作出处理决定都是无效的。慈溪市人民政府将注销、更正土地使用证书权授予被告，只能视为委托。被告以自己的名义对土地权属争议作出处理决定，属于行政主体不适格。

【裁判结果】 判决撤销被告慈溪市国土资源局慈土注〔2001〕11 号关于注销慈国用〔1998〕字第 013940 号国有土地使用证的决定。

深度阅读

1. 李牧：《行政主体义务基本问题研究》，法律出版社 2012 年版。
2. 钱宁峰：《行政组织法立法论研究》，东南大学出版社 2015 年版。
3. 任进：《行政组织法研究》，国家行政学院出版社 2010 年版。
4. 王丛虎：《行政主体问题研究》，北京大学出版社 2007 年版。
5. ［日］盐野宏：《行政组织法》，杨建顺译，北京大学出版社 2008 年版。
6. 应松年、薛刚凌：《行政组织法研究》，法律出版社 2002 年版。
7. 张继恒：《非政府组织的行政主体地位研究》，法律出版社 2017 年版。

① 徐文星：《行政机关典型败诉案例分析》，法律出版社 2009 年版，第 52－55 页。

第三章　行政行为

本章提要

在行政行为理论中，行政行为的概念、构成要件、分类以及效力是其重要内容，盖因为其在行政法学中处于行政主体与公民权利保障的中间环节，即通过行政行为来影响和干预公民权利而备受理论界重视。由此，有学者认为“行政行为”处于行政法学体系中的“枢纽性”地位。[①] 也有学者以宪政为视角研究了行政行为的概念、基本分类和行政法律行为等问题。[②] 20 世纪末期出版的权威教科书，总结和概括了行政法学界基本达成共识的一些基本概念，在相当长的时间里成为行政法学界的通说。[③]

第一节　行政行为理论概要

一、行政行为的特征

（一）行政行为特征的争议

行政行为的特征是，行政主体实施行政行为时，因行政主体职权性质、

① 杨海坤：“关于我国行政法理论基础问题的对话”，载《河南省政法干部管理学院学报》2004 年第 4 期。

② 马生安：《行政行为研究——宪政下的行政行为基本理论》，山东人民出版社 2008 年版。

③ 姜明安主编：《行政法与行政诉讼法》，北京大学出版社、高等教育出版社 1999 年版，第 139－141 页。

行政行为功能作用和目的，而显示的特征。有学者总结为公益性、执行性、主动性和程序性四大特征。① 有学者总结为公务性、从属法律性、裁量性和执法性四大特征。② 在行政行为特征的研究中，单方意志性、主动性、强制性和无偿性四个特征还尚有争议。

(1) 就行政行为的单方意志性而言，肯定者举出的突出例子是行政合同或行政协议，主要体现着行政主体的单方意志性。但这不符合签订合同的一般法则或公理，既然是合同或协议，不论是行政合同还是民事合同，必须取得双方的一致同意是一条公理。至于在合同履行过程中，行政合同的行政主体一方更具有优益性则是属于合同的履行问题，但也要给予另一方合理补偿。再如行政许可，更不能用单方意志性来解释，因为行政许可必须以相对人的申请为前提。

(2) 与单方意志性相类似的还有将“主动性”作为行政行为的一个特征。其实，一些需要申请的行政行为都谈不上具有主动性，即使是保护公民生命权的行为也需通过报警等申请的方式才能进行，那些受益性的行政行为大多都是需要申请的，故无从说明这种行政行为的“主动性”。因此，主动性并非所有行政行为都具有的特征。

(3) 就行政行为的强制性而言，如果从保证行政行为实施完成的角度，有强制力作为后盾则无可厚非。但如果就行政行为本身的特征来讲，有些行政行为未必具有强制性的特征，如行政许可、行政给付和行政指导，就未必具有强制性特征。

(4) 对于无偿性是否为行政行为的特征，主要是针对“收税”行为而言。从“税收”本身来看，确实是无偿的，但就税收所用于的公共领域，纳税人也享受到了反射利益的角度却是有偿的。甚至如行政征收房屋本身就是需要给予合理补偿的。因此，无偿性也并非所有行政行为都具有的特征。

(二) 行政行为的共有特征

本书认为，根据现代行政法治发展的趋势，行政行为有下列共有的特征。

---

① 石东坡：“行政行为及其特征的再探讨”，载《法学论坛》2000 年第 1 期。

② 姜明安：《行政法》，北京大学出版社 2017 年版，第 236－237 页。

（1）公共性。公共性也可以称为外部性、公务性，是行政主体针对外部对象、外部公共事务而实施的行为，区别于行政主体对其内部组织或个人实施的行为，公共性与公益性是不同的，“公益性，是指在目的上行政行为是为了实现国家和社会公共利益。行政管理活动是一种以社会公共事务为对象的活动”。[①] 但大多数行政行为是为维护或保护个体权利而实施的，如有些行政处罚就是针对侵权人侵害了他人的合法权益而实施的。因此，不宜用“公益性”来概括行政行为的特征。同时，行政行为的服务性，也是公共性的重要内容。实施某些行政行为，是履行服务职责，满足公众利益和保护个体权益的重要表现。

（2）执行性。执行性也可以称为从属法律性。行政行为是执行法律的行为，任何行政行为均须有法律根据，具有从属法律性，没有法律的明确规定或授权，行政主体不得作出任何行政行为。第一，执行性是与立法行为相比所具有的鲜明特征，也是行政主体的职权行为具有从属法律性的表现。第二，执行性反映了行政行为是实现法律规范的主要环节。第三，执行性表明行政行为受法律的约束和控制，这是现代行政法治的必然要求。

（3）程序性。程序性是融入所有行政行为作出过程中的基本属性，行政行为的实质就是权力性和程序性的统一体。客观上，任何一个行政行为的作出，都必须遵循一定的步骤、环节和时限要求，从而体现出行政行为的程序性特征。行政程序是行政行为的有机组成部分，也是判断行政行为是否成立和合法的重要标准，不具备一定程序性的行政行为或者不能成立，或者不合法。

（4）裁量性。法律不可能对行政行为规定得事无巨细，必然给予行政主体一定的自由裁量空间，由行政主体在法律规定的范围和幅度内，自行作出行政行为。由此，裁量性就成为行政行为的重要特征。这是由立法的局限性和行政行为的广泛性、灵活性、适应性所决定的。

---

① 石东坡：“行政行为及其特征的再探讨”，载《法学论坛》2000 年第 1 期。

二、行政行为的合法要件

行政行为的合法要件，是指行政行为合法成立所应具备的基本要素，或者说是应当符合的条件。有学者认为，合法要件应当由两点构成，第一是合法性要素或称审查要素，用以表明该要件涉及哪方面问题，回答“什么情况”；第二是合法性标准或称审查标准，用以表明该项要件提出的要求是什么，并由此确定审查依据和强度，即回答“怎么处理”的问题。该文由此提出了与“适用条件”和“处理内容”相区别的“五要件说”，即“主体合格、条件符合、事实有据、程序正当、处理得当”。① 本书认为，行政行为的合法性应包括主体合法、权限合法、内容合法、形式合法和程序合法五大要件。

（一）主体合法

这是行政行为合法成立的主体要件。主体合法，是指实施行政行为的组织必须具有行政主体资格，该行政主体应当是依法设置的行政机关或是依法被授予行政职权的组织，能以自己的名义独立承担法律责任。具体包括以下三个方面的要求。

（1）行政组织设立合法。实施行政行为的行政组织必须依法成立，应具备行政主体资格。

（2）行政主体以集体意志作出行政行为，应以会议文件的形式作出。

（3）执法人员合法。行政主体实施某种行政行为总是通过其执法人员具体实现的。这些执法人员必须具备一定的执法资格，取得合法身份，所实施的行政行为方有效。

（二）权限合法

权限合法是指行政行为主体必须在法定的职权范围内实施行政行为，并符合一定的权限规则。这是行政行为合法成立的权限方面的要件。行政机关的职权是法律明文规定的，不得自我授权，不得越权行为，更不得滥用职权，否则无效。同时，行政主体的任何行政职权都有一定的限度，法律在确定行

---

① 何海波：“行政行为的合法要件——兼议行政行为司法审查根据的重构”，载《中国法学》2009 年第 4 期。

政主体的职权时，在地域、时间等方面设定了各种限度，这些限度是行政主体所不能超越的。

（三）内容合法

这是行政行为合法的内容要件。行政行为的内容合法，是指行政行为所涉及的权利、义务，以及对这些权利、义务的影响或处理，均应符合法律、法规的规定和社会公共利益。行政行为内容合法包括以下几项要求。

（1）行政行为的作出有确凿的证据证明，有充分的事实根据。

（2）行政行为有明确的规范依据，正确适用了法律、法规、规章和其他规范性文件。

（3）行政行为的内容必须明确具体，符合法定幅度、范围。

（4）裁量性行政行为的内容必须适当、合理，符合立法目的和精神。

案例 3.1　内蒙古秋实房地产开发有限责任公司诉呼和浩特市人民防空办公室人防行政征收案①

【本案争议点】 呼和浩特市人民防空办公室征收防空地下室易地建设费的行为是否合法。

【法律简析】 法院生效裁判认为：《国务院关于解决城市低收入家庭住房困难的若干意见》第 16 条规定："廉租住房和经济适用住房建设、棚户区改造、旧住宅区整治一律免收城市基础设施配套费等各种行政事业性收费和政府性基金。"建设部等七部委发布的《经济适用住房管理办法》第 8 条规定："经济适用住房建设项目免收城市基础设施配套费等各种行政事业性收费和政府性基金。"上述关于经济适用住房等保障性住房建设项目免收各种行政事业性收费的规定，虽然没有明确其调整对象，但从立法本意来看，其指向的对象应是合法建设行为。《中华人民共和国人民防空法》（以下简称《人民防空法》）第 22 条规定："城市新建民用建筑，按照国家有关规定修建战时可用于防空的地下室。"

《人民防空工程建设管理规定》第 48 条规定："按照规定应当修建防空地下室的民用建筑，因地质、地形等原因不宜修建的，或者规定应建面积小

① 最高人民法院指导案例 21 号（最高人民法院审判委员会讨论通过，2013 年 11 月 8 日发布）。

于民用建筑地面首层建筑面积的，经人民防空主管部门批准，可以不修建，但必须按照应修建防空地下室面积所需造价缴纳易地建设费，由人民防空主管部门就近易地修建。”即只有在法律法规规定不宜修建防空地下室的情况下，经济适用住房等保障性住房建设项目才可以不修建防空地下室，并适用免除缴纳防空地下室易地建设费的有关规定。免缴防空地下室易地建设费有关规定适用的对象不应包括违法建设行为，否则就会造成违法成本小于守法成本的情形，违反立法目的，不利于维护国防安全和人民群众的根本利益。

【裁判结果】秋实房地产开发有限责任公司对依法应当修建的防空地下室没有修建，属于不履行法定义务的违法行为，不能适用免缴防空地下室易地建设费的有关优惠规定。故呼和浩特市人民防空办公室的征收行为合法。

（四）形式合法

这是行政行为合法的形式要件。行政行为有要式和非要式之分，对于要式行政行为，法律规定必须具备一定的形式，否则将不具有合法性，尤其是对于终局性的行政行为，一般都是要式行政行为，如行政许可决定、行政处罚决定。

一般来讲，行政行为的形式有书面形式、口头形式、肢体形式和默示形式等，从形式合法的角度，行政行为以正式书面形式作出才具有权威性和合法性，法律没有要求用书面形式的，也尽量采取文字表达方式作出。

案例3.2　苏某某诉广东省博罗县人民政府划定禁养区范围通告案①

【本案争议点】博罗县人民政府以通告的形式变更行政许可是否合法。

【法律简析】终审法院认为，罗浮山国家级现代农业科技示范园承担着农业科技推广的任务，需要严格的环境保护条件。科技示范园附近的河道连接着当地饮用水源地，在科技示范园内进行畜禽养殖有可能造成空气和水质污染。博罗县人民政府有权依据《中华人民共和国畜牧法》《畜禽养殖污染防治管理办法》和《广东省环境保护条例》的相关规定，根据环境保护的需要，将其管辖的罗浮山国家级现代农业科技示范园划定为畜禽禁养区。以通告的方式变更许可合法。

但法院同时认为，苏某某经营养殖场的行为发生在通告作出之前，已经

---

① “人民法院环境保护行政案件十大案例（2015年第一批）”，中国法院网，https://www.chinacourt.org/article/detail/2014/12/id/1519119.shtml，访问日期：2019年4月16日。

依法领取了《税务登记证》《排放污染物许可证》和《个体工商户营业执照》，其合法经营行为应当受到法律保护。根据《行政许可法》第 8 条的规定，虽然博罗县人民政府有权根据环境保护这一公共利益的需要划定畜禽禁养区，但亦应当对因此遭受损失的苏某某依法给予补偿。博罗县人民政府发布通告要求养殖场自行搬迁或清理，未涉及对苏某某的任何补偿事宜显然不妥。环保、国土、住建等部门对苏某某及其养殖场作出行政处罚、不予年审等行为的依据均是通告，县人民政府不能以此为由否定苏某某的合法经营行为。苏某某可依照《最高人民法院关于审理行政许可案件若干问题的规定》第 14 条的规定，另行提出有关行政补偿的申请。

【裁判结果】广东省高级人民法院终审判决驳回上诉，维持原判（维持博罗县人民政府《关于将罗浮山国家级现代农业科技示范园划入禁养区范围的通知》的合法性）。同时，告知上诉人可以另行提出有关行政补偿的申请。

（五）程序合法

行政行为的程序是否合法影响着行政行为实体的合法性。因此，行政行为必须符合法定程序或者具备程序正当性。程序合法要求：（1）符合法律确定的程序原则和制度，如法定的步骤和顺序、法定的期限；（2）符合程序的一般要求，如说明理由规则、表明身份规则、听取意见规则；（3）符合与该种行政行为性质相适应的程序要求。不同的行政行为，其程序有别，法律如果作出了特别规定，就应符合该规定。如行政处罚的一般程序规定、行政强制措施实施的程序规定。

行政机关违反法定程序，其行为也属无效或应当予以撤销的理由之一。

第二节 行政行为的类别

一、行政行为的分类

（一）行政行为分类的意义

知识存在于比较和分类中，因此，对行政行为分类的科学程度标志着行政法学研究的成熟程度。通过比较，把握不同样态行政行为的内容和作用规律，不断完善和改进行政法体系，这是行政行为分类理论的功能预设和价值所在。行政行为分类的意义体现在以下两个方面。

（1）有助于认识不同类型的行政行为，掌握行政活动的内容特点，为立法者对其进行有效规制提供重要的依据。

（2）可从不同角度透视行政行为，探究行政行为内在构造的过程，为实现公众参与提供理论依据。

（二）行政法学界的基本分类

行政行为可以根据不同的标准进行分类。目前，行政法学界对行政行为的分类主要有以下几种。

1. 抽象行政行为与具体行政行为

这是以行政行为的对象是否特定为标准进行的划分。抽象行政行为是指行政主体针对不特定的对象实施的行政行为，如制定行政法规、行政规章等行为。具体行政行为是指行政主体针对特定对象实施的行政行为，包括行政许可行为、行政处罚行为等。

具体行政行为与抽象行政行为的区别在于：（1）实施行政行为的主体不同。实施具体行政行为的主体是各级行政机关和法律法规授权的组织；而实施抽象行政行为的主体只能是法律规定的行政主体，主要是国务院、国务院各部委和一定级别的地方政府。（2）对具体行政行为都可以进行司法审查，而对抽象行政行为大多不能进行司法审查。

虽然2017年修正的《行政诉讼法》不再使用“具体行政行为”这一概念，从而显示立法者不再认可这种划分，但从理论研究的角度，仍具有相当的学术意义。

2. 内部行政行为与外部行政行为

这是以行政行为的适用与效力作用的对象范围为标准进行的划分。内部行政行为，是指对相对人不发生效力的内部行政活动，如行政主体就其内部各科组人员配置、公文流程、科室职责划分等事项所制定的规则，以及行政内部的意见交换、对内部公职人员的奖惩、上下级行政主体的请示与指示监督等行为。外部行政行为，系指行政主体执行法律发布行政命令或作成行政处理，而对相对人的权利和义务发生一定效力。

内部行政行为与外部行政行为的主要区别在于：（1）行为与相对人之间的关系不同。实施内部行政行为必然存在一种领导与被领导的隶属关系以及其他隶属关系，或者存在一种监督与被监督的关系。实施外部行政行为基本上不存在领导与被领导的隶属关系或者其他隶属关系。（2）行政行为的作用力不同。内部行政行为通常只涉及行政机关的内部行政事务，不影响外部相对人的权利和义务；外部行政行为是行政主体对外行使公共权力的行为，因而直接影响着外部相对人的利益。（3）争议解决途径不同。内部行政争议由行政机关组织法律或申诉规则解决，外部行政争议大多由司法程序解决。

这种分类的意义在于，为司法审查范围提供了一种判断依据。但有些行政行为，外观上是内部文件，但若对外部相对人产生影响，该内部行政行为就有可能转为外部行政行为，成为司法审查的对象。

3. 羁束行政行为与自由裁量行政行为

这是以行政行为受法律规范拘束的程度为标准进行的划分。羁束行政行为是指法律规范对行政行为的范围、条件和标准等作出了明确、强制性规定的行为，这类行政行为很少给予行政主体自行选择、裁量的空间。如税务机关征税行为。自由裁量行政行为，指法律规范仅对行为目的、行为范围等作一原则性规定，而将行为的具体内容、条件、标准、幅度、方式等留给行政主体自行选择、决定而实施的行政行为。

羁束行政行为与自由裁量行政行为的区别在于：（1）在受法律约束的程度上，立法对羁束行政行为的约束更强，对自由裁量行政行为的约束较弱。这里要注意的是，羁束行政行为并非没有任何裁量余地，而是立法对其裁量权进行了较强的约束；自由裁量行政行为也不是没有任何约束，而是立法对其约束较弱而已。（2）在法律适用（司法审查）上，羁束行政行为发生合法与否的问题，受行政合法性原则的制约；而自由裁量行政行为一般只发生合理与否的问题，受行政合理性原则的制约。

这种划分的意义在于，或成为司法审查中判断行政行为“合法性”或

"合理性"的基本标准。一般来讲，审查羁束行政行为就是"合法性"判断，审查自由裁量行政行为就是"合理性"判断。

4. 依职权的行政行为与依申请的行政行为

这是以行政主体是否可以主动作出行政行为为标准进行的划分。依职权的行政行为，是指行政主体无须相对人的申请就能根据自身的行政职权主动实施的行政行为。如税务机关的征税行为，是典型的依职权的行政行为。依申请行政行为是指行政主体只有在行政相对人申请的条件下方能作出，没有相对人的申请，行政主体便不能主动作出行政行为。如颁发营业执照、经营许可证等行政行为。

依职权的行政行为与依申请的行政行为区别在于：（1）受主观意志影响程度的区别。依职权的行政行为具有法定性、强制性的特点，这种行为不受行政主体主观意志的影响。如行政主体履行对环境进行检测、检查等职责，就是具有强制性的行政行为。依申请的行政行为一定程度上受行政主体主观因素的影响，可以满足申请人的要求，也可以拒绝。如行政许可行为，行政主体可以根据其主观判断，决定给予许可和不予许可。（2）行为特点的区别。依职权的行政行为是主动（积极）行为，行政主体有主动作为的义务，依申请的行政行为是被动（消极）行为，行政主体有被动作为的义务。

5. 单方行政行为与双方行政行为

这是以行政行为成立时参与意思表示的当事人数目为标准进行的划分。单方行政行为是指由行政主体单方面意思表示即成立和生效的行政行为。除非法律作特殊规定，行政主体实施行政行为，大多采取单方意思表示的形式。如行政处罚行为。双方行政行为是指行政主体为实现公务目的，与相对方互相协商，经双方意思表示一致后实施的行政行为，其基本特征在于行政行为必须征得相对方同意方能成立，即相对方的最后同意是双方行政行为有效成立的必备条件。典型的如行政合同行为。

单方行政行为与双方行政行为的区别在于：（1）行政主体的法律地位不同。单方行政行为中，行政主体具有决定意义，相对人只有被动承受权利或义务；双方行政行为中，行政主体的地位在形式上与相对人是平等的。（2）争议解决的方式不同。单方行政行为产生纠纷或争议，大多通过行政复

议或行政诉讼解决，一般不允许协商或调解；双方行政行为产生争议可以协商，可以在行政复议或行政诉讼中进行调解解决。

6. 授益行政行为与损益（负担）行政行为

这是以行政行为的内容对行政相对人是否有利为标准进行的划分。授益行政行为是指行政主体为行政相对人设定权益或者免除义务的行政行为，如行政给付、行政许可。损益行政行为是指行政主体为行政相对人设定义务或者剥夺、限制其权益的行政行为，又称负担性行政行为，如行政处罚、行政强制。

授益行政行为与损益（负担）行政行为的区别在于：（1）对相对人的后果不同，授益行政行为的后果是使相对人获得权益或减免义务；损益行政行为的后果是使相对人丧失权利或增加义务。（2）违法时撤销或变更的规则不同，授益行政行为在超过诉讼时限后，即使违法，行政主体也不能随意加以撤销或变更，而损益行政行为则没有这种限制。

另外，学术界还有行政作为与行政不作为、要式行政行为与非要式行政行为、附款行政行为与无附款行政行为和行政立法行为、行政执法行为与行政司法行为等划分，由于这些划分标准比较容易识别，其理论意义不大。

案例3.3 魏某某、陈某某诉来安县人民政府收回土地使用权批复案①

【本案争议点】来安县人民政府的批复属于什么性质的行政行为，如何处理。

【法律简析】法院生效裁判认为：根据《土地储备管理办法》和《安徽省国有土地储备办法》以收回方式储备国有土地的程序规定，来安县国土资源行政主管部门在来安县人民政府作出批准收回国有土地使用权方案批复后，应当向原土地使用权人送达对外发生法律效力的收回国有土地使用权通知。来安县人民政府的批复属于内部行政行为，不向相对人送达，对相对人的权利义务尚未产生实际影响，一般不属于行政诉讼的受案范围。但本案中，来安县人民政府作出批复后，来安县国土资源行政主管部门没有制作并送达对

① 最高人民法院指导案例22号（最高人民法院审判委员会讨论通过，2013年11月8日发布）。

外发生效力的法律文书，即直接交来安县土地储备中心根据该批复实施拆迁补偿安置行为，对原土地使用权人的权利义务产生了实际影响；原土地使用权人也通过申请政府信息公开知道了该批复的内容，并对批复提起了行政复议，复议机关作出复议决定时也告知了诉权，该批复已实际执行并外化为对外发生法律效力的具体行政行为。因此，对该批复不服提起行政诉讼的，人民法院应当依法受理。

【裁判结果】（1）撤销滁州市中级人民法院〔2011〕滁行初字第6号行政裁定；（2）指令滁州市中级人民法院继续审理本案。

（三）对行政行为分类的反思

有学者主张恢复王名扬的行政行为体系，即涵盖单方面的行为、多方面的行为和双方面的行为，普遍性的行为和具体的行为，规则行为、主观行为和条件行为①三组的分类体系，并使之成为适应行政法制度建设需要的基础性范畴。在此基础上再逐级分类，即把抽象行政行为分为行政立法行为和制定行政规范性文件行为，以及执行性抽象行政行为、补充性抽象行政行为和自主性抽象行政行为等；把具体行政行为分为羁束行为和裁量行为、依职权行为和应申请行为、附款行为和无附款行为、授益行为和负担行为、要式行为和非要式行为、独立行为和需补充行为，然后阐述具体行政行为的构成要件和效力等基本原理。②

本书认为，从学术研究和实务操作的角度，“负担的行政行为和授益的行政行为”的划分似乎更为合理。较早提出的抽象行政行为和具体行政行为的划分，虽然作为主流观点，一方面遭遇行政诉讼法修改后的转变，另一方面将“抽象行政行为”改为“行政立法”或“法规命令”更为妥当，外国把立法机关的行政立法活动称为“议会立法”，在我国可称为“人大立法”似乎更为合适。

---

① 王名扬：《法国行政法》，北京大学出版社2016年版，第107页。

② 叶必丰：“行政行为的分类：概念重构抑或正本清源”，载《政法论坛》（中国政法大学学报）2005年第23卷第5期。

二、特殊行政行为的判断

（一）行政事实行为

行政行为指行政主体针对特定行政相对人所作的行政行为，其与行政事实行为在主体以及行使行政职权这一行政性上具有相似性。但是，两者之间也存在下述明显区别。

（1）客观方面不同。行政行为在客观方面表现为行为主体针对公法上的具体事件行使职权和履行职责的行为。行政事实行为不但包括行为主体行使职权和履行职责的行为，还包括与行使职权和履行职责相关的行为。如行政处罚作出后的收取罚款、送被拘留人去拘留所。

（2）主观方面不同。行政行为是行政主体的一种意志，这种意志必须以一定的方式表现出来，并通知或告知相对人。行政事实行为也是行政主体的一种意志，但是这种意志是以多种方式表现出来的，并不要求以法定的方式通知行政相对人。

（3）效力不同。行政行为对外具有法律效力，如确定力、拘束力、执行力。而行政事实行为对外则不具有法律效力，一般不直接为公民、法人或其他组织设定权利、义务。

（4）法律效果不同。法律效果是行政行为的构成要件之一。行政事实行为是一种非法律行为，无论是否发生相应的法律效果，都不影响行政事实行为的存在。

（5）裁判方式不同。虽然行政行为具有公定力，但这并不表明所有的行政行为都是合法的。行政行为可能会由于各种各样的原因违法而被相应有权机关宣布无效、撤销。因此，在行政诉讼中，可以使用确认判决、撤销判决、变更判决等判决形式。而行政事实行为不发生是否有效的问题，因此，撤销判决、变更判决等判决形式对于行政事实行为是不适用的。只能采用确认判决来确定其合法性，然后再根据不同的情况决定侵权机关是否应承担国家赔偿责任。

（6）行为的程序不同。虽然我国还没有统一的行政程序法典，从程序上规制行政行为，但在一些单行法律、法规中，一般都为行政行为设定了程序。同行政行为不同的是，大部分行政事实行为没有法定的程序可以遵从。

（7）受法律的拘束程度不同。行政主体作出行政行为，不但要求不违反法律的规定，而且还要获得法律、法规的授权。行政事实行为虽然也要求不违反法律、法规的规定，但并不是所有的行政事实行为都要获得法律、法规的授权。

（二）对相对人不产生实际影响的行政行为

研究认为，这类行政行为是指在行政法治实践中由行政主体依法定要件实施的具有行政行为外形但与行政相对人权益没有直接关联的内部行政行为或外部行政行为。

1. 构成要件

有学者认为，对相对人不产生实际影响的行政行为的构成要件包括：第一，这种行政行为已经具备了行政行为的外形；第二，这种行政行为是有实际社会效果的行政行为；第三，这种行政行为是与行政相对人没有直接关联的行政行为；第四，这种行政行为实质上是对当事人有影响力的行政行为。

2. 主要类型

其主要类型包括：（1）貌似外部行政行为的内部行政行为，即在内部行政行为中只可能与行政相对人产生假性联系的行政行为有可能被相对人认为是与自己有关联的行政行为，对相对人不产生实际影响；（2）貌似给行政相对人作出的以第三人为对象的行为，即行政相对人与第三人是一个可以互换的概念，对相对人作出的行政行为，实际的对象是第三人；（3）貌似具有特定对象的对象不特定性行为，即貌似具有而实质上没有特定对象的行政行为，在这样的行政行为中若有一些公众不服想起诉便存在障碍，因为目前行政诉讼法没有将这样的行为定性为对这个诉权人产生实际影响的行为；（4）貌似实体性的程序性行为，即由于在行政行为中程序性行为通常情况下都没有独立存在的价值，所以程序性行为就是对相对人不产生实际影响的行为；（5）貌似执行性的决策性行为；（6）貌似设定义务的赋权性行为，即我国政府一些大面积的或未来性较强的决策性行为是没有被纳入司法审查的，原因是这类行政行为与行政相对人的权益没有直接的、现实的联系；（7）貌似法律行为的事实行为等。[①]

第三节 行政行为的效力

行政行为是对相对人的权利义务状态产生深刻影响的行为，欲使这种行为具有权威性、安定性，保证秩序的形成和存续，就需要行政行为效力提供保障的力量。

一、行政行为效力的内容

行政行为效力内容的研究形成两个派别：一派以公定力概念为核心，将行政行为的效力概括为先定力、公定力、确定力、拘束力和执行力等五种效力；[②] 另一派以存续力概念为基点。[③] 将行政决定效力分为存续力、执行力、构成要件效力和确认效力。

存续力是指行政决定经过送达程序后，即有持续存在的法效力；执行力是指相对人不履行行政决定设定的法定义务时，凭借国家强制力迫使相对人履行该法定义务的法效力；构成要件效力是指行政机关、法院等国家机关应把行政决定当作一个既定的构成要件，予以承认和尊重；确认效力是行政决定的"理由"对其他国家机关的拘束力。[④]

目前占据主流地位的，是以公定力为核心、兼具确定力、辅以执行力的效力内容学说，即行政行为的效力分为公定力、拘束力、确定力和执行力四个效力。

（一）公定力

这是指行政行为一经作出即对世产生被推定为合法有效而受到尊重的法

① 关保英："论对行政相对人不产生实际影响的行政行为"，载《南京社会科学》2012年第6期。

② 叶必丰：《行政行为的效力研究》，中国人民大学出版社2002年版，第65-67页。

③ 杨海坤、章志远："我国行政法理论基础研究之述评与展望"，载《岳麓法学评论》2004年号。

④ 章剑生：《现代行政法总论》，法律出版社2014年版，第165-169页。

律效力，在未经有权机关依法撤销前，任何组织或自然人都不得否定其法律上的约束力。公定力概念表现出公权力行为的基本特征，对维护行政权威和法律安定性具有无法取代的作用。它也是其他行政行为效力内容的支点，乃至整个行政法的制度安排都需要借助公定力概念获得合理解释。

（二）拘束力

这是指行政行为一经生效，行政主体和相对人都必须遵守，其他国家机关和社会成员必须予以尊重的效力。对于已经生效的行政行为，不但对方当事人应当接受并履行义务，作出行政行为的行政主体不得随意更改，而且其他国家机关也不得以相同的事实和理由再次受理和处理该同一行政行为，其他社会成员也不得对同一行政行为进行随意的干预。

（三）确定力（不可争力）

这是指行政行为一经作出，除非有重大、明显违法情形外，即发生法律效力，非依法定程序不得任意变更或撤销。它包括形式上的确定力和实质上的确定力。形式上的确定力是指行政行为一旦作出，相对人不得任意擅自改变或任意请求改变该行政行为，又称“不可争力”。实质上的确定力是指行政行为一经作出，行政主体非经法定程序不得任意改变或撤销，应保持行政行为的连续性和稳定性。行政行为的确定力其目的正在于防止行政主体反复无常，任意变更已作出的行政行为，导致对行政相对人的权益造成损害。

（四）执行力

这是指已生效的行政行为具有要求相对人自行履行或强制执行其所设定义务的作用力。基于保障行政目标实现之需要，行政行为应当具有既有助于督促相对人自觉履行，也能在其拒绝或怠于履行义务时对其进行有效强制的效力。

二、行政行为效力判断

（一）基准与规则

从学理上看，合法、违法属于合法性判断的范畴，有效、无效则属于效力判断的范畴。“合法有效”和“违法无效”是对行政行为进行合法性判断

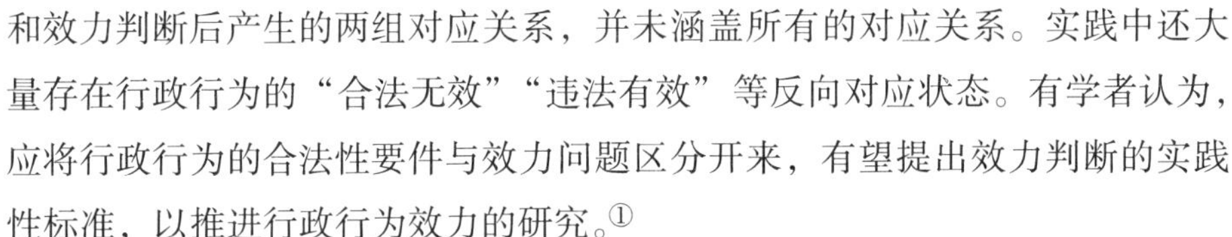

和效力判断后产生的两组对应关系，并未涵盖所有的对应关系。实践中还大量存在行政行为的“合法无效”“违法有效”等反向对应状态。有学者认为，应将行政行为的合法性要件与效力问题区分开来，有望提出效力判断的实践性标准，以推进行政行为效力的研究。①

1. 判断基准

判断基准是指确定行政行为效力需要考量的因素，可分为三个层次。第一层是“对象基准”，包括行为和结果二元，分别以形式法治和实质法治为导向，解决对什么进行判断的问题。第二层是“要素基准”，包括主客观两种要素，解决从哪些方面进行判断的问题。第三层是“逻辑基准”，解决依据什么进行效力判断的问题，包括合法性、合目的性、合伦理性三项内容及其适用规则：（1）在一般情况下，用合法性进行效力判断；（2）在不能进行合法性判断的情况下，用合目的性和合伦理性进行效力判断；（3）在合法性逻辑判断的结果或法律规定本身明显背离行政目的、伦理规则的情况下，用合目的性、合伦理性适当矫正；（4）当行政目的与伦理规则出现冲突时，伦理规则优先适用。

2. 判断规则

判断规则是指运用“判断基准”进行效力判断的机制。研究构建的判断机制包括“瑕疵衡量规则”“利害衡量规则”和“价值衡量规则”。“瑕疵衡量规则”的要点是：行政行为的效力依瑕疵严重程度进行判断，明显重大者无效，明显轻微者有效。“利害衡量规则”的要点是：“两害相权取其轻，两利相权取其重”，即在排除了存在明显重大或明显轻微瑕疵的场合，通过对复杂情势和多种需要同时考虑、权衡分析、作出效益最大化的选择。“价值衡量规则”要点是：（1）体现基本权利者一般应优先实现；（2）体现善意者一般应优先实现；（3）体现效率者一般应优先实现。

（二）无效和可撤销行政行为的判断

有学者对无效行政行为进行了系统研究，对无效行政行为与违法行为、可撤销行为以及中国行政法上的“依法不成立”行为等关联概念的异同进行

① 江必新：“行政行为效力判断之基准与规则”，载《法学研究》2009年第5期。

了辨析；深入探讨了公民抵抗权、正当防卫和行政法治等理论问题。[①]

1. 无效行政行为之原因——“重大明显瑕疵”的认定

通说认为，“重大明显瑕疵”是引起无效行政行为诸原因的总括。但“重大明显瑕疵”导致行政行为一经成立即告无效与行政行为效力的公定力理论存在冲突。解决这一矛盾有以下两种路径。

第一种进路是厘清“重大明显瑕疵”的内涵，使其成为可操作的判断标准。此一进路形成两种方案，其一是从根本上排除“重大明显瑕疵”存在的场合不存在行政行为；其二是明确合法性要件，加强其标准化、可操作性，以排除的方式反向界定不合法的行为，进而从中识别“明显—重大”的情形。

第二种进路是修订“公定力”定义以减弱其绝对性。有学者提出“有限公定力”的概念，试图用加以限定的“公定力”解释行政行为的效力。也有学者提出“完全公定力”的概念，推定所有已经成立且无论存在何种瑕疵的行政行为均发生合法有效的形式效力，进而将行政行为的形式效力与实质效力彻底分别开来。[②]

2. 可撤销行为的认定

有学者批判了“无效行政行为”和“可撤销行政行为”两种效力形态并立的二元结构。其结论认为：在判决理由阐述上，无效和可撤销的理据可以“并用、混用或择一而用”；在判决形式上，应当采取实用主义，即只要有“物”（行为）可撤就撤，无“物”（行为）可撤就采用确认违法的判决，从而将判决方式与无效、可撤销之间的内在关联彻底打破。[③]

三、行政行为的成立与变动

行政行为的成立、生效、撤销、终止等，被认为是行政行为的效力形态。

（一）行政行为的成立

行政行为的成立，就是行政主体意思表示的活动一经作出就有了影响相

① 金伟峰：《无效行政行为研究》，法律出版社2005年版。

② 黄金：“无效行政行为理论之批判”，载《法学杂志》2010年第6期。

③ 余凌云：“行政行为无效与可撤销二元结构质疑”，载《上海政法学院学报》2005年第4期。

对人权益的内容。通说认为，行政行为的成立由行政主体、意思表示、行政权力和法律效果四个要素构成。

1. 主体要件

行为的主体必须是拥有行政职权或有一定行政职责的行政主体，或者法律、法规授权的组织，或者行政机关委托的组织和个人。这是构成行政行为的主体要件。在外观上是具有行使一定职权的行政机关及法律、法规授权的组织。在具体行使职权中，行政主体的公务员和被授权组织、被委托组织的工作人员以行政主体名义实施的行为视为行政主体的行为，其他组织均不能实施行政行为。

2. 意志要件

行为主体有凭借国家行政权力产生、变更或消灭某种行政法律关系的意图，并有追求这一效果的意思表示。这是行政行为成立的主观方面的要件。有学者认为，行政法上的意思表示只以该行为是否直接发生法律效果、对相对人权利义务产生规制来判断，是行政法所特有的“客观意思表示”。[①] 有学者对民法学上相关概念的内涵与规则加以重大调整，并进而形成区分专由行政机关作出的意思表示、专由私人作出的意思表示和行政机关与私人均可作出的意思表示的研究成果。[②]

3. 客观要件

客观要件也称权力要件。行为主体在客观上有行使行政职权或职责的行为，即有行政主体行使行政权力的行为，这是行政行为成立的客观方面的要件。作为行政主体的行政机关和法律、法规授权的组织并非在任何时候都是以行政主体的身份出现，当其非行使国家行政权力时，其所实施的行为不是行政行为，如行政机关购买办公用品或租用办公场所的行为即为一般民事行为。只有在行政主体为了实现行政权力时所实施的行为才是行政行为。

---

① 余军：“行政处分概念与具体行政行为概念的比较分析”，见《公法研究（第三辑）》，商务印书馆2005年版，第69－99页。

② 李洪雷：“论行政法上的法律行为与意思表示”，载《法哲学与法社会学论丛》2006年第2期。

4. 效果要件

效果要件也称为行为的功能要件，即行为主体实施的行为能直接或间接导致行政法律关系的产生、变更和消灭的效果。这种效果在法律上影响相对人的权利义务，这种影响可能是有利于相对人的，也可能是不利于相对人的。行政主体的有些行为不具有法律效力，如气象预报、发布统计数字都不是行政行为，故不能产生相应的法律效果。

（二）行政行为的生效

行政行为一经作出，被预先推定具备法律效力。但该行政行为何时生效，有学者总结了四项适用规则。①

1. 即时生效

即时生效指行政行为一经作出即具有效力，对相对方立即生效。作出行政行为和行政行为开始生效的时间是一致的。即时生效的行为因为是当场作出，立即生效，其适用范围相对较窄，适用条件相对较为严格。大多适用于紧急情况下所作出的需要立即实施的行政行为。

2. 受领生效

所谓受领生效，是指行政行为须被相对方受领，才开始生效。所谓受领，是指行政主体将行政行为告知相对方，并为相对方所接受。受领生效，一般适用于特定相对人为行为对象的行政行为，行政行为的对象明确、具体，告知的法定方式是送达。

3. 告知生效

告知生效是指行政机关将行政行为的内容采取公告或宣告等有效形式，使相对方知悉、明了行政行为的内容，该行政行为对相对方才能开始生效。与受领生效不同，告知生效所适用的对象是难以确定具体相对方的情形，包括不特定的多数人和具体的相对方，但住所地不明确，从而使行政行为的内容无法逐一告知或难以具体告知。

4. 附条件生效

附条件生效或称附款生效，是指行政行为的生效附有一定的期限或其他

---

① 叶必丰："论行政行为的生效"，载《湖北行政学院学报》2002 年第 5 期。

条件，指为了限制行政行为的效果而在意思表示的主要内容上附加的从属性意思表示，包括条件、期限、负担和撤销权的保留。在所附期限来到或条件消除时，行政行为才开始生效。

（三）行政行为的变更

1. 变更的含义

行政行为的变更，是指不撤销或废止该行政行为，只是由有权的行政主体依法对该行为的内容等予以部分改变。变更有狭义和广义之分，狭义的变更是指作出原行政行为的行政主体及上级有权行政机关对原行政行为内容的变更；广义的变更还包括上述主体对原行政行为的撤销、废止、宣告无效等，这里是指具有行政职权的部门对行政行为的变更，并不涉及司法对行政行为的变更。

2. 变更的原因和形式

如果是因事实不清、证据不足，或者对事实定性不准，或者不符合法定程序，或者适用法律不正确而作出的行政行为，如果法律无限制性要求（尤其是对授益性行政行为），行政主体应当予以变更。

变更的方式可以是直接由有权行政主体变更原行政行为，也可以是由有权行政主体先撤销原来的行政行为，再重新作出行政行为。因撤销给当事人造成损失的，应当依法赔偿，且应履行相关的程序。

3. 变更的效力

一个行政行为对另一个行政行为的变更，涉及行政行为理论中的公定力、确定力问题，关涉相对人、利害关系人的权利得失。因此，如何正确认识这种变更的性质即法律效力，就非常重要。现有的法律、法规、司法解释有零星涉及，但不明确、系统。实务处理中往往遇到法律依据不足的问题。

（四）行政行为的撤销

1. 撤销的含义

行政行为撤销是指已经发生法律效力的行政行为，由有权机关予以撤销，使相应行政行为失去被预先假定的法律效力。

2. 撤销的原因和程序

撤销是针对一般违法或者不适当行政行为而言的。行政行为不具备合法要件，例如，出现主体不合法，或内容不合法，或程序不合法等，法院或有权行政主体都可以予以撤销；对于行政行为不适当或不合理的情形，根据我国现有法律规定，有权行政主体也可以撤销。即使行政相对人超过复议或者诉讼期，也不影响有权行政主体撤销违法或者不适当的行政行为。

3. 撤销的效力

行政行为被撤销之后，自始即没有法律效力。在特殊情况下，例如，为了公共利益需要或者由于行政相对人没有过错，被撤销的行政行为自被撤销之日起失去法律效力。如果行政行为因行政主体的过错被撤销，对于由此给相对人带来的一切损失，行政主体应予以赔偿。

（五）行政行为的终止

1. 终止的含义

行政行为的终止，是指行政行为的效力，因法定事由的出现而不再向后持续，但不否定该行政行为以前的效力。

2. 终止的原因

导致行政行为终止的原因，分为没有违法因素的和有违法因素的两类情形。

（1）没有违法因素的情形有：行政行为为其设定专属权益或者义务的自然人死亡，自然人放弃行政行为赋予的权益；行政行为为其设定专属义务的法人或者其他组织的不复存在；行政行为规定的法律义务已经履行完毕或者有关客观事实已经消失；新的立法规定取消已经实施的行政许可项目和其他行政管制项目，行政行为予以废止。客观事实和立法变化导致行政行为与现行法律发生冲突，可以由行政主体予以废止，这是行政行为终止的特殊情形。

（2）有违法因素的情形主要有：根据具体行政行为违法的严重程度，可以将行政行为分为无效的和可撤销的两大类。明显和严重的违法的行政行为是无效的，自始就没有法律效力；普通违法的行政行为是当事人可以请求撤销的，或者行政主体承认可以予以撤回的行政行为。

深度阅读

1. 范文舟:《行政行为变更论》,中国法制出版社2011年版。
2. 张兆成:《行政事实行为研究》,人民出版社2013年版。
3. 唐震:《行政协助行为研究》,中国法制出版社2017年版。
4. 陈晋胜:《行政事实行为研究》,知识产权出版社2010年版。
5. 林莉红:《失当行政行为救济研究》,武汉大学出版社2016年版。
6. 何君:《行政行为实行力研究》,法律出版社2016年版。
7. 周伟:《行政行为成立研究》,北京大学出版社2017年版。
8. 张光宏:《抽象行政行为的司法审查研究》,人民法院出版社2008年版。
9. 谭剑:《行政行为的撤销研究》,武汉大学出版社2012年版。
10. 胡建淼:《行政行为基本范畴研究(公法时代丛书)》,浙江大学出版社2005年版。
11. 马生安:《行政行为研究——宪政下的行政行为基本理论》,山东人民出版社2009年版。
12. 邓剑光、黎军:《法治视野下的行政行为研究》,中国社会科学出版社2007年版。
13. 郝明金:《行政行为的可诉性研究》,中国人民公安大学出版社2005年版。
14. 茅铭晨:《行政行为可诉性研究——理论重构与制度重构的对接》,北京大学出版社2014年版。
15. 余凌云:《行政自由裁量论》,中国人民公安大学出版社2009年版。
16. 叶必丰:《行政行为的效力研究》,中国人民大学出版社2002年版。

第四章　行政程序

本章提要

在现代法治国家里，随着行政权的扩张和深入社会生活的各种领域，行政程序越发彰显其独特的价值。毫无夸张地说，行政程序是约束和控制行政权滥用最重要的途径，任何行政行为的作出首先是程序问题。行政程序不仅是保障公民权利实现的工具，也有其自身的价值。尤其在现代社会事务纷繁复杂的背景下，为了保障社会公平正义和行政适应性的平衡，立法者不得不给予行政机关较大的自由裁量空间，为了控制行政裁量不超出合理的界限，就必须发挥行政程序的作用。

本书第一章阐述的程序正当原则已经指出，行政程序要遵循公正、公开、参与、效率和公平几项原则内容，这就要通过立法创设回避制度、信息公开制度和说明理由制度等一系列程序制度，使程序正当原则得以真正落实。行政程序制度已经是现代行政法的核心内容，行政程序的发达与否也成为衡量一国行政法治程度的重要标志。因此，我国亟待通过立法来规范一般行政程序。

司法实务上，《政府信息公开条例》的颁布实施促成了近年来该类案件的大量增加，由此发展成为一个独立的案件类型。

第一节　行政程序理论概要

虽然关于行政程序的学术研究成果较为丰富，但也存在一些不足，如“学界对统一行政程序法典制定出来后与行政程序单行法的关系多有论述，但对制定前如何处理二者之间的关系研究不多”。[①] 对西方行政程序法的研究，局限于条文介绍和模式归纳，缺乏对其从发生、发展的视角进行介绍。再者，没有结合部门行政领域从实证、实物的视角研究行政程序。最后，对行政程序与相关制度的关系研究不足，如行政程序与行政诉讼、行政程序与自由裁量、行政程序与政府信息公开的关系。

一、行政程序的基本价值

近几年来，在行政法学的研究上，已经逐步从轻视程序向重视程序转变，行政程序的“正义”理念也为大多数学者所接受。行政程序的基本价值也为学者们所重视，从研究成果来看，行政程序的价值在如下方面基本达成了共识。

（一）促进行政过程法治化

对行政权的控制包括实体控制和程序控制，从某种程度而言，程序控制比实体控制更重要。依法行政的原则，不仅要求行政主体职权法定，而且其实施行政行为的程序也要正当合法。正是通过各种程序规则规范行政行为，限制行政权恣意行使，最终防止行政主体滥用权力，保障行政行为的正当性和合法性。

（二）推进行政过程的民主化

行政程序具有促进公众监督行政权行使的价值，从而能推进行政过程的民主化。一方面，通过听证、告知、回避等程序设计，监督行政机关依法行使职权，对行政裁量权实施的监控，为行政权趋于正当、民主产生一种引导功能。另一方面，通过保障相对人充分、平等的参与机会，疏导矛盾和不满，促使行政职权行使的中立化、民主化。

（三）保障公民权利

在行政实体法律关系中，相对人处于弱势，其权利易受到行政主体的侵犯。而行政程序对于保障公民实体权利起着决定作用。一方面，通过设置各种

① 姜明安：“制定《行政程序法》应正确处理的几对关系”，载《政法论坛》2004 年第 5 期。

事先或事后的程序控制和规范行政行为，保护相对人的合法权益。另一方面，通过赋予相对人享有陈述权、了解权、申辩权和听证权等程序性权利，以达到保障了公民实体权利的效果。因此，行政程序公正直接决定实体公正。

（四）提高行政效率

行政效率是行政权的生命。行政主体以暂时的行政过程的低效率换来执行行政行为结果的高效率。这主要体现在两个方面：一方面，表现在行政相对人对行政行为的认同并自觉履行上，即让相对人的不满发泄在行政行为过程（程序）中，而不是在行政行为作出之后，从而促使行政行为获得及时执行；另一方面，通过行政程序，构建了行政主体和当事人的良好信任关系，减少了当事人与行政主体之间的摩擦，最大限度地提高了行政效率。

（五）增强行政过程的可接受性

行政决定不可能取得令所有人满意的效果，但行政程序正当至少可以使那些遭受不利后果者所接受，提高了当事人对结果的可接受程度。一般情况下，当事人接受了程序，也就接受了最终结果。例如，行政程序的公开、透明以及当事人的充分参与，可以带来结果被当事人接受。

二、行政程序的分类

行政程序按不同的标准，可进行不同的分类。行政法学研究中，有多种分类方式，以下分类或对于行政程序的研究有重要价值。

（一）外部行政程序与内部行政程序

以行政程序适用的范围为标准，行政程序可分为外部行政程序和内部行政程序。外部行政程序，是对行政主体之外的公民、法人或其他组织适用的程序，如行政处罚程序、行政强制程序、行政许可程序。内部行政程序是指行政主体对其内部事务进行管理所遵循的程序，如行政机关对公务员的奖励或处分程序，上下级行政主体之间领导、检查与监督程序。这种划分的意义在于：内部行政程序更注重效率，外部行政程序更注重对相对人权利的保护。此外，从形式上看内部行政程序，如果在内容上涉及相对人的权益，那么内部程序有可能转化为外部程序。

（二）行政执法程序与行政司法程序

以行政程序适用的不同行政职能为标准，可将行政程序分为行政执法程序和行政司法程序。行政执法程序是行政主体实施行政行为所应遵循的程序，如行政决定程序、行政强制程序。行政司法程序，或者称为准司法程序，是行政主体以第三人的身份，裁决行政主体与相对人之间或相对人之间有关行政管理的民事争议应遵循的程序，如行政复议程序、行政裁决程序。这种分类的意义在于：行政执法程序重点保护相对人的权利，行政司法程序重点遵循程序公正，解决争议。

（三）事先行政程序与行政决定程序

以行政程序适用的时间为标准，可将其分为事先行政程序和行政决定程序。事先行政程序是指行政行为在实施之前及实施过程中所遵循的程序，如行政行为的批准程序，行政处罚的调查取证程序。行政决定程序是指行政行为的终局程序，或者对相对人实体权利产生、变更和消灭有决定意义的程序，如行政复议决定程序、行政强制执行程序。这种分类的意义在于：事先程序一般不具有可诉性，决定程序一般都具有可诉性。

（四）强制性行政程序与裁量性行政程序

以行政程序是否有法律明确规定为标准，可将其分为强制性行政程序和裁量性行政程序。强制性行政程序是行政主体必须严格遵守的法律设定的程序，如行政处罚的告知、陈述和申辩程序。裁量性行政程序是行政主体在实施行政行为时，可以自由选择的程序。如行政许可中行政机关认为应当需要举行听证的选择、行政决定送达方式的选择。这种分类的意义在于：行政行为违反强制性行政程序的，可能被有权机关撤销，对于裁量性行政程序，主要涉及的是程序瑕疵问题，被有权机关撤销的可能性小，一般是要求重做。

（五）主要程序与次要程序

行政程序以其对相对人的合法权益是否产生实质影响为标准，可以划分为主要程序和次要程序。主要程序是指行政主体若不遵守将可能对行政相对人合法权益产生实质影响的行政程序，如行政处罚中的告知程序、表明身份程序和听证程序。次要程序是指行政主体不遵守并不会对行政相对人合法权益产生实质影响的行政程序。例如，行政主体超过法定期限颁发出国护照，但并没有影响行政相对人预定行程。这种分类的意义在于：主要程序缺失可能导致行政行为无效或违法，次要程序的欠缺，一般只需要行政机关补正或责令行政主体重作。

三、行政程序的基本制度

（一）调查制度

调查制度是指行政主体在作出行政决定之前的程序，通过了解公众意见或查明事实、收集证据，以供作出行政决定时依据或参考的制度，行政调查通常是作出行政决定的前提。通过调查，行政主体可以较全面地了解与行政决定相关的信息及事实、证据，从而能够更好地平衡各方面的利益冲突，作出既符合公共利益的要求，又能维护相对人合法权益的行政决定。

（二）回避制度

回避制度是指行政主体工作人员在行使职权过程中，因其与所处理的行政事务有利害关系，为保证实体处理结果和程序进展的公正性，根据当事人的申请或行政机关工作人员的请求，有权机关依法终止其职务的行使并由他人接替的一种法律制度。回避制度的设立是为了确保行政行为形式上的公正性。行政公正要求在行政程序中行政人员与其所作出的行政决定之间没有利害关系，保证行政人员不偏不倚地作出公正的决定。

（三）告知和说明理由制度

告知制度包括表明身份、向相对人告知有关事项及说明理由等内容。表明身份是指行政主体及其行政人员在实施行政行为之前应向相对人出示证件以表明其身份。告知是指行政主体在实施行政行为过程中，应将有关事项告知当事人，如告知相对人有复议、申诉等相应权利。

说明理由是指行政主体在作出影响相对人权利义务的行政决定时，除法律有特别规定外，必须向行政相对人说明其作出该行政行为的事实证据、法律依据以及裁量时所考虑的政策、公益等因素。其意义：一方面，有利于促使行政主体对自己所作的决定作充分考虑；另一方面，有利于相对人充分了

解行政行为，并判断该行为是否违法或不当从而决定是否提出复议或诉讼。说明理由是最低限度的程序正当性要求。

（四）行政听证制度

行政听证是行政主体在作出影响相对人权利义务的决定之前，应依法举行听证会，允许相对人发表意见、提供证据材料，或进行辩论与对质，并由行政主体根据听证结果作出行政决定的一种严格的程序。一般而言，行政程序的中心问题是利益相关人的参与，因为听证能够为利益相关人的参与提供充分的机会，特别是类似于司法裁判型的听证能够使利益相关人的参与权得到充分的行使，所以听证被认为是行政程序中最重要的基本制度。

（五）行政信息公开制度

行政信息公开是公民、社会组织对行政主体在行使行政职权的过程中掌握或控制的信息，除法律明确规定不予公开的事项外，应通过有效方式向公众和当事人公开。行政信息公开，让公众了解政府运作的情况和掌握所需要的资料，是公众行使对政府和国家管理活动的参与权和监督权的前提，是民主政治的核心内容之一。此外，行政信息公开还具有满足公民、组织的个人需要、推动科学研究发展等功能和作用。因此，行政信息公开制度现已成为行政法发展的世界潮流。

（六）行政案卷制度

行政案卷是指行政主体实施行政行为所依据的证据、记录和法律文书等，根据一定的顺序组成的书面材料。案卷包括与该行政行为所有相关的文件、证据、记录和材料等。严格的案卷制度要求行政主体在作出行政决定时，必须而且只能以案卷所记录的证据和材料为依据，不得采用案卷之外的证据材料，是行政行为作出的重要依据，也称为行政案卷排他原则。正式的行政程序必须有案卷，其意义不言而喻，行政案卷可以有效防止行政主体恣意行使行政职权，有助于说服行政相对人接受行政行为，为行政复议和司法审查提供事实根据和材料。

第二节　行政程序的法律规范

一、行政程序法典化

行政程序法是指调整和规范行政主体作出行政行为的过程、步骤和方式的法律规范的总称，它是行政程序法制化的结果。

（一）域外行政程序法

从许多国家的经验看，行政程序的法典化是可能的。形式意义的程序法是指完整而统一的行政程序法典，如美国、西班牙、德国和日本等国的行政程序法典以及英国的《行政法规法》、法国的《行政和公众关系法》《行政行为说明理由法》等。

行政程序法系一国（地区）行政程序的基本法，其任务是确立有关行政程序的基本原则和基本制度，而这些内容往往需要通过相应的立法加以进一步落实。其结果是，一国（地区）的行政程序法总是由一部行政程序法典匹配若干单行的行政程序法构成。如美国在制定了《联邦行政程序法》后，又分别制定了《联邦信息公开法》《隐私权法》和《政府阳光法》。日本在1993年制定了《行政程序法》之后，也在1998年制定了《行政信息公开法》。

（二）我国行政程序法

从制定行政程序法立法提议开始，到《行政程序法（草案）》不断修订，学者们对其给予了持续的关注。[①] 当然，目前行政程序的立法进程还不甚明朗，这不能不说和学者们对行政程序法的作用有不同的认识有关。有学者认为，“行政程序法典化充其量是对类型化、形式化的行政行为进行的规制，目的在于规定所有行政机关普遍遵循最低限度的公正程序规制。如何更好地

① 据不完全统计，学界关于行政程序法的试拟稿、专家建议稿等有四部之多，还有一些框架性的建议稿，但对这些建议性的文本，立法机关未予以正面回应。

使行政程序法典蕴含的理念及规定适用于具体的实践，对相对人权益充分保障，则需要深入细致的探讨，绝不是一部行政程序法就能解决的”。[①]

有学者总结了行政程序立法的难点有：第一，行政程序法原则的效力问题。第二，行政程序的一般规定与特别行政程序之间的关系的处理问题。第三，违反行政程序的法律责任问题。第四，行政程序的立法形式问题。[②]

然而，个别地方政府却进行了制定统一行政程序规范的努力，继湖南省政府于2008年制定颁布《湖南省行政程序规定》之后，又有山东省政府于2011年颁布《山东省行政程序规定》和江苏省政府于2015年颁布了《江苏省行政程序规定》等地方政府规章。值得商榷的是，有关行政程序的立法是否应适用法律保留原则？若不适用法律保留原则，那么最低层次的行政程序立法主体应该是谁？

二、单行法中的行政程序规范

从总体上，我国目前还没有一部专门的行政程序法，有关行政程序的规范散落在个别单行法律中。

（一）行政调查规范

行政调查是行政主体实施行政行为搜集证据的过程，是其作出一定的行政行为的依据，必须遵守法定的程序。如《行政处罚法》第36条规定，除可以当场作出行政处罚外，行政机关发现相对人有依法应当给予行政处罚的行为的，“必须全面、客观、公正地调查，收集有关证据”。该法第37条第1款规定，行政机关在调查时，执法人员不得少于两人。《治安管理处罚法》第78条规定：“公安机关受理报案、控告、举报、投案后，认为属于违反治安管理行为的，应当立即进行调查……”

（二）行政回避规范

《治安管理处罚法》第81条第1款规定，“人民警察在办理治安案件过程中，遇有下列情形之一的，应当回避；违反治安管理行为人、被侵害人或

① 周佑勇主编：《行政法专论》，中国人民大学出版社2010年版，第279页。

② 于立深：“《行政程序法》编纂中的矛盾关系及其化解”，载《长白学刊》2003年第3期。

者其法定代理人也有权要求他们回避：（一）是本案当事人或者当事人的近亲属的；（二）本人或者其近亲属与本案有利害关系的；（三）与本案当事人有其他关系，可能影响案件公正处理的”。

（三）说明理由规范

（1）《行政处罚法》第31条规定，行政机关在作出行政处罚决定之前，应当告知当事人作出行政处罚决定的事实、理由及依据，并告知当事人依法享有的权利。该法第41条规定，行政机关及其执法人员在作出行政处罚决定之前，不依法向当事人告知给予行政处罚的事实、理由和依据，行政处罚决定不能成立。

（2）《治安管理处罚法》第78条规定，“……认为不属于违反治安管理行为的，应当告知报案人、控告人、举报人、投案人，并说明理由”。

（3）《行政许可法》第38条第2款规定，“行政机关依法作出不予行政许可的书面决定的，应当说明理由……”该法第55条第3款规定，“行政机关根据检验、检测、检疫结果，作出不予行政许可决定的，应当书面说明不予行政许可所依据的技术标准、技术规范”。

（四）行政听证规范

（1）行政处罚听证。我国行政立法中规定听证制度，较早出现于《行政处罚法》。听证是行政处罚决定程序之一，适用于责令停产停业、吊销许可证或者执照和较大数额罚款等对当事人权益影响较大的行政处罚。

《行政处罚法》第42条第1款第2项规定：“行政机关应当在听证的七日前，通知当事人举行听证的时间、地点。”基于行政实践的复杂性，行政机关通知的时间应根据不同的情况分别作出不同的规定，以适应行政实践的需要。同时，对行政处罚听证程序中的通知采用何种形式没有作出特别规定。从行政处罚实务中反映出的情况看，法律对行政处罚听证程序中的通知没有规定具体形式，导致实践中行政机关履行通知义务的随意性比较明显。

国家环境保护总局公布的《环境保护行政处罚办法》第三章第三节关于听证程序作出了具体规定。

（2）价格听证。《价格法》第23条要求建立听证会制度，适用于制定关系群众切身利益的公用事业价格、公益性服务价格、自然垄断经营的商品价格等政府指导价、政府定价。

（3）行政许可听证。《行政许可法》规定了行政许可的听证程序。①听证的启动：主动（行政机关依职权）和被动（依申请人或利害关系人申请）。②听证期限：申请人或利害关系人应当在被告知听证权利之日起5日内提出申请，行政机关应当在20日内组织听证，行政机关应当于听证举行7日前将时间、地点通知申请人、利害关系人，必要时还需公告。③听证主持人回避：实体原因（与许可事项有直接利害关系）和程序原因（听证前已参与审查该许可事项的人）。④制作笔录：听证应当制作笔录，行政机关根据笔录作出决定。

（五）行政信息公开规范

（1）行政许可信息公开。《行政许可法》第40条规定，“行政机关作出的准予行政许可决定，应当予以公开，公众有权查阅”。该法第54条第2款规定：“公民特定资格的考试依法由行政机关或者行业组织实施，公开举行。行政机关或者行业组织应当事先公布资格考试的报名条件、报考办法、考试科目以及考试大纲……”

（2）行政信息公开。行政相对人了解、掌握行政信息，是其参与行政程序、维护自身合法权益的重要前提。因此，行政机关根据行政相对人的申请，应当及时、迅速地提供其所需要的行政信息，除非法律有不得公开的禁止性规定。国务院制定的《政府信息公开条例》是我国目前最为重要的行政信息公开的行政法规。这部行政法规对行政信息公开的范围、公开的基本要求、公开的方式和程序、费用、监督与救济等问题作出了规范，也是司法审查中的主要依据。

（3）预算执行情况的公开。《中华人民共和国预算法》第14条规定，“经本级人民代表大会或者本级人民代表大会常务委员会批准的预算、预算调整、决算、预算执行情况的报告及报表，应当在批准后二十日内由本级政府财政部门向社会公开，并对本级政府财政转移支付安排、执行的情况以及举借债务的情况等重要事项作出说明。经本级政府财政部门批复的部门预算、决算及报表，应当在批复后二十日内由各部门向社会公开，并对部门预算、决算中机关运行经费的安排、使用情况等重要事项作出说明。各级政府、各部门、各单位应当将政府采购的情况及时向社会公开。本条前三款规定的公开事项，涉及国家秘密的除外”。

（六）执法程序规范

《行政处罚法》第 41 条规定，行政机关及其执法人员在作出行政处罚决定之前，不依照本法第 31、32 条的规定向当事人告知给予行政处罚的事实、理由和依据，或者拒绝听取当事人的陈述、申辩，行政处罚决定不能成立。

（七）制作笔录规范

我国还未建立起严格的案卷排他制度，但行政行为的所有过程应制作笔录则是基本要求。

《行政处罚法》第 37 条规定，“询问或者检查应当制作笔录”；第 42 条第 1 款第 7 项规定，“听证应当制作笔录；笔录应当交当事人审核无误后签字或者盖章”，等等。

《行政强制法》第 18 条第 7、8 项规定，行政机关实施行政强制措施应当遵守下列规定，“（七）制作现场笔录；（八）现场笔录由当事人和行政执法人员签名或者盖章，当事人拒绝的，在笔录中予以注明”。

第三节　行政程序的司法审查

对于行政诉讼中的行政程序审查问题，根据《行政诉讼法》第 70 条的规定，行政程序违法才构成行政行为无效。《行政诉讼法》第 74 条第 2 项规定，“行政行为程序轻微违法，但对原告权利不产生实际影响的”，裁决是“确认违法，但不撤销行政行为”。

对于一般行政程序的司法审查，由于缺乏单独的行政程序作为依据，在司法裁判中，只能依据目前已经制定的单行法律中的特殊程序条款作为

判断的依据。如行政处罚法规定的行政处罚程序规范、行政强制措施实施程序规范等。另外，虽然《行政诉讼法》在第12条受案范围中未明确规定法院可以受理政府信息公开行政诉讼案件，但第82条第1款规定："人民法院审理下列第一审行政案件，认为事实清楚、权利义务关系明确、争议不大的，可以适用简易程序：……（三）属于政府信息公开案件的。"《政府信息公开条例》第33条第2款规定，公民、法人或者其他组织认为行政机关在政府信息公开工作中的具体行政行为侵犯其合法权益的，可以依法申请行政复议或者提起行政诉讼。究竟哪些具体政府信息公开争议能进入行政诉讼的问题，《最高人民法院关于审理政府信息公开行政案件若干问题的规定》（2011年）予以了明确。

一、一般行政程序争讼

案例4.1　林某诉闽侯县南屿镇人民政府行政强制案[①]

【本案争议点】 南屿镇人民政府的强拆程序是否合法。

【法律简析】 法院认为，南屿镇人民政府对林某房屋外的围墙及停车棚予以强制拆除未依照《行政强制法》的规定作出行政决定，履行催告义务，给予陈述和申辩的权利，制作强制执行决定书，且在尚未超过林某申请行政复议或提起行政诉讼法定期限的情况下，实施强制拆除行为，程序明显违法。

【裁判结果】 判决确认南屿镇人民政府的强制拆除行为违法。

案例4.2　姚某某诉正宁县公安局交通警察大队交通管理行政处罚案[②]

【本案争议点】 交警大队的行政处罚程序是否合法。

【法律简析】 法院认为，姚某某被处以罚款300元，驾驶证记6分的决定，应当适用普通程序，且执法人员不得少于两人。正宁县交警大队适用

---

① "福建省高院首次发布典型行政案例（2016年）"，福建长安网，http：//www.pafj.net/html/2016/fayuan_ 0728/58754.html，访问日期：2019年4月16日。

② "甘肃高院召开2015年度甘肃行政审判十大典型案例新闻发布会"，甘肃法院网，http：//www.chinagscourt.gov.cn/detail.htm? id=2334276，访问日期：2019年4月16日。

简易程序处理此案，且在查处姚某某超员时一人办案，存在程序违法。正宁县交警大队认定姚某某超员的唯一证据为照片4张，但该照片为车内现场的部分截图，在未提交其他证据的情况下，仅根据照片无法认定姚某某超员，被诉行政处罚据以认定的事实不清、证据不足。

【裁判结果】判决撤销正宁县交警大队作出的行政处罚及记分决定。

二、行政信息公开争讼

【典型案例】

案例4.3　李某某诉广东省交通运输厅政府信息公开案①

【基本案情】李某某（原告）诉称：其于2011年6月1日通过广东省人民政府公众网络系统向被告广东省交通运输厅提出政府信息公开申请，根据《政府信息公开条例》第24条第2款的规定，被告应在当月23日前答复原告，但被告未在法定期限内答复及提供所申请的政府信息，故请求法院判决确认被告未在法定期限内答复的行为违法。

广东省交通运输厅辩称：原告申请政府信息公开通过的是广东省人民政府公众网络系统，即省政府政务外网（以下简称省外网），而非被告的内部局域网（以下简称厅内网）。按规定，被告将广东省人民政府“政府信息网上依申请公开系统”的后台办理设置在厅内网。由于被告的厅内网与互联网、省外网物理隔离，互联网、省外网数据都无法直接进入厅内网处理，需通过网闸以数据“摆渡”方式接入厅内网办理，因此，被告工作人员未能立即发现原告在广东省人民政府公众网络系统中提交的申请，致使被告未能及时受理申请。根据《政府信息公开条例》第24条、《国务院办公厅关于做好施行〈中华人民共和国政府信息公开条例〉准备工作的通知》等规定，政府信息公开中的申请受理并非以申请人提交申请为准，而是以行政机关收到申请为准。原告称2011年6月1日向被告申请政府信息公开，但被告未收到该申请，被告正式收到并确认受理的日期是7月28日，并按规定向原告发出了《受理回执》。8月4日，被告向原告当场送达《关于政府信息公开的答复》

① 最高人民法院指导案例26号（最高人民法院审判委员会讨论通过，2014年1月26日发布）。

和《政府信息公开答复书》，距离受理日仅5个工作日，并未超出法定答复期限。因原告在政府公众网络系统递交的申请未能被及时发现并被受理应视为不可抗力和客观原因造成，不应计算在答复期限内，故请求法院依法驳回原告的诉讼请求。

【本案争议点】广东省交通运输厅逾期答复申请信息公开的行为是否合法。

【法律简析】法院生效裁判认为，《政府信息公开条例》第24条规定："行政机关收到政府信息公开申请，能够当场答复的，应当当场予以答复。行政机关不能当场答复的，应当自收到申请之日起15个工作日内予以答复；如需延长答复期限的，应当经政府信息公开工作机构负责人同意，并告知申请人，延长答复的期限最长不得超过15个工作日。"本案原告于2011年6月1日通过广东省人民政府公众网络系统向被告提交了政府信息公开申请，申请公开广州广园客运站至佛冈的客运里程数。政府公众网络系统生成了相应的电子申请编号，并向原告手机发送了申请提交成功的短信。被告确认收到上述申请并认可原告是基于生活生产需要获取上述信息，却于2011年8月4日才向原告作出《关于政府信息公开的答复》和《政府信息公开答复书》，已超过了上述规定的答复期限。由于广东省人民政府"政府信息网上依申请公开系统"作为政府信息申请公开平台所应当具有的整合性与权威性，如未作例外说明，则从该平台上递交成功的申请应视为相关行政机关已收到原告通过互联网提出的政府信息公开申请。至于外网与内网、上下级行政机关之间对于该申请的流转，属于行政机关内部管理事务，不能成为行政机关延期处理的理由。被告认为原告是向政府公众网络系统提交的申请，因其厅内网与互联网、省外网物理隔离而无法及时发现原告申请，应以其2011年7月28日发现原告申请为收到申请日期而没有超过答复期限的理由不能成立。因此，原告通过政府公众网络系统提交政府信息公开申请的，该网络系统确认申请提交成功的日期应当视为被告收到申请之日，被告逾期作出答复的，应当确认为违法。

【裁判结果】判决确认被告广东省交通运输厅未依照《政府信息公开条例》第24条规定的期限对原告李某某2011年6月1日申请其公开广州广园

客运站至佛冈客运里程数的政府信息作出答复违法。

【同类案例】

案例4.4　余某某诉海南省三亚市国土环境资源局案①

【本案争议点】政府环境信息和企业环境信息是否属于应予以公开的信息。

【法律简析】法院认为，原告请求公开之信息包括了政府环境信息和企业环境信息。对此，应遵循的原则是：不存在法律法规规定不予公开的情形并确系申请人自身之生产、生活和科研特殊需要的，一般应予以公开。本案原告申请公开的相关文件资料，是被告在履行职责过程中制作或者获取的，以一定形式记录、保存的信息，当然属于政府信息。被告未能证明申请公开之信息存在法定不予以公开的情形而答复不予以公开，属于适用法律法规错误。

【裁判结果】判决撤销被告《政府信息部分公开告知书》中关于不予以公开部分的第二项答复内容（《三亚金冕混凝土有限公司海棠湾混凝土搅拌站项目环评影响报告表》），支持不予以公开23号（三土环资察函〔2011〕23号《关于行政许可事项执法监察查验情况的函》）、50号（三土环资察函〔2011〕50号《关于建设项目环评审批文件执法监察查验情况的函》）限其依法按程序进行审查后重新作出答复。

案例4.5　奚某某诉中华人民共和国公安部案②

【本案争议点】公安部不予公开《关于实行“破案追逃”新机制的通知》（公通字〔1999〕91号）、《关于完善“破案追逃”新机制有关工作的通知》（公刑〔2002〕351号）、《日常“网上追逃”工作考核评比办法（修订）》（公刑〔2005〕403号）等三个文件的行为是否合法。

① “最高人民法院2014年9月12日发布政府信息公开十大案例”，最高人民法院网，http://www.court.gov.cn/zixun-xiangqing-13406.html，访问日期：2019年4月16日。

② 同上。

【法律简析】北京市高级人民法院认为，根据《政府信息公开条例》第2条规定，政府信息是指行政机关在履行职责过程中制作或者获取的，以一定形式记录、保存的信息。本案中，奚某某向公安部申请公开的三个文件及其具体内容，是公安部作为刑事司法机关履行侦查犯罪职责时制作的信息，依法不属于《政府信息公开条例》第2条所规定的政府信息。因此，公安部受理奚某某的政府信息公开申请后，经审查作出不予公开的被诉答复书，并无不当。

【裁判结果】判决驳回上诉，维持一审判决（驳回奚某某的诉讼请求）。

案例4.6　王某某诉天津市和平区房地产管理局案①

【本案争议点】和平区房地产管理局答复当事人申请信息公开的程序是否合法。

【法律简析】法院认为，和平区房地产管理局审查王某某的政府信息公开申请后，只给金融街公司发了一份第三方意见征询书，没有对王某某申请公开的政府信息是否涉及商业秘密进行调查核实。在诉讼中，和平区房地产管理局也未提供王某某所申请政府信息涉及商业秘密的任何证据，使法院无法判断王某某申请公开的政府信息是否涉及第三人的商业秘密。因此，和平区房地产管理局作出的《涉及第三方权益告知书》证据不足，属明显不当。

【裁判结果】判决撤销被诉《涉及第三方权益告知书》，并要求和平区房地产管理局在判决生效后30日内，重新作出政府信息公开答复。

案例4.7　杨某某诉山东省肥城市房产管理局案②

【本案争议点】肥城市房地产管理局不予公开包含享受保障性住房人的户籍、家庭人均收入、家庭人均住房面积等内容的信息是否合法。

【法律简析】终审法院认为，《廉租住房保障办法》《经济适用住房管理办法》均确立了保障性住房分配的公示制度，《肥城市民政局、房产管理局

---

① “最高人民法院2014年9月12日发布政府信息公开十大案例”，最高人民法院网，http://www.court.gov.cn/zixun-xiangqing-13406.html，访问日期：2019年4月16日。

② 同上。

关于经济适用住房、廉租住房和公共租赁住房申报的联合公告》亦规定，“社区（单位），对每位申请保障性住房人的家庭收入和实际生活状况进行调查核实并张榜公示，接受群众监督，时间不少于5日”。申请人据此申请保障性住房，应视为已经同意公开其前述个人信息。与此相关的政府信息的公开应适用《政府信息公开条例》第14条第4款“经权利人同意公开的涉及个人隐私的政府信息可以予以公开”的规定。

另外，申请人申报的户籍、家庭人均收入、家庭人均住房面积等情况均是其能否享受保障性住房的基本条件，其必然要向主管部门提供符合相应条件的个人信息，以接受审核。当涉及公众利益的知情权和监督权与保障性住房申请人一定范围内的个人隐私相冲突时，应首先考量保障性住房的公共属性，使获得这一公共资源的公民让渡部分个人信息，既符合比例原则，又利于社会的监督和住房保障制度的良性发展。被告的答复未达到全面、具体的法定要求。

【裁判结果】判决撤销一审判决（驳回杨某某的诉讼请求）和被诉答复（信息涉及公民的个人隐私，不应予以公开），责令被告自本判决发生法律效力之日起15个工作日内对杨某某的申请重新作出书面答复。

案例4.8　姚某某、刘某某诉福建省永泰县国土资源局案①

【本案争议点】永泰县国土资源局不予公开建设用地项目呈报说明书、农用地转用方案、补充耕地方案、征收方案、供地方案（一书四方案）的行为是否合法。

【法律简析】终审法院认为，根据《中华人民共和国土地管理法实施条例》（以下简称《土地管理法实施条例》）第23条第1款第2项规定，永泰县国土资源局是“一书四方案”的制作机关，福建省人民政府作出征地批复后，有关“一书四方案”已经过批准并予以实施，不再属于过程性信息及内部材料，被上诉人不予公开没有法律依据。

【裁判结果】判决责令永泰县国土资源局限期向姚某某、刘某某公开“一

① “最高人民法院2014年9月12日发布政府信息公开十大案例”，最高人民法院网，http://www.court.gov.cn/zixun-xiangqing-13406.html，访问日期：2019年4月16日。

书四方案”。

案例4.9　张某某诉江苏省如皋市物价局案[①]

【本案争议点】 如皋市物价局不予公布“对《价格违法行为行政处罚规定》自由裁量处罚幅度［详见附件一（2）］”的行为是否合法。

【法律简析】 法院认为，首先，行政机关进行行政管理活动所制作和获取的信息，属于政府信息。行政机关单纯履行内部管理职责时所产生的信息属于内部管理信息。如皋市物价局称其对丁堰镇人民政府作出不予处罚决定的依据即为“皋价发〔2009〕28号”文件，在相关法律法规对某些具体价格违法行为所规定的处罚幅度较宽时，该文件是该局量罚的参照依据。可见，涉诉信息会对行政相对人的权利义务产生影响，是被告行使行政管理职责过程中所制作的信息，不属于内部管理信息。其次，涉诉信息是如皋市物价局根据该市具体情况针对不同的价格违法行为所作的具体量化处罚规定，根据《国务院关于加强市县政府依法行政的决定》（国发〔2008〕17号）第18条的规定，针对行政裁量权所作的细化、量化标准应当予以公布，故涉诉信息属于应予公开的政府信息范畴。最后，如皋市物价局仅向张某某公开涉诉文件的主文及附件《如皋市物价局行政处罚自由裁量权实施办法》，而未公开该文件的附件一（2），其选择性公开涉诉信息的部分内容缺乏法律依据。如皋市物价局应当全面、准确、完整地履行政府信息公开职责。

【裁判结果】 判决被告于本判决生效之日起15个工作日内向原告公开“皋价发〔2009〕28号”文件的附件一（2）。

案例4.10　彭某某诉湖南省长沙县国土资源局案[②]

【本案争议点】 长沙县国土资源局对原告申请获取本组村民高某某建房用地审批信息申请的答复适用法律是否正确。

【法律简析】 2012年10月6日，彭某某向长沙县国土资源局提出政府信

---

① “最高人民法院2014年9月12日发布政府信息公开十大案例”，最高人民法院网，http://www.court.gov.cn/zixun-xiangqing-13406.html，访问日期：2019年4月16日。

② 同上。

息公开申请，申请获取本组村民高某某建房用地审批信息。11 月 28 日，长沙县国土资源局作出答复：根据《中华人民共和国档案法实施办法》（以下简称《档案法实施办法》）第 25 条的规定，集体和个人寄存于档案馆和其他单位的档案，任何单位和个人不得擅自公布，如需公布必须征得档案所有者的同意。故查询高某某建房用地审批资料必须依照上述法律规定到本局档案室办理。同时建议如反映高某某建房一户两证的问题，可以直接向国土资源局信访室和执法监察大队进行举报，由受理科、室负责依法办理。

法院认为，根据《最高人民法院关于审理政府信息公开行政案件若干问题的规定》第 7 条的规定，原告申请的政府信息系保存在被告的档案室，并未移交给专门的档案馆，被告长沙县国土资源局依法应适用《政府信息公开条例》的规定对原告申请公开的信息进行答复，而被告在答复中却适用《档案法实施办法》的相关规定进行答复，属于适用法律、法规错误，依法应予撤销。原告申请公开的信息是否应当提供，尚需被告调查和裁量，故对原告该项诉讼请求不予支持。

【裁判结果】 判决撤销被诉答复，责令被告 30 个工作日内重新予以答复。

案例 4.11　钱某某诉浙江省慈溪市掌起镇人民政府案①

【本案争议点】 掌起镇人民政府对申请公布柴家村 2000 年以来的村民宅基地使用的审核情况、村民宅基地分配的实际名单及宅基地面积和地段，柴家村的大桥拆迁户全部名单及分户面积，柴家村大桥征地拆迁户中货币安置户的全部名单及分户面积，在柴家村建房的外村人员的全部名单及实际住户名单，并注明其建房宅基地的来龙去脉的笼统答复是否合法。

【法律简析】 法院认为，被诉答复内容仅对少量的政府信息公开申请作出了答复，对其他政府信息公开申请既没有答复，亦没有告知原告获取该政府信息的方式和途径，而且被告在诉讼中未向本院提供其作出上述答复的相应证据，故应认定被告作出的答复主要证据不足。被告辩称，《政府信

① “最高人民法院 2014 年 9 月 12 日发布政府信息公开十大案例”，最高人民法院网，http://www.court.gov.cn/zixun-xiangqing-13406.html，访问日期：2019 年 1 月 16 日。

息公开条例》于2008年5月1日起才实施，在此之前的政府信息不能公开。法院认为，原告申请公开政府信息时，该条例早已实施。针对原告的申请，被告应当依据该条例的相关规定作出答复。如原告申请公开的政府信息属于不予公开范围的，被告应当告知原告并说明理由。况且，被告认为该条例施行之前的政府信息不能公开，缺乏法律依据。故被告上述辩称意见，理由并不成立，不予采信。

【裁判结果】判决撤销被告慈溪市掌起镇人民政府作出的政府信息公开答复，责令其在判决生效之日起30日内对钱某某提出的政府信息公开申请重新作出处理。

案例4.12 张某诉上海市规划和国土资源管理局案①

【本案争议点】上海市规划和国土资源局对申请获取“本市116地块项目土地出让金缴款凭证”政府信息的答复是否合法。

【法律简析】法院经审理认为：原告申请公开的相关缴款凭证，应泛指被告收取土地使用权受让人缴纳本市116地块国有土地使用权出让金后形成的书面凭证。在日常生活中，这种证明缴纳款项凭证的名称或许为缴款凭证，或许为收据、发票等，并不局限于缴款凭证的表述。原告作为普通公民，认为其无法知晓相关缴款凭证的规范名称，仅以此缴款凭证描述其申请获取的政府信息内容的主张具有合理性。而与之相对应，被告系本市土地行政管理部门，应知晓其收取土地使用权出让金后开具给土地使用权受让人的凭证的规范名称，但在未与原告确认的前提下，擅自认为原告仅要求获取名称为缴款凭证的相关政府信息，并仅以缴款凭证为关键词至其档案中心进行检索，显然检索方式失当，应为未能尽到检索义务，据此所认定的相关政府信息不存在的结论，也属认定事实不清，证据不足。

【裁判结果】判决撤销被诉政府信息公开答复，责令被告重新作出答复。

---

① “最高人民法院2014年9月12日发布政府信息公开十大案例”，最高人民法院网，http://www.court.gov.cn/zixun-xiangqing-13406.html，访问日期：2019年4月16日。

案例 4.13　如果爱婚姻服务有限公司诉中华人民共和国民政部案①

【本案争议点】中华人民共和国民政部对如果爱婚姻服务有限公司申请其书面公开中国婚姻家庭研究会的社会团体登记资料、年检资料、社会团体法人登记证书及对中国婚姻家庭研究会涉嫌欺诈行为的查处结果的答复行为是否合法。

【法律简析】北京市高级人民法院认为，中华人民共和国民政部（以下简称民政部）认定中国婚姻家庭研究会的社会团体登记情况、历年年检情况属于公开信息，并告知如果爱婚姻服务有限公司登录中国社会组织网查询。但通过前述网址查询到的内容显然不能涵盖如果爱婚姻服务有限公司申请公开的中国婚姻家庭研究会的社会团体登记资料、年检资料所对应的信息。对于中国社会组织网查询结果以外的，中国婚姻家庭研究会的其他社会团体登记资料、年检资料信息，民政部未在被诉告知书中予以答复，亦未说明理由，其处理构成遗漏政府信息公开申请请求事项的情形。同时，尽管民政部不保留登记证书的原件及副本，但作为全国性社会团体的登记机关，民政部应当掌握中国婚姻家庭研究会登记证书上记载的相关信息。民政部在未要求如果爱婚姻服务有限公司对其申请事项予以进一步明确的情况下，仅告知其不保留登记证书原件及副本，未尽到审查答复义务。一审法院关于民政部答复内容并无不当的认定错误，本院予以纠正。民政部作出被诉告知书明显超过法定期限，且无依法延长答复期限的批准手续，民政部在复议程序中已经确认超期答复违法，本院予以确认。此外，被诉告知书有可援引的法律依据而未援引，应属适用法律错误。民政部作为政府信息公开义务主体，应以其自身名义对外作出政府信息公开答复。

【裁判结果】判决驳回（如果爱婚姻服务有限公司）上诉，维持一审判决（撤销民政部所作《政府信息告知书》，并判决民政部应于判决生效之日起60日内针对如果爱婚姻服务有限公司的政府信息公开申请重新作出具体行

---

① “最高人民法院2014年9月12日发布政府信息公开十大案例”，最高人民法院网，http://www.court.gov.cn/zixun-xiangqing-13406.html，访问日期：2019年4月16日。

政行为)。

深度阅读

1. 郭育艳:《社会管理创新视角下政府信息公开问题研究》,中国财政经济出版社2016年版。
2. 黄伟群:《政府信息公开保密审查制度研究》,人民出版社2014年版。
3. 李洋、刘行:《行政机关信息公开败诉案例判解研究》,中国法制出版社2016年版。
4. 罗英:《福利行政的正当程序研究》,人民出版社2014年版。
5. 姜明安主编:《行政程序研究》,北京大学出版社2006年版。
6. 王维民:《行政程序证据制度研究》,中国言实出版社2014年版。
7. 杨小军:《政府信息公开实证问题研究》,国家行政学院出版社2014年版。
8. 余凌云:《公安机关办理行政案件程序规定若干问题研究》,中国人民公安大学出版社2007年版。
9. 张步峰:《正当行政程序研究》,清华大学出版社2014年版。
10. 曾娜:《行政程序的正当性判断标准研究》,知识产权出版社2014年版。
11. 赵正群:《政府信息公开法制比较研究》,南开大学出版社2013年版。

第五章　行政救济

本章提要

行政救济指国家有权机关为排除行政行为对公民、法人或其他组织合法权益的侵害，而采取的各种法律制度的总和。一般是依受损害的行政相对人的申请而发生，其途径主要是行政复议、行政诉讼、行政赔偿。

目前，我国行政复议存在着行政复议机构缺乏相对的独立性，复议程序不严谨等缺陷。针对这些不足，应该赋予复议机构相应的独立地位，实行行政复议程序司法化。行政诉讼是公民、法人和其他组织权利救济的最后途径，是法院对行政行为的司法审查，因此，该制度的建设和完善具有根本性意义。行政赔偿是《国家赔偿法》规定的，由于行政主体及其工作人员的违法行为造成相对人人身或财产损害，有权申请行政赔偿义务机关予以赔偿的制度，是行政救济制度的辅助手段。

第一节　行政复议

一、行政复议理论概要

（一）行政复议的性质

一般认为，行政复议是兼具行政监督、行政救济和行政司法行为等性质的行为。它对于监督行政主体依法行使行政职权，保护相对人的合法权益等均具有重要的意义和作用。

(1) 行政复议是具有一定司法性因素的行政行为。行政复议的司法性是指有行政复议权的行政机关借用法院审理案件的某些方式审查行政复议，即行政复议机关作为第三人对行政机关和行政相对人之间的行政争议进行审查并作出裁决。

(2) 行政复议是行政机关内部监督和纠错机制。行政复议是行政机关对下级或者政府对所属的行政机关作出的违法或者不当的具体行政行为实施的一种监督和纠错行为。

(3) 行政复议是国家行政救济机制的重要环节。行政救济包括行政诉讼、行政赔偿、行政复议、行政监督。行政复议是其中不可或缺的一种。

(二) 行政复议的定位

究竟将行政复议制度放在什么位置上，理论界颇有争议。有学者认为，应采取行政化的立场，即通过建立相对独立的复议委员会，适用准司法程序，但要增加或调整若干基本程序制度。① 另有学者认为，行政复议应当进行司法化改革，主要是在行政复议中确立公正程序的各项基本原则，保障复议申请人的程序权利，从而进行行政复议程序制度的重构。②

(三) 行政复议的原则

根据《行政复议法》总则及其他条款的规定，行政复议遵守如下原则。

(1) 合法、公正、公开、及时、便民的原则。合法，是要求复议机关必须严格按照宪法和法律规定的职责权限，以事实为依据，以法律为准绳，对申请复议的具体行政行为，按法定程序进行审查，并根据审查的不同情况，依法作出不同的复议决定。坚持有错必纠，保障法律、法规的正确实施。公正，是指行政复议要符合公平、正义的要求。公开，是要求行政复议的依据、程序及其结果都要公开，复议参加人有获得相关情报资料的权利。及时，是要求行政复议机关对复议申请的受理、复议的审查、复议决定的作出都应在

① 杨海坤、章志远：《中国行政法基本理论研究》，北京大学出版社2004年版，第542-543页。

② 王万华："行政复议程序反司法化定位的思考及其制度重构"，载《法学论坛》2011年第4期。

法律、法规规定的时限内及时作出，不得拖延。便民，是要求行政复议机关在具体的复议工作中，要尽可能为复议申请人提供便利条件，让复议申请人少耗费时间、财力和精力来解决问题。

（2）一级复议原则，指除法律、法规另有规定的以外，行政复议实行一级终结复议制。

（3）复议不停止执行原则，是指除被申请人认为需要停止执行的；行政复议机关认为需要停止执行的；申请人申请停止执行，行政复议机关认为其要求合理，决定停止执行的；法律规定停止执行的四种情况之外，行政复议中，当事人争议的具体行政行为不因复议而停止执行。

（4）书面审理为主原则。行政复议原则上采取书面审查的办法，但是申请人提出要求或者行政复议机关负责法制工作的机构认为有必要时，可以向有关组织和人员调查情况，听取申请人、被申请人和第三人的意见。

（5）合法与适当双重审查原则。该原则要求行政机关在行政复议过程，不仅要审查具体行政行为是否合法，还得审查具体行政行为是否适当，以保障行政相对人的合法权益。

二、行政复议范围

（一）可申请复议的具体行政行为

（1）对行政机关作出的警告、罚款、没收违法所得、没收非法财物、责令停产停业、暂扣或者吊销许可证、暂扣或者吊销执照、行政拘留等行政处罚决定不服的。

（2）对行政机关作出的限制人身自由或者查封、扣押、冻结财产等行政强制措施决定不服的。

（3）对行政机关作出的有关许可证、执照、资质证、资格证等证书变更、中止、撤销的决定不服的。

（4）对行政机关作出的关于确认土地、矿藏、水流、森林、山岭、草原、荒地、滩涂、海域等自然资源的所有权或者使用权的决定不服的。

（5）认为行政机关侵犯合法的经营自主权的。

（6）认为行政机关变更或者废止农业承包合同，侵犯其合法权益的。

（7）认为行政机关违法集资、征收财物、摊派费用或者违法要求履行其他义务的。

（8）认为符合法定条件，申请行政机关颁发许可证、执照、资质证、资格证等证书，或者申请行政机关审批、登记有关事项，行政机关没有依法办理的。

（9）申请行政机关履行保护人身权利、财产权利、受教育权利的法定职责，行政机关没有依法履行的。

（10）申请行政机关依法发放抚恤金、社会保险金或者最低生活保障费，行政机关没有依法发放的。

（11）认为行政机关的其他具体行政行为侵犯其合法权益的。

需要指出的是，上述列举的可以申请行政复议的具体行政行为中，有三个问题值得进一步明确。一是第1、2、3、4、8项中的“等”如何理解，是“等外等”还是“等内等”。“等内等”表示“到此为止”，列举穷尽之义；“等外等”则表示意犹未尽，未列举穷尽同类具体行政行为。结合《行政复议法》第6条综合考察，在此应解释为“等外等”更为妥当，是对未列举穷尽同类具体行政行为的概括表达。二是第8、9、10项列举的具体行政行为，依通说观点，此三项列举属于行政不作为，需要探讨的是，这三项行政不作为是否能穷尽所有行政不作为类型？三是第11项“兜底条款”的界定。“其他具体行政行为”的认定，应根据“特别法律”来明确，还是也包括其他“行政法规”？

案例5.1　济南南郊宾馆汽车修理厂诉济南市人民政府不予受理行政复议案①

【本案争议点】济南市人民政府不予受理行政复议申请的行为是否合法。

【法律简析】法院认为，劳动能力鉴定委员会作出的不予受理劳动能力复查鉴定申请行为应当属于行政复议的受理范围。《工伤职工劳动能力鉴定

---

① “山东省高级人民法院发布十大行政典型案例（2015年）”，法律家，http：//www.fae.cn/kx1725.html，访问日期：2019年4月16日。

管理办法》对申请劳动能力鉴定应当提交的材料以及劳动能力鉴定委员会对申请人提交的材料进行审核的职责作出了明确规定，劳动能力鉴定委员会应当依法进行审核并决定是否受理。劳动能力鉴定委员会对行政相对人的申请作出的不予受理行为，是依据行政法规的授权履行法定职责的行为，对行政相对人的权利义务产生实际影响，行政相对人不服的，理应纳入行政复议和行政诉讼的范围，否则不符合立法目的和权利救济原则。

【裁判结果】判决撤销济南人民市政府济政复不受字〔2015〕25号不予受理行政复议申请决定，判令济南市人民政府于判决生效之日起60日内重新作出行政复议决定。

（二）不可复议的行为

根据《行政复议法》第8条的规定，不服行政机关作出的行政处分或者其他人事处理决定的，依照有关法律、行政法规的规定提出申诉。不服行政机关对民事纠纷作出的调解或者其他处理，依法申请仲裁或者向法院提起诉讼。据此，不能复议的具体行政行为包括以下两类。

1. 对行政机关工作人员的奖惩、任免等决定不服的

行政处分是行政机关对违法、违纪的国家公务员所给予的惩戒。根据《国家公务员法》（2017年修订）的规定，国家公务员对有违纪行为，尚未构成犯罪的，或者虽然构成犯罪但是依法不追究刑事责任的，应当给予行政处分。行政处分分为警告、记过、记大过、降级、撤职和开除。

公务员对涉及本人的人事处理不服的，可以自知道该人事处理之日起30日内向原处理机关申请复核；对复核结果不服的，可以自接到复核决定之日起15日内，按照规定向同级公务员主管部门或者作出该人事处理的机关的上一级机关提出申诉；也可以不经复核，自知道该人事处理之日起30日内直接提出申诉。

2. 对民事纠纷的仲裁、调解或者处理不服的

传统的理论认为行政权不应干预民事活动，民事争议引起的争议应当由社会中介组织或司法机关作出裁决。但是，随着社会事务日趋复杂化，行政权干预社会生活的广度和深度都在增加。尤其在我国，行政权对民事活动的

干预有其历史基础和现实需求。许多法律、法规都规定了行政机关可以对民事纠纷作出调解或处理。

行政机关对民事纠纷作出的仲裁、调解或处理是解决民事纠纷的方式之一，但不是最终，也不是最主要的方式，当事人不服的还可以向法院提起诉讼。因此，为了尽快解决民事纠纷，对不服行政机关对民事纠纷作出的仲裁、调解或者处理不服的，排除在复议范围之外。

（三）可附带审查的抽象行政行为

公民、法人或者其他组织认为行政机关的具体行政行为所依据的下列规定不合法，在对具体行政行为申请行政复议时，可以一并向行政复议机关提出对该规定的审查申请：（1）国务院部门的规定；（2）县级以上地方各级政府及其工作部门的规定；（3）乡、镇政府的规定。上述所列规定不含国务院部、委员会规章和地方人民政府规章。规章的审查依照法律、行政法规办理。这里的“规定”是指行政机关发布的具有普遍约束力的决定、命令等规范性文件，就是行政机关的抽象行政行为，也可以概括称为“规范性文件”。纳入复议审查的只是规章以下的规范性文件，排除了对行政法规和规章的复议审查。这是考虑到行政法规是由国务院制定的，层次较高，对国务院制定的行政法规、决定和命令，只能由全国人大常委会行使撤销权。

规章是由国务院部门、省级政府和省会所在地的市人民政府以及国务院批准的较大市的人民政府制定的，根据国务院的《法规规章备案条例》，有较严格的备案审查制度，通过备案审查也能解决问题。现在出现问题多的是规章以下规范性文件。因此，规定公民、法人或者其他组织认为规章以下的规范性文件不合法的，才可以提出审查请求，排除了可以对行政法规和规章根据申请复议审查。

根据《中华人民共和国行政复议法实施条例》（以下简称《行政复议法实施条例》）第 26 条的规定，依照《行政复议法》第 7 条的规定，申请人认为具体行政行为所依据的规定不合法的，可以在对具体行政行为申请行政复议的同时一并提出对该规定的审查申请；申请人在对具体行政行为提出行政复议申请时尚不知道该具体行政行为所依据的规定的，可以在行政复议机关作出行政复议决定前向行政复议机关提出对该规定的审查申请。

为此，对行政规定一并申请审查时应注意以下几点：第一，行政复议中可以附带对被复议行政行为的依据进行审查，分为依申请的附带审查和依职权的附带审查。第二，依申请的附带审查只能对规章以下（不含规章）的规范性文件提出审查请求。第三，依职权的附带审查可以对作出具体行政行为的所有依据启动审查程序，不限于抽象行政行为。

三、行政复议参加人

（一）申请人

依照行政复议法申请行政复议的公民、法人或者其他组织是申请人。有权申请行政复议的公民死亡的，其近亲属可以申请行政复议。有权申请行政复议的公民为无民事行为能力人或者限制民事行为能力人的，其法定代理人可以代为申请行政复议。有权申请行政复议的法人或者其他组织终止的，承受其权利的法人或者其他组织可以申请行政复议。依照《行政复议法》和《行政复议法实施条例》的规定申请行政复议的公民、法人或者其他组织为申请人。特殊情形下，按如下规则确认行政复议申请人。

（1）合伙企业申请行政复议的，应当以核准登记的企业为申请人，由执行合伙事务的合伙人代表该企业参加行政复议；其他合伙组织申请行政复议的，由合伙人共同申请行政复议。上述规定以外的不具备法人资格的其他组织申请行政复议的，由该组织的主要负责人代表该组织参加行政复议；没有主要负责人的，由共同推选的其他成员代表该组织参加行政复议。

（2）股份制企业的股东大会、股东代表大会、董事会认为行政机关作出的具体行政行为侵犯企业合法权益的，可以以企业的名义申请行政复议。

（3）同一行政复议案件申请人超过 5 人的，推选 1 至 5 名代表参加行政复议。申请人可以委托代理人代为参加行政复议。

案例5.2 冯某章诉河北省衡水市人民政府撤销国有土地使用证案[①]

【本案争议点】 赵某彬对于1995年11月景县人民政府颁发国有土地使用证的行政行为是否具有申请行政复议的主体资格。

【法律简析】 最高人民法院（提审）认为，赵某彬对涉案土地的占有源于张某安2003年的转让行为，[②] 而颁证行为则发生在此次转让之前的1995年。因此，赵某彬要获得申请复议的资格只有通过转让承继的方式。而转让承继的前提则是颁证行为作出时张某安具有申请复议的资格。

1995年10月，原景县土地管理局将该土地征收后，该幅土地的性质已经转变为国有。张某安未对土地征收行为提起行政复议或者行政诉讼。此后，原景县土地管理局在办理土地登记过程中将土地使用者变为冯某章（冯某军之父），景县人民政府也为冯某章颁发了国有土地使用证。该颁证行为是在该幅土地通过征收转为国有土地的基础上作出的。虽然赵某彬在涉案土地上建有房屋，但是景县人民政府的颁证行为在先，赵某彬的利益在后，以后来的利益否定在先的行政行为，不符合客观实际情况，也没有法律依据，即在颁证行为作出之前，即使不考虑张某安1990年就已经将涉案土地使用权有价转让给冯某章一事，其（赵某彬）亦因该土地被征收而不享有土地使用权。故其与该颁证行为之间并无法律意义上的利害关系，不足以获得申请复议的资格。

【裁判结果】 赵某彬不具备申请行政复议的权利基础，不具有行政复议申请人资格，判决撤销再审判决，维持二审判决（撤销一审判决和被诉的行政复议决定）。

（二）被申请人

公民、法人或者其他组织对行政机关的具体行政行为不服申请行政复议的，作出具体行政行为的行政机关是被申请人。确认被申请人的具体规则

① 最高人民法院行政审判十大典型案例第一批（2017年6月13日发布）。

② 张某安以3000元的价格将该地卖给赵某彬，双方签订转让协议。2004年赵某彬在该地上建房并居住至今，但一直未办理土地使用证。2009年6月，冯某章将赵某彬诉至景县人民法院，赵某彬得知冯某章已办理土地使用证，遂提起行政复议。复议机关以程序违法为由撤销景县人民政府为冯某章颁发的国有土地使用证，并注销其土地登记。冯某章不服该复议决定，诉至法院。

如下。

（1）公民、法人或者其他组织对行政机关的具体行政行为不服，依照《行政复议法》和《行政复议法实施条例》的规定申请行政复议的，作出该具体行政行为的行政机关为被申请人。

（2）行政机关与法律、法规授权的组织以共同的名义作出具体行政行为的，行政机关和法律、法规授权的组织为共同被申请人。行政机关与其他组织以共同名义作出具体行政行为的，行政机关为被申请人。

（3）下级行政机关依照法律、法规、规章规定，经上级行政机关批准作出具体行政行为的，批准机关为被申请人。

（4）行政机关设立的派出机构、内设机构或者其他组织，未经法律、法规授权，对外以自己名义作出具体行政行为的，该行政机关为被申请人。

（三）第三人

（1）第三人参加复议的要件。第一，同申请行政复议的具体行政行为有利害关系。这种利害关系可以是直接的，也可以是间接的。第二，第三人参与到复议程序中来，是在复议申请已经受理，复议活动尚未终结的时候，如果行政复议还未开始或者已经终结，都不会有第三人的问题。第三，第三人参与还要经过行政复议机关的批准，这是为了既保护第三人的合法权益，又保护复议申请人的合法权益，防止不必要的干扰行政复议活动的情况发生。

（2）第三人的权利和义务。按照法律法规的规定，行政复议第三人有如下权利：第一，经行政复议机关批准，参加行政复议或者委托代理人，由代理人参加行政复议。第二，可以查阅被申请人提出的书面答复、作出具体行政行为的证据、依据和其他有关材料。第三，参加行政复议相关活动中阐述相关意见。

按照法律法规的规定，行政复议第三人有如下义务：第一，委托代理人的，应当向行政复议机构提交授权委托书，解除或变更委托需说明。第二，履行行政复议决定确定的义务。

四、行政复议机关

（一）条块管辖

作出具体行政行为的是县级以上地方各级政府工作部门的，当事人可以作出选择，可以向该部门的本级政府申请行政复议，也可以向上一级主管部门申请行政复议。例如，要对县公安局的决定申请行政复议，当事人可以向县政府申请复议，也可以向上一级公安机关申请复议。

（二）条条管辖

（1）被申请人是省级以下政府的，复议机关是上一级政府，如上级无地级市政府，则地区行署也可为复议机关。

（2）垂直领导机关，复议机关是上一级主管机关。对海关、金融、国税、外汇管理等实行垂直领导的行政机关和国家安全机关的具体行政行为不服的，向其上一级主管机关申请行政复议。

（三）自我管辖

对国务院部门或者省、自治区、直辖市政府的具体行政行为不服的，向作出该具体行政行为的国务院部门或者省、自治区、直辖市政府申请行政复议。对行政复议决定不服的，当事人可以作出选择，一是依法向法院提起行政诉讼；二是向国务院申请裁决，由国务院依法作出最终裁决。

（四）特殊管辖

（1）对部门派出机构提起的复议，复议机关是该机构所在的主管部门或该主管部门的同级政府。如是垂直领导部门的派出机构作为被申请人，则复议机关仅包括其所在主管部门。

（2）对被授权组织提起的复议，复议机关是直接管理该组织的机关，但被授权的国务院直属事业单位以部委论。

（3）对多个行政机关提起的复议，复议机关是其共同上一级机关，即复议机关是同级政府或共同上级主管部门。

（4）对被撤销的机关提起的复议，复议机关是其职权继承机关的上一级机关，此时视继续行使职权的机关为被申请人。

(5) 对行政机关和授权组织共同行为提起的复议，复议机关是共同的上一级机关，即行政机关和授权组织是共同被申请人。

(6) 对行政机关和其他组织共同行为提起的复议，复议机关是行政机关的上一级机关，行政机关是被申请人。

(7) 对行政机关经批准的行为提起的复议，复议机关是批准机关的上一级机关，批准机关为被申请人。

(8) 对派出、(内设、委托) 机构无权行为提起的复议，复议机关是行政机关的上一级机关，行政机关为被申请人。

(9) 对政府派出机关行为提起的复议，复议机关是设立该派出机关的政府，政府的派出机关包括行政公署、区公所、街道办事处三类。其复议机关分别是省级政府、县级政府和不设区的市政府或直辖市的区政府。

(五) 复议前置

根据《行政复议法》第 30 条第 1 款的规定，公民、法人或者其他组织认为行政机关的具体行政行为侵犯其已经依法取得的土地、矿藏、水流、森林、山岭、草原、荒地、滩涂、海域等自然资源的所有权或者使用权的，应当先申请行政复议；对行政复议决定不服的，可以依法向人民法院提起行政诉讼。即申请人认为行政机关的具体行政行为侵犯其已经依法取得的自然资源性财产所有权或使用权提出复议申请的，遵从复议前置规则，对行政复议决定不服，才可以向法院提起行政诉讼。

首先，当公民法人之间因权属发生争执时，是民事争议，可以直接通过民事诉讼解决，为民事诉讼。但如果争议属于诸种自然资源性财产的所有权和使用权的争议，法律规定一方必须先行通过行政复议的方式寻求保护。其范围包括两类决定：一是政府就自然资源权属纠纷所作的确权决定；二是政府为确认自然资源权属而颁发权属证书的决定。

其次，法律规定对复议决定作出后，允许当事人再次选择进一步的救济方式，或者是针对行政复议决定不服提起行政诉讼，或者请求国务院进行裁决，而国务院的裁决是最终裁决，不能再提起行政诉讼。

(六) 复议前置并终局

根据《行政复议法》第 30 条第 2 款的规定，根据国务院或者省、自治区、直辖市政府对行政区划的勘定、调整或者征收土地的决定，省、自治区、直辖市政府确认土地、矿藏、水流、森林、山岭、草原、荒地、滩涂、海域等自然资源的所有权或者使用权的行政复议决定为最终裁决。

终局的行政复议决定是指申请人对特定的具体行政行为申请复议时，对行政机关作出的复议决定必须接受，不得再提出行政诉讼。终局的复议决定是一种特殊情况，它是在行政机关包括复议的具体行政行为接受司法监督下的一种特别例外，实际上是由法律特别授权行政机关全权处理某类行政管理活动。

复议前置并终局的条件是：第一，终局复议决定作出的主体是省级政府；第二，终局复议决定作出的依据是国务院或者省级人民政府对行政区划的勘定、调整或者征收土地的决定；第三，终局复议决定的内容是确认自然性财产所有权或者使用权。例如，某县级土地管理部门根据省人民政府有关乡界的调整决定，确定了某一土地的所有权或使用权，相对人不服，向县人民政府或者向上一级土地管理部门申请行政复议，这一行政复议决定不是最终裁决，可以提起行政诉讼。但如果是省土地管理部门根据省人民政府征收土地的决定，作出的确权具体行政行为，相对人不服，向省人民政府申请行政复议，省人民政府作出的行政复议决定则是最终裁决，不得提起行政诉讼。这是因为，行政区划的勘定、调整是宪法规定的国务院或者省、自治区政府的职权，应当由行政机关作出最终裁决。根据土地管理法的规定，决定征收土地的权限仅限于国务院和省、自治区、直辖市人民政府，行政机关根据征收土地的决定而确认所有权或者使用权的具体行政行为有侵犯公民、法人合法权益的，向作出决定的机关申请行政复议，比较有利于问题的解决。因此，需要行政相对人在提起行政复议之前要了解《行政复议法》第 30 条第 2 款的规定，一旦提起行政复议，就丧失了提起行政诉讼的权利。

五、行政复议的程序

（一）申请与受理

1. 申请期限及起算

申请期限：公民、法人或者其他组织认为具体行政行为侵犯其合法权益的，可以自知道该具体行政行为之日起60日内提出行政复议申请。但是法律规定的申请期限超过60日的除外。如专利法规定的三个月。行政机关作出的具体行政行为对公民、法人或者其他组织的权利、义务可能产生不利影响的，应当告知其申请行政复议的权利、行政复议机关和行政复议申请期限。

具体起算点如下：（1）当场作出具体行政行为的，自具体行政行为作出之日起计算。（2）载明具体行政行为的法律文书直接送达的，自受送达人签收之日起计算。（3）载明具体行政行为的法律文书邮寄送达的，自受送达人在邮件签收单上签收之日起计算；没有邮件签收单的，自受送达人在送达回执上签名之日起计算。（4）具体行政行为依法通过公告形式告知受送达人的，自公告规定的期限届满之日起计算。（5）行政机关作出具体行政行为时未告知公民、法人或者其他组织，事后补充告知的，自该公民、法人或者其他组织收到行政机关补充告知的通知之日起计算。（6）被申请人能够证明公民、法人或者其他组织知道具体行政行为的，自证据材料证明其知道具体行政行为之日起计算。行政机关作出具体行政行为，依法应当向有关公民、法人或者其他组织送达法律文书而未送达的，视为该公民、法人或者其他组织不知道该具体行政行为。（7）公民、法人或者其他组织依照《行政复议法》第6条第8项、第9项、第10项的规定申请行政机关履行法定职责，行政机关未履行的，行政复议申请期限依照下列规定计算：第一，有履行期限规定的，自履行期限届满之日起计算；第二，没有履行期限规定的，自行政机关收到申请满60日起计算。（8）公民、法人或者其他组织在紧急情况下请求行政机关履行保护人身权、财产权的法定职责，行政机关不履行的，行政复议申请期限不受前款规定的限制。（9）法定期限的延长。因不可抗力或者其他正当理由耽误法定申请期限的，申请期限自障碍消除之日起继续计算。

2. 申请方式

（1）书面申请：申请人书面申请行政复议的，可以采取当面递交、邮寄或者传真等方式提出行政复议申请。有条件的行政复议机构可以接受以电子邮件形式提出的行政复议申请。（2）口头申请：口头申请的，行政复议机关应当当场记录申请人的基本情况、行政复议请求、申请行政复议的主要事实、理由和时间。当场制作行政复议申请笔录交申请人核对或者向申请人宣读，

并由申请人签字确认。

3. 受理

公民、法人或者其他组织认为行政机关的具体行政行为侵犯其合法权益提出行政复议申请，除不符合行政复议法和行政复议法实施条例规定的申请条件的，行政复议机关必须受理。

行政复议申请符合下列规定的，应当予以受理：（1）有明确的申请人和符合规定的被申请人；（2）申请人与具体行政行为有利害关系；（3）有具体的行政复议请求和理由；（4）在法定申请期限内提出；（5）属于行政复议法规定的行政复议范围；（6）属于收到行政复议申请的行政复议机构的职责范围；（7）其他行政复议机关尚未受理同一行政复议申请，法院尚未受理同一主体就同一事实提起的行政诉讼。

案例5.3　杨某某诉山东省人民政府行政复议案①

【本案争议点】 对于重复复议的问题应如何处理。

【法律简析】 最高人民法院认为，当事人申请行政复议和提起行政诉讼应当具有利用复议制度和诉讼制度解决行政争议的正当性。杨某某在提起行政诉讼之前，针对同一事由连续申请了三级行政复议，明显且一再违反一级行政复议制度。对于明显违反复议制度的复议申请，行政复议机关不予受理后，申请人对此不服提起行政诉讼的，法院可以不予立案，或者在立案之后裁定驳回起诉。

【裁判结果】 山东省济南市中级人民法院一审判决驳回杨某某的诉讼请求。山东省高级人民法院二审判决驳回上诉，维持一审判决。杨某某向最高人民法院申请再审，最高人民法院裁定予以驳回。

（二）行政复议的审理

1. 审理程序

（1）送达行政复议书副本，并在限期内作出书面答复。行政复议机构应当自行政复议申请受理之日起7日内，将行政复议申请书副本或者行政复议申请笔录复印件发送被申请人。被申请人应当自收到申请书副本或者

---

① 最高人民法院行政审判十大典型案例第一批（2017年6月13日发布）。

行政复议申请笔录复印件之日起10日内，向行政复议机关提出书面答复，并提交当初作出具体行政行为的证据、依据和其他有关材料。（2）审阅复议案件有关材料。行政复议机构应当着重审阅复议申请书、被申请人作出具体行政行为的书面材料（如行政处罚决定书）、被申请人作出具体行政行为所依据的事实和证据、被申请人的书面答复。（3）调查取证，收集证据。（4）通知符合条件的人参加复议活动。（5）确定复议案件的审理方式。行政复议原则上采取书面审查的办法，但是申请人提出要求或者行政复议机构认为有必要时，可以向有关组织和个人调查情况，听取申请人、被申请人和第三人的意见。

2. 行政复议期间原具体行政行为的效力

根据《行政复议法》的规定，行政复议期间原具体行政行为不停止执行。这是符合行政效力先定原则的，行政行为一旦作出，即推定为合法，对行政机关和相对人都有拘束力。

但为了防止和纠正因具体行政行为违法给相对人造成不可挽回的损失，《行政复议法》规定有下列情形之一的，可以停止执行：（1）被申请人认为需要停止执行的；（2）行政复议机关认为需要停止执行的；（3）申请人申请停止执行，行政复议机关认为其要求合理，决定停止执行的；（4）法律规定停止执行的。

3. 复议申请的撤回

在复议申请受理之后、行政复议决定作出之前，申请人基于某种考虑主动要求撤回复议申请的，经向行政复议机关说明理由，可以撤回。撤回行政复议申请的，行政复议终止。

4. 对抽象行政行为的处理

申请人在申请行政复议时，对作出具体行政行为所依据的有关规定提出审查申请，或者行政复议机关认为具体行政行为依据不合法的，行政复议机关可依法作出不同处理决定：（1）有权处理的，应当在30日内依法处理；（2）无权处理的，应当在7日内按照法定程序转送有权处理的国家机关依法处理。

1. 复议决定的类型

（1）决定维持具体行政行为。具体行政行为认定事实清楚，证据确凿，适用依据正确，程序合法，内容适当的，决定维持。（2）决定撤销、变更或者确认原具体行政行为违法。有两种情况：一是认为原行政行为认定的主要事实不清，证据不足，适用依据错误，违反法定程序，越权或者滥用职权，具体行政行为明显不当的，决定撤销、变更或者确认该具体行政行为违法。二是被申请人不依法提出书面答复、提交当初作出具体行政行为的证据、依据和其他有关材料的，决定撤销。（3）决定被申请人在一定期限内履行法定职责。有两种情况：一是拒绝履行。被申请人在法定期限内明确表示不履行法定职责的，责令其在一定期限内履行。二是拖延履行。被申请人在法定期限内既不履行，也不明确表示履行的，责令其在一定期限内履行。（4）决定被申请人在一定期限内重新作出具体行政行为。行政复议机关决定撤销或者确认该具体行政行为违法的，责令被申请人在一定期限内重新作出具体行政行为。（5）决定赔偿。行政复议机关在依法决定撤销、变更或者确认该具体行政行为违法时，申请人提出赔偿要求的，应当同时决定被申请人依法给予赔偿。（6）决定返还财产或者解除对财产的强制措施。行政复议机关在依法决定撤销或者变更罚款，撤销违法集资、没收财物、征收财物、摊派费用以及对财产的查封、扣押、冻结等具体行政行为时，应当同时责令被申请人返还财产，解除对财产的查封、扣押、冻结措施，或者赔偿相应的价款。

案例 5.4　张某某诉西双版纳傣族自治州人民政府土地行政复议案①

【本案争议点】西双版纳傣族自治州人民政府作出的行政复议决定程序是否合法。

【法律简析】终审法院认为，西双版纳傣族自治州人民政府（以下简称

① “云南省高级法院公布2017行政审判十大典型案例”，中国日报网，https：//www.chinadaily.com.cn/interface/yidian/1120781/2018-06-29/cd_36482430.html？yidian_docid=0JQ45wDn，访问日期：2019年4月16日。

州政府）在履行行政复议职责过程中，未依法履行告知义务，违背行政复议法规定的基本原则，属于违反法定程序的情形。未对复议申请人范某某提出的要求撤销张某某林权证的请求作出回应，遗漏了复议申请人的复议请求，属程序违法。

【裁判结果】 判决撤销一审判决（驳回张某某的诉讼请求），撤销复议决定，由州政府于判决生效之日起60日内重新作出行政行为。

2. 行政复议决定书的制作

行政复议机关作出行政复议决定，应当制作行政复议决定书。行政复议决定书应载明下列事项：（1）申请人的姓名、性别、年龄、职业、住址（申请人为法人或者其他组织者，则为法人或者组织的名称、地址、法定代表人姓名）。（2）被申请人的名称、地址、法定代表人的姓名、职务。（3）申请行政复议的主要请求和理由。（4）行政复议机关认定的事实、理由，适用的法律、法规、规章和具有普遍约束力的决定、命令。（5）行政复议结论。（6）不服行政复议决定向法院起诉的期限（如为终局行政复议决定，则为当事人履行的期限）。（7）作出行政复议决定的年、月、日。（8）行政复议决定书由行政复议机关的法定代表人署名，加盖行政复议机关的印章。行政复议决定书一经送达，即发生法律效力。

案例5.5　冀某某诉柏乡县人民政府民政行政复议案①

【本案争议点】 柏乡县人民政府的行政复议决定是否合法。

【法律简析】 法院认为，柏乡县人民政府受理行政复议申请后，应按照《行政复议法》第28条的规定，对被申请人柏乡县民政局作出的行政行为进行审查，并作出行政复议决定。本案宋某某的三子女申请撤销柏乡县民政局颁发的冀某某与宋某某的结婚证，或确认该结婚证无效。柏乡县人民政府虽然经过审查认定了案件事实，却没有适用《行政复议法》的有关规定对被申请的行政行为作出是否撤销、确认违法等明确的复议决定，未对行政行为的合法性进行法律上的判断，当事人之间的行政争议亦未得到有

① “河北高院2015年度行政审判十大典型案例”，个人图书馆，http：//www.360doc.com/content/16/1105/14/21727081_604119243.shtml，访问日期：2019年4月16日。

效解决。

【裁判结果】 判决撤销柏乡县人民政府作出的行政复议决定。

3. 作出复议决定的期限

行政复议机关应当自受理行政复议申请之日起 60 日内作出行政复议决定，但是法律规定的行政复议期限少于 60 日的除外。情况复杂，不能在规定期限内作出行政复议决定的，经行政复议机关的负责人批准，可以适当延长，并告知申请人和被申请人；但是延长期限最多不超过 30 日。

（四）行政复议决定的执行

除法律规定的终局行政复议决定外，申请人对行政复议决定不服，可以在收到行政复议决定书之日起 15 日内，或法律法规规定的其他期限内，向法院提起行政诉讼。申请人逾期不起诉，又不履行行政复议决定的，对于维持具体行政行为的行政复议决定，由被申请人依法强制执行或者申请法院强制执行；对于变更具体行政行为的行政复议决定，由行政复议机关依法强制执行或者申请法院强制执行。

被申请人不履行或者无正当理由拖延履行行政复议决定的，行政复议机关或者有关上级行政机关应当责令其在一定限期内履行，对直接负责的主管人员和其他直接责任人员依法给予警告、记过、记大过的行政处分；经责令履行仍拒不履行的，依法给予降级、撤职、开除的行政处分。

第二节　行政诉讼

一、行政诉讼概述

（一）行政诉讼的特有原则

行政诉讼的原则包括两类，一类是与民事诉讼、刑事诉讼共有的原则，另一类是行政诉讼特有的原则，这是研习行政诉讼制度的重点。

（1）对行政行为合法性审查原则。这一原则体现了行政诉讼的特点和立法目的。包含以下含义：第一，司法审查权限于行政主体的行政行为，无权审查规章以上的行政规范性文件制定行为，即对行政立法行为不予审查。第二，行政行为的范围包括行政机关和行政机关工作人员作出的行政行为，也包括法律、法规、规章授权的组织作出的行政行为。第三，法院只对行政主体的行政行为是否合法进行审查，一般不审查行政行为是否合理。

判断行政行为合法和违法的标准分别是：证据确凿，适用法律、法规正确，符合法定程序；主要证据不足，适用法律、法规错误，违反法定程序，超越职权，滥用职权，不履行法定职责或拖延履行法定职责等。

另外，有两种例外情况，法院可以审查其合理性，其具体处理方式是判决变更。第一，行政处罚明显不当显失公正的。《行政诉讼法》第 77 条第 1 款规定，行政处罚明显不当显失公正，可以判决变更。第二，其他行政行为涉及对款额的确定或者认定确有错误的，法院可以判决变更。

（2）当事人诉讼法律地位平等原则。根据《行政诉讼法》第 8 条的规定，法院应当保障公民、法人和其他组织的起诉权利，对应当受理的行政案件依法受理。行政机关及其工作人员不得干预、阻碍法院受理行政案件。被诉行政机关负责人应当出庭应诉。不能出庭的，应当委托行政机关相应的工作人员出庭，是诉讼法律平等原则的具体体现。同时，辩论原则（《行政诉讼法》第 10 条），也是诉讼地位平等原则的延伸，它追求的是在形式上，相对人与行政机关在司法审判中获得平等辩论的权利。

（3）检察院实行法律监督原则。根据《行政诉讼法》第 11 条的规定，检察院有权对行政审判活动实行监督。与监督民事案件一样，行政案件判决以后，检察院可以提起抗诉的方式，行使监督权。同时，经过 2017 年的行政诉讼法修改，检察院又获得了行政公益诉讼主体的法律资格，可以对行政行为通过诉讼实施监督。

（4）不因诉讼而停止执行原则。根据《行政诉讼法》第 56 条的规定，行政诉讼期间，不停止行政行为的执行。但有下列情形之一的，裁定停止执行：第一，被告认为需要停止执行的；第二，原告申请停止执行，法院认为该行政行为的执行会造成难以弥补的，并且停止执行不损害社会公共利益，裁定停止执行的；第三，法院认为该行政行为的执行将会造成国家利益、社

会公共利益重大损害的；第四，法律、法规规定停止执行的。

（5）不适用调解原则。根据《行政诉讼法》第 60 条的规定，法院审理行政案件，不适用调解。但是，行政赔偿、补偿以及行政机关行使法律、法规规定的自由裁量权的案件可以调解。

（二）行政诉讼与行政复议的关系

对于行政行为而言，行政诉讼与行政复议的关系，可以概括为四种基本类型。

（1）复议诉讼自由选择。这是当事人选择救济程序的一般模式，适用于绝大部分行政纠纷。如果一个案件同时属于行政诉讼与行政复议受案范围，当事人既可以直接选择向法院起诉，也可以选择先向复议机关申请复议，对复议决定仍不服再提起行政诉讼。

（2）复议前置但不终局。除上述自由选择关系之外，其他情况均属复议与诉讼关系的例外。最常见的，就是复议前置但并不终局的情况（简称复议前置）。在这种关系中，当事人对特定的行政争议不服的，必须先行申请复议；对复议决定仍然不服，或复议机关拒不作出处理的，再行提起行政诉讼；当事人就此类争议直接提起行政诉讼的，法院不予受理。复议前置案件常见的是如下几类：①纳税争议案件；②侵犯既得自然资源权利案件；③禁止或限制经营者集中的行为；④国家安全行政处理决定；⑤商标注册、使用管理处理决定；⑥专利授予、无效处理决定等。

（3）复诉自由但复议终局。这是行政诉讼与行政复议关系中的特例。其含义是：当事人如对特定行政争议不服，既可以提起行政诉讼，也可以申请行政复议，而一旦申请了行政复议，复议机关的决定就具有终局的效力，对该决定，当事人不得再行提起诉讼。这包括两种情况：第一，对外国人的出入境行政强制措施。如《中华人民共和国公民出境入境管理法》（以下简称《公民出境入境管理法》）第 64 条规定："外国人对依照本法规定对其实施的继续盘问、拘留审查、限制活动范围、遣送出境措施不服的，可以依法申请行政复议，该行政复议决定为最终决定。其他境外人员对依照本法规定对其实施的遣送出境措施不服，申请行政复议的，适用前款规定。"第二，省部级单位对自身行为的复议决定。根据《行政复议法》规定，当事人不服省部级行政机关具体行政行为时，其救济途径有两种：一是直接起诉，二是向原机关申请行政复议。如果当事人选择行政复议的，对其复议决定不服仍有两种选择：一是起诉，二是申请国务院作出终局裁决。在这里，国务院的裁决实际上就是一种二次复议决定。

（4）复议前置且终局。复议前置且终局关系是行政复议与行政诉讼关系中最为特殊的一种。在这种关系之下，当事人对特定行政争议不服时，必须先申请复议，而一旦申请复议，复议决定又产生终局效力，不得再对其提起行政诉讼。对于此类争议，当事人只有行政复议一种选择，不得提起行政诉讼。此类案件只有一种，即同时满足《行政复议法》第30条两款规定的情况（见本章第一节行政复议管辖的相关阐述）。

二、行政诉讼的受案范围

（一）概括确认和肯定列举

公民、法人或者其他组织认为行政机关和行政机关工作人员的行政行为侵犯其合法权益，有权依照行政诉讼法向法院提起诉讼。这里所称行政行为，包括法律、法规、规章授权的组织作出的行政行为（《行政诉讼法》第2条），下面是肯定（正面）列举（《行政诉讼法》第12条）。

（1）行政处罚案件。对行政拘留、暂扣或者吊销许可证和执照、责令停产停业、没收违法所得、没收非法财物、罚款、警告等行政处罚不服的。

（2）行政强制措施和行政强制执行案件。对限制人身自由或者对财产的查封、扣押、冻结等行政强制措施和行政强制执行不服的。

（3）行政许可案件。申请行政许可，行政机关拒绝或者在法定期限内不予答复，或者对行政机关作出的有关行政许可的其他决定不服的。

（4）行政确认案件。对行政机关作出的关于确认土地、矿藏、水流、森林、山岭、草原、荒地、滩涂、海域等自然资源的所有权或者使用权的决定不服的。

（5）行政征收征用案件。对征收、征用决定及其补偿决定不服的。

(6）行政不作为案件。申请行政机关履行保护人身权、财产权等合法权益的法定职责，行政机关拒绝履行或者不予答复的。

(7）侵犯经营权案件。认为行政机关侵犯其经营自主权或者农村土地承包经营权、农村土地经营权的。

(8）排除或者限制竞争案件。认为行政机关滥用行政权力排除或者限制竞争的。

(9）违法要求履行义务案件。认为行政机关违法集资、摊派费用或者违法要求履行其他义务的。

(10）不履行行政给付案件。认为行政机关没有依法支付抚恤金、最低生活保障待遇或者社会保险待遇的。

(11）行政协议案件。认为行政机关不依法履行、未按照约定履行或者违法变更、解除政府特许经营协议、土地房屋征收补偿协议等协议的。

（二）双重兜底

“双重兜底”是指《行政诉讼法》第12条第1款第12项的概括条款和第12条第2款的概括条款。

(1）“等合法权益”。《行政诉讼法》第12条第1款第12项规定：“认为行政机关侵犯其他人身权、财产权等合法权益的。”其中，“等合法权益”说明修正后的行政诉讼法保护行政相对人的合法权益已不限于“人身权、财产权”，如受教育权案件。

(2）其他法律、法规规定。《行政诉讼法》第12条第2款规定：“除前款规定外，法院受理法律、法规规定可以提起诉讼的其他行政案件。”从相关司法解释和学界的通说来看，这类行政案件包括行政裁决案件、行政确认案件、行政行为侵犯公民公平竞争权的案件、反倾销行政案件、教育行政决定等。

（三）否定列举

“否定列举”也可称为排除的范围或事项，主要是《行政诉讼法》第13条列举的事项。

(1）国防、外交等国家行为。国家行为是指国务院、中央军事委员会、国防部、外交部等根据宪法和法律的授权，以国家的名义实施的有关国防和外交事务的行为，以及经宪法和法律授权的国家机关宣布紧急状态等行为。

（2）行政法规、规章或者行政机关制定、发布的具有普遍约束力的决定、命令，是指行政机关针对不特定对象发布的能反复适用的规范性文件。

（3）行政机关对行政机关工作人员的奖惩、任免等决定，是指行政机关作出的涉及行政机关工作人员公务员权利义务的决定。

（4）法律规定由行政机关最终裁决的行政行为。这里的“法律”是指全国人民代表大会及其常务委员会制定、通过的规范性文件。《行政复议法》第14条关于国务院的复查裁决；《公民出境入境管理法》第15条规定的不服处罚的复议裁决；法规和规章等不得规定终局裁决。

（5）2017年通过的《最高人民法院关于适用〈中华人民共和国行政诉讼法〉的解释》（以下简称《行诉解释》）列举的事项。包括公安、国家安全等机关依照刑事诉讼法的明确授权实施的行为；调解行为以及法律规定的仲裁行为；行政指导行为；驳回当事人对行政行为提起申诉的重复处理行为；不产生外部法律效力的行为；过程性行为；内部层级监督行为；信访答复行为；对公民、法人或者其他组织权利义务不产生实际影响的行为等。

案例5.6　戴某某诉济南市公安消防支队消防验收纠纷案[①]

【本案争议点】济南市公安消防支队的建设工程消防验收备案通知是否可诉。

【法律简析】法院生效裁判认为，关于行为的性质。被告认为，《建设工程消防验收备案通知》属于技术性验收，并非一项独立、完整的行政行为。《中华人民共和国消防法》（以下简称《消防法》）第4条规定：“……县级以上地方政府公安机关对本行政区域内的消防工作实施监督管理，并由本级政府公安机关消防机构负责实施……”公安部《建设工程消防监督管理规定》第3条第2款规定，“公安机关消防机构依法实施建设工程消防设计审核、消防验收和备案、抽查，对建设工程进行消防监督”，第24条第1款规定：“对本规定第十三条、第十四条规定以外的建设工程，建设单位应当在

① 最高人民法院指导案例59号（最高人民法院审判委员会讨论通过，2016年5月20日发布）。

取得施工许可、工程竣工验收合格之日起七日内，通过省级公安机关消防机构网站进行消防设计、竣工验收消防备案，或者到公安机关消防机构业务受理场所进行消防设计、竣工验收消防备案。”上述规定表明，建设工程消防验收备案就是特定的建设工程施工人向公安机关消防机构报告工程完成验收情况，消防机构予以登记备案，以供消防机构检查和监督，备案行为是公安机关消防机构对建设工程实施消防监督和管理的行为。消防机构实施的建设工程消防备案、抽查的行为具有行使行政职权的性质，体现出国家意志性、法律性、公益性、专属性和强制性，备案结果通知是备案行为的组成部分，是备案行为结果的具体表现形式，也具有上述行政职权的特性，应该纳入司法审查的范围。

关于行为的后果，《消防法》第13条规定：“按照国家工程建设消防技术标准需要进行消防设计的建设工程竣工，依照下列规定进行消防验收、备案：……（二）其他建设工程，建设单位在验收后应当报公安机关消防机构备案，公安机关消防机构应当进行抽查。依法应当进行消防验收的建设工程，未经消防验收或者消防验收不合格的，禁止投入使用；其他建设工程经依法抽查不合格的，应当停止使用。”公安部《建设工程消防监督管理规定》第25条第2、3款规定：“公安机关消防机构应当在已经备案的消防设计、竣工验收工程中，随机确定检查对象并向社会公告。对确定为检查对象的，公安机关消防机构应当在二十日内按照消防法规和国家工程建设消防技术标准完成图纸检查，或者按照建设工程消防验收评定标准完成工程检查，制作检查记录。检查结果应当向社会公告，检查不合格的，还应当书面通知建设单位。建设单位收到通知后，应当停止施工或者停止使用，组织整改后向公安机关消防机构申请复查。公安机关消防机构应当在收到书面申请之日起二十日内进行复查并出具书面复查意见。”

上述规定表明，在竣工验收备案行为中，公安机关消防机构并非仅仅是简单地接受建设单位向其报送的相关资料，还要对备案资料进行审查，完成工程检查。消防机构实施的建设工程消防备案、抽查的行为能产生行政法上的拘束力。对建设单位而言，在工程竣工验收后应当到公安机关消防机构进行验收备案，否则，应当承担相应的行政责任，消防设施经依法抽查不合格的，应当停止使用，并组织整改；对公安机关消防机构而言，备案结果中有抽查是否合格的评定，实质上是一种行政确认行为，即公安机关消防机构对行政相对人的法律事实、法律关系予以认定、确认的行政行为，一旦消防设施被消防机构评定为合格，那就视消防机构在事实上确认了消防工程质量合格，行政相关人也将受到该行为的拘束。

据此，法院认为作出建设工程消防验收备案通知，是对建设工程消防设施质量监督管理的最后环节，备案结果通知含消防竣工验收是否合格的评定，具有行政确认的性质，是公安机关消防机构作出的具体行政行为。备案手续的完成能产生行政法上的拘束力。故备案行为是可诉的行政行为，法院可以对其进行司法审查。原审裁定认为建设工程消防验收备案结果通知性质属于技术性验收通知，不是具体行政行为，并据此驳回上诉人戴某某的起诉，确有不当。

【裁判结果】（1）撤销济南高新技术产业开发区人民法院作出的〔2012〕高行初字第2号行政裁定；（2）本案由济南高新技术产业开发区人民法院继续审理。

案例5.7　王某某诉乐山市人力资源和社会保障局工伤认定案①

【本案争议点】（1）人力资源和社会保障局作出的《中止通知》是否属于可诉行政行为；(2)《中止通知》是否应当予以撤销。

【法律简析】法院认为，被告作出《中止通知》，属于工伤认定程序中的程序性行政行为，如果该行为不涉及终局性问题，对相对人的权利义务没有实质影响的，属于不成熟的行政行为，不具有可诉性，相对人提起行政诉讼的，不属于法院受案范围。但如果该程序性行政行为具有终局性，对相对人权利义务产生实质影响，并且无法通过提起针对相关的实体性行政行为的诉讼获得救济的，则属于可诉行政行为，相对人提起行政诉讼的，属于法院行政诉讼受案范围。

法院认为，《工伤保险条例》第20条第3款规定，“作出工伤认定决定需要以司法机关或者有关行政主管部门的结论为依据的，在司法机关或者有

---

① 最高人民法院指导案例69号（最高人民法院审判委员会讨论通过，2016年9月19日发布）。

关行政主管部门尚未作出结论期间，作出工伤认定决定的时限中止”。如前所述，第三人在向被告就王某兵死亡申请工伤认定时已经提交了《道路交通事故证明》。也就是说，第三人申请工伤认定时，并不存在《工伤保险条例》第20条第3款所规定的依法可以作出中止决定的情形。因此，被告依据《工伤保险条例》第20条规定，作出《中止通知》属于适用法律、法规错误，应当予以撤销。

【裁判结果】 判决撤销被告乐山市人力资源和社会保障局于2013年4月10日作出的乐人社工时〔2013〕05号《中止通知》。

案例5.8　焦某某诉河南省新乡市卫滨区人民政府行政征收管理案[①]

【本案争议点】 对公民、法人和其他组织的权益不产生实际影响的案件是否可诉。

【法律简析】 法院认为，卫滨区人民政府作出的《调整征收范围决定》不涉及焦某某所有的房屋，对其财产权益不产生实际影响，焦某某与被诉行政行为之间没有利害关系。

【裁判结果】 裁定驳回焦某某的起诉。

案例5.9　罗某某诉吉安市物价局物价行政处理案[②]

【本案争议点】 行政机关对与举报人有利害关系的举报仅作出告知性答复，未按法律规定对举报进行处理是否可诉。

【法律简析】 法院生效裁判认为，关于吉安市物价局举报答复行为的可诉性问题，根据《行政诉讼法》（旧）第11条第2款第5项规定，申请行政机关履行保护人身权、财产权的法定职责，行政机关拒绝履行或者不予答复的，法院应受理当事人对此提起的诉讼。本案中，吉安市物价局依法应对罗某某举报的吉安市电信公司收取卡费行为是否违法进行调查认定，并告知调查结果，但其作出的举报答复将《关于江西电信全业务套餐资费优化方案的批复》（以下简称《批复》）中规定的UIM卡收费上限标准进行了罗列，未

---

① “人民法院征收拆迁典型案例（2017年第二批）”，最高人民法院网，http：//www.court.gov.cn/zixun-xiangqing-95912.html，访问日期：2019年4月16日。

② 最高人民法院指导案例77号（最高人民法院审判委员会讨论通过，2016年12月28日发布）。

载明对举报事项的处理结果。此种以告知《批复》有关内容代替告知举报调查结果的行为，未能依法履行保护举报人财产权的法定职责，本身就是对罗某某通过正当举报途径寻求救济的权利的一种侵犯，不属于《最高人民法院关于执行〈中华人民共和国行政诉讼法〉若干问题的解释》第1条第6项规定的"对公民、法人或者其他组织权利义务不产生实际影响的行为"的范围，具有可诉性，属于法院行政诉讼的受案范围。

【裁判结果】（1）行政机关对与举报人有利害关系的举报仅作出告知性答复，未按法律规定对举报进行处理，具有可诉性，属于法院行政诉讼的受案范围。（2）举报人就其自身合法权益受侵害向行政机关进行举报的，与行政机关的举报处理行为具有法律上的利害关系，具备行政诉讼原告主体资格。

案例5.10　马某某诉庄浪县公安交通警察大队交通管理违章信息通知案①

【本案争议点】庄浪县公安交通警察大队的交通管理违章信息通知行为是否可诉。

【法律简析】终审法院认为，交通违法短信仅是向车辆登记人或管理人通知其车辆具有违章情形，尚需收到信息人到交通管理部门"接受处理"，以便进一步核实具体的违法行为人等案件事实，只有在履行法定的拟处罚告知、听取陈述和申辩等程序后，才能作出具体的行政处罚。马某某在庄浪县交通警察大队尚未完成行政行为，即对本案中的短信通知行为（也即过程行为）提起诉讼，不具有可诉性。

【裁判结果】撤销一审判决（撤销被告庄浪县交通警察大队对原告马某某的车辆于2014年3月6日15时在中宁南街停放时以违章停车处以罚款100元的行政处罚决定），驳回马某某的起诉。

（四）行政公益诉讼

《行政诉讼法》第25条第4款规定，"人民检察院在履行职责中发现生

---

① "甘肃高院召开2015年度甘肃行政审判十大典型案例新闻发布会"，甘肃法院网，http：//www.chinagscourt.gov.cn/detail.htm？id=2334276，访问日期：2019年4月16日。

态环境和资源保护、食品药品安全、国有财产保护、国有土地使用权出让等领域负有监督管理职责的行政机关违法行使职权或者不作为，致使国家利益或者社会公共利益受到侵害的，应当向行政机关提出检察建议，督促其依法履行职责。行政机关不依法履行职责的，人民检察院依法向法院提起诉讼”。

这是我国新型公益诉讼的法律依据。在这一行政公益诉讼中，原告是检察院，受案范围主要是在环境和资源保护、食品药品安全、国有财产保护和国有土地使用权出让等领域，行政主体不依法履行职责的案件。

三、行政诉讼的管辖

（一）级别管辖

1. 基层人民法院管辖

基层人民法院管辖第一审行政案件。对于以复议机关和原行政行为作出的行政主体为共同被告的行政案件，应当以作出原行政行为的行政机关确定案件的级别管辖。

2. 中级人民法院管辖

中级人民法院管辖下列第一审行政案件：（1）对国务院部门或者县级以上地方政府所作的行政行为提起诉讼的案件。（2）海关处理的案件。（3）本辖区内重大、复杂的案件。有下列情形之一的，属于本辖区内重大、复杂的案件：第一，社会影响重大的共同诉讼案件；第二，涉外或者涉及香港特别行政区、澳门特别行政区、台湾地区的案件；第三，其他重大、复杂案件。（4）其他法律规定由中级人民法院管辖的案件。

3. 高级和最高人民法院管辖

高级人民法院管辖本辖区内重大、复杂的第一审行政案件。最高人民法院管辖全国范围内重大、复杂的第一审行政案件。

（二）地域管辖

地域管辖又称区域管辖，确定地域管辖的原则：一是方便当事人诉讼；二是方便法院审理案件；三是均衡法院之间负担。

1. 一般地域管辖

（1）最初行为地管辖。行政案件由最初作出行政行为的行政机关所在地法院管辖。（2）跨区域管辖（集中管辖）。经最高人民法院批准，高级人民法院可以根据审判工作的实际情况，确定若干法院跨行政区域管辖行政案件。

2. 共同管辖

（1）复议选择管辖。经复议的案件，也可以由复议机关所在地法院管辖。（2）限制人身自由案件管辖。对限制人身自由的行政强制措施不服提起的诉讼，由被告所在地或者原告所在地法院管辖。原告所在地，包括原告的户籍所在地、经常居住地和被限制人身自由地。

两个以上法院都有管辖权的案件，原告可以选择其中一个法院提起诉讼。原告向两个以上有管辖权的法院提起诉讼的，由最先立案的法院管辖。

3. 专属管辖

因不动产提起的行政诉讼，由不动产所在地法院管辖。因不动产提起的行政诉讼，是指因行政行为导致不动产物权变动而提起的诉讼。不动产已登记的，以不动产登记簿记载的所在地为不动产所在地；不动产未登记的，以不动产实际所在地为不动产所在地。

（三）避免管辖冲突规则

管辖冲突是指两个以上法院对同一个行政案件都认为应属自己管辖或都认为不属自己管辖而产生的冲突。为此，《行政诉讼法》规定了下列原则。

1. 移送管辖

受诉法院在决定受理之后发现案件不属于自己管辖，将案件移送到自己认为有管辖权的法院。

2. 指定管辖

指定管辖是指上级法院决定将行政案件交由下级法院管辖，有以下几种情况：（1）法院发现受理的案件不属于本院管辖的，应当移送有管辖权的法院，受移送的法院应当受理。受移送的法院认为受移送的案件按照规定不属于本院管辖的，应当报请上级法院指定管辖，不得再自行移送。（2）有管辖权的法院由于特殊原因不能行使管辖权的，由上级法院指定管辖。（3）法院

对管辖权发生争议，由争议双方协商解决。协商不成的，报它们的共同上级法院指定管辖。（4）提级管辖。上级法院有权审理下级法院管辖的第一审行政案件。下级法院对其管辖的第一审行政案件，认为需要由上级法院审理或者指定管辖的，可以报请上级法院决定。

3. 中级人民法院确定的管辖

中级人民法院管辖两类案件：（1）当事人以案件重大复杂为由，认为有管辖权的基层法院不宜行使管辖权或者根据《行政诉讼法》第52条的规定，向中级人民法院起诉，中级人民法院应当根据不同情况在七日内分别作出以下处理：①决定自行审理；②指定本辖区其他基层人民法院管辖；③书面告知当事人向有管辖权的基层法院起诉。（2）基层人民法院对其管辖的第一审行政案件，认为需要由中级人民法院审理或者指定管辖的，可以报请中级人民法院决定。中级人民法院应当根据不同情况在七日内分别作出以下处理：①决定自行审理；②指定本辖区其他基层法院管辖；③决定由报请的法院审理。

4. 管辖权异议

（1）法院受理案件后，被告提出管辖异议的，应当在收到起诉状副本之日起15日内提出。（2）对当事人提出的管辖异议，法院应当进行审查。异议成立的，裁定将案件移送有管辖权的法院；异议不成立的，裁定驳回。（3）法院对管辖异议审查后确定有管辖权的，不因当事人增加或者变更诉讼请求等改变管辖，但违反级别管辖、专属管辖规定的除外。（4）有下列情形之一的，法院不予审查：第一，法院发回重审或者按第一审程序再审的案件，当事人提出管辖异议的；第二，当事人在第一审程序中未按照法律规定的期限和形式提出管辖异议，在第二审程序中提出的。

四、行政诉讼参加人

行政诉讼参加人分为当事人和诉讼代理人。当事人包括原告、被告、共同诉讼人和第三人。诉讼代理人包括法定代理人、指定代理人和委托代理人。

（一）行政诉讼原告

1. 法律规定的原告资格确认规则

根据《行政诉讼法》第25条的规定，提起行政诉讼应当符合下列条件：第一，原告是认为行政行为侵犯其合法权益的公民、法人或者其他组织；第二，有明确的被告；第三，有具体的诉讼请求和事实根据；第四，属于法院受案范围和受诉法院管辖。

2. 原告资格的转移

第一，有权提起诉讼的公民死亡，其近亲属可以提起诉讼。近亲属，包括配偶、父母、子女、兄弟姐妹、祖父母、外祖父母、孙子女、外孙子女和其他具有扶养、赡养关系的亲属。第二，有权提起诉讼的法人或者其他组织终止，承受其权利的法人或者其他组织可以提起诉讼。

案例5.11　陈某某诉福州市国土资源局行政强制案①

【本案争议点】 原告主体资格认定错误如何纠正。

【法律简析】 福建省高级人民法院经审查认为，虽然陈某某未能提供被诉涉案土地的权属证书，但是其作为讼争集体土地及地上房屋的实际使用人，与《公告》具有法律上的利害关系，具备原告诉讼主体资格。

【裁判结果】 福建省高级人民法院经过再审，裁定撤销原一审、二审裁定，指令一审法院再审。

3. 利害关系人的确认

根据《行政诉讼法》第25条的规定，行政行为的相对人以及其他与行政行为有利害关系的公民、法人或者其他组织，有权提起诉讼。利害关系人包括以下情况：第一，被诉的行政行为涉及其相邻权或者公平竞争权的。相邻权主要包括截水、排水、通行、通风、采光等权利；公平竞争权主要包括行政许可事项、招投标事项等。第二，在行政复议等行政程序中被追加为第三人的。第三，要求行政机关依法追究加害人法律责任的。第四，撤销或者变更行政行为涉及其合法权益的。第五，为维护自身合法权益向行政机关投

① “福建省高院首次发布典型行政案例（2016年）”，福建长安网，http：//www.pafj.net/html/2016/fayuan_0728/58754.html，访问日期：2019年4月16日。

诉，具有处理投诉职责的行政机关作出或者未作出处理的。第六，其他与行政行为有利害关系的情形。

案例 5.12 段某诉太原市尖草坪区食品药品监督管理局行政处理案①

【本案争议点】 非直接利害关系人是否具有诉权。

【法律简析】 终审法院认为，食品监管机关对违反食品安全法的行为进行查处和处罚，是出于对不特定公众利益的保护，并不会对举报人的个人合法权益造成侵害。本案中尖草坪区食品药品监督管理局对段某的举报进行调查后将调查处理结果向段某回复告知，该处理结果并未对段某的权利义务产生实际影响。因此，段某针对举报处理结果的回复提起诉讼，不具备原告主体资格，应予纠正。

【裁判结果】 裁定撤销一审判决（驳回原告段某的诉讼请求），驳回段某的起诉。

4. 几种特殊情况的原告资格

《行诉解释》第 13 – 18 条列举了以下几种特殊原告资格的确认。

（1）债权人的原告资格。债权人以行政机关对债务人所作的行政行为损害债权实现为由提起行政诉讼的，法院应当告知其就民事争议提起民事诉讼，但行政机关作出行政行为时依法应予保护或者应予考虑的除外。

（2）合伙企业和个体工商户的原告资格。第一，合伙企业向法院提起诉讼的，应当以核准登记的字号为原告。未依法登记领取营业执照的个人合伙的全体合伙人为共同原告；全体合伙人可以推选代表人，被推选的代表人，应当由全体合伙人出具推选书。第二，个体工商户向法院提起诉讼的，以营业执照上登记的经营者为原告，有字号的，以营业执照上登记的字号为原告，并应当注明该字号经营者的基本信息。

（3）股份制企业的原告资格。股份制企业的股东大会、股东会、董事会

---

① “山西公布2017年行政审判十大典型案例，全部都是民告官”，人民网，http：//sx. people. com. cn/n2/2018/0516/c189132 – 31586998 – 9. html，访问日期：2019 年 4 月 16 日。

等认为行政机关作出的行政行为侵犯企业经营自主权的，可以企业名义提起诉讼。

（4）联营企业等的原告资格。联营企业、中外合资或者合作企业的联营、合资、合作各方，认为联营、合资、合作企业权益或者自己一方合法权益受行政行为侵害的，可以自己的名义提起诉讼。

（5）非国有企业的原告资格。非国有企业被行政机关注销、撤销、合并、强令兼并、出售、分立或者改变企业隶属关系的，该企业或者其法定代表人可以自己的名义提起诉讼。

（6）非营利性法人的原告资格。事业单位、社会团体、基金会、社会服务机构等非营利法人的出资人、设立人认为行政行为损害法人合法权益的，可以自己的名义提起诉讼。

（7）业主共有利益的原告资格。第一，业主委员会对于行政机关作出的涉及业主共有利益的行政行为，可以自己的名义提起诉讼。第二，业主委员会不起诉的，专有部分占建筑物总面积过半数或者占总户数过半数的业主可以提起诉讼。

案例 5.13　郑某某诉重庆市北碚区房屋管理局行政审批案①

【本案争议点】小区内发生行政争议，如何确认原告资格。

【法律简析】法院认为，《重庆市物业专项维修资金管理办法》第 3 条规定，本办法所称物业专项维修资金，是指专项用于物业共有部位和共有设施设备保修期满后的维修、更新、改造的资金。《中华人民共和国物权法》（以下简称《物权法》）第 76 条规定，筹集和使用建筑物及其附属设施的维修资金应当经专有部分占建筑物总面积 2/3 以上的业主且占总人数 2/3 以上的业主同意。本案大修资金的使用系经北晨丽景业委会签章同意的，应对该小区内的全体业主具有约束力。《物权法》第 78 条第 2 款规定，业主大会或业主委员会的决定侵害业主合法权益的，受侵害的业主可以请求法院予以撤销。原告作为小区业主，若对北晨丽景业委会的该决定不服，可

---

① “重庆法院去年授理‘民告官’案近万件，附十大典型案例”，人民网，http：//cq.people.com.cn/n2/2016/0519/c365401－28366929－11.html，访问日期：2019 年 4 月 16 日。

以依照前述途径行使权利。此外，凡涉及全体业主公共利益的事项，业主委员会亦有权作为原告提起诉讼，但应先召开业主（代表）大会，由大会以多数表决的方式对诉讼与否作出决定。《业主大会和业主委员会指导规则》第2条规定，经专有部分占建筑物总面积20%以上且占总人数20%以上业主提议的，业主委员会应当及时组织召开业主大会临时会议。

本案可由业主提议召开业主大会临时会议，北晨丽景业委会视会议结果决定是否作为原告提起诉讼，诉讼风险由全体业主共同承担。

【裁判结果】北碚区人民法院以郑某某作为北晨丽景小区业主，不具备单独提起本案行政诉讼的主体资格为由驳回其起诉。

不过，2017年修订的《行诉解释》指出，“业主委员会对于行政机关作出的涉及业主共有利益的行政行为，可以自己的名义提起诉讼。”“业主委员会不起诉的，专有部分占建筑物总面积过半数或者占总户数过半数的业主可以提起诉讼”。因此，本案中，业主委员会如果不起诉的，可能采用多数人诉讼方式进行。郑某某本人是不能以个人名义起诉的。

（二）行政诉讼被告

（1）直接起诉案件的被告确定。公民、法人或者其他组织直接向法院提起诉讼的，作出行政行为的行政机关是被告。

（2）经过复议案件的被告确定。第一，经复议维持或改变原行政行为。一是复议机关决定维持原行政行为的，作出原行政行为的行政机关和复议机关是共同被告。复议机关改变原行政行为所认定的主要事实和证据、改变原行政行为所适用的规范依据，但并未改变原行政行为处理结果的，视为复议机关维持原行政行为。行政复议决定既有维持原行政行为内容，又有改变原行政行为内容或者不予受理申请内容的，作出原行政行为的行政机关和复议机关为共同被告。二是复议机关改变原行政行为的，复议机关是被告。“复议机关改变原行政行为”是指，复议机关改变原行政行为的处理结果；复议机关确认原行政行为无效，视为改变原行政行为；复议机关确认原行政行为违法，视为改变原行政行为，但复议机关以违反法定程序为由确认原行政行为违法的除外。

第二，复议机关在法定期限内未作出复议决定。公民、法人或者其他组织起诉原行政行为的，作出原行政行为的行政机关是被告；起诉复议机关不作为的，复议机关是被告。

（3）共同被告。两个以上行政机关作出同一行政行为的，共同作出行政行为的行政机关是共同被告。

（4）委托关系下的被告。行政机关委托的组织所作的行政行为，委托的行政机关是被告。

（5）行政机关被撤销或者职权变更情形下的被告。行政机关被撤销或者职权变更的，继续行使其职权的行政机关是被告。这包括两种情形：行政机关被撤销或者职权变更，没有继续行使其职权的行政机关的，以其所属的政府为被告；实行垂直领导的，以垂直领导的上一级行政机关为被告。

（6）经批准的行为的被告。当事人不服经上级行政机关批准的行政行为，向法院提起诉讼的，以在对外发生法律效力的文书上署名的机关为被告。

（7）派出机关和内设机构作为被告。《行诉解释》第20条规定：第一，行政机关组建并赋予行政管理职能但不具有独立承担法律责任能力的机构，以自己的名义作出行政行为，当事人不服提起诉讼的，应当以组建该机构的行政机关为被告。第二，法律、法规或者规章授权行使行政职权的行政机构、派出机构或者其他组织，超出法定授权范围实施行政行为，当事人不服提起诉讼的，应当以实施该行为的机构或者组织为被告。第三，没有法律、法规或者规章规定的情况下，行政机关授权其内设机构、派出机构或者其他组织行使行政职权的，应视为委托。当事人不服提起诉讼的，应当以该行政机关为被告。

（8）开发区管委会等的被告资格。分为四种情形：第一，当事人对由国务院、省级人民政府批准设立的开发区管理机构作出的行政行为不服提起诉讼的，以该开发区管理机构为被告。第二，对由国务院、省级人民政府批准设立的开发区管理机构所属职能部门作出的行政行为不服提起诉讼的，以其职能部门为被告。第三，对其他开发区管理机构所属职能部门作出的行政行为不服提起诉讼的，以开发区管理机构为被告。第四，开发区管理机构没有行政主体资格的，以设立该机构的地方人民政府为被告。

（9）公务组织的被告资格。第一，当事人对村民委员会或者居民委员会依据法律、法规、规章的授权履行行政管理职责的行为不服提起诉讼的，以村民委员会或者居民委员会为被告。第二，当事人对村民委员会、居民委员会受行政机关委托作出的行为不服提起诉讼的，以委托的行政机关为被告。第三，当事人对高等学校等事业单位以及律师协会、注册会计师协会等行业协会依据法律、法规、规章的授权实施的行政行为不服提起诉讼的，以该事业单位、行业协会为被告。第四，当事人对高等学校等事业单位以及律师协会、注册会计师协会等行业协会受行政机关委托作出的行为不服提起诉讼的，以委托的行政机关为被告。

（10）房屋征收情形下的被告资格。第一，市、县级人民政府确定的房屋征收部门组织实施房屋征收与补偿工作过程中作出行政行为，被征收人不服提起诉讼的，以房屋征收部门为被告。第二，征收实施单位受房屋征收部门委托，在委托范围内从事的行为，被征收人不服提起诉讼的，应当以房屋征收部门为被告。

（11）被告不适格的处理。第一，原告所起诉的被告不适格，法院应当告知原告变更被告；原告不同意变更的，裁定驳回起诉。第二，应当追加被告而原告不同意追加的，法院应当通知其以第三人的身份参加诉讼，但行政复议机关作共同被告的除外。

（三）共同诉讼人

1. 共同诉讼人参加诉讼的程序

（1）当事人一方人数众多的共同诉讼，可以由当事人推选代表人进行诉讼。代表人的诉讼行为对其所代表的当事人发生效力，但代表人变更、放弃诉讼请求或者承认对方当事人的诉讼请求，应当经被代表的当事人同意。

（2）必须共同进行诉讼的当事人没有参加诉讼的，法院应当依法通知其参加，当事人也可以向法院申请参加。法院应当对当事人提出的申请进行审查，申请理由不成立的，裁定驳回；申请理由成立的，书面通知其参加诉讼。

必须共同进行诉讼，是指按照《行政诉讼法》第27条的规定，当事人一方或者双方为两人以上，因同一行政行为发生行政争议，法院必须合并审理的诉讼。

（3）法院追加共同诉讼的当事人时，应当通知其他当事人。应当追加的原告，已明确表示放弃实体权利的，可不予追加；既不愿意参加诉讼，又不放弃实体权利的，应追加为第三人，其不参加诉讼，不能阻碍法院对案件的审理和裁判。

当事人一方人数众多的，由当事人推选代表人。这里的“人数不多”，一般指十人以上。当事人推选不出代表人的，可以由法院在起诉的当事人中指定代表人。代表人为二至五人，可以委托一至二人作为诉讼代理人。

2. 共同被告的规定

经复议的案件，复议机关决定维持原行政行为的，作出原行政行为的行政机关和复议机关是共同被告；两个以上行政机关作出同一行政行为的，共同作出行政行为的行政机关是共同被告。

（四）行政诉讼第三人

与行政案件处理结果有利害关系的第三人，可以申请参加诉讼，或者由法院通知其参加诉讼。行政机关的同一行政行为涉及两个以上利害关系人，其中一部分利害关系人对行政行为不服提起诉讼，法院应当通知没有起诉的其他利害关系人作为第三人参加诉讼。

1. 行政诉讼第三人的具体类型

从审判实践看，第三人有以下几类：行政处罚案件中的被处罚人或受害人；行政处罚案件中的共同被处罚人；行政裁决案件的当事人；两个以上行政机关作出相互矛盾的行政行为，非被告的行政机关可以是第三人；与行政机关共同署名作出处理决定的非行政组织；应当追加被告而原告不同意追加的，法院应通知其作为第三人参加诉讼。

2. 第三人的上诉和申请再审权

法院判决其承担义务或者减损其权益的第三人，有权提出上诉或者申请再审。

《行政诉讼法》第29条规定，第三人因不能归责于本人的事由未参加诉

讼，但有证据证明发生法律效力的判决、裁定、调解书损害其合法权益的，可以依照行政诉讼法的规定，自知道或者应当知道其合法权益受到损害之日起六个月内，向上一级法院申请再审。

（五）诉讼代理人

1. 委托代理人的范围和授权形式

委托代理人的范围：第一，没有诉讼行为能力的公民，由其法定代理人代为诉讼。法定代理人互相推诿代理责任的，由法院指定其中一人代为诉讼。第二，当事人、法定代理人，可以委托一至二人作为诉讼代理人。

授权形式要件：当事人委托诉讼代理人，应当向法院提交由委托人签名或者盖章的授权委托书。委托书应当载明委托事项和具体权限。公民在特殊情况下无法书面委托的，也可以由他人代书，并由自己捺印等方式确认，法院应当核实并记录在卷；被诉行政机关或者其他有义务协助的机关拒绝法院向被限制人身自由的公民核实的，视为委托成立。当事人解除或者变更委托的，应当书面报告法院。

2. 被委托为诉讼代理人的范围

律师、基层法律服务工作者；当事人的近亲属或者工作人员；当事人所在社区、单位以及有关社会团体推荐的公民。

当事人的工作人员作为诉讼代理人的条件及证据。与当事人有合法劳动人事关系的职工，可以当事人工作人员的名义作为诉讼代理人。以当事人的工作人员身份参加诉讼活动，应当提交以下证据之一加以证明：（1）缴纳社会保险记录凭证；（2）领取工资凭证；（3）其他能够证明其为当事人工作人员身份的证据。

有关社会团体推荐的公民作为诉讼代理人的条件。有关社会团体推荐公民担任诉讼代理人的，应当符合下列条件：（1）社会团体属于依法登记设立或者依法免予登记设立的非营利性法人组织；（2）被代理人属于该社会团体的成员，或者当事人一方住所地位于该社会团体的活动地域；（3）代理事务属于该社会团体章程载明的业务范围；（4）被推荐的公民是该社会团体的负责人或者与该社会团体有合法劳动人事关系的工作人员。

专利代理人经中华全国专利代理人协会推荐，可以在专利行政案件中担任诉讼代理人。

3. 诉讼代理人的权利

代理诉讼的律师，有权按照规定查阅、复制本案有关材料，有权向有关组织和公民调查，收集与本案有关的证据。对涉及国家秘密、商业秘密和个人隐私的材料，应当依照法律规定保密。

当事人和其他诉讼代理人有权按照规定查阅、复制本案庭审材料，但涉及国家秘密、商业秘密和个人隐私的内容除外。

五、行政诉讼证据

（一）行政诉讼证据和非诉讼证据的关系

证据有两种类型，行政诉讼证据和非诉讼证据（行政证据是非诉讼证据）。

（1）两者的同一性。第一，基本属性方面相同，即都具有关联性、合法性、真实性。第二，证据种类上具有同一性，即基本都是八种证据形态。第三，对证据的审查和运用具有同一性，即无论是行政证据还是行政诉讼证据，都应按同一标准进行审查和运用。

（2）两者的区别。第一，运用证据的职权性质及其主体不同。行政证据是行政主体搜集和运用的，属于行政权的一部分；行政诉讼证据的搜集、运用是由法院来进行的，是司法审查权的一部分。第二，所处的法律程序不同。行政证据只能发生在行政执法程序中，是行政诉讼之前的证据；行政诉讼证据是在诉讼程序发生以后，一般发生在法院立案到第一次开庭审理结束前的阶段。第三，运用证据的目的不同。行政证据是为作出行政行为提供依据；诉讼证据是查明被诉行政行为是否合法的有关事实，从而为法院判决提供依据。

（二）行政诉讼举证责任的分担

从一般规则来讲，被告对作出行政行为的合法性提供证据（举证责任倒置）；原告对被告的侵权责任提供证据（谁主张谁举证）。

1. 被告的举证责任

第一，被告对作出的行政行为负有举证责任，应当提供作出该行政行为的证据和所依据的规范性文件。被告不提供或者无正当理由逾期提供证据，视为没有相应证据。但是，被诉行政行为涉及第三人合法权益，第三人提供证据的除外。第二，被告所举的证据必须是在行政程序中获取的，在诉讼过程中，被告及其诉讼代理人不得自行向原告、第三人和证人收集证据。第三，被告在作出行政行为时已经收集了证据，但因不可抗力等正当事由不能提供的，经法院准许，可以延期提供。第四，原告或者第三人提出了其在行政处理程序中没有提出的理由或者证据的，经法院准许，被告可以补充证据。

2. 原告的举证责任

原告负举证责任，但原告的举证责任并不涉及被告行政行为的合法性问题。行政诉讼中原告提供证据仅限于下列情形：第一，公民、法人或者其他组织向法院起诉时，应当提供其符合起诉条件的相应的证据材料。不过，就起诉期限问题，如果被告认为原告起诉超过法定期限的，则应由被告承担举证责任。第二，在起诉被告不作为的案件中，原告应当提供其在行政程序中曾经提出申请的证据材料。被告不作为案件大多是依申请行政行为引起的行政争议，此种行政行为的作出须以公民、法人或者其他组织提出申请为前提，没有申请人申请，行政机关不得从事该行为。因此，对依申请的行政行为，既然原告起诉被告不作为，他就应当提供证据证明自己在行政程序中曾经向行政机关提出申请，否则其要求被告履行法定职责就失去了基础。第三，在行政赔偿诉讼中，原告应当对被诉行政行为造成损害的事实提供证据。

案例5.14　廖某某诉龙南县人民政府房屋强制拆迁案[①]

【本案争议点】行政机关在法定期间内不能提供用以作出行政行为的证据，法院如何处理。

---

① “最高人民法院2014年8月29日发布征收拆迁十大案例”，最高人民法院网，http://www.court.gov.cn/zixun-xiangqing-13405.html，访问日期：2019年4月16日。

【法律简析】法院认为，根据《行政诉讼法》第32条、第43条及《最高法院关于执行〈中华人民共和国行政诉讼法〉若干问题的解释》第26条之规定，被告对作出的具体行政行为负有举证责任，应当在收到起诉状副本之日起10日（2017年修正的《行政诉讼法》第67条规定的是15日）内提供作出具体行政行为时的证据，未提供的，应当认定该具体行政行为没有证据。本案被告龙南县人民政府在收到起诉状副本和举证通知书后，始终没有提交强制拆除房屋行为的证据，应认定被告强制拆除原告房屋的行政行为没有证据，不具有合法性。

【裁判结果】依照《最高法院关于执行〈中华人民共和国行政诉讼法〉若干问题的解释》第57条第2款第2项（2017年修正的《行政诉讼法》第74条第2款第12项）之规定，确认龙南县人民政府拆除廖某某房屋的行政行为违法。

3. 法院调取证据

当事人举证和法院调取证据，是我国诉讼证据的两个来源。法院过多涉足证据的收集和调取，将会使行政诉讼法确立的举证责任制度的作用大大降低甚至失去意义。原则上法院不为被告方收集和调取证据，一般只为举证能力较弱的原告或第三人行使取证权。法院调取证据可分为依职权主动调取和依申请调取证据两种情形。不论属哪种情形，法院皆不得为证明被诉行政行为的合法性，调取被告在作出行政行为时未收集的证据。

（1）法院依职权主动调取证据。法院依职权主动向有关行政机关以及其他组织、公民调取证据限于两种情形：一是相关事实认定涉及国家利益、公共利益或者他人合法权益；二是涉及依职权追加当事人、中止诉讼、终结诉讼、回避等程序性事项。

（2）法院依申请调取证据。对下列三种证据材料，如果原告或者第三人不能自行收集，在能够提供确切线索时，可以申请法院调取：第一，由国家有关部门保存而须由法院调取的证据材料；第二，涉及国家秘密、商业秘密、个人隐私的证据材料；第三，确因客观原因不能自行收集的其他证据材料。

当事人申请调查收集证据，但该证据与待证事实无关联、对证明待证事实无意义或者其他无调查收集必要的，法院不予准许。

案例5.15　宣某某等诉浙江省衢州市国土资源局收回国有土地使用权案[①]

【本案争议点】在诉讼过程中，被告不能提供作出行政行为的法律依据，应如何处理。

【法律简析】法院生效裁判认为：被告衢州市国土资源局作出《收回国有土地使用权通知》时，虽然说明了该通知所依据的法律名称，但并未引用具体法律条款。在庭审过程中，被告辩称系依据《土地管理法》第58条第1款作出被诉具体行政行为。《土地管理法》第58条第1款规定："有下列情况之一的，由有关政府土地行政主管部门报经原批准用地的政府或者有批准权的政府批准，可以收回国有土地使用权：（一）为公共利益需要使用土地的；（二）为实施城市规划进行旧城区改建，需要调整使用土地的……"衢州市国土资源局作为土资源地行政主管部门，有权依照《土地管理法》对辖区内国有土地的使用权进行管理和调整，但其行使职权时必须具有明确的法律依据。被告在作出该通知时，仅说明是依据《土地管理法》及浙江省的有关规定作出的，但并未引用具体的法律条款，故其作出的具体行政行为没有明确的法律依据，属于适用法律错误。

本案中，衢州市国土资源局提供的衢州市发展计划委员会〔2002〕35号《关于同意扩建营业用房项目建设计划的批复》《建设项目选址意见书审批表》《建设银行衢州分行扩建营业用房建设用地规划红线图》等有关证据，难以证明其作出的《收回国有土地使用权通知》符合《土地管理法》第58条第1款规定的"为公共利益需要使用土地"或"实施城市规划进行旧城区改造需要调整使用土地"的情形，主要证据不足，故被告主张其作出的《通知》符合《土地管理法》规定的理由不能成立。根据《行政诉讼法》及其相关司法解释的规定，在行政诉讼中，被告对其作出的具体行政行为承担举证责任，被告不提供作出具体行政行为时的证据和依据的，应当认定该行政行为没有证据和依据。

【裁判结果】判决撤销被告衢州市国土资源局2002年12月31日作出的

---

① 最高人民法院指导案例41号（最高人民法院审判委员会讨论通过，2014年12月25日发布）。

衢市国土〔2002〕第37号《收回国有土地使用权通知》。

（三）行政诉讼证据的提交和程序规则

（1）被告延期提供证据。被告申请延期提供证据的，应当在收到起诉状副本之日起15日内以书面方式向人民法院提出。法院准许延期提供的，被告应当在正当事由消除后15日内提供证据。逾期提供的，视为被诉行政行为没有相应的证据。

（2）原告或第三人提供证据。原告或者第三人应当在开庭审理前或者法院指定的交换证据清单之日提供证据。因正当事由申请延期提供证据的，经法院准许，可以在法庭调查中提供。逾期提供证据的，法院应当责令其说明理由；拒不说明理由或者理由不成立的，视为放弃举证权利。原告或者第三人在第一审程序中无正当事由未提供而在第二审程序中提供的证据，人民法院不予接纳。

（3）举证期限的延长。当事人申请延长举证期限，应当在举证期限届满前向法院提出书面申请。申请理由成立的，法院应当准许，适当延长举证期限，并通知其他当事人。申请理由不成立的，法院不予准许，并通知申请人。

（4）特殊证据的提供或补充。根据《行政诉讼法》第39条的规定，对当事人无争议，但涉及国家利益、公共利益或者他人合法权益的事实，人民法院可以责令当事人提供或者补充有关证据。

（5）证据交换。对于案情比较复杂或者证据数量较多的案件，法院可以组织当事人在开庭前向对方出示或者交换证据，并将交换证据清单的情况记录在卷。当事人在庭前证据交换过程中没有争议并记录在卷的证据，经审判人员在庭审中说明后，可以作为认定案件事实的依据。

（6）证人出庭作证规则。法院在证人出庭作证前应当告知其如实作证的义务以及作伪证的法律后果。证人因履行出庭作证义务而支出的交通、住宿、就餐等必要费用以及误工损失，由败诉一方当事人承担。

（7）原告或第三人申请出庭说明规则。有下列情形之一，原告或者第三人要求相关行政执法人员出庭说明的，法院可以准许：①对现场笔录的合法性或者真实性有异议的；②对扣押财产的品种或者数量有异议的；③对检验的物品取样或者保管有异议的；④对行政执法人员身份的合法性有异议的；⑤需要出庭说明的其他情形。

（8）接受法庭询问。法院认为有必要的，可以要求当事人本人或者行政机关执法人员到庭，就案件有关事实接受询问。在询问之前，可以要求其签署保证书。保证书应当载明据实陈述、如有虚假陈述愿意接受处罚等内容。当事人或者行政机关执法人员应当在保证书上签名或者捺印。负有举证责任的当事人拒绝到庭、拒绝接受询问或者拒绝签署保证书，待证事实又欠缺其他证据加以佐证的，法院对其主张的事实不予认定。

（9）法院责令被告提交证据。原告或者第三人确有证据证明被告持有的证据对原告或者第三人有利的，可以在开庭审理前书面申请法院责令行政机关提交。申请理由成立的，法院应当责令行政机关提交，因提交证据所产生的费用，由申请人预付。行政机关无正当理由拒不提交的，法院可以推定原告或者第三人基于该证据主张的事实成立。

（四）证据的认定与排除规则

（1）能够反映案件真实情况、与待证事实相关联、来源和形式符合法律规定的证据，应当作为认定案件事实的根据。

（2）未经庭审质证的证据，不能作为定案的依据，但当事人在庭前证据交换过程中没有争议并记录在卷的证据除外。

（3）对涉及国家秘密、商业秘密和个人隐私的证据，不得在公开开庭时出示，即根据案件审理的需要，可以在不公开开庭时出示、质证。

（4）以非法手段取得的证据，不得作为认定案件事实的依据。有下列情形之一的，属于“以非法手段取得的证据”：①严重违反法定程序收集的证据材料；②以违反法律强制性规定的手段获取且侵害他人合法权益的证据材料；③以利诱、欺诈、胁迫、暴力等手段获取的证据材料。

（5）被告有证据证明其在行政程序中依照法定程序要求原告或者第三人提供证据，原告或者第三人依法应当提供而没有提供，在诉讼程序中提供的证据，法院一般不予采纳。

（6）持有证据的当事人以妨碍对方当事人使用为目的，毁灭有关证据或者实施其他致使证据不能使用行为的，法院可以推定对方当事人基于该证据主张的事实成立，并可依照《行政诉讼法》第59条规定处理。

（7）根据《行政诉讼法》第38条第2款的规定，在行政赔偿、补偿案件中，因被告的原因导致原告无法就损害情况举证的，应当由被告就该损害情况承担举证责任。对于各方主张损失的价值无法认定的，应当由负有举证责任的一方当事人申请鉴定，但法律、法规、规章规定行政机关在作出行政行为时依法应当评估或者鉴定的除外；负有举证责任的当事人拒绝申请鉴定的，由其承担不利的法律后果。当事人的损失因客观原因无法鉴定的，法院应当结合当事人的主张和在案证据，遵循法官职业道德，运用逻辑推理和生活经验、生活常识等，酌情确定赔偿数额。

（8）证据是否采纳，法院应当在裁判文书中说明理由。

六、行政诉讼程序与特殊制度

（一）起诉与受理

1. 起诉时效

（1）经复议案件的起诉期限。公民、法人或者其他组织不服复议决定的，可以在收到复议决定书之日起15日内向法院提起诉讼。复议机关逾期不作决定的，申请人可以在复议期满之日起15日内向法院提起诉讼。法律另有规定的除外。（2）直接起诉期限。公民、法人或者其他组织直接向人民法院提起诉讼的，应当自知道或者应当知道作出行政行为之日起六个月内提出。法律另有规定的除外。（3）不履行法定职责的起诉期限。公民、法人或者其他组织申请行政机关履行保护其人身权、财产权等合法权益的法定职责，行政机关在接到申请之日起两个月内不履行的，公民、法人或者其他组织可以向人民法院提起诉讼。法律、法规对行政机关履行职责的期限另有规定的，从其规定。公民、法人或者其他组织在紧急情况下请求行政机关履行保护其人身权、财产权等合法权益的法定职责，行政机关不履行的，提起诉讼不受前述规定期限的限制。（4）最长起诉时效。因不动产提起诉讼的案件自行政行为作出之日起超过二十年，其他案件自行政行为作出之日起超过五年提起诉讼的，人民法院不予受理。（5）起诉期限的耽误和延长。公民、法人或者其他组织因不可抗力或者其他不属于自身的原因耽误起诉期限的，被耽误的时间不计算在起诉期限内。公民、法人或者其他组织因前述规定以外的其他特殊情况耽误起诉期限的，在障碍消除后十日内，可以申请延长期限，是否准许由法院决定。

案例 5.16　瑞金市钟氏北关族钟某川太嗣孙钟某山、钟某茂、钟某淦等人诉瑞金市人民政府房屋行政登记案[①]

【本案争议点】提起诉讼事实根据不足，且超过法定起诉期限，法院应否受理。

【法律简析】终审法院认为，本案钟某山、钟某茂、钟某淦等人认为瑞金市人民政府颁发谢洞口 64 号房屋所有权证的行为侵犯其合法权益而提起行政诉讼，却没有提交必要的证据证明其对涉案房产仍享有合法权益，其提起诉讼事实根据不足，且超过法定起诉期限，不符合法律规定的起诉条件。

【裁判结果】裁定驳回上诉，维持一审裁定（对该案不予受理）。

2. 受理程序

（1）起诉形式。起诉应当向法院递交起诉状，并按照被告人数提出副本。书写起诉状确有困难的，可以口头起诉，由法院记入笔录，出具注明日期的书面凭证，并告知对方当事人。

公民、法人或者其他组织提起诉讼时应当提交以下起诉材料：①原告的身份证明材料以及有效联系方式；②被诉行政行为或者不作为存在的材料；③原告与被诉行政行为具有利害关系的材料；④法院认为需要提交的其他材料。

由法定代理人或者委托代理人代为起诉的，还应当在起诉状中写明或者在口头起诉时向法院说明法定代理人或者委托代理人的基本情况，并提交法定代理人或者委托代理人的身份证明和代理权限证明等材料。

---

① “江西省高级人民法院发布十大行政诉讼典型案例（2015 年）”，法律家，http://www.fae.cn/kx1711.html，访问日期：2019 年 4 月 16 日。

（2）立案登记制。法院在接到起诉状时对符合行政诉讼法规定的起诉条件的，应当登记立案。对当场不能判定是否符合行政诉讼法规定的起诉条件的，法院应当接收起诉状，出具注明收到日期的书面凭证，并在七日内决定是否立案。不符合起诉条件的，作出不予立案的裁定。裁定书应当载明不予立案的理由。原告对裁定不服的，可以提起上诉。

起诉状内容欠缺或者有其他错误的，法院应当给予指导和释明，并一次性告知当事人需要补正的内容。不得未经指导和释明即以起诉不符合条件为由不接收起诉状。

对于不接收起诉状、接收起诉状后不出具书面凭证，以及不一次性告知当事人需要补正的起诉状内容的，当事人可以向上级法院投诉，上级法院应当责令改正，并对直接负责的主管人员和其他直接责任人员依法给予处分。

（3）飞越起诉。法院既不立案，又不作出不予立案裁定的，当事人可以向上一级法院起诉。上一级法院认为符合起诉条件的，应当立案、审理，也可以指定其他下级法院立案、审理。

3. 立案后的处理

有下列情形之一，已经立案的，应当裁定驳回起诉：（1）不符合《行政诉讼法》第 49 条规定的；（2）超过法定起诉期限且无《行政诉讼法》第 48 条规定情形的；（3）错列被告且拒绝变更的；（4）未按照法律规定由法定代理人、指定代理人、代表人为诉讼行为的；（5）未按照法律、法规规定先向行政机关申请复议的；（6）重复起诉的；（7）撤回起诉后无正当理由再行起诉的；（8）行政行为对其合法权益明显不产生实际影响的；（9）诉讼标的已为生效裁判或者调解书所羁束的；（10）其他不符合法定起诉条件的情形。

上述所列情形可以补正或者更正的，法院应当指定期间责令补正或者更正；在指定期间已经补正或者更正的，应当依法审理。

法院经过阅卷、调查或者询问当事人，认为不需要开庭审理的，可以径行裁定驳回起诉。

起诉状副本送达被告后，原告提出新的诉讼请求的，人民法院不予准许，但有正当理由的除外。

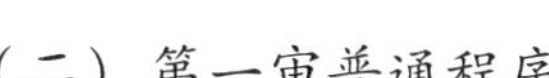

（二）第一审普通程序

1. 送达诉讼法律文书

法院应当在立案之日起五日内，将起诉状副本发送被告。被告应当在收到起诉状副本之日起十五日内向法院提交作出行政行为的证据和所依据的规范性文件，并提出答辩状。法院应当在收到答辩状之日起五日内，将答辩状副本发送原告。被告不提出答辩状的，不影响法院审理。法院适用普通程序审理案件，应当在开庭三日前用传票传唤当事人。对证人、鉴定人、勘验人、翻译人员，应当用通知书通知其到庭。当事人或者其他诉讼参与人在外地的，应当留有必要的在途时间。

案例 5.17　李某某诉乐山市人力资源和社会保障局社会保障行政撤销案①

【本案争议点】被告未在法定期限内提供相关证据和作出相应行政行为的法律依据，如何处理。

【法律简析】终审法院认为，《行诉解释》第 26 条第 2 款明确规定“被告应当在收到起诉状副本之日起十日内提交答辩状，并提供作出具体行政行为时的证据、依据；被告不提供或者无正当理由逾期提供的，应当视为该具体行政行为没有证据、依据”。本案中，乐山市人力资源和社会保障局在收到起诉状副本后，没有在法定期限内提交作出乐人社办〔2012〕577 号决定的证据和法律依据，依法应当认定该决定没有相应的证据、依据。乐山市人社局既未在法律规定的期限内提供证据，也未提出延期举证的申请，原审法院依照法律规定认定其作出的乐人社办〔2012〕577 号决定没有证据是正确的。

【裁判结果】判决驳回（乐山市人力资源和社会保障局）上诉，维持原判（撤销乐人社办〔2012〕577 号决定）。

2. 审判组织形式

法院审理行政案件，由审判员组成合议庭，或者由审判员、陪审员组成

① “四川省高级人民法院发布行政审判十大典型案例（2015 年）”，法律家，http：//www.fae.cn/kx1652.html，访问日期：2019 年 4 月 16 日。

合议庭。合议庭的成员，应当是三人以上的单数。

3. 判决类型

（1）判决驳回诉讼请求。行政行为证据确凿，适用法律、法规正确，符合法定程序的，或者原告申请被告履行法定职责或者给付义务理由不成立的，法院判决驳回原告的诉讼请求。

（2）判决撤销或者部分撤销，并可以判决被告重新作出行政行为。主要适用下列情形之一：主要证据不足的，适用法律、法规错误的，违反法定程序的，超越职权的，滥用职权的，明显不当的。

（3）判决被告在一定期限内履行法定职责。法院经过审理，查明被告不履行法定职责的，判决被告在一定期限内履行。

（4）判决被告履行给付义务。法院经过审理，查明被告依法负有给付义务的，判决被告履行给付义务。

（5）判决确认行政行为违法。此种情形包括以下两种类型。

第一，行政行为有下列情形之一的，法院判决确认违法，但不撤销行政行为：行政行为依法应当撤销，但撤销会给国家利益、社会公共利益造成重大损害的；行政行为程序轻微违法，但对原告权利不产生实际影响的。

第二，行政行为有下列情形之一，不需要撤销或者判决履行的，法院判决确认违法：行政行为违法，但不具有可撤销内容的；被告改变原违法行政行为，原告仍要求确认原行政行为违法的；被告不履行或者拖延履行法定职责，判决履行没有意义的。

（6）判决确认无效。行政行为有实施主体不具有行政主体资格或者没有依据等重大且明显违法情形，原告申请确认行政行为无效的，法院判决确认无效。

（7）判决变更行政行为。行政处罚明显不当，或者其他行政行为涉及对款额的确定、认定确有错误的，法院可以判决变更。法院判决变更，不得加重原告的义务或者减损原告的权益。但利害关系人同为原告，且诉讼请求相反的除外。

（8）判决被告采取补救措施或承担赔偿责任。法院判决确认违法或者无效的，可以同时判决责令被告采取补救措施；给原告造成损失的，依法判决被告承担赔偿责任。

（9）判决履行行政协议及补偿。被告不依法履行、未按照约定履行或者违法变更、解除法律规定的协议的，法院判决被告承担继续履行、采取补救措施或者赔偿损失等责任。被告变更、解除法律规定的协议合法，但未依法给予补偿的，法院判决给予补偿。

4. 审理期限

法院应当在立案之日起六个月内作出第一审判决。有特殊情况需要延长的，由高级人民法院批准，高级人民法院审理第一审案件需要延长的，由最高人民法院批准。

（三）简易程序

1. 简易程序的适用范围

法院审理下列第一审行政案件，认为事实清楚、权利义务关系明确、争议不大的，可以适用简易程序：（1）被诉行政行为是依法当场作出的；（2）案件涉及款额2000元以下的；（3）属于政府信息公开案件的。此外，当事人各方同意适用简易程序的，可以适用简易程序。发回重审、按照审判监督程序再审的案件不适用简易程序。

2. 简易程序的审理方式和期限

适用简易程序审理的行政案件，由审判员一人独任审理，并应当在立案之日起45日内审结。

3. 简易程序的转换

法院在审理过程中，发现案件不宜适用简易程序的，裁定转为普通程序。

（四）第二审程序

1. 上诉期限

当事人不服法院第一审判决的，有权在判决书送达之日起15日内向上一级法院提起上诉。当事人不服法院第一审裁定的，有权在裁定书送达之日起10日内向上一级法院提起上诉。逾期不提起上诉的，法院的第一审判决或者裁定发生法律效力。

2. 审理形式

法院对上诉案件，应当组成合议庭，开庭审理。经过阅卷、调查和询问当事人，对没有提出新的事实、证据或者理由，合议庭认为不需要开庭审理的，也可以不开庭审理。

法院审理上诉案件，应当对原审法院的判决、裁定和被诉行政行为进行全面审查。

3. 审理期限

法院审理上诉案件，应当在收到上诉状之日起三个月内作出终审判决。有特殊情况需要延长的，由高级人民法院批准，高级人民法院审理上诉案件需要延长的，由最高人民法院批准。

4. 二审判决类型

法院审理上诉案件，按照下列情形，分别处理：（1）原判决、裁定认定事实清楚，适用法律、法规正确的，判决或者裁定驳回上诉，维持原判决、裁定；（2）原判决、裁定认定事实错误或者适用法律、法规错误的，依法改判、撤销或者变更；（3）原判决认定基本事实不清、证据不足的，发回原审法院重审，或者查清事实后改判；（4）原判决遗漏当事人或者违法缺席判决等严重违反法定程序的，裁定撤销原判决，发回原审法院重审。

原审法院对发回重审的案件作出判决后，当事人提起上诉的，第二审法院不得再次发回重审。法院审理上诉案件，需要改变原审判决的，应当同时对被诉行政行为作出判决。

（五）审判监督程序

1. 当事人申请再审

当事人对已经发生法律效力的判决、裁定，认为确有错误的，可以向上一级法院申请再审，但判决、裁定不停止执行。

2. 再审事由

当事人的申请符合下列情形之一的，法院应当再审：（1）不予立案或者驳回起诉确有错误的；（2）有新的证据，足以推翻原判决、裁定的；（3）原判决、裁定认定事实的主要证据不足、未经质证或者系伪造的；（4）原判决、裁定适用法律、法规确有错误的；（5）违反法律规定的诉讼程序，可能影响公正审判的；（6）原判决、裁定遗漏诉讼请求的；（7）据以作出原判决、裁定的法律文书被撤销或者变更的；（8）审判人员在审理该案件时有贪污受贿、徇私舞弊、枉法裁判行为的。

3. 法院依职权再审

各级人民法院院长对本院已经发生法律效力的判决、裁定，发现有法律规定情形的，或者发现调解违反自愿原则或者调解书内容违法，认为需要再审的，应当提交审判委员会讨论决定。

最高人民法院对地方各级人民法院已经发生法律效力的判决、裁定，上级人民法院对下级人民法院已经发生法律效力的判决、裁定，发现有法律规定情形的，或者发现调解违反自愿原则或者调解书内容违法的，有权提审或者指令下级人民法院再审。

4. 检察院抗诉和检察建议

最高人民检察院对各级人民法院已经发生法律效力的判决、裁定，上级人民检察院对下级人民法院已经发生法律效力的判决、裁定，发现有法律规定情形的，或者发现调解书损害国家利益、社会公共利益的，应当提出抗诉。

地方各级人民检察院对同级人民法院已经发生法律效力的判决、裁定，发现有法律规定情形的，或者发现调解书损害国家利益、社会公共利益的，可以向同级人民法院提出检察建议，并报上级人民检察院备案；也可以提请上级人民检察院向同级人民法院提出抗诉。

各级人民检察院对审判监督程序以外的其他审判程序中审判人员的违法行为，有权向同级人民法院提出检察建议。

（六）行政诉讼中的特殊制度

1. 负责人出庭应诉

负责人应当出庭的主要包括四类案件：一是涉及重大公共利益，二是社会高度关注，三是可能引发群体性事件等案件，四是法院书面建议行政机关负责人出庭的案件，被诉行政机关负责人应当出庭。“不能出庭的”情形主要包括不可抗力，即客观上不可抗拒、不能避免且无法克服的原因，如自然灾害、战争；客观上不能控制的其他正当事由，如遭遇交通事故、罹患急症、出国未返。

2. 行政协议案件的审理

（1）行政协议争议案件的管辖。第一，选择管辖。双方当事人书面协议约定选择被告住所地、合同履行地、合同订立地、原告住所地、标的物所在地等与争议有实际联系的地点的法院管辖的，法院从其约定，但不得违反行政诉讼法对级别管辖和专属管辖的规定。第二，级别管辖。行政协议案件涉及标的额较大的，可以参照民事诉讼第一审民商事案件的标准来确定管辖。第三，推定管辖。公民、法人或者其他组织就协议纠纷向法院提起民事诉讼，生效民事裁判以该协议属于行政协议为由裁定不予立案或者驳回起诉，当事人又提起行政诉讼的，法院依法应予立案。

（2）行政协议的裁判形式。第一，变更解除协议，分为两种情形：一种是法定变更和解除的情形。另一种是约定变更解除情形。行政协议约定被告可以单方解除、变更行政协议的，从其约定。行政协议约定被告不得单方变更、解除行政协议的，法院不予支持，有正当理由的除外。

第二，合同无效。有下列情形之一的，法院应当认定行政协议无效：被告无职权或者超越职权订立的行政协议，被告严重违反法定程序订立的行政协议，作为行政协议内容的行政行为无效的，依事件性质或者法律规定不得缔结行政协议的，参照民事法律规范应当认定行政协议无效的其他情形。

第三，可撤销可变更合同。法院经审理认为行政协议胁迫、欺诈、重大误解、显失公平等情形的，可以根据合同法的规定认定该协议可撤销、可变更。

第四，违约判决。一是不履约情形。二是预期违约情形。被告在明确表示或者以自己的行为表明不履行协议义务的，原告可以在履行期限届满之前向法院起诉请求其承担违约责任的，法院应当予以支持。三是情势变更情形。

第五，缔约判决。被告未依法与原告订立行政协议，法院可以判决确认被告的行为违法；能够继续订立行政协议，判决订立行政协议；给原告造成

损失的，判决赔偿。

案例5.18 甘肃瀚太环保科技有限公司诉白银市人民政府土地行政决定案①

【本案争议点】 原告不服市政府决定无偿收回土地使用权的行为如何处理。

【法律简析】 1998年3月25日，原甘肃瀚太水处理工程有限公司与原白银市土地管理局签订了《土地使用权出让合同》（市土合字〔1998〕2号）。合同约定向甘肃瀚太水处理工程有限公司出让位于白银市西区面积为14220平方米（约21.3亩）的土地。2003年5月13日，甘肃瀚太水处理有限公司经工商部门登记变更为甘肃瀚太环保科技有限公司（以下简称瀚太公司）。2008年9月9日，白银市人民政府（以下简称市政府）以市政土让字〔2008〕17号文件批复为瀚太公司办理土地登记手续，同时，因城市规划调整，将该土地面积变更为15660.9平方米（约23.5亩）。2009年3月6日，瀚太公司取得了此块土地的国有土地使用权证（白国用〔2009〕第10号），地类为工业用地。嗣后，瀚太公司对该宗地一直未投资建设。2012年10月15日，白银市国土资源局向瀚太公司送达《闲置土地调查通知书》。2013年4月18日，白银市国土资源局召开听证会，瀚太公司进行了陈述、申辩。

2013年6月7日，被告市政府以瀚太公司在市国土资源调查过程中不能提供延期开发的相关批准文件，超过合同约定的投资建设日期，造成土地闲置为由，决定终止该《土地使用权出让合同》，并无偿收回该块土地的土地使用权。

【裁判结果】 法院在审理过程中，启动协调解决机制，经过多轮谈判，双方达成和解协议，市政府主动撤回收回土地使用权的决定，瀚太公司申请撤回起诉。法院认为瀚太公司提出的撤诉申请没有损害国家利益与公共利益，符合相关法律规定，裁定准许撤回起诉。

① “2015年度甘肃行政审判十大典型案例”，甘肃法院网，http：//www.chinagscourt.gov.cn/detail.htm? id=2334276，访问日期：2019年4月15日。

3. 规范性文件的一并审查

（1）规范性文件一并审查的程序。第一，不允许单独就规范性文件提起审查之诉。第二，对不作为行政行为提起诉讼不能附带审查规范性文件。第三，应当在第一审开庭审理前提出；有正当理由的，也可以在法庭调查中提出。

（2）管辖法院。公民、法人或者其他组织在对行政行为提起诉讼时一并请求对所依据的规范性文件审查的，由行政行为案件管辖法院一并审查，并不按照制定机关确定管辖级别。

（3）审查方式及标准。法院审查规范性文件，采用条款审查、个案审查和客观审查方式。可以从规范性文件制定机关是否超越权限或者违反法定程序、作出行政行为所依据的条款以及相关条款等方面进行。

法院经审查认为行政行为所依据的规范性文件合法的，应当作为认定行政行为合法的依据。

有下列情形之一的，属于“规范性文件不合法”：①超越制定机关的法定职权或者超越法律、法规、规章的授权范围的；②与法律、法规、规章等上位法的规定相抵触的；③没有法律、法规、规章依据，违法增加公民、法人和其他组织义务或者减损公民、法人和其他组织合法权益的；④未履行法定批准程序、公开发布程序，严重违反制定程序的；⑤其他违反法律、法规以及规章规定的情形。

（4）制定机关提供相应证据的权利。一是制定机关申请出庭陈述意见的，法院应当准许。制定机关可以提供相应证据，但该权利不属于诉讼保障的权利。二是行政机关未陈述意见或者未提供相关证明材料的，不能阻止法院对规范性文件进行审查。

（5）法院的告知。法院在对规范性文件进行审查的过程中，发现规范性文件可能不合法的，应当听取规范性文件制定机关的意见。

（6）规范性文件不合法的处理方式。第一，不作为认定行政行为合法的依据，并在裁判理由中予以阐明。作出生效裁判的人民法院应当向规范性文件的制定机关提出处理建议，并可以抄送制定机关的同级人民政府、上一级行政机关、监察机关以及规范性文件的备案机关。

第二，司法建议。一是规范性文件不合法的，法院可以在裁判生效之日起

三个月内，向规范性文件制定机关提出修改或者废止该规范性文件的司法建议。“法院”是指作出生效裁判的法院。二是规范性文件不合法的，法院可以在裁判生效之日起三个月内，向规范性文件制定机关提出修改或者废止该规范性文件的司法建议。三是规范性文件由多个部门联合制定的，法院可以向该规范性文件的主办机关或者共同上一级行政机关发送司法建议。

接收司法建议的行政机关应当在收到司法建议之日起六十日内予以书面答复。情况紧急的，法院可以建议制定机关或者其上一级行政机关立即停止执行该规范性文件。

第三，不合法规范性文件的备案。法院认为规范性文件不合法的，应当在裁判生效后报送上一级法院进行备案。涉及国务院部门、省级行政机关制定的规范性文件，司法建议还应当分别层报最高人民法院、高级人民法院备案。

（7）审判监督。各级人民法院院长对本院已经发生法律效力的判决、裁定，发现规范性文件合法性认定错误，认为需要再审的，应当提交审判委员会讨论。

最高人民法院对地方各级人民法院已经发生法律效力的判决、裁定，上级人民法院对下级法院已经发生法律效力的判决、裁定，发现规范性文件合法性认定错误的，有权提审或者指令下级人民法院再审。

案例5.19 王某某等五人诉昌平区住房和城乡建设委员会案①

【本案争议点】对被告作出的行政行为适用的行政规范性文件违反上位法，应如何处理。

【法律简析】法院经审理认为，昌平区住房和城乡建设委员会于2014年12月15日作出《关于东小口镇马连店组团重点村旧村改造项目拆迁期限延期的批复》（以下简称《拆迁期限延期批复》），依据的是《〈北京市集体土地房屋拆迁管理办法〉实施意见》（以下简称《实施意见》），该《实施意见》系北京市原国土资源和房屋管理局于2003年制定的规范性文件，王某某等五人有权根

① “新行政诉讼法实施一年，北京法院受理行政案件同比翻番”，央广网，http://china.cnr.cn/ygxw/20160429/t20160429_522022115_1.shtml，访问日期：2019年4月16日。

据《行政诉讼法》第53条的规定提出一并审查的申请。

昌平区住房和城乡建设委员会作出《拆迁期限延期批复》依据的是《实施意见》第13条，该条款关于拆迁人应当在期限届满15日前申请延期的规定与《行政许可法》关于被许可人应当在该行政许可有效期届满30日前向作出行政许可决定的行政机关提出申请的规定不一致，《实施意见》的上述规定没有法律依据，不能作为《拆迁期限延期批复》合法的依据。

中北岳森公司申请涉案拆迁许可证延期时，已超过《行政许可法》规定的申请期限，昌平区住房和城乡建设委员会据此作出《拆迁期限延期批复》构成程序轻微违法，但该程序违法对王某某等五人的权利不产生实际影响。

【裁判结果】 判决确认被诉的《拆迁期限延期批复》违法。

七、行政诉讼裁判的执行

（一）执行依据

对发生法律效力的行政判决书、行政裁定书、行政赔偿判决书和行政调解书，负有义务的一方当事人拒绝履行的，对方当事人可以依法申请法院强制执行。

法院判决行政机关履行行政赔偿、行政补偿或者其他行政给付义务，行政机关拒不履行的，对方当事人可以依法向法院申请强制执行。

（二）执行的法院及执行措施

（1）执行的法院。发生法律效力的行政判决书、行政裁定书、行政赔偿判决书和行政调解书，由第一审法院执行。

第一审法院认为情况特殊，需要由第二审法院执行的，可以报请第二审法院执行；第二审法院可以决定由其执行，也可以决定由第一审法院执行。

（2）对公民、法人或者其他组织的执行。公民、法人或者其他组织拒绝履行判决、裁定、调解书的，行政机关或者第三人可以向第一审法院申请强制执行，或者由行政机关依法强制执行。

（3）对行政机关的执行。行政机关拒绝履行判决、裁定、调解书的，第一审法院可以采取下列措施：对应当归还的罚款或者应当给付的款额，通知银行

从该行政机关的账户内划拨；在规定期限内不履行的，从期满之日起，对该行政机关负责人按日处50元至100元的罚款；将行政机关拒绝履行的情况予以公告；向监察机关或者该行政机关的上一级行政机关提出司法建议。接受司法建议的机关，根据有关规定进行处理，并将处理情况告知人民法院；拒不履行判决、裁定、调解书，社会影响恶劣的，可以对该行政机关直接负责的主管人员和其他直接责任人员予以拘留；情节严重，构成犯罪的，依法追究刑事责任。

（三）非诉案件的执行

（1）行政机关申请法院执行的条件。行政机关根据《行政诉讼法》第97条的规定申请执行其行政行为，应当具备以下条件：①行政行为依法可以由法院执行；②行政行为已经生效并具有可执行内容；③申请人是作出该行政行为的行政机关或者法律、法规、规章授权的组织；④被申请人是该行政行为所确定的义务人；⑤被申请人在行政行为确定的期限内或者行政机关催告期限内未履行义务；⑥申请人在法定期限内提出申请；⑦被申请执行的行政案件属于受理执行申请的法院管辖。

行政机关申请法院执行，应当提交《行政强制法》第55条规定的相关材料。

（2）申请执行的程序。法院对符合条件的申请，应当在五日内立案受理，并通知申请人；对不符合条件的申请，应当裁定不予受理。

行政机关对不予受理裁定有异议，在15日内向上一级人民法院申请复议的，上一级法院应当在收到复议申请之日起15日内作出裁定。

（3）申请强制执行的期限。没有强制执行权的行政机关申请法院强制执行其行政行为，应当自被执行人的法定起诉期限届满之日起三个月内提出。逾期申请的，除有正当理由外，人民法院不予受理。

（4）行政机关申请法院强制执行其行政行为的，由申请人所在地的基层法院受理；执行对象为不动产的，由不动产所在地的基层法院受理。

基层法院认为执行确有困难的，可以报请上级法院执行；上级法院可以决定由其执行，也可以决定由下级法院执行。

（5）行政机关根据法律的授权对平等主体之间民事争议作出裁决后，当事人在法定期限内不起诉又不履行，作出裁决的行政机关在申请执行的期限内未申请法院强制执行的，生效行政裁决确定的权利人或者其继承人、权利承受人在六个月内可以申请法院强制执行。

享有权利的公民、法人或者其他组织申请法院强制执行生效行政裁决，参照行政机关申请法院强制执行行政行为的规定。

（6）财产保全。行政机关或者行政行为确定的权利人申请法院强制执行前，有充分理由认为被执行人可能逃避执行的，可以申请法院采取财产保全措施。后者申请强制执行的，应当提供相应的财产担保。

（7）行政行为合法性的审查。法院受理行政机关申请执行其行政行为的案件后，应当在七日内由行政审判庭对行政行为的合法性进行审查，并作出是否准予执行的裁定。

法院在作出裁定前发现行政行为明显违法并损害被执行人合法权益的，应当听取被执行人和行政机关的意见，并自受理之日起30日内作出是否准予执行的裁定。

需要采取强制执行措施的，由法院负责强制执行非诉行政行为的机构执行。

（8）裁定不予执行。被申请执行的行政行为有下列情形之一的，法院应当裁定不准予执行：①实施主体不具有行政主体资格的；②明显缺乏事实根据的；③明显缺乏法律、法规依据的；④其他明显违法并损害被执行人合法权益的情形。

行政机关对不准予执行的裁定有异议，在15日内向上一级法院申请复议的，上一级法院应当在收到复议申请之日起30日内作出裁定。

（四）申请期限

（1）申请执行的期限为二年。申请执行时效的中止、中断，适用法律有关规定。

（2）期限的计算。申请执行的期限从法律文书规定的履行期间最后一日起计算；法律文书规定分期履行的，从规定的每次履行期间的最后一日起计算；法律文书中没有规定履行期限的，从该法律文书送达当事人之日起计算。

（3）逾期申请的，除有正当理由外，法院不予受理。

第三节　行政赔偿与补偿

一、行政赔偿

（一）行政赔偿概述

1. 行政赔偿的归责原则及构成要件

（1）归责原则。违法原则，即行政机关及其工作人员在行使职权过程中违法侵犯公民、法人或者其他组织的合法权益并造成损害，国家对此承担赔偿责任。我国行政赔偿适用的是违法归责原则。第一，违法归责原则中的法是广义的法，既包括实体法也包括程序法，既包括法律法规和其他具有普遍约束力的规范性文件，也包括法的基本原则和精神。第二，违法既包括积极的作为性违法，也包括消极的不作为违法。第三，违法归责原则既包括法律行为违法，也包括事实行为违法。事实行为违法是指国家机关及其工作人员违法实施的不直接产生法律效果的行为。例如，政府机关提供咨询、实施指导、发布信息。

（2）构成要件。第一，行政赔偿是国家的赔偿责任。责任主体是国家，表现是赔偿费用由国库支出。第二，行政赔偿是国家对行政机关及其工作人员的侵权行为承担的赔偿责任。第三，行政赔偿对象是合法权益受到行政侵权行为损害的公民、法人或者其他组织。对违法权益的侵害，公民、法人或者其他组织不能要求赔偿。

2. 行政赔偿与相关概念的关系

（1）行政赔偿与行政补偿。两者的联系有：两者都是国家对行政机关及其工作人员行使职权过程中给公民、法人或者其他组织合法权益造成损害采取的补救措施。

两者的区别有：第一，前提不同。行政赔偿是由于行政主体及其行政人实施的具体行政行为违法而引起的，行政行为违法是实行行政赔偿的基本前提。行政补偿是由于合法的行政行为所引起的，由于合法行政行为的实施，行政相对人的合法权益遭受了损失，对此，行政主体应予以适当补偿。第二，性质不同。行政赔偿是违法的行政行为所致的法律责任，属行政责任范畴。行政补偿是一种例外的、特定的民事责任，实质属民事责任范畴。第三，责任原则不同。行政赔偿，强调行为人的过错责任，它要求行政行为的实施者在主观上存在故意或过失。行政补偿，强调无过错责任，只要合法的行政行为造成了行政相对人合法权益的损失，即使行为人没有过错，行政主体也应给予适当补偿。第四，因果关系不同。行政赔偿的原因与结果，先后顺序相当严格，它要求先有损害事实，然后给予赔偿。而行政补偿对原因与结果的先后顺序，要求并不十分严格，它可以是先损害后补偿，也可以是先补偿后损害，到底采用哪种方式，视具体情况而定。

（2）行政赔偿与民事赔偿。两者是完全不同的两种赔偿。第一，赔偿主体不同，行政赔偿是行政机关向公民或组织承担的赔偿责任；而民事赔偿是公民或组织向其他公民或组织承担的赔偿责任。第二，赔偿原因不同，行政赔偿是基于行政侵权行为；民事赔偿基于民事侵权行为。第三，范围不同，行政赔偿的范围是最低限度的直接损害；民事赔偿范围包括直接损失和间接损失。第四，归责原则不同，行政赔偿以过错责任原则；民事赔偿以过错责任原则为主，危险责任原则为辅。第五，赔偿程序不同，行政赔偿包括行政处理、行政复议和行政诉讼程序；民事赔偿的程序包括仲裁和民事诉讼程序。第六，依据不同，行政赔偿依据的是行政诉讼法和国家赔偿法等公法规范；民事赔偿依据的是民法总则、物权法和侵权责任法等私法规范。

（3）行政赔偿与司法赔偿。两者的联系：两者都属于国家赔偿。两者的区别有：第一，主体不同。行政赔偿的主体是国家行政机关及其工作人员，包括法律法规授权的组织及其工作人员等。司法赔偿的主体是审判机关、检察机关、公安机关和国家安全机关等实施刑事侦查、提起公诉和刑事审判的机关。第二，侵权行为的实施时间不同。行政赔偿发生在行政主体行使行政职权的过程中，司法赔偿发生在公安机关、检察机关和审判机关行使司法权的过程中。第三，赔偿的程序不同。行政赔偿有两种程序，单独提出行政赔偿请求的程序和一并提出行政赔偿请求的程序，最终可以通过行政诉讼解决；司法赔偿的程序是通

过非诉讼途径解决。

（二）行政赔偿的范围

行政赔偿范围是指国家对行政机关工作人员在行使行政职权时侵犯公民、法人和其他组织合法权益造成损害的那些行为承担赔偿责任。

1. 侵犯人身权的行为

国家赔偿法规定的人身权范围比较狭窄，限于人身自由权、生命健康权。包括：（1）违法拘留或者违法采取限制公民人身自由的行政强制措施的；（2）非法拘禁或者以其他方法非法剥夺公民人身自由的；（3）以殴打、虐待等行为或者唆使、放纵他人以殴打、虐待等行为造成公民身体伤害或者死亡的；（4）违法使用武器、警械造成公民身体伤害或者死亡的；（5）造成公民身体伤害或者死亡的其他违法行为。

2. 侵犯财产权的行为

行政机关及其工作人员在行使行政职权时有下列侵犯财产权情形之一的，受害人有取得赔偿的权利：（1）违法实施罚款、吊销许可证和执照、责令停产停业、没收财物等行政处罚的；（2）违法对财产采取查封、扣押、冻结等行政强制措施的；（3）违法征收、征用财产的；（4）造成财产损害的其他违法行为。

3. 国家不承担赔偿责任的行为

属于下列情形之一的，国家不承担赔偿责任：（1）行政机关工作人员与行使职权无关的个人行为；（2）因公民、法人和其他组织自己的行为致使损害发生的；（3）法律规定的其他情形，如不可抗力和第三人过错。

（三）行政赔偿请求人和赔偿义务机关

1. 行政赔偿请求人

行政赔偿请求人是指依法享有取得国家赔偿的权利，请求赔偿义务机关确认和履行国家赔偿责任的公民、法人或者其他组织。

当享有赔偿请求权的公民死亡时，其继承人及其他有抚养关系的亲属可以作为行政赔偿请求人；当享有赔偿请求权的法人或非法人组织中止时，承受其权利的法人或者其他组织可以作为赔偿请求人。

2. 行政赔偿义务机关

行政赔偿义务机关是指代表国家处理赔偿请求、支付赔偿费用、参加赔偿诉讼的行政机关。赔偿义务机关的确认规则如下。

（1）行政机关及其工作人员行使行政职权侵犯公民、法人和其他组织的合法权益造成损害的，该行政机关为赔偿义务机关。

（2）两个以上行政机关共同行使行政职权时侵犯公民、法人和其他组织的合法权益造成损害的，共同行使行政职权的行政机关为共同赔偿义务机关。

（3）法律、法规授权的组织在行使授予的行政权力时侵犯公民、法人和其他组织的合法权益造成损害的，被授权的组织为赔偿义务机关。应注意的是，规章以下的规范性文件授权的视为委托，发生赔偿问题，委托的机关作为赔偿义务机关。

（4）受行政机关委托的组织或者个人在行使受委托的行政权力时侵犯公民、法人和其他组织的合法权益造成损害的，委托的行政机关为赔偿义务机关。如果受委托的组织或个人实施的致害行为与委托的职权无关，则国家不能对该致害行为承担赔偿责任，受害人只能追究受委托组织或个人的民事侵权责任。

（5）赔偿义务机关被撤销的，继续行使其职权的行政机关为赔偿义务机关；没有继续行使其职权的行政机关的，撤销该赔偿义务机关的行政机关为赔偿义务机关。

（6）经复议机关复议的，最初造成侵权行为的行政机关为赔偿义务机关，但复议机关的复议决定加重损害的，复议机关对加重的部分履行赔偿义务。

派出机构在法律、法规、规章的授权范围内行使职权时侵犯公民、法人或者其他组织的合法权益造成损害的，视为自己的侵权行为，自己作为赔偿义务机关。派出机关执行设立机关交办任务时侵害公民、法人或者其他组织合法权益的，应当视为受委托实施的侵权行为，由设立机关及委托的行政机关作为赔偿义务机关。

（四）行政赔偿程序

根据国家赔偿法、行政复议法和行政诉讼法的相关规定，行政赔偿的程序有两种。

1. 行政机关的先行处理程序

因任何行政行为引起的行政赔偿问题，当事人都可以直接向赔偿义务机关提出赔偿申请。

（1）申请形式。申请形式为书面或口头。赔偿请求人当面递交申请书的，赔偿义务机关应当当场出具加盖本行政机关专用印章并注明收讫日期的书面凭证。申请材料不齐全的，赔偿义务机关应当当场或者在五日内一次性告知赔偿请求人需要补正的全部内容。

（2）申请期间。赔偿请求人请求国家赔偿的时效为两年，自其知道或者应当知道国家机关及其工作人员行使职权的行为侵犯其人身权、财产权之日起计算，但其被羁押等限制人身自由期间不计算在内。在申请行政复议或者提起行政诉讼时一并提出赔偿请求的，适用行政复议法、行政诉讼法有关时效的规定。赔偿请求人在赔偿请求时效的最后六个月内，因不可抗力或者其他障碍不能行使请求权的，时效中止。从中止时效的原因消除之日起，赔偿请求时效期间继续计算。

（3）决定与送达期间。赔偿义务机关应当自收到申请之日起两个月内，作出是否赔偿的决定。决定赔偿的，应当制作赔偿决定书，并自作出决定之日起十日内送达赔偿请求人。决定不予赔偿的，应当自作出决定之日起十日内书面通知赔偿请求人，并说明不予赔偿的理由。

（4）《国家赔偿法》第 13 条第 1 款确立了行政赔偿依法协商程序。赔偿义务机关作出赔偿决定，应当充分听取赔偿请求人的意见，并可以与赔偿请求人就赔偿方式、赔偿项目和赔偿数额依法进行协商。但对于是否赔偿本身不能通过协商解决。

2. 行政赔偿诉讼程序

通过先行处理程序仍没有解决赔偿问题的，当事人可以向法院单独提起行政赔偿诉讼。（1）起诉时限：赔偿义务机关在规定期限内未作出是否赔偿的决定，赔偿请求人可以自期限届满之日起三个月内，向法院提起诉讼。（2）举证责任：谁主张、谁举证。法院审理行政赔偿案件，赔偿请求人和赔偿义务机关对自己提出的主张，应当提供证据。但是，赔偿义务机关采取行政拘留或者限制人身自由的强制措施期间，被限制人身自由的人死亡或者丧失行为能力的，赔偿义务机关的行为与被限制人身自由的人的死亡或者丧失行为能力是否存在因果关系，赔偿义务机关应当提供证据。（3）根据《国家赔偿法》第 14 条第 2 款，赔偿请求人对赔偿方式、项目、数额有异议的可以提起行政赔偿诉讼。但如果赔偿请求人对赔偿决定的其他内容不服，如认为赔偿决定依据的法律和事实不准确，或者对造成损害的行政行为有异议，应依法另行提起行政复议或行政诉讼。

3. 行政追偿

赔偿义务机关赔偿损失后，应当责令有故意或者重大过失的工作人员或者受委托的组织或者个人承担部分或者全部赔偿费用。

（五）行政赔偿方式和计算标准

1. 行政赔偿方式

国家赔偿以支付赔偿金为主要方式。其他方式包括对于财产权损失，能够返还财产或者恢复原状的，予以返还财产或者恢复原状。

对致人精神损害的，根据《国家赔偿法》第 3 条规定的情形之一，致人精神损害的，应当在侵权行为影响的范围内，为受害人消除影响，恢复名誉，赔礼道歉；造成严重后果的，应当支付相应的精神损害抚慰金。所以，精神损害抚慰金的适用条件是：侵犯人身权（不是人身自由权）；致人精神损害；造成严重后果。

2. 行政赔偿标准

（1）侵犯人身自由的赔偿标准：每日赔偿金按照国家上年度职工日平均工资计算（日平均工资数额，应当以职工年平均工资除以全年法定工作日数的方法计算）。

“上年度”一般以最终赔偿决定作出时的上一年度为准；如果最终决定维持原赔偿决定的，则以原赔偿决定作出时的上一年度为准。

（2）侵犯生命健康权的赔偿标准。第一，一般身体伤害，包括医疗费、护理费、误工费（最高额为年平均工资的 5 倍）。第二，致人丧失劳动能力，赔偿费用包括医疗费、护理费、残疾生活辅助具费、康复费、残疾赔偿金（最高不超过平均工资的 20 倍）；造成全部丧失劳动能力的，对其扶养的无劳动能力的人，应当支付生活费。第三，致人死亡的，赔偿费用包括死亡赔偿金和丧葬费（总额为年平均工资的 20 倍）；对死者生前扶养的无劳动能力的人，还应当支付生活费。生活费的发放标准，参照当地最低生活保障标准执行。

（3）侵犯财产权的赔偿标准。第一，侵犯财产权的只针对直接损失予以赔偿。直接损失是指因不法侵害而致财产遭受的直接减少或消灭，主要是指既得利益的损失或现有财产的减少，不包括可期待利益的获得。第二，恢复原状、返还财产属于国家赔偿方式。第三，《国家赔偿法》第 36 条第 6 项中的“经常性费用开支”主要是指为了维持生存或维持企业正常存在而必须支付的费用，如水电费、职工工资、房屋租金、应缴税费，不包括可能获得的收益或利润。第四，《国家赔偿法》第 36 条第 7 项为《国家赔偿法》修订后新增条款，明确了在返还财产的赔偿方式中，应当支付银行同期存款利息。

二、行政补偿

（一）行政补偿概述

行政补偿是指国家行政机关及其工作人员在管理国家和社会公共事务的过程中，因合法的行政行为给公民、法人或其他组织的合法权益造成了损失，由国家依法予以补偿的制度。

20 世纪 80 年代之前，我国行政补偿几乎处于空白，只在个别条例或政策性文件中提到补偿问题。如政务院的《城市郊区土地改革条例》（1950 年）第 14 条明确规定：“国家为市政建设和其他需要征用私人所有的农业土地时，须给予适当代价，或以相等之国有土地调换之。对耕种该项土地的农民亦给以适当的安置，并对其他该项土地上的生产、投资（如凿井、植树等）及其他损失，予以公平合理的补偿。”

《中央人民政府政务院关于国家建设征用土地办法》（1953 年）对补偿的标准和程序做了具体规定，与此同时，地方政府又依法就营建铁路、矿山、荒山造林、垦殖、兴建水利工程等建设中征用农业用地，将荒山、林地收归国有，以及房屋拆迁的补偿和生产、生活的安置办法等做了规定。《农村人民公社工作条例修正草案》（1962 年）强调必须严格执行征调劳动力、生产资料和其他物资以及征用民用房屋的补偿制度。“文革”期间，整体法制遭到破坏，行政补偿制度更是被搁置。

自 20 世纪 80 年代开始，特别是 90 年代以来，行政补偿获得较快发展，如《中华人民共和国公路法》（以下简称《公路法》）（1997 年）中第 31 条、第 40 条、第 45 条、第 48 条、第 67 条等五个条款中涉及行政补偿规定。《消防法》（1998 年）对行政补偿中作出了规定。特别是《行政许可法》（2003 年）的颁布，该法中确立了信赖利益保护原则，规定了政府依法撤回生效许可应予补偿的制度。2004 年的宪法修正案更是在第 13 条规定了，“国家为了公共利益的需要，可以依照法律规定对公民的私有财产实行征收或者征用并给予补偿”，从而为建构行政补偿制度提供了宪法依据。

（二）行政补偿规范

有关行政补偿的规范大多分散于各单行法律中，主要有以下几类。

1. 行政补偿的原则

有关行政补偿的原则，也有多种规定。第一，规定适当补偿原则。如《中华人民共和国防洪法》（以下简称《防洪法》）第 45 条第 2 款规定：“依照前款规定调用的物资、设备、交通运输工具等，在汛期结束后应当及时归还；造成损坏或者无法归还的，按照国务院有关规定给予适当补偿或者作其他处理。”

第二，合理补偿原则。如《中华人民共和国矿产资源法》第 36 条规定：“国务院和国务院有关主管部门批准开办的矿山企业矿区范围内已有的集体矿山企业，应当关闭或者到指定的其他地点开采，由矿山建设单位给予合理的补偿……”

第三，相应补偿原则。如《中华人民共和国海域使用管理法》（以下简称《海域使用管理法》）第 30 条规定：“因公共利益或者国家安全的需要，原批准用海的政府可以依法收回海域使用权。依照前款规定在海域使用权期满前提前收回海域使用权的，对海域使用权人应当给予相应的补偿。”

2. 行政补偿主体

从法律法规和规章对行政补偿的具体规定来看，关于行政补偿的主体，主要有以下几种情况：第一，法律并不明确规定补偿主体。如《中华人民共和国草原法》（以下简称《草原法》）第 39 条规定，因建设使用国家所有的草原的，应当依照国务院有关规定对草原承包经营者给予补偿。

第二，有的法律规定国家为补偿的主体。如《中华人民共和国农业法》第 71 条规定，国家依法征用农民集体所有的土地，应当保护农民和农村集体经济组织的合法权益，依法给予农民和农村集体经济组织征地补偿。

第三，有的法律规定具体单位（包括行政机关和企事业组织）是补偿主体，由谁补偿比较明确。如《人民防空法》第 28 条规定，任何组织或者个人不得擅自拆除本法第 21 条规定的人民防空工程；确需拆除的，必须报经人民防空主管部门批准，并由拆除单位负责补建或者补偿。又如，《中华人民共和国文物保护法》（以下简称《文物保护法》）第 43 条规定，依法调拨、交换、借用国有馆藏文物，取得文物的文物收藏单位可以对提供文物的文物收藏单位给予合理补偿。再如，《土地管理法》（1988 年）第 34 条规定，使用其他单位使用的国有土地，原使用单位受到损失的，建设单位应当给予适当补偿。《中华人民共和国防沙治沙法》第 35 条规定，因保护生态的特殊要求，将治理后的土地批准划为自然保护区或者沙化土地封禁保护区的，批准机关应当给予治理者合理的经济补偿。

3. 行政补偿范围和标准

有的法律、法规规定补偿范围包括人身损害补偿，有的规定不包括，如《中华人民共和国国防法》（以下简称《国防法》）第 55 条规定，公民和组织因国防建设和军事活动在经济上受到直接损失的，可以依照国家有关规定取得补偿。而《中华人民共和国人民警察法》（以下简称《人民警察法》）第 34 条第 2 款规定，公民和组织因协助人民警察执行职务，造成人身伤亡或者财产损失的，应当按照国家有关规定给予抚恤或者补偿。

有的法律、法规规定只补偿直接经济损失，有的没有明确规定，如《中华人民共和国水法》（以下简称《水法》）第 35 条规定，从事工程建设，占用农业灌溉水源、灌排工程设施，或者对原有灌溉用水、供水水源有不利影响的，建设单位应当采取相应的补救措施；造成损失的，依法给予补偿。《国防法》第48条规定，县级以上政府对被征用者因征用所造成的直接经济损失，按照国家有关规定给予适当补偿。

4. 行政补偿程序

单行法律中，主要有如下几种规定：第一，规定由补偿单位主动给予补偿。如《中华人民共和国归侨侨眷权益保护法》第13条第2款规定："依法征用、拆迁归侨、侨眷私有房屋的，建设单位应当按照国家有关规定给予合理补偿和妥善安置。"

第二，规定依申请补偿。如《中华人民共和国水生野生动物保护实施条例》第10条规定："因保护国家重点保护的和地方重点保护的水生野生动物受到损失的，可以向当地政府渔业行政主管部门提出补偿要求。经调查属实并确实需要补偿的，由当地政府按照省、自治区、直辖市政府有关规定给予补偿。"

第三，规定了较为细致的协商补偿程序。如《土地管理法实施条例》第25条规定："征收土地方案经依法批准后，由被征收土地所在地的市、县人民政府组织实施，并将批准征地机关、批准文号、征收土地的用途、范围、面积以及征地补偿标准、农业人员安置办法和办理征地补偿的期限等，在被征收土地所在地的乡（镇）、村予以公告。被征收土地的所有权人、使用权人应当在公告规定的期限内，持土地权属证书到公告指定的人民政府土地行政主管部门办理征地补偿登记。市、县人民政府土地行政主管部门根据经批准的征收土地方案，会同有关部门拟订征地补偿、安置方案，在被征收土地所在地的乡（镇）、村予以公告，听取被征收土地的农村集体经济组织和农民的意见。征地补偿、安置方案报市、县人民政府批准后，由市、县人民政府土地行政主管部门组织实施……征收土地的各项费用应当自征地补偿、安置方案批准之日起3个月内全额支付。"

5. 行政补偿的救济

关于行政补偿的救济程序（包括行政救济和司法救济），有些法律、法规对此做了比较详细的规定。例如，《土地管理法实施条例》第25条规定，对补偿标准有争议的，由县级以上地方人民政府协调；协调不成的，由批准

征收土地的人民政府裁决。征地补偿、安置争议不影响征收土地方案的实施。

《国有土地上房屋征收与补偿条例》第25条第2款规定，“补偿协议订立后，一方当事人不履行补偿协议约定的义务的，另一方当事人可以依法提起诉讼”，该法第26条第3款规定，“被征收人对补偿决定不服的，可以依法申请行政复议，也可以依法提起行政诉讼”。

三、行政赔偿实务案例①

案例5.20 张某某等五人诉天水市公安局麦积分局行政不作为赔偿案②

【本案争议点】 公安机关因未及时出警应承担何种法律责任，如何进行赔偿。

【法律简析】 法院审理认为，《国家赔偿法》第34条第1款第3项规定，侵犯公民生命健康权的，赔偿金按照下列规定计算：造成死亡的，应当支付死亡赔偿金、丧葬费，总额为国家上年度职工年平均工资的20倍。对死者生前扶养的无劳动能力的人，还应当支付生活费。本案天水市公安局麦积分局应当按国家规定支付死亡赔偿金、丧葬费总额的20%份额。

【裁判结果】 （1）由该局按照2008年全国在岗职工年平均工资29229元×20倍×20%的标准，在判决生效之日起十日内给张某某等五人赔偿刘某某死亡赔偿金和丧葬费116916元；（2）驳回张某某等五人关于要求赔偿被扶养人生活费的诉讼请求。

一审宣判后，张某某等五人认为判决以20%承担赔偿责任太少、被告天水市公安局麦积分局则认为不应予以赔偿，双方均不服提出上诉。在天水市中级人民法院二审期间，经该院主持调解，双方当事人于2014年4月25日达成调解协议：（1）天水市公安局麦积分局在2014年6月10前一次性给张某某等五人支付刘某某死亡赔偿金20万元。（2）张某某等五人放弃要求天水市公安局麦积分局支付被扶养人生活费及刘某某丧葬费的诉讼请求。

---

① 由于行政补偿案例将在行政征收一章中体现，故本章的行政补偿案例不再涉及。

② “最高法发布人民法院关于行政不作为十大案例（2015年）”，中国审判网，http：//www.chinatrial.net.cn/news/5001－2.html，访问日期：2019年4月16日。

案例 5.21　崇义县罗心坳采砂场诉崇义县水利局水利行政赔偿案①

【本案争议点】崇义县水利局吊销许可证的行为给原告造成的损失是否适用行政赔偿，如何赔偿。

【法律简析】法院认为，崇义县水利局吊销采砂场采砂许可证的行为已被法院生效判决确认违法，该违法行为给采砂场合法权益造成的损失，采砂场有取得赔偿的权利。《国家赔偿法》第 36 条第 6 项规定，吊销许可证给其他组织的财产权造成损害的，应赔偿停产停业期间必要的经常性费用开支。本案中，该采砂场在停产停业期间支付的铲车和挖掘机租金、电费、场地租金、守棚人员工资及需要上交的水利资源费是其必要的经常性费用开支，属于国家赔偿范围。结合采砂场停产停业时间，确定其损失共计 202547.35 元。

【裁判结果】判决崇义县水利局赔偿采砂场各项损失共计 202547.35 元。

案例 5.22　王某诉某区人民政府拆迁行政赔偿案②

【本案争议点】某区人民政府的违法拆迁行为如何赔偿。

【法律简析】法院认为，虽然《国家赔偿法》规定，赔偿请求人对自己提出的主张应当提供证据。但是，行政机关的强制拆除行为已经造成相关物品毁损或者灭失，致使赔偿请求人举证困难的，应当由赔偿义务机关承担举证责任，赔偿请求人只承担初步证明责任。在赔偿义务机关强制拆除时未就物品的清点、登记、保管及其他事项向公证机关办理证据保全，致使其举证困难，应承担举证不能的不利后果。故法院判决由某公司对王某进行安置及补偿；某区人民政府返还其存放和保管的王某室内财产物品，造成损失的折价赔偿；某区人民政府赔偿王某室内装修等设施费用 45913.96 元；驳回王某其他诉讼请求。王某不服，提起上诉。

【裁判结果】青海省高级人民法院终审判决某区人民政府赔偿王某物品损失 5 万元外，维持其余判项。

---

① “江西高院发布 2017 年行政诉讼典型案例”，江西法院网，http://jxfy.chinacourt.org/article/detail/2017/12/id/3098145.shtml，访问日期：2019 年 4 月 16 日。

② “2015 年青海法院行政案件司法审查报告”，青海法院网，http://qhfy.chinacourt.org/public/detail.php?id=17378，访问日期：2019 年 4 月 16 日。

案例5.23　李某某诉焦作新区宁郭镇人民政府、武陟县人民政府行政行为违法并要求赔偿案①

【本案争议点】宁郭镇人民政府组织实施强制拆除行为是否合法，如何赔偿。

【法律简析】法院审理认为，本案组织实施强拆的主体是原武陟县宁郭镇人民政府，该镇人民政府对李某某的养鸡场实施的强制拆除行为没有履行法律程序。

【裁判结果】判决确认强制拆除养鸡场的行为违法并由政府赔偿直接经济损失。

案例5.24　张某某诉哈尔滨市双城区房产住宅局房屋行政登记及行政赔偿案②

【本案争议点】双城区房产住宅局未经法院允许变更登记，给当事人造成的损失应否赔偿。

【法律简析】法院认为，双城区房产住宅局已于2013年4月22日签收法院送达的查封法律文书，查封即发生法律效力。此后，双城区房产住宅局未经法院允许擅自将查封房产变更产权登记，致使张某某案件无法执行，给张某某造成经济损失。

【裁判结果】判决确认双城区房产住宅局的变更登记行为违法，并赔偿张某某经济损失。

案例5.25　彭某某诉湘乡市公安局确认违法并赔偿案③

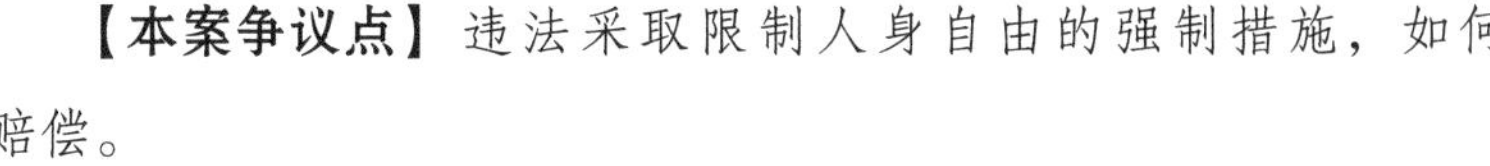

【本案争议点】违法采取限制人身自由的强制措施，如何赔偿。

【法律简析】法院认为，根据《中华人民共和国居民身份证法》《人民警察法》，人民警察依法执行职务时，在查验身份、当场盘问、检查前需出示

---

① “河南高院对外公布8起行政典型案例（2015年）”，河南省高级人民法院，http：//www.hncourt.gov.cn/public/detail.php？id=154752，访问日期：2019年4月16日。

② “黑龙江省行政审判十大典型案例（2017年）”，黑龙江法院网，http：//www.hljcourt.gov.cn/public/detail.php？id=20626，访问日期：2019年4月16日。

③ “湖南省高级人民法院发布九起行政审判典型案例（2016年）”，法律家，http：//www.fae.cn/kx1911.html，访问日期：2019年4月16日。

执法证件。本案中两名协警不具有人民警察的身份，在无工作证且未出示执法证的前提下，强行限制他人人身自由，属于违法行政。但因该行政行为未给原告造成实质损害，且被告已当场口头道歉，原告要求公开道歉并支付精神抚慰金的诉讼请求没有事实和法律依据。

【裁判结果】判决确认行政行为违法，驳回原告其他诉讼请求。

案例 5.26 刘某某诉陕西省凤翔县公安局强制传唤造成人身损害案①

【本案争议点】公安机关采取强制措施过程中违法使用警械对受害人构成人身权损害的，如何赔偿。

【法律简析】法院认为，被告工作人员于2000年12月4日，依职权处置原告的违法行为，在将原告强制传唤到派出所后，当原告随身所带刀具已被收缴，其人身危险性已解除的情况下，仍将其铐在楼梯及树上，导致原告受伤致残，其致害原告的职务行为应确认违法。对于被告工作人员在行驶职权时侵犯原告人身权的，受害人有取得赔偿的权利。

【裁判结果】（1）被告陕西省凤翔县公安局治安行政强制行为应确认违法；（2）由被告陕西省凤翔县公安局赔偿原告刘某某医疗费、误工费、残疾赔偿金共计389223.43元，除已付330162.60元外，再付59060.83元，限判决生效后30日内付清；（3）驳回原告刘某某其余诉讼请求。

深度阅读

1. 蔡小雪：《行政复议与行政诉讼的衔接》，中国法制出版社2003年版。
2. 杜仪方：《行政不作为的国家赔偿》，中国法制出版社2017年版。
3. 马立群：《行政诉讼标的研究》，中国政法大学出版社2013年版。
4. 谭炜杰：《行政诉讼法重大争议问题研究：司法权与行政权关系之维度》，方志出版社2016年版。
5. 谭宗泽：《行政诉讼结构研究：以相对人益保障为中心》，法律出版社

---

① “陕西高院公布八起行政强制措施违法典型案例（2015年）”，陕西法院网，http://sxfy.chinacourt.org/article/detail/2015/12/id/2310634.shtml，访问日期：2019年4月16日。

2009 年版。

6. 王振宇：《行政诉讼制度研究》，中国人民大学出版社 2012 年版。

7. 薛刚凌：《法治国家与行政诉讼：中国行政诉讼制度基本问题研究》，人民出版社 2015 年版。

8. 杨红：《行政复议与行政诉讼衔接研究》，中国政法大学出版社 2016 年版。

9. 杨建华：《行政赔偿和解程序研究：从行政赔偿“私了”现象的分析入手》，中国民主法制出版社 2010 年版。

10. 杨临宏：《中国行政诉讼的制度缺失及完善问题研究》，云南大学出版社 2010 年版。

11. 杨小君：《我国行政复议制度研究》，法律出版社 2002 年版。

12. 杨勇萍：《行政复议法新论》，北京大学出版社 2007 年版。

13. 叶赞平：《行政诉讼管辖制度改革研究》，法律出版社 2014 年版。

14. 张胜利：《完善行政复议法基本问题研究》，中国政法大学出版社 2011 年版。

15. 赵清林、彭代兵：《预防性行政诉讼研究》，上海大学出版社 2017 年版。

16. 曾刚：《行政赔偿归责原则研究》，法律出版社 2012 年版。

17. 周汉华：《行政复议司法化：理论、实践与改革》，北京大学出版社 2005 年版。

Part 下篇

Administrative Law

分论

第六章　行政处罚

本章提要

行政处罚是学者们最早开始研究的一种行政行为，进入21世纪以来，理论界对行政处罚理论的研究开始积极回应实践中的一些制度创新，如行政处罚基准问题、部门行政处罚的特点，并提出了一些理性评判。同时，以行政法学的新视角，解读行政处罚领域中的一些热点问题。

在行政处罚的规范上，除《行政处罚法》和《治安管理处罚法》之外，其他单行法律、行政法规和地方性法规中都有一些行政处罚的种类等方面的设定。使行政处罚规范从集中逐步走向集中与分散相结合的路径。

在司法实务上，有关行政处罚的案件历来居于各种行政案件之首，故这方面的司法案例也异常丰富。

第一节　行政处罚理论概要

一、行政处罚与其他相关概念

（一）行政处罚与行政处分

行政处罚与行政处分是两种不同的行政行为。两者的主要区别是：第一，行政处罚是对行政相对人的制裁，而行政处分是对国家公务员的惩戒；第二，行政处罚属于外部行政行为，行政处分属于内部行政行为；第三，行政处罚的主体是享有法定行政处罚权的行政机关或法律、法规授权的组织，而行政处分的主体是公务员所属行政机关或行政监察机关；第四，行政处罚的对象包括公民个人、法人或其他组织，而行政处分的对象一般只能是公务员个人。

（二）行政处罚与刑事处罚

行政处罚与刑事处罚既有区别，又相互关联。

（1）两者的区别。第一，行政处罚是对违反行政管理秩序行为的制裁，而刑事处罚是对犯罪行为的制裁；第二，行政处罚属于行政行为，由行政主体实施，而刑事处罚属于司法行为，由法院科处；第三，行政处罚适用行政程序，而刑事处罚适用刑事诉讼程序；第四，行政处罚多为金钱性或申诫性处罚，而刑事处罚多为剥夺自由性质的处罚，甚至剥夺人的生命，后者显然重于前者；第五，行政处罚的对象既可以是个人，也可以是组织，刑事处罚的对象一般是自然人（法人犯罪和受刑事处罚的情况相对较少）。

（2）行政处罚与刑罚的衔接。在实践中，行政处罚与刑罚在实体与程序上的衔接存在诸多问题。有学者提出行政刑法的概念，认为作为行政刑法界域的行政犯罪具有违反行政法和刑事法的双重违法性，应对行政法和刑法之间的交叉、互动与协调关系加以探讨。①

有学者从效力入手，分析行政处罚和刑罚在功能和价值取向方面存在一致性，认为两者原则上不能同时适用，行政机关只能就专属行政职权与职责内容的法律责任追究行使独立的案件主管权。②

有学者专门就程序衔接机制提出具体建议，认为应当建立和完善涉嫌犯罪案件的移送、受理与处理机制，证据收集与转换制度以及相配套的信息交流机制、联席会议机制和提前介入制度。③

行政机关和刑事司法机关的权限划分。一些违反行政法秩序的行为，可

① 周佑勇、刘艳红："行政刑法性质的科学定位——从行政法与刑法的双重视野考察"，载《法学评论》2002 年第 2 期、第 4 期。

② 王周户、王漾："论行政处罚的适用条件及其与刑罚的适用关系"，载《法律科学（西北政法大学学报）》2011 年第 3 期。

③ 周佑勇、刘艳红："行政执法与刑事司法相衔接的程序机制研究"，载《东南大学学报（哲学社会科学版）》2008 年第 1 期。

能同时构成行政违法和刑事犯罪。除应依法给予行政处罚外，行政机关必须将案件移送司法机关追究其刑事责任。

（三）行政处罚与行政强制措施

行政处罚和行政强制都是针对违反行政法上规定的义务而采取的行政行为，共同点都是因相对人违反法定义务所引起的，在相对方拒不接受行政处罚时，行政机关可以强制其履行。行政处罚与行政强制也存在着重要的区别。

1. 性质不同

行政处罚是在行政相对方违反法律规定的前提下，行政机关为其设定新的义务，直接影响相对方的实体权利义务的行为，本质上属于制裁性法律责任。而行政强制以行政相对人拒不履行行政决定或法律规定的义务为前提，不添加新的义务，只是强制相对人履行原定的义务。所以，行政处罚后通常要在相对人档案中予以记载、保留；而行政强制措施一般不在相对人的档案中予以记载和保留。

2. 目的不同

行政处罚的目的在于制裁相对人违反法律规定义务的行为，目的在于对“过去”违法行为的惩罚；行政强制执行的目的在于督促义务人履行义务，其着眼点在于对“将来”义务内容的实现。行政强制措施的直接目的是保障某种行政决定或某种法定义务的履行。所以，行政主体实施行政强制措施，在相对人履行了义务或应允履行义务后，可以立即解除约束、扣留，返还其被扣押的财产等。而行政主体实施行政处罚，则不因相对人在处罚决定后作出了何种行为而取消原处罚。

3. 适用对象不同

第一，行政处罚的对象是实施了某种违法行为的相对人，相对人违法是行政主体实施行政处罚的前提；而行政强制措施的对象则是不履行某种行政义务或对社会具有某种危险性的相对人，其不一定实施了违法行为。例如，强制检疫、强制治疗的对象是具有或可能具有某种严重传染疾病的人。行政主体对他们采取强制措施、强制治疗措施不是因为他们有违法行为，而是因为他们已染上或可能染上了的疾病构成了对他人健康的威胁。

第二，从适用对象违反法定义务能否有继续履行的可能性上也有区别。如果该法定义务非履行不可，并有继续履行的可能，由此引起行政强制执行，如纳税，当事人不履行纳税义务的，必须强迫当事人履行。如果该义务已不可能再履行，只能给予行政处罚。如违反交通规则，闯红灯，事后只能予以罚款，使其以后遵守交通规则，不可能强制执行。

4. 原则不同

行政处罚的目的在于惩戒，因而处罚一般是一次性的，除非另有理由，对同一违法行为不得以同一事实和理由施以两次以上的处罚，即适用“一事不再罚”原则。而行政强制措施并没有这样的原则限制。

二、行政处罚的理论分类

行政处罚分类，在学理上基于不同的标准大致有三种观点：一是基于处罚适用的领域不同，可分为治安管理处罚、工商管理处罚、海关处罚等①；二是基于处罚的性质不同，可分为限制或剥夺权利的处罚、科处义务的处罚和影响声誉的处罚；三是基于处罚内容的不同，可分为人身罚、财产罚、行为罚及申诫罚等不同的种类。② 本书根据处罚内容的不同进行分类。其实，从大的分类来看，可分为人身罚和财产罚两大类。根据处罚的轻重程度不同，又可分为六个子类。

1. 人身自由罚

它是行政处罚种类中最严厉的一种处罚。人身自由罚主要形式是行政拘留。

2. 声誉罚

声誉罚属于广义上的“人身罚”的范畴。“声誉罚是指行政处罚主体对

---

① 有关案例汇编、案例集基本是以该标准为编辑思路。如最高人民法院中国应用法学研究所编：《人民法院案例选》，人民法院出版社 2017 年版。

② 姜明安主编：《行政法与行政诉讼法（第六版）》，北京大学出版社、高等教育出版社 2015 年版，第 266－269 页。有学者将行政处罚分为申诫罚、声誉罚、资格罚、行为罚、财产罚、人身自由罚及综合罚七种。这里，声誉罚和资格罚勉强可以单列，但综合罚未免牵强，因为，综合罚无非是两种或两种以上的行政处罚的加总而已，无必要单独列出。参见晏山嵘：《行政处罚实务与判例释解》，法律出版社 2016 年版，第 81 页。

违法者的名誉权、荣誉权及其精神权益造成不利损害的行政处罚。”[①] 主要有剥夺荣誉称号（同时还要满足在一定范围内公布的条件，如果不公开地剥夺荣誉称号则不属于声誉罚），包括通报批评、公共警告、剥夺荣誉称号等具体形式。有研究认为，给予警告处罚既不需要对外公示，也不需要通知其工作单位或家庭成员，因此，申诫罚不会带来名誉、声誉的必然受损。[②] 本书赞同这一观点，故声誉罚的范围不包括警告等形式。

3. 行为罚

行为罚是行政主体对违反行政法律规范的行政相对方，要求一定的作为或不作为。行为罚包括责令停产停业，要求违法者实施一定的作为或不作为。如补种树木、停止违法广告的播出等具体形式。学界通常将行为罚与资格罚相混淆，其实是不恰当的。行为罚是要求违法相对人履行义务，相当于赋予违法行为人“民事行为能力”；而资格罚是限制或剥夺相对人从事某种行为或活动的可能性，相当于剥夺其“民事权利能力”。两者不能混同。

4. 资格罚

即以剥夺或者限制公民从事特定行为的资格为内容的行政处罚，其主要形式是“吊销或者暂扣许可证和执照”。对许可证和执照应当做广义的理解，凡是行政机关颁发的具有许可性质的文书都应当视为许可证或者执照的范畴。行政许可的表现形式多种多样，常见的有许可证、执照、批准书或文件、登记证、签证等。资格罚包括暂扣或吊销许可证、执照两种形式，其前提是获得有效的许可证或资格。

5. 财产罚

财产罚是指使违法相对人的财产权利和利益受到损害的行政处罚，包括罚款和没收两种形式。这种处罚在于使违法者缴纳一定数额的金钱或者是没收其一定财物，并不影响违法者的人身自由和进行其他活动的权利。财产罚这种特性决定了财产罚所适用的范围广泛，主要包括：（1）有经济收入的公民或者有固定资产的法人或组织所实施的违法行为；（2）在经营活动中以牟

---

① 晏山嵘：《行政处罚实务与判例释解》，法律出版社2016年版，第81页。

② 同上。

取非法利益为目的的违法行为；（3）给社会公共利益造成损害的违法行为。财产罚也是一种行之有效的行政处罚。

6. 申诫罚

申诫罚主要适用于轻微违法行为或尚未造成实际危害后果的违法行为，既适用于个人也适用于组织。申诫罚是对相对人精神上的惩戒，影响相对人的声誉而不涉及其他实体权利，其目的在于引起违法者精神上的警惕，以避免其再犯，是最轻的一类行政处罚，只有警告一个罚种。警告虽然主要用于情节轻微或未构成实际危害后果的违法性行为，但作为一种正式的处罚形式，必须是要式行为，即由作出处罚的机关制作书面裁决。相对人对申诫罚不服的，可依法提起行政诉讼。

第二节　行政处罚法律规范

行政处罚的规范形式主要是法律、行政法规、地方性法规和行政规章。除上述形式以外的其他规范性文件不得设定行政处罚。最主要的法律是《行政处罚法》和《治安管理处罚法》两部。其他的法律法规中也有关于行政处罚的规定。

一、行政处罚法典

（一）概述

在行政处罚的规范方面，以法典形式呈现的法律文本有两部，一是《行政处罚法》，二是《治安管理处罚法》，这两部法律在总则部分确立了行政处罚的基本原则。

1. 处罚法定原则

这一原则主要包括下述内容：（1）处罚设定权法定。法律可以设定各种行政处罚，行政法规可以设定除限制人身自由以外的行政处罚，地方性法规可以设定除限制人身自由、吊销企业营业执照以外的行政处罚，规章可以在

法律、法规规定的给予行政处罚的行为、种类和幅度的范围内作出具体规定，其他规范性文件不得设定行政处罚。

（2）处罚主体及其职权法定。除法律、法规、规章规定有处罚权的行政机关以及法律、法规授权的组织外，其他任何机关、组织和个人均不得行使行政处罚权。具备了主体资格的机关和组织在行使行政处罚权时，还必须遵守法定的职权范围，不得越权和滥用权力。

（3）被处罚行为法定。行政处罚的实施必须有法律、法规或者规章为依据。即对何种违法行为实施处罚，必须有法律、法规或规章的明文规定。

（4）处罚的种类、内容和程序法定。对于法定应予处罚的行为，必须对之科以法定种类和内容的处罚。实施行政处罚，不仅要求实体合法，而且还必须程序合法。没有法定依据或者不遵守法定程序的，行政处罚无效。

2. 处罚公正、公开的原则

处罚公正的原则，亦称合理处罚的原则，是处罚法定原则的必要补充。这一原则要求，行政处罚必须公平、公正，没有偏私，设定和实施行政处罚必须以事实为依据，与违法行为的事实、性质、情节以及社会危害程度相当。处罚公开就是行政处罚的主体、程序及结果向当事人公开，允许当事人查询和复制。

3. 处罚与教育相结合的原则

实施行政处罚，纠正违法行为，应当坚持处罚与教育相结合，教育公民、法人或者其他组织自觉守法。教育必须以处罚为后盾，教育也不能代替处罚。为了达到制止并预防违法的目的，对受处罚的违法行为，应在给予处罚时给予帮助教育，两者不可偏废。

此外，《行政处罚法》对青少年的特别规定，从轻或者减轻行政处罚以及不予行政处罚等规定，以及《治安管理处罚法》对调解处理因民间纠纷引起的打架斗殴或者损毁他人财物等违反治安管理行为的规定，对从轻或者减轻处罚以及不予处罚等规定，无一不体现了处罚与教育相结合的原则。

4. 保障相对人权利的原则

《行政处罚法》不仅在总则中确立了保障相对人权利的原则，而且其有关行政处罚的设定、实施及其程序的规定，亦体现着这一指导思想。《治安管理处罚法》亦明确规定，实施治安管理处罚，应当尊重和保障人权，保护公民的人格尊严。这一原则由保障相对人陈述权、申辩权的原则和无救济便无处罚的内容构成。

5. 职能分离的原则

这一原则包括下述内容：（1）行政处罚的设定机关和实施机关相分离。（2）行政处罚的调查、检查人员和行政处罚的决定人员相分离。（3）作出罚款决定的机关和收缴罚款的机构相分离。除依法当场收缴的罚款外，作出行政处罚决定的行政机关及其执法人员不得自行收缴罚款。应告知当事人到指定的银行缴纳罚款。银行应当收受罚款，并将罚款直接上缴国库。（4）由非本案调查人员担任听证主持人。

6. 一事不再罚的原则

一事不再罚的原则包括如下三层含义：（1）对当事人的同一个违法行为，不得给予两次以上罚款的行政处罚；对决定给予行政拘留处罚的人，在处罚前已经采取强制措施限制人身自由的时间，应当折抵；（2）违法行为构成犯罪的，行政机关必须将案件移送司法机关，依法追究刑事责任，行政机关不再予以人身自由的处罚；（3）违法行为构成犯罪，法院判处拘役或者有期徒刑时，行政机关已经给予当事人行政拘留的，应当依法折抵相应刑期；法院判处罚金时，行政机关已经给予当事人罚款处罚的，应当折抵相应罚金。

（二）行政处罚的种类

《行政处罚法》规定的种类包括警告；罚款；没收违法所得、没收非法财物；责令停产停业；暂扣或者吊销许可证、暂扣或者吊销执照；行政拘留；法律、行政法规规定的其他行政处罚等。《行政处罚法》共列举六类和一个兜底规定。《治安管理处罚法》规定治安处罚共有四个主罚种类和一个附加罚种类。四个主罚是警告、罚款、行政拘留和吊销公安机关发放的许可证。附加罚是限期出境或者驱逐出境，适用对象仅限于违反治安管理的外国人。除了法律规定的上述处罚之外，公安机关不得采取其他处罚措施。

1. 警告

警告是对违法行为人的谴责和告诫，是对行为人违法行为所做的正式否定评价，是行政机关的正式意思表示，会对相对一方产生不利影响，应当纳入法律约束的范围。对被处罚人来说，适用警告处罚的重要目的，是使被处罚人认识其行为的违法性和对社会的危害，纠正违法行为并不再继续违法。根据《治安管理处罚法》，警告裁决书必须向本人宣布并送交本人，裁决书副本还要同时交给受处罚人所在单位和常住地派出所。

2. 罚款

罚款是一种典型的财产罚，指行政处罚主体依法强制违反行政法规范的行为人在一定期限内向国家缴纳一定数额金钱的处罚方式。罚款的数额由具体行政法规范规定，一般是规定最高额和最低额，有时还规定加重和减轻的限额。除依法加重和减轻外，行政处罚机关只能在法定幅度内决定罚款数额。其适用于对多种行政违法行为的制裁。

3. 没收违法所得

（1）没收违法所得，是指将违法行为人从事非法经营等获得的利益收归国家所有的制裁方法。

没收违法所得，虽然并不涉及违法者的合法收入或财产，但这并不影响其作为一种行政处罚的制裁和惩戒意义。因为在没收违法所得前，虽然该财产或收入暂时由违法者控制，但是，一旦将违法所得收归国有，同样影响到违法者自身的利益，导致其已经获得的财产或收入的增值部分丧失，体现了国家法律对其否定评价和制裁。

（2）没收非法财物，是指行政机关将违反行政法律规范的行为人的违法工具、物品和违禁品等收归国有的处罚形式。没收非法财物中的“非法财物”，是指违法者用于从事违法活动的违法工具、物品和违禁品等。行政机关只能没收法律、法规明确规定属于非法财物的财产和物品。公民、法人的合法收入及没有用于违法行为的物品，不能成为没收非法财物的对象。同时，没收非法财物，必须依法上交国库或按照法定方式予以处理，处罚机关不得私分、截留、随意毁损，通过非法途径低价处理，或者随意使用。

4. 责令停产停业

它是行政机关强制命令行政违法行为人暂时或永久地停止生产经营和其他业务活动的制裁方法。责令停产停业是要求违法行为人履行不作为义务的处罚，即不得继续从事生产经营活动。通常该处罚形式附有期限要求，受处罚人在一定期限内纠正了违法行为，就可以恢复生产和经营。

5. 暂扣或者吊销许可证、执照

（1）含义。许可证和执照，是行政机关根据行政法律规范、依相对人的申请核发的，准许相对人从事某种特定活动、享有某种资格的法律凭证。

暂扣或吊销许可证、执照，亦称许可证罚，是指特定行政机关或法定的其他组织依法暂时扣留或者撤销违法者从事某种活动的权利或资格的证书的处罚形式。暂扣许可证、执照，其特点在于暂时中止持证人从事某种活动的资格，待其改正违法行为后或经过一定期限，再发还证件，恢复其资格，允许其重新享有该权利和资格。吊销许可证、执照，是行政机关撤销允许相对人从事某种活动的资格和权利的凭证，终止其继续从事该凭证所允许的活动的处罚形式。

（2）吊销许可证、执照与暂扣许可证、执照的不同。前者是针对较严重的违法行为采取的，是完全取消被处罚人从事某项活动的资格和权利的处罚形式；而后者是针对较轻微的违法行为采取的，仅在一定期限内限制被处罚人从事某项活动的权利和资格的处罚形式。

（3）吊销或者暂扣许可证、执照与责令停产停业的不同。责令停产停业是针对一般违法行为实施的行为罚，而吊销或者暂扣许可证、执照是针对实行许可证制度领域的违法行为实施的资格能力罚，适用于取得某种资格和许可权利的行政相对人。

6. 行政拘留

（1）含义。行政拘留，是法定行政机关（公安机关）依法对违反行政法律规范（特别是治安管理法律规范）的人，在短期内限制其人身自由的一种处罚。因为行政拘留主要适用于治安管理处罚中，故又称治安拘留。学术上将行政拘留称为人身罚，亦称自由罚，是限制或剥夺违法者人身自由的行政处罚。人身自由权是宪法规定的公民各种权利得以存在的基础，人身自由权受到限制或剥夺，意味着其他任何权利都将难以行使。因此，行政拘留是行政处罚中最为严厉的一种处罚，法律对人身自由罚的设定及实施都有严格的规定。

（2）行政拘留的期限及适用。根据《治安管理处罚法》《外国人入境出境管理法》《公民出境入境管理法》等法律规范的规定，行政拘留的期限一般为 10 日以内，较重的不超过 15 日。

只有县级以上的公安机关才享有行政拘留裁决权，其他任何行政机关都没有决定行政拘留的权力。行政拘留一般适用于严重违反治安管理的行为人，并且只有在使用警告、罚款处罚不足以惩戒时才适用。被裁决拘留的人或者其家属能够找到担保人或者按规定交纳保证金的，在申诉和诉讼期间，原裁决可暂缓执行。

（3）行政拘留与其他概念。第一，行政拘留不同于行政扣留。行政扣留是行政机关采取的临时限制人身自由的行政强制措施。如《海关法》规定，对走私嫌疑人可予以扣留，扣留的最长期限不得超过 48 小时。而行政拘留是一种治安管理处罚形式，最长期限可以达 15 天。

第二，行政拘留不同于刑事拘留。刑事拘留是公安机关依据《刑事诉讼法》的规定，对现行犯或者重大嫌疑分子，在紧急情况下采取的一种临时剥夺其人身自由的刑事强制措施。刑事拘留一般应于拘留 3 日内提请人民检察院审查批准逮捕或释放（对流窜作案、多次作案、结伙作案的重大嫌疑分子，提请审查批准的时间可延长至 30 日）。

第三，行政拘留与司法拘留不同。司法拘留是人民法院为了保障诉讼程序的顺利进行，根据有关诉讼法的规定，对于妨害民事、行政诉讼程序的人所实施的临时剥夺其人身自由的强制措施。司法拘留期间，被拘留人承认并改正错误的，法院可以决定提前解除拘留。

7. 法律、行政法规规定的其他行政处罚

这里的法律指由全国人民代表大会及其常务委员会制定公布的法律，这里的行政法规指国务院制定的规范性文件。有些行政处罚手段因不经常使用，或以前使用较多，以后应逐渐减少使用，故不宜由《行政处罚法》统一规定而留给单行法律、行政法规根据需要个别设定。

（三）行政处罚的设定

设定行政处罚，是国家有权机关创设行政处罚、赋予行政机关行政处罚职权的立法活动。《行政处罚法》根据我国的立法体制，对不同法律文件规定行政处罚的权限划分作出了规定。

1. 法律

法律可以设定各种行政处罚。限制或剥夺人身自由的行政处罚，只能由法律规定，即只能由全国人大通过的基本法律加以设定。

2. 行政法规

行政法规可以设定除限制人身自由以外的行政处罚。法律对违法行为已经作出行政处罚规定，行政法规需要作出具体规定的，必须在法律规定的给予行政处罚的行为、种类和幅度的范围内规定。

3. 地方性法规

地方性法规可以设定除限制人身自由、吊销企业营业执照以外的行政处罚。法律、行政法规对违法行为已经作出行政处罚规定，地方性法规需要作出具体规定的，必须在法律、行政法规规定的给予行政处罚的行为、种类和幅度的范围内规定。

4. 部门规章

国务院部、委员会制定的规章可以在法律、行政法规规定的给予行政处罚的行为、种类和幅度的范围内作出具体规定。尚未制定法律、行政法规的，上述规定的国务院部、委员会制定的规章对违反行政管理秩序的行为，可以设定警告或者一定数量罚款的行政处罚。罚款的限额由国务院规定。国务院可以授权具有行政处罚权的直属机构依照《行政处罚法》第 12 条第 1 款、第 2 款的规定，规定行政处罚。

5. 地方政府规章

省、自治区、直辖市人民政府和省、自治区人民政府所在地的市人民政府以及经国务院批准的较大的市人民政府制定的规章可以在法律、法规规定的给予行政处罚的行为、种类和幅度的范围内作出具体规定。尚未制定法律、

法规的，上述规定的人民政府制定的规章对违反行政管理秩序的行为，可以设定警告或者一定数量罚款的行政处罚。罚款的限额由省、自治区、直辖市人民代表大会常务委员会规定。除法律、法规和规章以外的其他规范性文件不得设定行政处罚。

（四）行政处罚的实施

1. 行政处罚的实施机关

行政处罚原则上应当由行政机关行使，但是考虑到行政管理的实际需要和行政组织编制管理的现状，法律规定符合条件的非政府组织，经过法律、法规的授权或行政机关的委托可以实施行政处罚。

（1）行政主管机关。行政处罚由具有行政处罚权的行政机关在法定职权范围内实施。一般地说，行政机关作为行政处罚实施主体并具体实施处罚行为，必须具备下列条件：①必须是对外履行行政职能的行政机关。②必须依法取得或拥有特定的行政处罚权。③实施行政处罚与其管辖权相一致。④必须在法定的职权范围内实施行政处罚。

（2）授权实施行政处罚。作为行政机关行使行政处罚权的例外，某些组织在法定条件下可以成为行政处罚的实施者。法律、法规授权的组织实施行政处罚的条件是：第一，该组织具有管理公共事务的职能；第二，法律、法规的明文授权，而不能是规章；第三，在法定授权范围内行使行政处罚权，超越法定授权范围而实施行政处罚的行为是无效的。

（3）委托实施行政处罚。行政机关委托非政府组织实施行政处罚的条件是：第一，具有法律、法规或者规章的依据；第二，委托事项必须在该行政机关的法定权限以内；第三，对被委托组织实施行政处罚的行为进行监督；第四，对被委托组织实施行政处罚的行为后果承担法律责任。

受委托实施行政处罚的组织的法律义务是：第一，以委托行政机关的名义实施行政处罚；第二，实施行政处罚不得超出委托范围；第三，不得再委托其他任何组织或者个人实施行政处罚。

（4）相对集中实施行政处罚。《行政处罚法》第 16 条规定，除限制人身自由的行政处罚权只能由公安机关行使外，国务院或者经国务院授权的省、自治区、直辖市人民政府可以决定一个行政机关行使有关行政机关的行政处罚权。该制度是针对制度层面存在的职能交叉以及联合执法行为主体缺失、程序失范、责任不明等弊端而设计的，以期提高执法效能。

不过，该条款的设计也带来了实践上的一些问题挑战，如该条款再次允许国务院授权省级政府设置相对集中行使行政处罚权的机构，是否合理？又如“相对集中”范围的划分、行政许可权与处罚权分离的界限、专业执法队的建设等问题，都亟待需要立法完善。

2. 行政处罚的管辖

管辖是关于行政机关处理行政处罚案件权限划分的制度。行政处罚法规定的管辖制度的主要内容如下。

（1）级别管辖。行政处罚由违法行为发生地的县级以上地方政府具有行政处罚权的行政机关管辖，法律、法规另有规定的除外。这说明：第一，中央政府和乡级政府较少处理行政处罚案件；第二，县级以上地方政府的行政机关只有得到法律的明确授权才能处理行政处罚案件。

（2）地域管辖。原则上，行政处罚案件由违法行为发生地的有权行政机关管辖，但是法律、行政法规另有规定的除外。

（3）共同管辖和指定管辖。两个或两个以上行政主体对同一违法行为均享有行政处罚权，称为共同管辖。行政机关就管辖事项发生争议，一般由相关行政机关达成协议或按照惯例解决，或者依“谁先查处谁处罚”的原则进行。如果协议不成，应当报请它们的共同上级行政机关指定管辖。

（4）移送管辖。无行政处罚管辖权的机关或组织将已受理的相对人违法案件依法移交有管辖权的机关或组织管辖，称为移送管辖。

3. 行政处罚的适用

行政处罚的适用是关于行政处罚实施机关对行政违法行为人，根据违法情节裁量决定科以行政处罚的制度。它一般涉及三个方面的内容：是否科以行政处罚，科以何种处罚，以及科以什么程度的处罚。

（1）责令改正。行政机关实施行政处罚时，应当责令当事人改正或者限期改正违法行为。通说认为，责令改正或者限期改正的处理决定，不属于行政处罚，而是行政主体对违法行为人发出的一种作为命令，是要求违法行为人履行法定义务，停止违法行为，消除其不良后果，恢复原状。这种解释也获得了国务院有关部门的肯定。如原国务院法制办即认为，《城市规划法》第40条规定的“责令限期拆除”，不应当理解为行政处罚行为。既然责令限期拆除这种行为不是行政处罚，则不应当按照行政处罚程序，以行政处罚告知书、行政处罚决定书等行政处罚法律文书的形式作出。①

但是，学术界对此仍有争议，大致有四种观点：第一种观点认为，责令改正属于行政处罚。② 第二种观点认为，责令改正“属于一种行政命令，是有关机关对违法违纪者的监督措施，它不属于真正的法律责任”。③ 第三种观点认为，责令改正“属于预防性不利行为，并不具有制裁性”。④ 第四种观点认为，责令改正属于行政强制措施。⑤ 有些法院也基本持该种观点。这些不同观点的争议，一方面，反映了我国立法概念的模糊性，需要立法者给予统一；另一方面，需要我们认清不同语境、阶段下的“责令改正”所应包含的实际效果，区别不同情况来认定“责令改正”的法律属性。

在目前的立法和执法实践中其实存在多种形式的属于“责令改正或限期改正”的条款或行政执法行为。例如，立法中的责令停止施工（《建筑法》第64条）、责令限期改正（《煤炭法》第59条）、责令停止违法行为（《建筑法》第65条）。行政执法中经常使用的责令停止违法行为通知书、责令限期拆除通知书、责令限期治理通知书等形式。从这些不同的“责令改正”形式中，我们会发现，有些是属于实质意义的行政处罚，如《责令停止违法行为通知书》，从实际效果上看，与行政处罚无异，应看作一种成熟的行政处罚行为，因为“行政强制措施”，有查封、扣押等法定方式。再如《责令限期拆除通知书》，仅从字面意义上，就可断定这是一种行政强制执行行为，只是这种“通知书”应看作行政强制执行中的《催告通知书》，因为行政强制执行也要遵守程序规范，《责令限期拆除通知书》相当于一种“催告”形式。

---

① 国务院法制办对四川省法制办《关于“责令限期拆除”是否是行政处罚行为的请示》的答复。

② 胡锦光：《行政处罚研究》，法律出版社1998年版，第49页。

③ 胡建淼：《行政强制法论——基于〈中华人民共和国行政强制法〉》，法律出版社2014年版，第574页。

④ 晏山嵘：《行政处罚实务与判例释解》，法律出版社2016年版，第154页。

⑤ 郝成刚：《质量技术监督行政处罚概论》，中国计量出版社2007年版，第66页。

（2）重复处罚之禁止。对当事人的同一个违法行为，不得给予两次以上罚款的行政处罚。这是解决行政处罚中行政职权竞合、处罚法规竞合和违法行为竞合的重要规则。在行政管理中，一个违法行为可能同时违反两个以上法规，受两个以上行政处罚机关管辖，或构成两个以上行政违法行为。为使行政违法行为受到适当的处罚，《行政处罚法》规定了这一规则。

（3）裁量情节。它是指行政处罚机关决定是否给予、给予轻或者重以及免除处罚所依据的各种情况。

不予处罚的情节有：不满 14 周岁的人有违法行为的；精神病人在不能辨认或者不能控制自己行为时有违法行为的；违法行为轻微并及时纠正，没有造成危害后果的。

从轻或减轻处罚的情节有：已满 14 周岁不满 18 周岁的人有违法行为的；主动消除或者减轻违法行为危害后果的；受他人胁迫有违法行为的；配合行政机关查处违法行为有立功表现的等。

（4）追究时效。行政处罚追究时效，指行政机关追究当事人违法责任给予行政处罚的有效期限。原则上行政违法行为在两年内未被发现的，不再给予行政处罚，但法律另有规定的除外。①

4. 治安处罚的适用

治安处罚的适用，是公安机关根据违法行为人的责任能力和行为情节，决定是否给予处罚、给予何种处罚和给予何种程度处罚程序的活动，是实现违法行为与处罚相适应原则，保证处罚公正的重要制度。

（1）应受处罚的违法行为主体。违法行为主体有自然人和单位两种，对符合法定条件的违法行为主体应当给予治安行政处罚。

自然人应当具备责任年龄和责任能力两方面的条件。责任年龄是承担行政违法责任必须达到的年龄。责任能力是行为人对自己行为的辨认能力和控制能力。

单位违反治安管理的，应当对其直接负责的主管人员和其他直接责任人

---

① 如《治安管理处罚法》规定追罚时效为六个月；《海关法》规定追究走私行为的处罚时效为三年；《税收征收管理法》规定，违反税收法律、行政法规应当给予行政处罚的行为，在五年内未被发现的，不再给予行政处罚。

员给予行政处罚。其他法律、行政法规对同一行为规定给予单位处罚的，依照其规定处罚。

（2）多个违法行为和共同违法行为。多个违法行为是指一个违法人实施了两种以上违反治安管理的行为，对其应当分别作出处罚决定，合并执行。行政拘留处罚合并执行的，最长不超过 20 日。

共同违法行为是指两个以上行为人共同实施的违反治安管理行为，应当根据行为人在违反治安管理行为中所起的作用，分别处罚。教唆、胁迫、诱骗他人违反治安管理的，按照教唆、胁迫、诱骗的行为处罚。

（3）减轻处罚、不予处罚、从重处罚和不执行处罚。减轻处罚是低于法定处罚的处罚，不予处罚是宣告行为违法但不给予处罚。对具有以下情形的违反治安管理行为应当减轻处罚或者不予处罚：情节特别轻微的，主动消除或者减轻违法后果，并取得被侵害人谅解的；出于他人胁迫或者诱骗的；主动投案，向公安机关如实陈述自己的违法行为的；有立功表现的。

从重处罚是在法定处罚幅度内给予严厉程度较高的处罚。对具有以下情形的违反治安管理行为应当从重处罚：有较严重后果的；教唆、胁迫、诱骗他人违反治安管理的；对报案人、控告人、举报人、证人打击报复的；六个月内曾受过治安管理处罚的。

不执行处罚是放弃执行应当给予的处罚。对具有以下情形的违反治安管理行为人，依照治安管理处罚法应当给予行政拘留处罚的，不执行行政拘留处罚：已满 14 周岁不满 16 周岁的；已满 16 周岁不满 18 周岁，初次违反治安管理的；70 周岁以上的；怀孕或者哺乳自己不满 1 周岁婴儿的。

（4）调解与处罚。违反治安管理是危害社会的行为，应当依法予以处罚，原则上不实行以当事人之间达成协议为中心内容的行政调解。但是《治安管理处罚法》规定了例外，即对于因民间纠纷引起的打架斗殴或者损毁他人财物等违反治安管理行为，情节较轻的，公安机关可以调解处理。经公安机关调解，当事人达成协议的，不予处罚。

经调解未达成协议或者达成协议后不履行的，公安机关应当依照治安管理处罚法的规定对违反治安管理行为人给予处罚，并告知当事人可以就民事争议依法向人民法院提起民事诉讼。

（五）行政处罚的程序

行政处罚的程序，是指享有行政处罚决定权和执行权的机关或者组织作出行政处罚决定，对行政违法者实施行政处罚的具体方式、方法和步骤。其决定程序，是整个行政处罚程序的关键环节，是保障正确实施行政处罚的前提条件。行政处罚的程序分为简易程序（或者称当场处罚程序）、一般程序（或者称为普通程序）、听证程序。

1. 一般规则

行政处罚法规定了适用于各种行政处罚决定程序的两项一般规则。

第一，必须首先查明违法事实才能给予行政处罚。其基本要求是：先查证，后处罚；有违法事实，但是事实不清尚有疑义的，不得给予罚。

第二，保障当事人程序权利。当事人的程序权利主要指了解权、陈述和申辩权、听证权和其他权利。

2. 简易程序

简易程序，也称当场处罚程序，是指国家行政机关或者法律、法规授权的组织对符合法定条件的行政处罚事项，当场作出行政处罚决定的处罚程序。

适用简易程序必须符合下述条件：第一，违法事实确凿；第二，有法定依据；第三，给予较小数额罚款或者警告的行政处罚。所谓较小数额的罚款，是指对公民处以 50 元以下、对法人或者其他组织处以 1000 元以下罚款。

简易程序应遵循下列规定。第一，表明身份，应当向当事人出示执法身份证件；第二，确认违法事实，说明处罚理由和依据；第三，听取当事人的陈述和申辩；第四，制作行政处罚决定书，填写预定格式、编有号码的行政处罚决定书。应当载明法定事项并由执法人员签名或者盖章；第五，行政处罚决定书的交付。执法人员按照法定的格式要求填写行政处罚决定书，应当当场交付当事人；第六，备案。执法人员当场作出的行政处罚决定，必须报所属行政机关备案。

3. 一般程序

这是普遍适用的行政处罚程序，应遵循的主要程序规则有以下几个程序步骤。

（1）调查取证。行政机关发现公民、法人或者其他组织有依法应当给予行政处罚违法行为的，必须进行全面、客观和公正的调查，收集有关证据。必要时，依照法律、法规的规定，可以进行检查。

行政机关在调查或者进行检查时，执法人员不得少于两人，并应当向当事人或者有关人员出示证件。当事人或者有关人员应当如实回答询问，并协助调查或者检查，不得阻挠。询问或者检查应当制作笔录。

行政机关在收集证据时，可以采取抽样取证的方法；在证据可能灭失或者以后难以取得的情况下，经行政机关负责人批准，可以先行登记保存，并应当在七日内及时作出处理决定，在此期间，当事人或者有关人员不得销毁或者转移证据。

执法人员与当事人有直接利害关系的，应当回避。

（2）说明理由并告知权利。行政机关作出行政处罚决定，应当告知当事人作出行政处罚决定的事实、理由及依据，并告知当事人依法享有的权利。

（3）听取当事人陈述和申辩。当事人的陈述、申辩权，是行政处罚程序中相对人的重要权利，是保护相对人不受行政机关非法侵害，制约行政机关滥用处罚权的重要机制之一。

（4）作出行政处罚决定。行政处罚决定由行政机关负责人在对调查结果进行审查后，根据不同情况作出决定。行政处罚法规定了作出行政处罚决定的条件和决定的种类。对情节复杂或者重大违法行为给予较重的行政处罚，应由行政机关负责人集体讨论后作出。行政处罚法还规定了行政处罚决定书的载明事项和制作送达方法。

（5）制作处罚决定书。行政机关负责人经过对调查结果的审查，作出给予行政处罚决定的，应制作行政处罚决定书。行政处罚决定书应加盖行政机关的印章，并载明有关的法定事项。

4. 听证程序

听证程序，是在行政机关作出行政处罚决定之前，公开举行专门会议，由行政处罚机关调查人员提出指控、证据和处理建议，当事人进行申辩和质证的程序。听证程序的主要规则有以下几个方面。

（1）举行听证会的条件。行政机关将要作出责令停产停业、吊销许可证或者执照和较大额罚款等行政处罚决定，经当事人依法提出听证要求，由行政机关组织。

（2）听证会的进行程序。当事人要求听证的，应当在行政机关告知后三日内提出。行政机关作出听证的决定后，应当在听证的七日前，通知当事人举行听证的时间、地点和其他有关事项。当事人可以亲自参加听证，也可以委托1－2人代理。

举行听证的方式是公开举行，涉及国家秘密、商业秘密或者个人隐私的除外。听证会由行政机关指定的非本案调查人员主持，当事人认为主持人与本案有直接利害关系的，有权申请回避。

听证的举行，由调查人员提出当事人违法的事实、证据和行政处罚建议，当事人进行申辩和质证。听证应当制作笔录，笔录应当交当事人审核无误后签字或者盖章。

（3）处罚决定的作出。由行政机关在听证结束后，依照一般程序的有关规定作出处罚决定。当事人对限制人身自由的行政处罚有异议的，依照治安管理处罚法的有关规定执行。

（六）治安管理处罚程序

治安管理处罚程序由调查、决定和执行等部分组成。

1. 调查

调查是关于治安管理机关查证违反治安管理案件的过程。

（1）治安管理机关调查活动的内容，主要包括对报案、控告、举报和投案的受理。

公安机关对报案、控告、举报或者违反治安管理行为人主动投案，以及其他行政主管部门、司法机关移送的违反治安管理案件，应当及时受理，并进行登记。

公安机关受理报案、控告、举报、投案后，认为属于违反治安管理行为的，应当立即进行调查；认为不属于违反治安管理行为的，应当告知报案人、控告人、举报人、投案人，并说明理由。

（2）对违反治安管理行为人的传唤和询问，对行为人、有关场所和物品的检查。

需要传唤违反治安管理行为人接受调查的，经公安机关办案部门负责人批准，使用传唤证传唤。对现场发现的违反治安管理行为人，人民警察经出示工作证件，可以口头传唤，但应当在询问笔录中注明。公安机关应当将传唤的原因和依据告知被传唤人。对无正当理由不接受传唤或者逃避传唤的人，可以强制传唤。

对违反治安管理行为人，公安机关传唤后应当及时询问查证，询问查证的时间不得超过八小时；情况复杂，依照《治安管理处罚法》规定可能适用行政拘留处罚的，询问查证的时间不得超过24小时。公安机关应当及时将传唤的原因和处所通知被传唤人家属。

询问笔录应当交被询问人核对；对没有阅读能力的，应当向其宣读。记载有遗漏或者差错的，被询问人可以提出补充或者更正。被询问人确认笔录无误后，应当签名或者盖章，询问的人民警察也应当在笔录上签名。

被询问人要求就被询问事项自行提供书面材料的，应当准许；必要时，人民警察也可以要求被询问人自行书写。询问不满16周岁的违反治安管理行为人，应当通知其父母或者其他监护人到场。

人民警察询问被侵害人或者其他证人，可以到其所在单位或者住处进行；必要时，也可以通知其到公安机关提供证言。人民警察在公安机关以外询问被侵害人或者其他证人，应当出示工作证件。询问被侵害人或者其他证人，同时适用《治安管理处罚法》第84条的规定。

询问聋哑的违反治安管理行为人、被侵害人或者其他证人，应当有通晓手语的人提供帮助，并在笔录上注明。询问不通晓当地通用的语言文字的违反治安管理行为人、被侵害人或者其他证人，应当配备翻译人员，并在笔录上注明。

公安机关对与违反治安管理行为有关的场所、物品、人身可以进行检查。检查时，人民警察不得少于二人，并应当出示工作证件和县级以上人民政府公安机关开具的检查证明文件。对确有必要立即进行检查的，人民警察经出示工作证件，可以当场检查，但检查公民住所应当出示县级以上人民政府公安机关开具的检查证明文件。检查妇女的身体，应当由女性工作人员进行。

检查的情况应当制作检查笔录，由检查人、被检查人和见证人签名或者盖章；被检查人拒绝签名的，人民警察应当在笔录上注明。

（3）调查活动应当遵守《治安管理处罚法》关于依法收集证据、保守秘密和回避的规定。

公安机关及其人民警察对治安案件的调查，应当依法进行。严禁刑讯逼供或者采用威胁、引诱、欺骗等非法手段收集证据。以非法手段收集的证据不得作为处罚的根据。

公安机关及其人民警察在办理治安案件时，对涉及的国家秘密、商业秘密或者个人隐私，应当予以保密。

人民警察在办理治安案件过程中，遇有下列情形之一的，应当回避；违反治安管理行为人、被侵害人或者其法定代理人也有权要求他们回避：①是本案当事人或者当事人的近亲属的；②本人或者其近亲属与本案有利害关系的；③与本案当事人有其他关系，可能影响案件公正处理的。

人民警察的回避，由其所属的公安机关决定；公安机关负责人的回避，由上一级公安机关决定。

2. 决定

决定是关于治安管理机关对违反治安管理案件作出处理结论过程的制度。这一制度的内容，主要包括决定机关管辖权、证据、当事人程序权利、决定的种类和形式、决定的送达、当场决定、结案期限和权利救济途径。

（1）治安处罚案件的管辖与一般程序规则。治安管理处罚由县级以上人民政府公安机关决定；其中警告、500 元以下的罚款可以由公安派出所决定。对决定给予行政拘留处罚的人，在处罚前已经采取强制措施限制人身自由的时间，应当折抵。限制人身自由一日，折抵行政拘留一日。

公安机关查处治安案件，对没有本人陈述，但其他证据能够证明案件事实的，可以作出治安管理处罚决定。但是，只有本人陈述，没有其他证据证明的，不能作出治安管理处罚决定。

公安机关作出治安管理处罚决定前，应当告知违反治安管理行为人作出治安管理处罚的事实、理由及依据，并告知违反治安管理行为人依法享有的权利。

违反治安管理行为人有权陈述和申辩。公安机关必须充分听取违反治安管理行为人的意见，对违反治安管理行为人提出的事实、理由和证据，应当

进行复核；违反治安管理行为人提出的事实、理由或者证据成立的，公安机关应当采纳。

公安机关不得因违反治安管理行为人的陈述、申辩而加重处罚。

（2）治安案件调查后的处理。治安案件调查结束后，公安机关应当根据不同情况，分别作出以下处理：①确有依法应当给予治安管理处罚的违法行为的，根据情节轻重及具体情况，作出处罚决定；②依法不予处罚的，或者违法事实不能成立的，作出不予处罚决定；③违法行为已涉嫌犯罪的，移送主管机关依法追究刑事责任；④发现违反治安管理行为人有其他违法行为的，在对违反治安管理行为作出处罚决定的同时，通知有关行政主管部门处理。

（3）治安管理处罚决定书的作出。公安机关作出治安管理处罚决定的，应当制作治安管理处罚决定书。决定书应当载明下列内容：①被处罚人的姓名、性别、年龄、身份证件的名称和号码、住址；②违法事实和证据；③处罚的种类和依据；④处罚的执行方式和期限；⑤对处罚决定不服，申请行政复议、提起行政诉讼的途径和期限；⑥作出处罚决定的公安机关的名称和作出决定的日期。决定书应当由作出处罚决定的公安机关加盖印章。

（4）治安处罚决定书的宣告。公安机关应当向被处罚人宣告治安管理处罚决定书，并当场交付被处罚人；无法当场向被处罚人宣告的，应当在两日内送达被处罚人。决定给予行政拘留处罚的，应当及时通知被处罚人的家属。有被侵害人的，公安机关应当将决定书副本抄送被侵害人。

（5）听证。公安机关作出吊销许可证以及处 2000 元以上罚款的治安管理处罚决定前，应当告知违反治安管理行为人有权要求举行听证；违反治安管理行为人要求听证的，公安机关应当及时依法举行听证。

（6）治安案件办理期限。公安机关办理治安案件的期限，自受理之日起不得超过 30 日；案情重大、复杂的，经上一级公安机关批准，可以延长 30 日。为了查明案情进行鉴定的期间，不计入办理治安案件的期限。

（7）当场处罚程序。违反治安管理行为事实清楚，证据确凿，处警告或者 200 元以下罚款的，可以当场作出治安管理处罚决定。

当场作出治安管理处罚决定的，人民警察应当向违反治安管理行为人出示工作证件，并填写处罚决定书。处罚决定书应当当场交付被处罚人；有被侵害人的，并将决定书副本抄送被侵害人。

当场处罚决定书，应当载明被处罚人的姓名、违法行为、处罚依据、罚款数额、时间、地点以及公安机关名称，并由经办的人民警察签名或者盖章。当场作出治安管理处罚决定的，经办的人民警察应当在24小时内报所属公安机关备案。

（七）行政处罚的执行

1. 一般规定

（1）当事人应当及时履行行政处罚规定的义务。（2）原则上，在当事人申请行政复议或提起行政诉讼期间，行政处罚不停止执行。（3）作出罚款决定的机关和收缴罚款的机构分离的原则，即罚款的行政处罚决定由法定的享有行政处罚权的行政机关作出，而罚款的收缴则由法定的专门机构负责。（4）行政机关应当健全对行政处罚的监督制度。

2. 罚款的收缴

原则上，作出罚款决定的行政机关应当与收缴罚款的机构分离。作出处罚决定的行政机关及其执法人员不得自行收缴罚款。当事人应当在法定期限内，到指定的银行缴纳罚款。银行应当收受罚款，并将罚款直接上缴国库。对上述原则规定的例外情形，应当依照行政处罚法规定的当场收缴罚款的条件和收缴办法办理。

对于罚款、没收违法所得或者没收非法财物拍卖的款项，必须全部上缴国库。任何行政机关或者个人不得以任何形式私分、截留；财政部门不得以任何形式向行政处罚决定机关返还。

3. 行政处罚决定的强制执行

除经申请和批准当事人可以暂缓或分期缴纳罚款的以外，当事人逾期不履行行政处罚决定的，作出行政处罚决定的行政机关可以采取以下措施：（1）到期不缴纳罚款的，每日按罚款数额的3%加处罚款。（2）根据法律规定，将查封、扣押的财物拍卖或者将冻结的存款划拨抵缴罚款。（3）申请人民法院强制执行。

4. 治安管理处罚的执行

《治安管理处罚法》规定了拘留和罚款处罚的执行。

（1）对被决定给予行政拘留处罚的人，由作出决定的公安机关送达拘留所执行。被处罚人不服行政拘留处罚决定，申请行政复议、提起行政诉讼的，可以向公安机关提出暂缓执行行政拘留的申请。公安机关认为暂缓执行行政拘留不致发生社会危险的，由被处罚人或者其近亲属提出法律规定条件的担保人，或者按每日行政拘留 200 元的标准交纳保证金，行政拘留的处罚决定暂缓执行。

担保人应当符合下列条件：①与本案无牵连；②享有政治权利，人身自由未受到限制；③在当地有常住户口和固定住所；④有能力履行担保义务。

（2）受到罚款处罚的人应当自收到处罚决定书之日起 15 日内，到指定的银行缴纳罚款。但是，有下列情形之一的，人民警察可以当场收缴罚款：①被处 50 元以下罚款，被处罚人对罚款无异议的；②在边远、水上、交通不便地区，公安机关及其人民警察依照《治安管理处罚法》的规定作出罚款决定后，被处罚人向指定的银行缴纳罚款确有困难，经被处罚人提出的；③被处罚人在当地没有固定住所，不当场收缴事后难以执行的。

人民警察当场收缴的罚款，应当自收缴罚款之日起 2 日内，交至所属的公安机关；在水上、旅客列车上当场收缴的罚款，应当自抵岸或者到站之日起 2 日内，交至所属的公安机关；公安机关应当自收到罚款之日起 2 日内将罚款缴付指定的银行。

人民警察当场收缴罚款的，应当向被处罚人出具省、自治区、直辖市人民政府财政部门统一制发的罚款收据；不出具统一制发的罚款收据的，被处罚人有权拒绝缴纳罚款。

二、其他法律法规规章中的行政处罚规范

（一）法律

1. 通报批评

《中华人民共和国审计法》（以下简称《审计法》）第 43 条规定，被审计单位违反本法规定，拒绝或者拖延提供与审计事项有关的资料的，或者提供的资料不真实、不完整的，或者拒绝、阻碍检查的，由审计机关责令改正，

可以通报批评，给予警告；拒不改正的，依法追究责任。

《中华人民共和国统计法》第38条规定，县级以上人民政府统计机构或者有关部门在组织实施统计调查活动中有下列行为之一的，由本级人民政府、上级人民政府统计机构或者本级人民政府统计机构责令改正，予以通报；对直接负责的主管人员和其他直接责任人员，由任免机关或者监察机关依法给予处分：（1）未经批准擅自组织实施统计调查的；（2）未经批准擅自变更统计调查制度的内容的；（3）伪造、篡改统计资料的；（4）要求统计调查对象或者其他机构、人员提供不真实的统计资料的；（5）未按照统计调查制度的规定报送有关资料的。

2. 驱逐出境

《出境入境管理法》第81条对于“驱逐出境”（行政处罚）作出了规定。驱逐出境、禁止入境或出境、限期离境等，是指公安、边防、安全机关对违反我国行政法律规范的外国公民、无国籍人采取的强令其离开或禁止进入中国国境的处罚形式。

此外，《消防法》《道路交通安全法》《城乡规划法》《土地管理法》《环境保护法》和《食品安全法》等法律中都有关于行政处罚的规定。如《食品安全法》列举了56种违法情形，对食品安全严重违法和一般违法行为的行政处罚作出了不同的规定。

（二）行政法规

《法律援助条例》《彩票管理条例》《不动产登记暂行条例》《道路运输条例》和《医疗事故处理条例》等行政法规都有关于行政处罚的规定。

（三）地方性法规

《行政处罚法》第11条第2款规定：“法律、行政法规对违法行为已经作出行政处罚规定，地方性法规需要作出具体规定的，必须在法律、行政法规规定的给予行政处罚的行为、种类和幅度的范围内规定。”根据这一规定，地方性法规规定行政处罚的幅度时，可以在法律、行政法规规定的行政处罚的幅度内提高下限或者降低上限，但不得突破行政处罚的幅度，降低下限或

者提高上限。

《食品安全法》第 36 条规定，食品生产加工小作坊和食品摊贩等的具体管理办法由省、自治区、直辖市制定。该法第 127 条又规定，对食品生产加工小作坊、食品摊贩等的违法行为的处罚，依照省、自治区、直辖市制定的具体管理办法执行。但省、自治区、直辖市制定的具体管理办法中，关于行政处罚的幅度和种类都不能突破法律规定的处罚幅度。

（四）规章

行政规章包括部门规章和地方政府规章，尤其是部门规章，自《行政处罚法》实施以来，制定了诸多规章，这些规章一般都应在法律、行政法规的幅度范围内作出具体规定。例如，《司法行政机关行政处罚程序规定》（中华人民共和国司法部）、《社会组织登记管理机关行政处罚程序规定》（中华人民共和国民政部）、《教育行政处罚暂行实施办法》（中华人民共和国国家教育委员会）、《卫生行政处罚程序》（中华人民共和国国家卫生和计划生育委员会）和《食品药品行政处罚程序规定》（国家食品药品监督管理局）。

第三节　行政处罚争讼

一、行政处罚综合审查

综合审查是指法院在审理行政处罚案件中，既审查行政处罚的合法性，也审查行政处罚的合理性甚或审查程序的正当性的案例。

【典型案例】

案例 6.1　临湘市壁山新农村养猪专业合作社诉临湘市环境保护局环保行政处罚案[①]

【基本案情】 湖南省临湘市壁山新农村养猪专业合作社（以下简称新农

① “人民法院环境保护行政案件十大案例（2016 年第二批）”，载《人民法院报》2016 年 3 月 31 日，第 3、4 版。

村合作社）自2004年正式投入生猪养殖起，常年存栏量500头以上。在一直未办理环保审批手续，配套环保设施未经环保部门验收，未取得排污许可证的情况下，新农村合作社将部分生猪养殖产生的废渣、废水直接排放至团湾水库。2014年12月，临湘市环境保护局（以下简称市环保局）经现场调查、送达违法排放限期改正通知书、行政处罚听证告知书后，作出责令该合作社立即停止生产并处罚款5万元的行政处罚决定。但该合作社始终未停止违法排污。2015年1月，市环保局又作出责令停止排污决定。新农村合作社不服诉至法院，请求撤销上述行政处罚决定和责令停止排污决定。

【本案争议点】（1）行政处罚的程序问题，（2）行政处罚的合理性问题，是两个争议点的综合。

【法律简析】终审法院认为，2016年中央一号文件明确要求加快农业环境突出问题治理，加大污染防治力度。原国家环境保护总局颁布的《畜禽养殖污染防治管理办法》明确对畜禽养殖场排放的废渣、清洗畜禽体和饲养场地、器具产生的污水及恶臭等要实行污染防治，新建、改建和扩建畜禽养殖场必须依法进行环境影响评价，办理相关审批手续。原告新农村合作社作为常年生猪存栏量500头以上的养殖场，在未进行环境影响评价，自建的污染防治配套设施未经环保部门验收合格的情况下直接进行养殖生产，导致废渣、废水直接排放，且未取得排污许可证，违反了《畜禽养殖污染防治管理办法》的相关规定。被告市环保局依据《中华人民共和国环境保护法》《建设项目环境保护管理条例》等法律、法规授予的职权，就上述违法事实作出行政处罚决定书和责令停止排污决定书，在处罚程序、处罚幅度方面并无不当。

【裁判结果】判决驳回上诉，维持原判（驳回原告诉讼请求）。

【同类案例】

案例6.2　罗某诉广东省人力资源和社会保障厅行政处理纠纷①

【本案争议点】（1）适用法律、法规是否正确；（2）行政处

① “广东省高院发布10起行政诉讼典型案例”，广东法院网，http：//www.360doc.com/content/16/0718/21/22741532－576607128.shtml，访问日期：2019年4月16日。

罚决定是否合理；(3) 行政处罚程序是否正当。

【法律简析】 终审法院认为，第一，《公务员录用考试违纪违规行为处理办法（试行）》第7条规定的目的在于防止作弊，其针对的是考生严重违纪行为。本案考试当时，罗某虽违反规定携带手机进入考场，但其手机处于关机状态，客观上不能为其作弊提供便利，也不能证明其主观上具有利用手机作弊的意图，因此，罗某虽然违纪，但不属于前述第7条规定的严重违纪情形，属于适用法律、法规错误。第二，广东省人力资源和社会保障厅作出的禁考5年的处理决定明显畸重。第三，广东省人力资源和社会保障厅在作出对罗某的权益将造成重大影响的行政处理之前，没有预先告知罗某享有陈述、申辩的权利，违反了正当程序原则。

【裁判结果】 判决驳回（广东省人力资源和社会保障厅）上诉，维持原判（撤销广东省人力资源和社会保障厅有关罗某5年内不得报考公务员的决定）。

案例6.3　谭某迟、吴某某诉新化县公路管理局、新化县人民政府道路交通管理行政处罚一案①

【本案争议点】 公路管理部门实施行政处罚的程序是否正当、处罚数额是否合理。

【法律简析】 法院认为，被告新化县公路管理局在行政执法过程中存在程序违法，对原告处以6000元罚款明显不当。首先，因卸货前后数据矛盾，该公路管理局认定货车超限0.54吨的事实依据不足。同时，对谭某迟作出的责令车辆停驶通知书等材料，在没有谭某迟的明确授权的情况下，由谭某龙签字不合法律规定。此外，行政处罚事前告知书、处罚决定书等证据材料存在文书编号不一致等情形。总之，本案被诉行政行为依据的事实不清，主要证据不足，违反法定程序，且在作出处罚决定书的罚款数额上，虽未违反法定标准，但却明显不当。

---

① “湖南省高级人民法院发布九起行政审判典型案例（2016年）”，法律家，http://www.fae.cn/kx1911.html，访问日期：2019年4月16日。

【裁判结果】 判决撤销该处罚决定书和复议决定书，判令退款并赔偿利息损失。

二、行政处罚合法性审查

【典型案例】

案例 6.4 泉州弘盛石业有限公司诉晋江市环境保护局环保行政管理案①

【基本案情】 福建省晋江市环境保护局（以下简称市环保局）于2012年7月5日现场检查发现泉州弘盛石业有限公司（以下简称弘盛公司）在从事石材加工生产过程中，存在需要配套建设的水污染防治设施和未经环境保护主管部门验收（合格）而投入生产情形，遂于同年7月20日作出行政处罚决定，责令该公司停止生产并罚款人民币六万元。弘盛公司认为市环保局向其核发过《排放污染物临时许可证》，明确其建设项目的污水排放已达到零排放标准，符合项目环境保护的要求，应视同验收合格，遂申请行政复议。泉州市环境保护局复议后，决定维持上述行政处罚决定。弘盛公司仍不服，以市环保局为被告提起行政诉讼，请求法院撤销该行政处罚决定。

【本案争议点】 福建省晋江市环境保护局给予泉州弘盛石业有限公司停止生产并罚款人民币六万元的行政处罚是否合法。

【法律简析】 终审法院认为，弘盛公司主张所领取的《排放污染物临时许可证》应视同水污染防治设施验收合格的理由不能成立；因同时还存在《排放污染物临时许可证》已过期但继续生产的情形，且该许可证允许其对外排放的污染物种类中不包括废水等。一审人民法院支持对其作出停止生产和罚款的行政处罚是正确的。在结合污染物种类的法律适用上，法院明确指出，对于废水的排放应适用水污染防治法，而对于“液态废物”的排放则适

① “人民法院环境保护行政案件十大案例（2015年第一批）”，最高人民法院网，http：//www.court.gov.cn/zixun-xiangqing-13331.html，访问日期：2019年4月16日。

用固体废物污染环境防治法。

【裁判结果】判决驳回（弘盛公司）上诉、维持原判。

【同类案例】

案例6.5　东莞兴业生物科技有限公司四会分公司诉广东省肇庆市盐务局行政处罚纠纷①

【本案争议点】肇庆市盐务局对原告的行政处罚是否合法。

【法律简析】终审法院认为，《饲料和饲料添加剂管理条例》（2012年5月1日实施）第3条和《饲料添加剂品种目录》（2013年修订发布）已经明确了饲料添加剂氯化钠为饲料添加剂，并确定了监督管理部门，即作为饲料添加剂的氯化钠的生产应由地方饲料管理部门监管。《食盐专营办法》与《饲料和饲料添加剂管理条例》同为国务院颁布的行政法规，对食盐和饲料添加剂氯化钠宜适用不同的行政法规调整。本案中，针对饲料添加剂问题，《饲料和饲料添加剂管理条例》应优于《食盐专营办法》适用。县级以上盐业主管机构不再行使对饲料添加剂氯化钠的执法权。所以，肇庆市盐务局作出的被诉行政处罚决定执法主体不适格，程序违法。

【裁判结果】判决撤销肇庆盐务局作出的责令改正，没收其违法购进的41.65吨盐产品及违法所得的行政处罚。

案例6.6　威海阿科帝斯电子有限公司诉威海市环境保护局环保行政处罚案②

【本案争议点】本案的争议点与上述案例稍有不同的是，对于原告处罚的法律依据理解问题。

【法律简析】终审法院认为，根据《中华人民共和国环境影响评价法》（以下简称《环境影响评价法》）第16条、第24条、第25条之规定，建设项目环境影响评价文件经批准后，该项目性质、规模、地点、采用的生产工艺或者防治污染、防止生态破坏措施等发生重大变动的，建设单位应当重新

---

① “广东省高级人民法院发布十起行政诉讼典型案例”，法律案，http://www.fae.cn/kx1872.html，访问日期：2019年4月16日。

② “人民法院环境保护行政案件十大案例（2016年第二批）”，载《人民法院报》2016年3月31日，第3、4版。

报批环境影响评价文件；未经审查或者审查后未予批准的，不得开工建设。本案中，虽然阿科帝斯电子有限公司在搬迁之前的原所在地进行过环评且符合相关标准，其搬迁后所租赁厂房此前也取得汽车线束生产项目的环评批准文件，但由于前后厂址环境不同，项目性质、生产工艺以及对周边环境的影响都已变化，故该公司应依法重新报批环境影响评价文件。而该公司擅自投产违法事实清楚，被诉行政处罚决定合法。

【裁判结果】 判决驳回（阿科帝斯电子有限公司）上诉、维持原判（支持威海市环境保护局作出责令立即停产停业、罚款人民币12万元的行政处罚决定）。

案例6.7 邢某某诉上海市公安局闵行分局治安行政处罚决定案①

【本案争议点】 公安局闵行分局对邢某某作出的行政拘留10日并处罚款200元的行政处罚适用的法律是否正确。

【法律简析】 终审法院认为，闵行公安分局作为本案违法行为地公安机关，依法具有作出被诉处罚决定的职权。根据《治安管理处罚法》第43条之规定，对殴打、伤害残疾人、孕妇、不满14周岁的人或者60周岁以上的人的，处10日以上15日以下拘留，并处500元以上1000元以下罚款。本案中，鉴于事发时第三人已年满60周岁，邢某某对其实施殴打行为，相应的处罚应当适用《治安管理处罚法》第43条第2款第2项之规定，被诉处罚决定适用该条第1款作出处罚，适用法律确属错误，故原审法院据此判决撤销被诉处罚决定正确。

【裁判结果】 判决驳回上诉，维持原判（撤销被告上海市公安局闵行分局于2017年5月19日作出沪公（闵）行罚决字〔2017〕某号《行政处罚决定书》；责令被告上海市公安局闵行分局应于判决生效之日起30个工作日内对原告邢某某殴打他人的违法行为重新作出处理）。

---

① "上海行政审判十大典型案例（2017年）"，澎湃新闻，https://www.thepaper.cn/newsDetail_forward_2204345，访问日期：2019年4月16日。

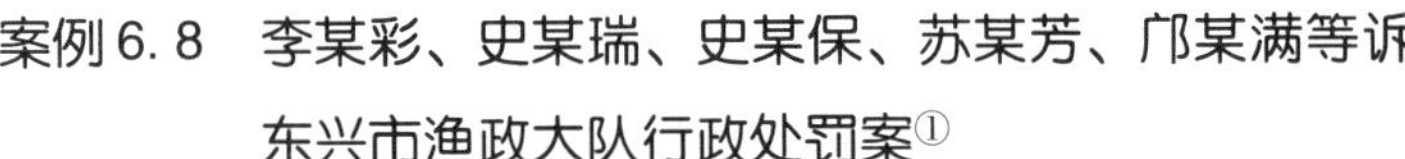

案例6.8　李某彩、史某瑞、史某保、苏某芳、邝某满等诉东兴市渔政大队行政处罚案①

【本案争议点】东兴市渔政大队对李某彩等人分别作出没收“三无”船只及非法改装禁用工具、罚款10万元的行政处罚适用法律是否正确。

【法律简析】法院认为，对于未依法取得捕捞许可证擅自进行捕捞的行为，《中华人民共和国渔业法》（以下简称《渔业法》）规定可以处以数额为10万元以下的罚款，《广西壮族自治区渔业法实施办法》则对以非法捕捞渔船主机功率为标准作出不同幅度的罚款规定，对于非法捕捞渔船主机功率为44千瓦的，规定的罚款数额为2000元至1万元。《广西壮族自治区渔业法实施办法》是实施渔业法的具体化规定。在不与《渔业法》相抵触的前提下，应适用《广西壮族自治区渔业法实施办法》进行行政处罚。东兴市渔政大队依据《渔业法》处以10万元罚款，系适用法律不当。

【裁判结果】判决撤销东兴市渔政大队的行政处罚。

案例6.9　牡丹江某食品公司诉牡丹江市工商行政管理局工商行政处罚案②

【本案争议点】工商部门作出的责令牡丹江某食品公司停止侵权行为，并没收侵犯注册商标专用权商品××牌啤酒的行政处罚，适用法律是否正确。

【法律简析】法院认为，《中华人民共和国商标法》（以下简称《商标法》）第60条对商标侵权的处罚分为两个层次，一是针对生产领域规定了较为严重的处罚方式，二是对于在流通环节能够证明销售的产品具有合法来源的，处罚相对较轻。本案中，牡丹江市工商行政管理局具有对侵犯注册商标专用权行为进行处理的法定职权。但牡丹江某食品公司具有合法的营业执照，所经销的××牌啤酒具有黑龙江某啤酒公司在牡丹江行政管辖区代理授权书

---

① “广西高级人民法院公布十起民告官典型案例（2015年）”，华律网，http：//www.66law.cn/domainblog/115540.aspx，访问日期：2019年4月16日。

② “黑龙江省行政审判十大典型案例（2017年）”，黑龙江法院网，http：//www.hljcourt.gov.cn/public/detail.php？id＝20626，访问日期：2019年4月16日。

及销售凭证。上述两种产品具有商标注册证、产品检验合格报告，因此其经销的产品来源合法。

【裁判结果】判决牡丹江市工商行政管理局作出的“责令立即停止侵权行为、没收侵权产品”行政处罚属适用法律错误，应予撤销。

三、行政处罚程序审查

【典型案例】

案例6.10 黄某富、何某琼、何某诉四川省成都市金堂工商行政管理局行政处罚案①

【基本案情】原告黄某富、何某琼、何某诉称：被告四川省成都市金堂工商行政管理局（以下简称金堂工商局）行政处罚行为违法，请求人民法院依法撤销成工商金堂处字〔2005〕第02026号《行政处罚决定书》，返还电脑主机33台。

被告金堂工商局辩称：原告违法经营行为应当受到行政处罚，对其进行行政处罚的事实清楚、证据确实充分、程序合法、处罚适当；所扣留的电脑主机是32台而非33台。

法院经审理查明：2003年12月20日，四川省金堂县图书馆与原告何某琼之夫黄某富联办多媒体电子阅览室。经双方协商，由黄某富出资金和场地，每年向金堂县图书馆缴管理费2400元。2004年4月2日，黄某富以其子何某的名义开通了ADSL84992722（期限到2005年6月30日），在金堂县赵镇桔园路一门面房挂牌开业。4月中旬，金堂县文体广电局市场科以整顿网吧为由要求其停办。经金堂县图书馆与黄某富协商，金堂县图书馆于5月中旬退还黄某富2400元管理费，摘除了“金堂县图书馆多媒体电子阅览室”的牌子。2005年6月2日，金堂工商局会同金堂县文体广电局、金堂县公安局对原告金堂县赵镇桔园路门面房进行检查时发现，金堂实验中学初一学生叶某、杨某、郑某和数名成年人在上网游戏。原告未能出示《网络文化经营许可

① 最高人民法院指导案例6号（最高人民法院审判委员会讨论通过，2012年4月9日发布）。

证》和营业执照。金堂工商局按照《互联网上网服务营业场所管理条例》第27条“擅自设立互联网上网服务营业场所，或者擅自从事互联网上网服务经营活动的，由工商行政管理部门或者由工商行政管理部门会同公安机关依法予以取缔，查封其从事违法经营活动的场所，扣押从事违法经营活动的专用工具、设备”的规定，以成工商金堂扣字〔2005〕第02747号《扣留财物通知书》决定扣留原告的32台电脑主机。何某琼对该扣押行为及扣押电脑主机数量有异议遂诉至法院，认为实际扣押了其33台电脑主机，并请求撤销该《扣留财物通知书》。2005年10月8日金堂县人民法院作出〔2005〕金堂行初字第13号《行政判决书》，维持了成工商金堂扣字〔2005〕第02747号《扣留财物通知书》，但同时确认金堂工商局扣押了何某琼33台电脑主机。同年10月12日，金堂工商局以原告的行为违反了《互联网上网服务营业场所管理条例》第7条、第27条的规定作出了成工商金堂处字〔2005〕第02026号《行政处罚决定书》，决定“没收在何某琼商业楼扣留的从事违法经营活动的电脑主机32台”。

【本案争议点】工商部门实施没收较大量数额的财产是否适用听证程序。

【法律简析】终审法院生效认为:《行政处罚法》第42条规定:“行政机关作出责令停产停业、吊销许可证或者执照、较大数额罚款等行政处罚决定之前，应当告知当事人有要求举行听证的权利。”虽然该条规定没有明确列举“没收财产”，但是该条中的“等”系不完全列举，应当包括与明文列举的“责令停产停业、吊销许可证或者执照、较大数额罚款”类似的其他对相对人权益产生较大影响的行政处罚。为了保证行政相对人充分行使陈述权和申辩权，保障行政处罚决定的合法性和合理性，对没收较大数额财产的行政处罚，也应当根据《行政处罚法》第42条的规定适用听证程序。关于没收较大数额的财产标准，应比照《四川省行政处罚听证程序暂行规定》第3条“本规定所称较大数额的罚款，是指对非经营活动中的违法行为处以1000元以上，对经营活动中的违法行为处以20000元以上罚款”中对罚款数额的规定。因此，金堂工商局没收黄某富等三人32台电脑主机的行政处罚决定，应属没收较大数额的财产，对黄某富等三人的利益产生重大影响的行为，金堂工商局在作出行政处罚前应当告知被处罚人有要求听证的权利。本案中，金堂工商局在作出处罚决定前只按照行政处罚一般程序告知黄某富等三人有陈述、申辩的权利，而没有告知听证权利，违反了法定程序。

【裁判结果】判决撤销一审行政判决第3项（金堂工商局在本判决生效之日起15日内履行超期扣留原告黄某富、何某琼、何某的电脑主机33台所应履行的法定职责），对其他判项予以维持［（1）撤销成工商金堂处字〔2005〕第02026号《行政处罚决定书》；（2）金堂工商局在判决生效之日起30日内重新作出具体行政行为］。

案例6.11　王某诉敦煌市公安局交通警察大队交通管理行政处罚案①

【基本案情】2006年10月10日，经王某申请，甘肃省酒泉市公安局交通警察支队为其办理了机动车行驶证，车辆使用性质为公交客运，核定载客16人。2013年3月13日，王某驾驶该车营运时，被执勤交警稽查，实际载客为33人。2013年3月19日，敦煌市公安局交通警察大队（以下简称敦煌市交警队）认定王某驾驶营运客车载人超过核定人数20%以上，决定罚款200元、记12分。王某不服该决定，向敦煌市公安局申请行政复议。

2013年5月27日，敦煌市公安局认为该案违法事实清楚，但适用法律条款错误、量处不当，决定撤销行政处罚决定，责令敦煌市交警队在30日内重新作出行政行为。2013年6月20日，敦煌市交警队认定王某驾驶营运客车超载106%，作出敦公交决字〔2013〕第6221032900033785号公安交通管理行政处罚决定，对王某罚款2000元、驾驶证记12分。王某提起行政诉讼，请求撤销该处罚决定。

【本案争议点】敦煌市交警队重新作出的对王某罚款2000元、驾驶证记12分的处罚决定程序是否合法。

【法律简析】终审法院认为，根据《行政处罚法》规定，申辩、陈述和申请听证等是相对人行使程序权利的表现形式。行政机关不得因违法嫌疑人

---

① “2015年度甘肃行政审判十大典型案例”，甘肃法院网，http：//www.chinagscourt.gov.cn/detail.htm？id=2334276，访问日期：2019年4月15日。

申辩而加重处罚或者使其承受更加不利的法律后果。敦煌市交警队在作出行政处罚时有违听取当事人陈述、不得因当事人申辩而随意加重其处罚等正当法律程序的要求。

【裁判结果】判决撤销一审判决（敦煌市交警队的处罚决定符合法定程序，判决维持），并撤销敦煌市交警队作出的行政处罚决定。

【同类案例】

案例6.12　某公司诉怀宁县国土资源局土地行政处罚案①

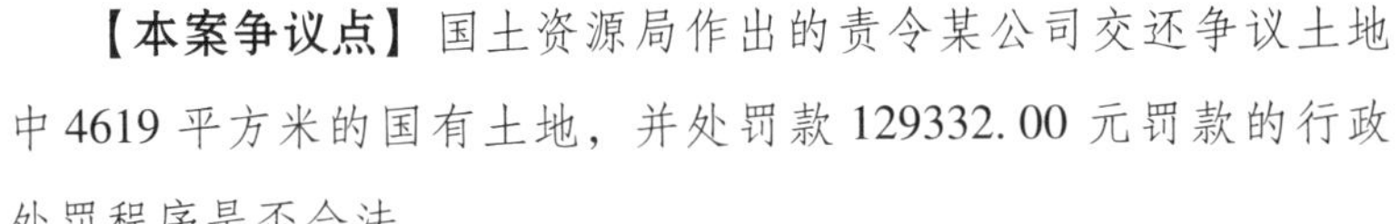

【本案争议点】国土资源局作出的责令某公司交还争议土地中4619平方米的国有土地，并处罚款129332.00元罚款的行政处罚程序是否合法。

【法律简析】终审法院认为，根据《土地管理法》和《中华人民共和国城市房地产管理法》（以下简称《城市房地产管理法》）的规定，某公司未按法律规定履行批准手续，将商业用地用于开发住房，属于擅自改变土地用途行为。依照《行政处罚法》第23条“行政机关实施行政处罚时，应当责令当事人改正或者限期改正违法行为”和《中华人民共和国城镇国有土地使用权出让和转让暂行条例》第17条第2款“未按合同规定的期限和条件开发利用土地的，市、县人民政府土地管理部门应当予以纠正，并根据情节可以给予警告、罚款直至无偿收回土地使用权的处罚”的规定，当土地使用者擅自改变土地用途时，土地管理部门可责令限期改正，土地使用者拒不改正的，可以责令交还土地（无偿收回土地使用权），处以罚款。本案中县国土局不是先责令土地使用者改正或者限期改正违法行为，而是径行剥夺土地使用权，并处以罚款，不符合法定程序。

【裁判结果】判决撤销一审判决（驳回某公司的诉讼请求）；撤销被诉行政处罚决定；责令怀宁县国土局对某公司擅自改变土地用途的行为重新作出处理决定。

---

① “安徽发布‘民告官’案件十大典型案例，行政机关败诉6件（2016年）”，人民网，http：//ah. people. com. cn/n2/2016/1008/c358266 – 29106413 – 2. html，访问日期：2019年4月16日。

案例 6.13 眉山建设中等职业技术学校诉眉山市教育局教育行政处罚案①

【本案争议点】 眉山市教育局作出的眉教发〔2013〕2号《关于停止眉山建设中等职业技术学校招生的决定》，并在《眉山日报》上进行公告的行政处罚程序是否合法。

【法律简析】 法院认为，《行政处罚法》明确规定，行政机关作出行政处罚决定前，应当告知当事人行政处罚决定的事实、理由及依据，告知当事人依法享有陈述申辩的权利。本案中，在眉山建设中等职业技术学校"3·22"事件发生后，眉山市教育局仅凭眉山市场东坡区教育局的调查结论，即作出《关于停止眉山建设中等职业技术学校招生的决定》，未依法向眉山建设中等职业技术学校履行相关告知义务，更未听取学校的陈述、申辩，严重违反了法定程序。故应判决确认眉山市教育局行政行为违法。另外，我们认为，该案中的《关于停止眉山建设中等职业技术学校招生的决定》（类似于"责令停产停业"的行政处罚）是否适用听证程序也需要考虑。

【裁判结果】 判决确认眉山市教育局行政行为违法。

案例 6.14 彭某诉重庆市云阳县道路运输管理所交通行政处罚案②

【本案争议点】 云阳县道路运输管理所对涉嫌违法的行为实施行政处罚的程序是否正当。

【法律简析】 终审法院认为，根据《行政处罚法》的有关规定，行政机关在作出行政处罚决定之前，当事人有权进行陈述和申辩。行政机关作出责令停产停业、吊销许可证或者执照、较大数额罚款等行政处罚决定之前，应当告知当事人有要求举行听证的权利。本案中，被告虽然于2月20日向彭某邮寄《行政处罚告知书》，告知其享有陈述、申辩和听证的权利，但彭某于2月26日才收到该告知书。在《行政处罚告知书》规定的提出陈

---

① "四川省高级人民法院发布行政审判十大典型案例（2015年）"，法律家，http://www.fae.cn/kx1652.html，访问日期：2019年4月16日。

② "重庆法院去年受理'民告官'案件近万件，附十大典型案例"，人民网，http://cq.people.com.cn/n2/2016/0519/c365401-28366929-8.html，访问日期：2019年4月16日。

述、申辩、听证的期间内，彭某尚未明确表示放弃相关权利之前，云阳县道路运输管理所即作出了给予彭某罚款3万元的行政处罚，系程序违法。

【裁判结果】判决撤销一审判决（驳回彭某的诉讼请求），撤销云阳县道路运输管理所作出的《行政处罚决定书》，由云阳县道路运输管理所在该判决生效后60日内重新作出行政行为。

案例6.15 沈某、杨某祝、卢某远、朱某福诉荣县人民政府环保行政处罚及行政赔偿案①

【本案争议点】荣县人民政府对原告的行政处罚程序是否违法，应否支持原告的行政赔偿请求。

【法律简析】法院认为，卢某远、沈某等人开办的荣县望佳镇鑫达废旧塑料加工厂没有申请环境保护设施竣工验收，即自行开始生产活动，明显违法；生产排污及噪声均不达标，经环保专业监测机构的多次监测，废气排放均大幅超标，严重影响周围居民的生活，应予处罚。而荣县人民政府没有经过责令鑫达废旧塑料加工厂限期对其违法排放污染物进行治理的程序，就直接对鑫达废旧塑料加工厂作出依法实施关闭的决定，确认被告实施的行政处罚程序违法。由于原告违法在先，没有侵害企业经营者的合法权益，故不能获得行政赔偿。

【裁判结果】（1）确认被告荣县人民政府于2012年9月14日作出的荣县府发〔2012〕30号《关于对荣县望佳镇鑫达废旧塑料加工厂实施关闭的决定》行政处罚决定违法。（2）驳回原告沈某、杨某祝、卢某远、朱某福要求行政赔偿3019133元的诉讼请求。

案例6.16 孙某某不服北京市国土资源局土地行政处罚案②

【本案争议点】国土资源局对孙某某决定没收非法占用的土地上所建的建筑物和其他设施平方米（房屋平方米、硬化地面平方米），并处罚款人民币126885.44元。该行政处罚程序是否合法。

---

① “四川省高级人民法院发布行政审判十大典型案例（2015年）”，法律家，http：//www.fae.cn/kx1652.html，访问日期：2019年4月16日。

② “新行政诉讼法实施一年，北京法院受理行政案件同比翻番”，央广网，http：//china.cnr.cn/ygxw/20160429/t20160429_ 522022115_ 1.shtml，访问日期：2019年4月16日。

【法律简析】法院认为，根据《土地管理法》第43条第1款的规定，北京市国土资源局有权对原告实施行政处罚。但按照《国土资源行政处罚办法》第32条规定，国土资源主管部门应当自立案之日起60日内作出行政处罚决定。案情复杂，不能在规定期限内作出行政处罚决定的，经本级国土资源主管部门负责人批准，可以适当延长，但延长期限不得超过30日，案情特别复杂的除外。本案中，北京市国土资源局于2014年5月9日正式立案，但直到2015年5月28日才作出被诉的行政处罚决定，远远超过了上述规章规定的期限，且北京市国土资源局未提交证据证明该案延长期限作出处罚的审批手续。尽管北京市国土资源局超期作出行政处罚，但该程序违法行为对于孙某某的权利不产生实际影响。

【裁判结果】判决确认被诉行政处罚决定违法，同时驳回孙某某其他诉讼请求。

案例6.17　四川省川粮米业股份有限公司诉德阳市食品药品监督管理局行政处罚决定案①

【本案争议点】德阳市食品药品监督管理局对川粮米业股份有限公司处以货值金额1.5倍，即人民币173700元的罚款，该行政处罚的证据是否充分。

【法律简析】终审法院认为，行政机关作出行政行为应当认定案件事实并有相应的证据证明。法院审理行政案件，需审查被诉行政行为所认定的事实是否属实，证据是否确实充分。判断主要证据是否充足，需结合司法实践和行政管理实际情况来具体判断，要达到清楚且具有说服力的程度。本案涉及对当事人权益影响较大的处罚，应遵循更严格的证明标准。本案中，德阳市食品药品监督管理局对有无经过加工生产的事实未进行调查，不能形成完整锁链，不能排除川粮米业股份有限公司提供证据证明苏北香米系其加工生产的事实。诉讼中，德阳市食品药品监督管理局申请二审法院对本案相关证据进行调查取证，更进一步印证作出行政处罚时证据不够充分。

---

① “四川省高级法院发布四川法院行政审判十大典型案例（2016年）”，个人图书馆，http：//www.360doc.com/content/17/0711/09/37063_670472579.shtml，访问日期：2019年4月16日。

【裁判结果】(1) 撤销德阳市旌阳区人民法院〔2015〕旌行初字第18号行政判决(维持被诉行政处罚决定);(2) 撤销德阳市食品药品监督管理局(德)食行罚〔2014〕16号行政处罚决定。

案例6.18　李某某诉西充县公安局治安行政处罚案[①]

【本案争议点】县公安局对李某某作出的处以治安拘留13日的行政处罚,该处罚搜集和获取证据的方式是否合法。

【法律简析】终审法院认为,行政机关依法行政,要求行政行为必须做到事实清楚,证据充分。本案中,西充县公安局对李某某作出的治安处罚,在认定事实方面明显存在不足,如认定李某某违法行为造成多人受伤,但没有具体的受伤人员姓名及伤情等事实;对证人进行询问取证,没有按要求由被询问人对笔录内容进行审核并签名确认,也没有按要求由两名公安干警进行。西充县公安局调查取证活动未依法进行,其法律后果就是收集的证据不能成为认定案件事实的根据,治安处罚决定证据不足。

【裁判结果】(1) 撤销四川省西充县人民法院〔2013〕西充行初字第11号行政判决;(2) 撤销西充县公安局作出的西公(晋新)行罚决字〔2013〕10391号行政处罚决定。

案例6.19　陈某溪诉安溪县公安局治安行政处罚案[②]

【本案争议点】县公安局对两个案件合并作出处罚决定是否合法。

【法律简析】2014年8月20日13时许,陈某溪与王某峰因本村修建公路占用王某峰堂叔父墓地一事发生口角,两人即互相抓扯衣领进行扭打。安溪县公安局接到报警后,于2014年8月20日立案受理。2014年9月21日,安溪县公安局对"陈某凯等人寻衅滋事案"立案,并将陈某溪殴打他人案和陈某凯等人寻衅滋事案合并处理。

法院认为,安溪县公安局主张根据《公安机关办理行政案件程序规定》第

---

① "四川省高级人民法院发布行政审判十大典型案例(2015年)",法律家,http://www.fae.cn/kx1652.html,访问日期:2019年4月16日。

② "福建省高院首次发布典型行政案例(2016年)",福建长安网,http://www.pafj.net/html/2016/fayuan_0728/58754.html,访问日期:2019年4月16日。

137条“一人有两种以上违法行为的，分别决定，合并执行，可以制作一份决定书，分别写明对每种违法行为的处理内容和合并执行的内容”的规定，将该案与陈某凯涉嫌寻衅滋事案并案处理。但陈某凯案并不属于陈某溪涉嫌殴打他人案的继续状态，两案发生时间间隔近一个月，起因不同、参与人员不同、行为性质不同，无法认定陈某溪殴打王某峰的行为与2014年9月21日陈某凯案中陈某溪的行为具有连续性。安溪县公安局主张两案并案审理没有法律依据。同时，安溪县公安局超出办案期限作出处罚决定，属于程序轻微违法。

【裁判结果】判决确认县公安局作出的治安行政处罚决定违法。

案例6.20　王某某诉景县动物卫生监督所动物卫生行政处罚案①

【本案争议点】动物卫生监督所对王某某处以1头死因不明牛正常货值金额2倍罚款计16000元，没收王某某所经营的1头死因不明牛的行政处罚程序是否合法。

【法律简析】法院认为，根据《行政处罚法》第42条的规定，行政机关作出责令停产停业、吊销许可证或者执照、较大数额罚款等行政处罚决定之前，应当告知当事人有要求举行听证的权利；当事人要求听证的，行政机关应当组织听证。本案中景县动物卫生监督所对王某某处以罚款16000元，没收死因不明的牛1头的行政处罚，应当依照上述规定告知王某某有要求举行听证的权利。景县动物卫生监督所提供的证据不能证明在作出处罚决定前告知了王某某有要求举行听证的权利，属严重程序违法。

【裁判结果】判决撤销景县动物卫生监督所处罚决定，责令景县动物卫生监督所重新作出行政行为。

案例6.21　王某某诉安丘市公安局治安行政处罚案②

【本案争议点】公安机关超期作出行政处罚决定是否构成程序违法，是否撤销其作出的行政处罚决定。

---

① “河北高院2015年度行政审判十大典型案例”，微公网，https://www.weixin765.com/doc/jnqttiqf.html，访问日期：2019年4月16日。

② “山东省高级人民法院发布十大行政典型案例（2015年）”，法律家，http://www.fae.cn/kx1725.html，访问日期：2019年4月16日。

【法律简析】 法院认为，《治安管理处罚法》第99条规定："公安机关办理治安案件的期限，自受理之日起不得超过三十日；案情重大、复杂的，经上一级公安机关批准，可以延长三十日。为了查明案情进行鉴定的期间，不计入办理治安案件的期限。"本案中，扣除鉴定的时间，安丘市公安局于2014年8月12日作出处罚决定书已超过该条规定的办案期限，属于程序违法。被告于2014年8月12日作出行政处罚决定书，至2014年12月19日向王某某送达，已超过送达期限的规定，属于程序违法。涉案行政处罚决定认定事实清楚、证据充分、适用法律正确，对王某某的处罚适当，并未增加王某某的额外负担、损害王某某的合法权利，如撤销该处罚决定有损行政法治秩序。

【裁判结果】 判决确认安丘市公安局作出的行政处罚程序违法，但不撤销该行政处罚决定书。

案例6.22 威信县丰岩电站诉威信县水务局水务行政处罚案①

【本案争议点】 威信县水务局作出的行政处罚所认定的证据是否合法。

【法律简析】 法院认为，行政机关作出行政处罚，必须以行政相对人具有违法事实或实施了违法行为为前提，而对行政相对人具有违法事实或实施了违法行为的认定，应当有合法有效且确实充分的证据予以证明。本案中，行政机关所收集的相关违法事实、违法行为方面的证据系与一方当事人有利益冲突的利害关系人所作的证言，除此之外，行政机关并无有效证据证明行政相对人存在违法事实。且行政机关对违法事实的认定，与客观事实不符。因而该案中行政机关的行政处罚决定认定事实不清、证据不足。

【裁判结果】 判决撤销威信县水务局的处罚决定。

---

① "云南省高级人民法院公布2017行政审判十大典型案例"，百度，http：//baijiahao.baidu.com/s? id = 1604596354050072226&wfr = spider&for = pc，访问日期：2019年4月16日。

案例6.23 秦某某诉金昌市公安局金川分局、金昌市公安局治安行政处罚案①

【本案争议点】公安机关实施行政处罚时，未告知拟作出处罚的具体内容应如何处理。

【法律简析】终审法院认为，金川分局在处罚前未告知秦某某拟作出处罚的具体内容，实质为未告知该处罚对被处罚人权利义务产生不利影响的具体内容。拟将处罚的具体内容予以告知是行政告知程序的必备要素，金川分局不明确告知拟将处罚的具体内容，致使秦某某不能准确判断行政处罚决定对自己的影响，制约了其行使陈述、申辩等法定权利，不符合治安管理处罚法关于处罚前告知程序的立法本意，应视为被上诉人金川分局未履行告知程序，该行政处罚违反法定程序。金昌市公安局作出的行政复议决定认定事实不清。

【裁判结果】判决撤销原判（驳回秦某某的诉讼请求）及被诉的处罚决定、复议决定，责令金川分局重新处理。

四、行政处罚合理性审查

【典型案例】

案例6.24 刘某某诉胶州市环境保护局环保行政处罚案②

【基本案情】2014年4月，山东省胶州市环境保护局（以下简称市环保局）根据群众反映的某村水塘出现死鱼现象，对刘某某建设经营的冷藏项目进行调查，发现其所建冷库生产面积200平方米，该项目未经环保部门批准，需要配套建设的环境保护设施未建成，主体工程未经验收已正式投入生产或使用，违反了《建设项目环境保护管理条例》第16条之规定；同时，经执法人员现场核实，该冷库正在更换制冷剂，处于停产状态，属减轻处罚情节。

---

① "2016年度行政审判十大典型案例·甘肃高院"，个人图书馆，http://www.360doc.com/content/17/0108/13/27225667_621038229.shtml，访问日期：2019年4月16日。

② "人民法院环境保护行政案件十大案例（2016年第二批）"，载《人民法院报》2016年3月31日，第3、4版。

市环保局遂依据上述条例第28条，并参照《青岛市环境行政处罚裁量权细化量化标准》的相关规定，作出对刘某某罚款三万元的行政处罚决定。刘某某不服，申请行政复议后，复议机关维持该处罚决定。刘某某诉至法院，请求撤销市环保局的上述处罚决定。

【本案争议点】环保部门给予原告的三万元的罚款是否适当。

【法律简析】法院认为，行政裁量事关行政机关在法定幅度、范围内如何正确行使职权，是依法行政的内在要求。根据《建设项目环境保护管理条例》有关规定，涉案冷库属于仓储类需报批环境影响报告表的项目，市环保局依据行政法规以及当地有关环保处罚裁量权量化标准，结合本案违法情节，特别在可酌处六万元罚款的幅度下，考虑到该冷库用于仓储土豆，有季节性因素且调查当时正处于停产状态，故给予原告从轻处罚三万元，体现了对行政裁量权的适度把握。

【裁判结果】判决驳回原告的诉讼请求。

案例6.25　李某诉宿州市公安局埇桥分局治安行政处罚案①

【基本案情】2015年10月14日上午9时，李某与妻子刘某、儿媳张某某到宿州市公安局埇桥分局（以下简称埇桥分局）反映情况，刘某及张某某在埇桥分局大门西侧拉白底黑字横幅，引起路人围观。李某在埇桥分局工作人员制止上述拉横幅行为的过程中，实施了拍照行为，后被公安机关工作人员制止并被带入埇桥分局大门内。同日，埇桥分局作出宿公埇（埇桥）行罚决字〔2015〕1582号行政处罚，决定对李某行政拘留七日。李某不服，提起行政诉讼，请求撤销该行政处罚决定。

【本案争议点】公安机关实施的行政处罚是否合理、适当。

【法律简析】终审法院认为，根据《治安管理处罚法》第23条第1款第1项的规定，扰乱机关、团体、企业、事业单位秩序，致使工作、生产、营业、医疗、教学、科研不能正常进行，尚未造成严重损失的，处警告或者二百元以下罚款；情节较重的，处五日以上十日以下拘留。李某及家人在埇桥分局门口拉横幅，引起路人围观，影响单位的正常工作秩序，李某对公安机

---

① “安徽发布‘民告官’案件十大典型案例，行政机关败诉6件（2016年）”，人民网，http：//ah.people.com.cn/n2/2016/1008/c358266-29106413-2.html，访问日期：2019年4月16日。

关工作人员的制止行为不予配合，进行现场拍照，属违反治安管理的行为，但李某的行为尚未造成严重损失，不属于情节较重的情形。埇桥分局对李某作出行政拘留七日的治安处罚明显不当。

【裁判结果】宿州市中级人民法院终审判决撤销一审判决（驳回李某的诉讼请求），撤销被诉行政处罚决定。

案例6.26　陈某诉济南市城市公共客运管理服务中心行政处罚案①

【基本案情】2015年1月7日，两名乘客通过网络召车软件与陈某取得联系，约定由陈某驾车将乘客从济南市八一立交桥附近送至济南西站，由乘客支付车费。当日11时许，陈某驾驶私人小汽车行至济南西站送客平台时，济南市城市公共客运管理服务中心（以下简称济南客运管理中心）的工作人员对其进行调查，查明陈某未取得出租汽车客运资格证，驾驶的车辆未取得车辆运营证。济南客运管理中心认为陈某涉嫌未经许可擅自从事出租汽车客运经营行为，对其作出鲁济交〔01〕罚〔2015〕8716号《行政处罚决定书》，以其非法经营客运出租汽车，违反《山东省道路运输条例》第69条第2款之规定为由，责令停止违法行为，处二万元罚款并没收非法所得。陈某不服，提起诉讼。

【本案争议点】被诉行政处罚决定是否构成明显不当。

【法律简析】终审法院认为，比例原则作为行政法的重要原则，行政处罚应当遵循该原则，对当事人实施行政处罚必须与其违法行为的事实、性质、情节和社会危害程度相当。一方面，网约车作为客运服务的新业态和分享经济的产物，有助于缓解客运服务的供需矛盾，满足公众多样化出行需求，符合社会发展趋势和创新需求，对其应当适度宽容；另一方面，这种新业态又给既有客运管理秩序带来负面影响，甚至存有安全隐患等问题，确需加强规范引导。本案陈某通过网络约车软件进行道路运输经营的行为，符合一般社会认知，社会危害性较小。但本案对陈某作出的处罚幅度和数额畸重，有违

① “山东法院2017年十大行政典型案例（第1批）”，个人图书馆，http：//www.360doc.com/content/18/0121/18/13573900_723931070.shtml，访问日期：2019年4月16日。

比例原则，构成明显不当。

【裁判结果】 判决驳回（济南客运管理中心）上诉，维持原判（原审法院认定处罚幅度和数额畸重，对被诉行政处罚决定予以撤销）。

【同类案例】

案例 6.27　李某某诉乐清市公安局治安行政处罚案[1]

【本案争议点】 乐清市公安局对李某某作出的行政拘留五日的行政处罚是否合理。

【法律简析】 法院认为，行政裁量合理原则在行政处罚领域的具体表现，就是要求行政机关实施行政处罚，必须坚持“过罚相当”。《行政处罚法》第 4 条规定，实施行政处罚必须以事实为依据，与违法行为的事实、性质、情节以及社会危害程度相当；《治安管理处罚法》第 5 条第 1 款规定，治安管理处罚必须以事实为依据，与违反治安管理行为的性质、情节以及社会危害程度相当。本案中被告在行使治安管理处罚裁量权时，没有充分考虑被处罚人违法行为的起因及损害后果等裁量因素，对事出有因、损害后果显著轻微的违法行为，给予了较为严厉的行政拘留处罚，明显违背了“过罚相当”原则。

【裁判结果】 判决撤销乐清市公安局作出的行政处罚决定。乐清市公安局上诉后，在二审期间自行撤销了被诉处罚决定，温州市中级人民法院裁定准许其撤回上诉。

案例 6.28　何某某诉珠海市公安局交通警察支队香洲大队行政处罚纠纷[2]

【本案争议点】 珠海市公安局交通警察支队香洲大队对何某某作出 500 元的行政处罚是否合理。

【法律简析】 终审法院认为，何某某在发生事故后未及时撤离现场，已经妨碍交通的情况属实。但事实证据表明何某某未转移车辆对交通造成之妨

---

① “浙江法院学习贯彻新《行政诉讼法》暨行政审判情况通报”，浙江法院新闻网，http：//www. zjcourt. cn/art/2014/11/13/art_ 48_ 7444. html，访问日期：2019 年 4 月 16 日。

② “广东省高级人民法院发布十起行政诉讼典型案例”，法律家，http：//www. fae. cn/kx1872. html，访问日期：2019 年 4 月 16 日。

碍程度较轻，不应进行顶格处罚，该处罚违反《行政处罚法》第4条第2款“实施行政处罚必须与违法行为的事实、性质、情节以及社会危害程度相当”的规定，可对应处罚幅度之相对较低标准予以处罚。

【裁判结果】判决变更“罚款500元”为“罚款200元”。

案例6.29 王某甲诉隆化县公安局治安行政处罚案①

【本案争议点】隆化县公安局决定对王某甲行政拘留七日，并处罚款300元的行政处罚是否合理。

【法律简析】法院认为，隆化县公安局在对王某甲实施行政处罚时，未考虑纠纷的起因、王某乙的过错、互殴及王某甲受伤等事实，对王某甲作出行政拘留七日，并处罚款300元的行政处罚，而对王某乙却作出行政拘留五日、并处罚款200元的行政处罚。在双方当事人违法情形基本相当的情况下，作出了两个不同内容的处罚决定，不符合行政处罚错罚相当及平衡原则，属于明显不当。

【裁判结果】判决变更行政处罚决定对王某甲行政拘留七日、并处罚款300元为行政拘留五日、并处罚款200元。

深度阅读

1. 陈泽宪主编：《行政处罚与羁押制度改革研究》，中国政法大学出版社2016年版。
2. 程雨燕：《环境行政处罚制度研究》，广东省出版集团、广东人民出版社2013年版。
3. 何建贵：《行政处罚法律问题研究》，中国法制出版社1996年版。
4. 胡锦光、刘飞宇：《行政处罚听证程序研究》，法律出版社2004年版。
5. 胡锦光：《行政处罚研究》，法律出版社1998年版。
6. 李红枫：《行政处罚证据原理研究》，中国政法大学出版社2013年版。
7. 李云峰：《行政处罚实施问题研究》，黄河出版社1996年版。

① “河北高院2015年度行政审判十大典型案例”，个人图书馆，http：//www.360doc.com/content/16/1105/14/21727081_604119243.shtml，访问日期：2019年4月16日。

8. 李铮:《环境行政处罚权研究》，中国环境出版社 2012 年版。
9. 沈义峰:《出入境检验检疫行政处罚理论研究与实务》，法律出版社 2015 年版。
10. 肖金明:《行政处罚制度研究》，山东大学出版社 2004 年版。
11. 晏山嵘:《行政处罚实务与判例释解》，法律出版社 2016 年版。
12. 杨解君:《秩序·权力与法律控制——行政处罚法研究（增补本)》，四川大学出版社 1999 年版。
13. 杨小君:《行政处罚研究》，法律出版社 2002 年版。
14. 张晶、刘焱:《中国治安管理处罚法律制度研究》，北京师范大学出版集团、安徽大学出版社 2014 年版。
15. 赵江风:《行政处罚诉讼问题研究》，法律出版社 2017 年版。

第七章　行政征收

本章提要

行政征收作为对相对人财产权产生重大影响的一类行政行为，在理论上较早给予了重视，但也只是限于对行政征收的概念、种类等方面一般知识的阐释和介绍。行政征收的法理基础、征收法定原则等研究相当薄弱。

由于许多理论问题尚未达成共识，在行政征收立法上的争议也就在所难免。现行宪法确认了基于公共利益的需要，对土地和公民个人财产实行征收征用并给予补偿原则，但至今仍没有一部行政征收的基本法律出台。既有行政征收的法律、法规也不配套。

在司法实务上，虽然有关行政征收的案件并不少见，但由于立法的缺陷，造成司法审查的法律依据稍显不足。

第一节　行政征收理论概要

一、行政征收与相关概念

理解把握与行政征收相关的概念，有助于深入认识行政征收的概念和基本特征。

（一）行政征收与行政征用

行政征用，是指行政主体为了公共利益的需要，依照法定程序强制征用

相对方财产或劳务的一种具体行政行为。两者都是以公共利益为目的，强制取得相对人的使用权或所有权，两者都应给予补偿（宪法的征收征用条款）。两者的区别在于以下两点。

（1）从法律后果看，行政征收的结果是行政主体取得相对人的财产所有权，是财产所有权的转移；而行政征用的后果则是行政主体暂时取得了被征用方财产的使用权，不发生财产所有权的转移。

（2）从行为的标的看，行政征收的标的一般仅限于财产，包括动产或不动产；而行政征用的标的除财产外还可能包括劳务。

（二）行政征收与行政没收

行政征收与行政没收在表现形式和后果上是相同的，两者都表现为以强制方式取得相对方财产的所有权，而且最终表现为实际取得了相对方财产的所有权。但两者亦存在以下区别。

（1）法律性质不同。行政征收属于一种独立的行政行为，行政没收则属于行政处罚行为的一种。

（2）发生依据不同。行政征收是以相对方负有行政法上的缴纳义务或公共利益为前提条件，而行政没收只能以相对方违反行政法的有关规定为条件。

（3）法律程序不同。行政征收应依据法定的专门征收程序，而行政没收依据的是行政处罚程序。

（4）在行为的连续性上不同。对行政征收来说，只要据以征收的事实依据存在，行政征收行为就可以一直延续下去，其行为往往具有连续性，而对行政没收来讲，对某一违法行为只能给予一次性行政没收处罚。

二、行政征收的分类

我国行政法学上对行政征收的分类，有不同的观点，大体有三种分类说和五种分类说。三种分类说又有两种不同的组合形式，一是分为因使用权而引起的征收、因行政法上的义务引起的征收和因违反行政法的规定而引起的征收三类。[①] 二是分为狭义行政征收、税费征收和行政征调三类。[②] 目前比较流行的是五种分类说。即行政征收分为土地征收、房屋征收、财产征收、税的征收和费的征收。[③] 不过，这种分类中，房屋征收和财产征收，甚至与土地征收必有重合之处，虽然持该观点的学者认为，财产征收“系指针对土地和房屋以外的集体财产和个人财产的征收”，[④] 但这种解释似乎过于牵强。因此，本书在三分类说的基础上，将行政征收分为房地产征收、税的征收和费的征收三类。

（一）房地产征收

该类行政征收，又可分为土地征收、房屋征收和企业收归国有三种形式。

1. 土地征收

土地征收一般专指由农村集体土地所有转为城市国家土地所有的征收行为。根据《宪法》第 10 条的规定，我国的土地所有制只有两种：国家所有和集体所有。城市的土地属于国家所有；农村和城市郊区的土地，除由法律规定属于国家所有的以外，属于集体所有；宅基地和自留地、自留山，也属于集体所有。

国家为了公共利益的需要，可以依照法律规定对集体所有的土地实行征收或者征用并给予补偿。城市的土地已经确认是国家所有，就不存在城市土地征收问题，征收土地只能是针对集体土地。

2. 房屋征收

由于我国实行的是土地和建筑物分离的制度，因而对个人和组织的房屋实施征收就具有了特殊意义。对集体所有土地上的房屋的征收，是作为被征收土地附属物按照土地征收程序处理的。大多数情况下，房屋征收是指国有土地上的房屋征收。

3. 企业收归国有

企业收归国有也可以称为国有化，是将财产收归国家所有的行为。一般

---

① 罗豪才主编：《行政法学》，北京大学出版社 1996 年版，第 173 页。
② 姜明安：《行政法》，北京大学出版社 2017 年版，第 375 – 376 页。
③ 应松年主编：《行政法与行政诉讼法学》，高等教育出版社 2017 年版，第 198 – 201 页。
④ 同上书，第 200 页。

情况下，对国有化的企业，政府会支付一定的金额来补偿原来的所有者，但有时国有化价格比市场价格要低很多，所以会造成原来所有者的损失。

国有化的理由往往是因为某些产业比如公共供水、供热等领域具有重要的战略作用。类似地，国有化的对立面通常是私有化，但是有时也可以是市（政府）有化。在私有化后发生的国有化经常称为再国有化。

（二）税的征收

纳税是宪法确认的公民的一项义务，那么，政府征税就具有了宪法依据。征收税赋，是古今中外统治者获取国家机器稳定运作的物质基础。与不动产（房地产）征收不同的是，税的征收是无偿的，至少在征收税赋的当时是无偿的，不过，由于税赋一般也是主要用于公共产品和公共基础设施的建设，因而纳税人也是获得了反射利益的。政府通过对各种税的征管，达到调节资源分配和收入分配、各行各业协调发展的目的。通过对中央税、地方税和中央地方共享税的合理分配，兼顾中央和地方的利益，有利于市场经济条件下宏观调控的实施。

税的种类相当繁杂。按照征税对象的不同，可分为流转税、资源税、收益（所得）税、财产税和行为税五种。按照税收支配权的不同，可分为中央税、地方税和中央地方共享税。

税收只能由国家特定的行政机关——税务机关及海关负责征收。税收一经征收入库，就为国家所有，不管是什么税种，都处于国家整体支配之下，通过国家预算支出，统一用于社会各方面的需要，在政府活动中体现出“取之于民，用之于民”的宗旨，而不是直接返还给纳税人或者用于税收的这个项目。

（三）费的征收

费的征收，即征收各种社会费用，是一定行政机关凭借国家行政权所确立的地位，为行政相对人提供一定的公益服务，或授予国家资源和资金的使用权而收取的对价。相对于税收，费通常不具有长期性、稳定性，往往是临时性的，收费范围、标准变动性较大。

根据法治原则，大多数的费将向税转化，费改税是经济财税体制改革的方向。当前，我国的主要收费项目有：（1）资源费征收。在我国，城市土地、矿藏、水流、山岭、草原等自然资源属于国家所有。单位和个人在开采、使用国家资源时，必须依法向国家缴纳资源费，如土地使用费和水资源费。（2）建设资金费征收。这是为了确保国家的重点建设，解决重点建设资金不足问题而向行政相对人实施的收费。如机场建设费、港口建设费。（3）排污费征收。这是指行政主体根据环境保护法的有关规定，对于超过国家规定的排放标准排放污染物的行政相对人，按照污染物的数量和浓度征收的费用。（4）管理费征收。这是行政主体向与某项行政管理的特别支出存在特定关系的被管理人征取的费用。

三、行政征收的基本原则

行政征收是基于公共利益的需要而作出，并直接影响相对人“私权”的行政行为。因此，在实施行政征收或者征用时，都必须坚持以下四项原则。

（一）法定原则

在现代法治国家，行政征收是直接影响相对人财产权的限权行为，尤有必要坚持法定原则。征收的具体执行机关、征收的对象、数额、程序等，都必须有明确的法律根据。同时，行政征收的法定原则，也是行政法上的合法性原则在行政征收中的体现。

（二）公益原则

实施行政征收必须坚持公益原则。为了公共利益实施征收这一原则在1982年《宪法》中已经明确，关键是如何确认和解释公共利益的范围。由于公共利益具有不确定性，就需要通过正当程序、在公众广泛参与的前提下，确定的公共利益才具有合法性。故公益原则的实现需要特定征收程序的切实保障。

（三）补偿原则

行政征收是典型的负担行政行为，是对行政相对人财产权的侵害，所以，必须尊重行政相对人财产权，严格按照法定标准、条件和程序。对相对人被征收的财产进行及时、足额的补偿。坚持补偿原则包括下列含义：第一，对

不动产的征收，必须依法对相对人予以合理补偿。第二，对于税费征收的补偿是政府提供丰富的公共产品和服务。

（四）合理原则

行政征收的合理原则是行政法上的合理性原则在行政征收行为中的体现，它要求行政主体在实施行政征收中体现比例原则、平等原则和正当原则。

（1）行政征收的比例原则，是指行政主体在实施行政征收中，要以相对人财产所受最小损失来实现行政征收所期望达到的目标。

（2）行政征收的平等原则，是指行政主体在实施行政征收中，针对相对人权利损失的补偿要坚持同等情况同等标准。

（3）行政征收的正当原则，是指行政主体在实施行政征收中，关于是否实施征收、如何实施征收等问题，都应有正当理由，不允许存在随意性。同时，还要有正当的程序予以保障。

第二节　行政征收法律规范

《宪法》第 10 条第 3 款规定，"国家为了公共利益的需要，可以依照法律规定对土地实行征收或者征用并给予补偿"；第 13 条规定，"国家为了公共利益的需要，可以依照法律规定对公民的私有财产实行征收征用并给予补偿"。《中华人民共和国立法法》（以下简称《立法法》）第 8 条和《物权法》第 44 条都体现了这一原则。根据宪法和立法法的原则精神，法律以下的法规和规章不得直接设定行政征收制度。但我国目前还没有一部全国通行的公益征收法，税收法定原则也没有完全落实，大部分税的征收还只是靠全国人大常委会授权国务院制定的诸多"条例"等作为征收依据。因此，我国行政征收的法律规范严重供给不足。

一、房地产征收的法律规定

（一）土地征收的规范

《土地管理法》第 2 条第 4 款规定："国家为了公共利益的需要，可以依法对土地实行征收或者征用并给予补偿。”该法对集体土地的征收进行了严格的限制。

1. 集体土地征收审批权限

《土地管理法》第45条规定：“征收下列土地的，由国务院批准：（一）基本农田；（二）基本农田以外的耕地超过三十五公顷的；（三）其他土地超过七十公顷的。征收前款规定以外的土地的，由省、自治区、直辖市人民政府批准，并报国务院备案。征收农用地的，应当依照本法第四十四条的规定先行办理农用地转用审批。其中，经国务院批准农用地转用的，同时办理征地审批手续，不再另行办理征地审批；经省、自治区、直辖市人民政府在征地批准权限内批准农用地转用的，同时办理征地审批手续，不再另行办理征地审批，超过征地批准权限的，应当依照本条第一款的规定另行办理征地审批。”

2. 集体土地征收的补偿标准

《土地管理法》第47条规定，征收土地的，按照被征收土地的原用途给予补偿。征收耕地的补偿费用包括土地补偿费、安置补助费以及地上附着物和青苗的补偿费。征收耕地的土地补偿费，为该耕地被征收前三年平均年产值的六至十倍。征收耕地的安置补助费，按照需要安置的农业人口数计算。需要安置的农业人口数，按照被征收的耕地数量除以征地前被征收单位平均每人占有耕地的数量计算。每一个需要安置的农业人口的安置补助费标准，为该耕地被征收前三年平均年产值的四至六倍。但是，每公顷被征收耕地的安置补助费，最高不得超过被征收前三年平均年产值的十五倍。国务院根据社会、经济发展水平，在特殊情况下，可以提高征收耕地的土地补偿费和安置补助费的标准。

征收其他土地的土地补偿费和安置补助费标准，由省、自治区、直辖市参照征收耕地的土地补偿费和安置补助费的标准规定。被征收土地上的附着物和青苗的补偿标准，由省、自治区、直辖市规定。征收城市郊区的菜地，用地单位应当按照国家有关规定缴纳新菜地开发建设基金。

依照法律规定支付土地补偿费和安置补助费，尚不能使需要安置的农民保持原有生活水平的，经省、自治区、直辖市人民政府批准，可以增加安置

补助费。但是，土地补偿费和安置补助费的总和不得超过土地被征收前三年平均年产值的三十倍。

（二）房屋征收的规范

有关房屋征收的法律只有《土地管理法》《城市房地产管理法》两部，《城市房地产管理法》第6条规定，为了公共利益的需要，国家可以征收国有土地上单位和个人的房屋，并依法给予拆迁补偿，维护被征收人的合法权益；征收个人住宅的，还应当保障被征收人的居住条件。具体办法由国务院规定。

城市房屋征收的具体规范是《国有土地上房屋征收与补偿条例》这一行政法规。

（1）该条例规定征收、拆迁必须以“公共利益”为前提条件的原则。该条例以列举的方式确认了“公共利益”的范围。有下列情形之一，确需征收房屋的，市、县级人民政府可以作出房屋征收决定：①国防和外交的需要；②由政府组织实施的能源、交通、水利等基础设施建设的需要；③由政府组织实施的科技、教育、文化、卫生、体育、环境和资源保护、防灾减灾、文物保护、社会福利、市政公用等公共事业的需要；④由政府组织实施的保障性安居工程建设的需要；⑤由政府依照城乡规划法有关规定组织实施的对危房集中、基础设施落后等地段进行旧城区改建的需要；⑥法律、行政法规规定的其他公共利益的需要。

（2）该条例确立了房屋征收应当先补偿、后搬迁以及依市场价格补偿的原则。实施房屋征收应当先补偿、后搬迁。作出房屋征收决定的市、县级人民政府对被征收人给予补偿后，被征收人应当在补偿协议约定或者补偿决定确定的搬迁期限内完成搬迁。

市、县级人民政府作出房屋征收决定前，应当按照有关规定进行社会稳定风险评估；房屋征收决定涉及被征收人数量较多的，应当经政府常务会议讨论决定。作出房屋征收决定前，征收补偿费用应当足额到位、专户存储、专款专用。

对被征收房屋价值的补偿，不得低于房屋征收决定公告之日被征收房屋类似房地产的市场价格。被征收房屋的价值，由具有相应资质的房地产价格评估机构按照房屋征收评估办法评估确定。

（3）该条例确立了征收的公众参与和公开透明的正当法律程序。房屋征收部门拟定征收补偿方案，报市、县级人民政府。市、县级人民政府应当组织有关部门对征收补偿方案进行论证并予以公布，征求公众意见。征求意见期限不得少于30日。市、县级人民政府应当将征求意见情况和根据公众意见修改的情况及时公布。

因旧城区改建需要征收房屋，多数被征收人认为征收补偿方案不符合本条例规定的，市、县级人民政府应当组织由被征收人和公众代表参加的听证会，并根据听证会情况修改方案。

（4）该条例确立了对“五断”（断水、断热、断气、断电、断路）等野蛮拆迁、暴力拆迁行为的禁令和法律责任。任何单位和个人不得采取暴力、威胁或者违反规定中断供水、供热、供气、供电和道路通行等非法方式迫使被征收人搬迁。禁止建设单位参与搬迁活动。

（5）该条例确立了对被征收人较充分、较有效的救济途径。补偿协议订立后，一方当事人不履行补偿协议约定的义务的，另一方当事人可以依法提起诉讼。被征收人对补偿决定不服的，可以依法申请行政复议，也可以依法提起行政诉讼。

被征收人在法定期限内不申请行政复议或者不提起行政诉讼，在补偿决定规定的期限内又不搬迁的，由作出房屋征收决定的市、县级人民政府依法申请人民法院强制执行。

（三）企业国有化的规范

《中华人民共和国外资企业法》第5条规定：“国家对外资企业不实行国有化和征收；在特殊情况下，根据社会公共利益的需要，对外资企业可以依照法律程序实行征收，并给予相应的补偿。”

《中华人民共和国中外合资经营企业法》第2条规定：“中国政府依法保护外国合营者按照经中国政府批准的协议、合同、章程在合营企业的投

资、应分得的利润和其他合法权益。合营企业的一切活动应遵守中华人民共和国法律、法规的规定。国家对合营企业不实行国有化和征收；在特殊情况下，根据社会公共利益的需要，对合营企业可以依照法律程序实行征收，并给予相应的补偿。”

根据外资企业法和中外合资经营企业法的规定，国家保护外资企业和中外合资经营企业，对其不实行国有化和征收，但在特殊情况下，根据社会公共利益的需要，对外资企业和合营企业可以依照法律程序实行征收，并给予相应的补偿。财产征收还包括对相对人许可权利的提前收回。

二、征税的法律规定

（一）税收实体法

1. 法律

根据《立法法》第 8 条规定，税收基本制度，采法律保留原则，只能由全国人民代表大会及其常务委员会制定法律。全国人民代表大会应该制定税收基本法律，但至今，税收基本法律还没有制定。其他单行税收法律由全国人民代表大会制定的有两部，一是《中华人民共和国个人所得税法》（全国人大制定，全国人大常委会修改），二是《中华人民共和国企业所得税法》（全国人大制定，全国人大常委会修改）。

由全国人大常委会制定的税收法律有：《中华人民共和国车船税法》（2011 年全国人大常委会制定）；1993 年 12 月全国人民代表大会常务委员会审议通过的《全国人民代表大会常务委员会关于外商投资企业和外国企业适用增值税、消费税、营业税等税收暂行条例的决定》，严格来说，这还不能称为法律。

2. 行政法规和有关规范性文件

（1）根据《立法法》第 9 条规定，税收基本制度尚未制定法律的，全国人民代表大会及其常务委员会有权作出决定，授权国务院制定行政法规。现行增值税、消费税、营业税、车辆购置税、土地增值税、房产税、城镇土地使用税、耕地占用税、契税、资源税、船舶吨税、印花税、城市维护建设税、烟叶税、进出口关税等诸多税种，都是由国务院制定税收（暂行）条例。这些税收征收的行政法规的依据是，1985年通过的《全国人民代表大会关于授权国务院在经济体制改革和对外开放方面可以制定暂行的规定或者条例的决定》。①

（2）税收法律实施条例或实施细则。全国人民代表大会及其常务委员会制定的《个人所得税法》《企业所得税法》《车船税法》《税收征管法》，由国务院制定相应的实施条例或实施细则。

（3）税收的非基本制度规范。国务院根据实际工作需要制定的规范性文件，包括国务院或者国务院办公厅发布的通知、决定等。如2006年5月国务院办公厅转发建设部、财政部、国家税务总局等部门《关于调整住房供应结构稳定住房价格意见的通知》（国办发〔2006〕37号）中有关房地产交易营业税政策的规定。

（4）对税收行政法规具体规定所做的解释。如2004年2月《国务院办公厅对〈中华人民共和国城市维护建设税暂行条例〉第五条解释的复函》（国办函〔2004〕23号）。

（5）国务院所属部门发布的，经国务院批准的规范性文件，视同国务院文件。如2006年3月财政部、国家税务总局经国务院批准发布的《财政部、国家税务总局关于调整和完善消费税政策的通知》（财税〔2006〕33号）。

（二）税收征收程序法

《税收征收管理法》由全国人民代表大会常务委员会制定修改，该法详细规定了税务机关征收税款的程序。征税程序大致分为三个步骤：税务登记、纳税申报和税款征收。

1. 税务登记

税务登记的程序是，企业及其在外地设立的分支机构和从事生产、经营的场所，个体工商户和从事生产、经营的事业单位，自领取营业执照之日起

① 该决定的内容是："为了保障经济体制改革和对外开放工作的顺利进行，第六届全国人民代表大会第三次会议决定：授权国务院对于有关经济体制改革和对外开放方面的问题，必要时可以根据宪法，在同有关法律和全国人民代表大会及其常务委员会的有关决定的基本原则不相抵触的前提下，制定暂行的规定或者条例，颁布实施，并报全国人民代表大会常务委员会备案。经过实践检验，条件成熟时由全国人民代表大会或者全国人民代表大会常务委员会制定法律。"

30日内，应持有关证件，向税务机关申报办理税务登记。税务机关审核后发给税务登记证件。从事生产、经营的纳税人，其税务登记内容如发生变化，应自工商行政管理机关办理变更登记之日起30日内，或者在向工商行政管理机关申请办理注销登记之前，持有关证件向税务机关申报办理变更或注销税务登记。

2. 纳税申报

纳税人应在法律、行政法规规定或税务机关依法确定的申报期限内办理纳税申报，并报送纳税申报表、财务会计报表以及税务机关根据实际需要要求纳税人报送的其他材料。扣缴义务人则应在申报期限内报送代扣代缴、代收代缴税款报告表以及税务机关根据实际需要要求扣缴义务人报送的其他资料。

3. 税款征收

纳税人、扣缴义务人根据法定期限或税务机关依法确定的期限缴纳或解缴税款，纳税人有特殊困难，经税务机关批准，可延期缴纳（延期最长不超过3个月）。纳税人、扣缴义务人未按规定期限缴纳或解缴税款，税务机关应责令其限期缴纳，并自其滞纳之日起，按日加收滞纳税款千分之二的滞纳金。

三、征费的法律规定

征费是否采法律保留原则，目前还未形成共识。与不动产征收、房屋征收的法律规定相比，征费到目前为止，还没有立法给予全面规范，只有国务院的一些意见、通知等。基本有以下几个方面的征费规定。

（一）公路运输管理费

公路运输管理费主要是由部委规章、地方性法规和地方政府规章及其他规范性文件，对运管费的性质、征收主体、征收对象、征收标准作了一系列的规定，成为运管费征收的依据。如《公路运输管理费征收和使用规定》（1986年9月10日交通部、财政部〔86〕交公路字663号发）；《公路运输管理费征收和使用规定实施意见》（1986年10月6日交通部公路局〔86〕公路运管字171号发)；《公路运输管理暂行条例》(1986年12月9日交通部、国家经济委员会〔86〕交公路字1013号发）第47、48条。

（二）港口建设费

港口建设费是为了加快港口的发展建设，特别设置的一项港口费目，征收管理工作由交通部（现交通运输部）负责。其依据是国务院《港口建设费征收办法》（1985年）的规定，由交通运输部负责的，向进出对外开放口岸港口辖区范围的所有码头、浮筒、锚地及从事水域过驳等装卸作业的货物征收，专项用于港口建设的国家政府性基金。港口建设费的义务缴费人为发货人（或其代理人）或收货人（或其代理人）。

（三）排污费

排污费是直接向环境排放污染物的单位和个体工商户（以下简称排污者）依法征收的费用。排污费分为非超标排污费和超标排污费两种，是污染者支付原则的具体化排污费的征费依据是，国务院于2002年通过的《排污费征收使用管理条例》，该条例自2003年7月1日起施行。

另外，国家发展和改革委员会、财政部和环境保护部于2014年联合印发的《关于调整排污费征收标准等有关问题的通知》，要求各省（区、市）结合实际，调整污水、废气主要污染物排污费征收标准，提高收缴率，实行差别化排污收费政策，利用经济手段、价格杠杆作用，建立有效的约束和激励机制，促使企业主动治污减排，保护生态环境。

（四）教育费附加

教育费附加是政府为扶持教育发展，计征用于教育的政府性基金。教育费附加是由税务机关负责征收，同级教育部门统筹安排，同级财政部门监督管理，专门用于发展地方教育事业的预算外资金。《国务院关于筹措农村学校办学经费的通知》（国发〔1984〕174号文）始开征农村教育事业经费附加。

国务院的《征收教育费附加的暂行规定》（国发〔1986〕50号）指出，凡缴纳产品税、增值税、营业税的单位和个人，除按照《国务院关于筹措农村学校办学经费的通知》的规定，缴纳农村教育事业费附加的单位外，都应当按照该规定缴纳教育费附加。从1986年7月起，以各单位和个人实际缴纳的增值税、营业税、消费税总额的2%计征。《国务院关于教育费附加征收问题的紧急通知》（国发明电〔1994〕2号）规定，从1994年1月1日起，教育费附加率提高为3%。2005年《国务院关于修改〈征收教育费附加的暂行规定〉的决定》对《征收教育费附加的暂行规定》作出修订。

《国务院关于统一内外资企业和个人城市维护建设税和教育费附加制度的通知》（国发〔2010〕35号）和财政部、国家税务总局（财税〔2010〕103号）文件明确了外商投资企业、外国企业和外籍人员适用于现行有效的城市维护建设税和教育费附加政策规定，凡是缴纳增值税、消费税和营业税的外商投资企业、外国企业和外籍人员纳税人均需按规定缴纳城市维护建设税和教育费附加。

根据2011年《国务院关于废止和修改部分行政法规的决定》，对《征收教育费附加的暂行规定》进行了第三次修订。此外，一些地方政府为发展地方教育事业，还根据教育法的规定，开征了“地方教育附加费”。

第三节　行政征收争讼

由行政征收行为的性质所决定，法院对行政征收行为的司法审查应包括以下几个方面的内容：（1）审查行政征收行为适用法律、法规是否错误。行政征收行为适用法律法规错误表现为没有法律依据的征收、征收行为应该适用甲法律却适用了乙法律、征收行为应该适用甲条却错误地适用了乙条等。（2）审查行政征收行为是否超越职权。行政征收行为超越职权既可能表现为实施征收行为的主体不享有征收权，也可能表现为享有征收权的主体实施的征收行为超越了自身的权限范围。（3）审查应征主体是否负有法律缴纳义务。（4）审查征收标的是否在实施征收的范围之内。（5）审查征收额是否符合法定征收标准。（6）审查征收行为是否属于重复征收。（7）审查征收行为是否违反法定程序。

一、普通行政征收案例

【典型案例】

案例7.1 广州德发房产建设有限公司诉广州市地方税务局第一稽查局税务处理决定案①

【基本案情】2005年1月，广州德发房产建设有限公司（以下简称德发公司）委托拍卖行将其自有的位于广州市人民中路555号“美国银行中心”的房产拍卖后，按1.38255亿元的拍卖成交价格，向税务部门缴付了营业税6912750元及堤围防护费124429.5元，并取得了相应的完税凭证。2006年，广州市地方税务局第一稽查局（以下简称广州税稽一局）在检查德发公司2004年至2005年地方税费的缴纳情况时，认为德发公司的上述房产拍卖成交单价格2300元/㎡，不及市场价的一半，价格严重偏低，遂于2009年9月，作出穗地税稽一处〔2009〕66号税务处理决定，核定德发公司委托拍卖的上述房产的交易价格为311678775元，并以311678775元为标准核定应缴纳营业税及堤围防护费，决定追缴德发公司未缴纳的营业税8671188.75元，加收营业税滞纳金2805129.56元；决定追缴堤围防护费156081.40元，加收滞纳金堤围防护费48619.36元。德发公司不服该决定，提起行政诉讼。

【本案争议点】（1）税务部门稽查企业纳税是否合法；（2）税务部门确定纳税额应以何为标准；（3）对于增加纳税人义务征收行为如何处理。

【法律简析】再审法院认为：（1）对不违反法律原则和精神的行政惯例应当予以尊重。广州税稽一局在查处涉嫌税务违法行为时，依据《税收征管法》第35条规定核定纳税义务人的应纳税额是其职权的内在要求和必要延伸，符合税务稽查的业务特点和执法规律，符合《国家税务总局关于稽查局职责问题的通知》关于税务局和稽查局的职权范围划分的精神，不构成超越职权。（2）税务机关确定应纳税额时，应当尊重市场行为形成的市场价格；其基于国家税收利益的考虑否定拍卖价格作为计税价格时，行使《税收征管

① 最高人民法院行政审判十大典型案例（第一批），2017年6月13日发布。

法》第35条第1款第6项应纳税额核定权时，应当受到严格限制。纳税义务人以拍卖不动产的拍卖价格作为计税依据依法纳税后，在该拍卖行为未被有权机关依法认定为无效或者认定存在违反拍卖法的行为并影响拍卖价格的情况下，税务机关原则上不能根据《税收征管法》第35条第1款第6项的规定行使应纳税额核定权，但如果拍卖行为中存在影响充分竞价的因素导致拍卖价格过低，如本案中的一人竞拍时，税务机关基于国家税收利益的考虑，有权行使应纳税额核定权。(3) 没有法律、法规和规章的规定，行政机关不得作出影响行政相对人合法权益或者增加行政相对人义务的决定。税务机关根据《税收征管法》第35条第1款第6项的规定行使应纳税额核定权，应当受到《税收征管法》第52条关于追缴税款和滞纳金的条件和期限的限制；因不能归责于纳税义务人的原因时，新确定的应纳税额，缴纳义务应当自核定之日发生，征收该应纳税额确定之前的税收滞纳金没有法律依据。

【裁判结果】 判决撤销一审、二审判决（一审判决驳回德发公司诉讼请求，二审维持一审判决，驳回德发公司上诉），并撤销被诉处理决定中加收营业税滞纳金和堤围防护费滞纳金的部分。

案例7.2 袁某某诉于都县人民政府物价行政征收案①

【基本案情】 袁某某的住房位于都县中心城区规划范围。于都县人民政府（以下简称于都县政府）委托于都县自来水公司，根据袁某某使用自来水情况，征收了袁某某的污水处理费1273.2元。袁某某以于都县政府对其征收污水处理费违法为由，诉至法院，请求依法判决于都县政府全部退还已征收的污水处理费，并对于府办发〔2010〕4号《于都县人民政府办公室关于印发于都县城市污水处理费征收工作实施方案的通知》的合法性进行审查。

【本案争议点】 (1) 被告向原告征收的污水处理费是否有法律依据；(2) 原告请求一并审查被告下发的"通知"应否支持。

【法律简析】 终审法院认为，根据《中华人民共和国水污染防治法》（以

---

① "江西高院发布2017年行政诉讼典型案例"，江西法院网，http://jxfy.chinacourt.org/article/detail/2017/12/id/3098145.shtml，访问日期：2019年4月16日。

下简称《水污染防治法》）等法律、法规规定，向城镇排水与污水处理设施排放污水、废水的单位和个人应当缴纳污水处理费。同时，江西省发展改革委员会《关于统一调整全省城市污水处理费征收标准的通知》及赣州市物价局《关于核定于都县城市污水处理费征收标准的批复》规定的征收污水处理费的范围，明确是“在城市污水集中处理规划区范围内向城市排污管网和污水集中处理设施排放达标污水的所有用水单位和个人”。但于府办发〔2010〕4号文所确定的污水处理费征收范围却扩大至“于都县中心城区规划区范围内所有使用城市供水的企业、单位和个人”，违反法律、法规、规章及上级行政机关规范性文件规定，不能作为于都县政府征收袁某某污水处理费的合法依据。法院认为该征收行为应予撤销。

【裁判结果】判决撤销于都县政府征收袁某某城市污水处理费的行为，责令于都县政府于判决生效之日起30内向袁某某返还1273.2元污水处理费。同时，向于都县政府发送司法建议，建议该府对于府办发〔2010〕4号文中与上位法相冲突的内容进行修改。

【同类案例】

案例7.3　孙某某诉马鞍山市水利局林业行政征用案①

【本案争议点】水利部门实施的征用行为是否合法，以及征用后是否应对原告的损失进行补偿。

【法律简析】终审法院认为，案涉滩地系长江自然冲刷形成，根据《物权法》第48条的规定属于国有土地，不存在征收问题，马鞍山市水利局因河道整治工程需要征用的是滩涂上的林木。根据《物权法》第44条规定，个人的动产或不动产因紧急需要被征用后毁损、灭失的，应当给予补偿。要求确认马鞍山市水利局征收林地行为违法的理由不能成立。

【裁判结果】判决撤销一审判决（确认被告马鞍山市水利局强制征收原告孙某某承包林地行为违法），驳回孙某某的诉讼请求。同时，基于征用使原告造成的经济损失应予补偿。应委托第三方评估机构，就孙某某被毁损林

---

① “安徽发布‘民告官’案件十大典型案例，行政机关败诉6件（2016年）”，人民网，http：//ah.people.com.cn/n2/2016/1008/c358266－29106413－2.html，访问日期：2019年4月16日。

木的价值出具评估报告，解决相应的补偿问题。

案例7.4 赵某某诉淄博市淄川区社会劳动保险事业分处社会保险费征缴决定案①

【本案争议点】社会保险管理部门向个人征缴保险费是否合法。

【法律简析】法院认为，《中华人民共和国社会保险法》（以下简称《社会保险法》）第60条规定，职工应当缴纳的社会保险费由用人单位代扣代缴，用人单位应当按月将缴纳社会保险费的明细情况告知本人。人力资源和社会保障部制定的《实施〈中华人民共和国社会保险法〉若干规定》第20条规定："职工应当缴纳的社会保险费由用人单位代扣代缴。用人单位未依法代扣代缴的，由社会保险费征收机构责令用人单位限期代缴，并自欠缴之日起向用人单位按日加万分之五的滞纳金。用人单位不得要求职工承担滞纳金。"本案中，对于淄川社保分处再次向赵某某作出川社险缴字〔2014〕第3号个人缴纳社会保险费通知书，违反上述法律规章的规定，致使淄川区社会劳动保险事业分处根据该通知要求向赵某某征收6505.72元社会保险费失去依据。

【裁判结果】判决撤销淄川区社会劳动保险事业分处川社险缴字〔2014〕第3号个人缴纳社会保险费通知书，退还社会保险费6505.72元。

二、房地产征收案例

【典型案例】

案例7.5 孔某某诉泗水县人民政府房屋征收决定案②

【基本案情】2011年4月6日，泗水县人民政府作出泗政发〔2011〕15号《泗水县人民政府关于对泗城泗河路东林业局片区和泗河路西古城路北片区实施房屋征收的决定》（以下简称《决定》），其征收补偿方案规定，选择货币补偿的，被征收主房按照该地块多层产权调换安

---

① "山东省高级人民法院发布十大行政典型案例（2015年）"，法律家，http://www.fae.cn/kx1725.html，访问日期：2019年4月16日。

② "最高法公布全国法院征收拆迁十大典型案例（2014年第一批）"，中国法院网，https://www.chinacourt.org/article/detail/2014/08/id/1429378.shtml，访问日期：2019年4月16日。

置房的优惠价格补偿；选择产权调换的，安置房超出主房补偿面积的部分由被征收人出资，超出10平方米以内的按优惠价结算房价，超出10平方米以外的部分按市场价格结算房价；被征收主房面积大于安置房面积的部分，按照安置房优惠价增加300元/m^2标准给予货币补偿。原告孔某某的房屋在被征收范围内，其不服该决定，提起行政诉讼。

【本案争议点】泗水县人民政府对征收补偿价格的确定是否合理。

【法律简析】法院认为，根据《国有土地上房屋征收与补偿条例》第2条、第19条规定，征收国有土地上单位、个人的房屋，应当对被征收房屋所有权人给予公平补偿。对被征收房屋价值的补偿，不得低于房屋征收决定公告之日被征收房屋类似房地产的市场价格。根据该立法的精神，对被征收房屋的补偿，应参照就近区位新建商品房的价格，以被征收人在房屋被征收后居住条件、生活质量不降低为宜。本案中，优惠价格显然低于市场价格，对被征收房屋的补偿价格也明显低于被征收人的出资购买价格。该征收补偿方案的规定对被征收人显失公平，违反了上述条例的相关规定。

【裁判结果】判决撤销泗水县人民政府作出的《决定》。

案例7.6 艾某某、沙某某诉马鞍山市雨山区人民政府房屋征收补偿决定案①

【基本案情】2012年3月20日，马鞍山市雨山区人民政府发布雨城征〔2012〕2号《雨山区人民政府征收决定》及《采石古镇旧城改造项目房屋征收公告》。艾某某、沙某某名下的马鞍山市雨山区采石九华街22号房屋位于征收范围内，其房产证记载：房屋建筑面积774.59平方米；房屋产别，私产；设计用途，商业。土地证记载使用权面积1185.9平方米；地类（用途），综合；使用权类型，出让。2012年12月，雨山区房屋征收部门在司法工作人员全程见证和监督下，抽签确定雨山区采石九华街22号房屋的房地产价格评估机构为安徽民生房地产评估有限公司。2012年12月12日，安徽民生房地产评估有限公司向雨山区房屋征收部门提交了对艾某某、沙某某名下房屋作出的市

① "最高法公布全国法院征收拆迁十大典型案例（2014年第一批）"，中国法院网，https://www.chinacourt.org/article/detail/2014/08/id/1429378.shtml，访问日期：2019年4月16日。

场价值估价报告。2013 年 1 月 16 日，雨山区人民政府对被征收人艾某某、沙某某作出雨政征补〔2013〕21 号《房屋征收补偿决定书》。艾某某、沙某某认为，被告作出补偿决定前没有向原告送达房屋评估结果，剥夺了原告依法享有的权利，故提起行政诉讼，请求依法撤销该《房屋征收补偿决定书》。

【本案争议点】房屋征收过程中的价格评估程序是否合法。

【法律简析】法院认为，根据《国有土地上房屋征收与补偿条例》第 19 条的规定，被征收房屋的价值，由房地产价格评估机构按照房屋征收评估办法评估确定。对评估确定的被征收房屋价值有异议的，可以向房地产价格评估机构申请复核评估。对复核结果有异议的，可以向房地产价格评估专家委员会申请鉴定。根据住房和城乡建设部颁发的《国有土地上房屋征收评估办法》第 16 条、第 17 条、第 20 条、第 22 条的规定，房屋征收部门应当将房屋分户初步评估结果在征收范围内向被征收人公示。公示期满后，房屋征收部门应当向被征收人转交分户评估报告。被征收人对评估结果有异议的，自收到评估报告 10 日内，向房地产评估机构申请复核评估。对复核结果有异议的，自收到复核结果 10 日内，向房地产价格评估专家委员会申请鉴定。从本案现有证据看，雨山区房屋征收部门在安徽民生房地产评估有限公司对采石九华街 22 号作出的商业房地产市场价值评估报告后，未将该报告内容及时送达艾某某、沙某某并公告，致使艾某某、沙某某对其房产评估价格申请复核评估和申请房地产价格评估专家委员会鉴定的权利丧失，属于违反法定程序。

【裁判结果】判决撤销雨山区人民政府作出的雨政征补〔2013〕21 号《房屋征收补偿决定书》。

【同类案例】

案例 7.7 何某诉淮安市淮阴区人民政府房屋征收补偿决定案[①]

【本案争议点】淮安市淮阴区政府的征收补偿决定是否剥夺了原告的补偿方式的选择权。

---

① “最高法公布全国法院征收拆迁十大典型案例（2014 年第一批）”，中国法院网，https://www.chinacourt.org/article/detail/2014/08/id/1429378.shtml，访问日期：2019 年 4 月 16 日。

【法律简析】法院认为，根据《国有土地上房屋征收与补偿条例》第21条第1款规定，被征收人可以选择货币补偿，也可以选择产权调换。本案中，可以认定何某选择的补偿方式为产权调换，但被诉补偿决定确定的是货币补偿方式，侵害了何某的补偿选择权。

【裁判结果】判决撤销淮政房征补决字〔2012〕01号《房屋征收补偿决定书》。

案例7.8 文某安诉商城县人民政府房屋征收补偿决定案[①]

【本案争议点】(1) 评估机构选择程序是否合法；(2) 对原告的房屋权属确认是否正确。

【法律简析】法院认为，第一，商城县房屋征收部门于2012年12月8日发布《关于迎春台棚户区房屋征收评估机构选择公告》，但商城县人民政府直到2012年12月24日才作出《关于迎春台安置区改造建设房屋征收的决定》，即先发布房屋征收评估机构选择公告，后作出房屋征收决定。这不符合《国有土地上房屋征收与补偿条例》第20条第1款有关“房地产价格评估机构由被征收人协商选定；协商不成的，通过多数决定、随机选定等方式确定，具体办法由省、自治区、直辖市制定”的规定与《河南省实施〈国有土地上房屋征收与补偿条例〉的规定》第6条的规定，违反法定程序。第二，被告在《关于文某安房屋产权主体不一致的情况说明》中称“文某安在评估过程中拒绝配合致使评估人员未能进入房屋勘察”，但在《迎春台安置区房地产权属情况调查认定报告》中称“此面积为县征收办入户丈量面积、房地产权属情况为权属无争议”。被告提供的证据相互矛盾，且没有充分证据证明系因原告的原因导致被告无法履行勘察程序；该房屋所有权证及国有土地使用权证登记的权利人均为第三人文某而非文某安，被告对该被征收土地上房屋权属问题的认定确有错误。

【裁判结果】判决撤销商政补决字〔2013〕3号《商城县人民政府房屋征收补偿决定书》。

---

① “最高法公布全国法院征收拆迁十大典型案例（2014年第一批）”，中国法院网，https：//www.chinacourt.org/article/detail/2014/08/id/1429378.shtml，访问日期：2019年4月16日。

案例 7.9 吉林省永吉县龙达物资经销处诉吉林省永吉县人民政府征收补偿案[①]

【本案争议点】吉林省永吉县人民政府的征收补偿评估报告是否合法。

【法律简析】法院认为，被诉房屋征收补偿决定依据的评估报告从形式要件看，分别存在没有评估师签字，未附带设备、资产明细或者说明，未标注或者释明被征收人申请复核评估的权利等不符合法定要求的形式问题；从实体内容看，在对被征收的附属物评估和资产、设备评估上均存在评估漏项的问题。上述评估报告明显缺乏客观性、公正性，不能作为被诉房屋征收补偿决定的合法依据。

【裁判结果】判决撤销被诉永政房征补〔2015〕3号房屋征收补偿决定，责令永吉县人民政府60日内重新作出行政行为。

案例 7.10 文某某诉安岳县国土资源局土地行政命令案[②]

【本案争议点】安岳县国土资源局对土地实施征收的行为是否合法。

【法律简析】法院认为，根据《土地管理法实施条例》和《四川省〈中华人民共和国土地管理法〉实施办法》的规定，依法妥善安置补偿后，当事人无正当理由仍然拒不搬迁的，土地管理部门才能作出限期责令交出土地的行政决定。本案中，安岳县国土资源局未与文某某就安置补偿事宜达成协议，又未依照安置补偿方案计算出文某某房屋及其他地上附着物的补偿金额，更未实际支付相关补偿费用，在此情形下即责令文某某限期搬迁，交出土地，明显不符合法律规定。

【裁判结果】判决撤销安岳县国土资源局对文某某作出的《责令交出土地决定书》。

---

① “人民法院征收拆迁典型案例（2017年第二批）”，最高人民法院网，http：//www.court.gov.cn/zixun-xiangqing-95912.html，访问日期：2019年4月16日。

② “四川省高级人民法院发布行政审判十大典型案例（2015年）”，法律家，http：//www.fae.cn/kx1652.html，访问日期：2019年4月16日。

案例 7.11 陈某某诉舟山市定海区人民政府房屋行政征收案①

【本案争议点】超出城市土地公益征收范围的农村集体土地，定海区人民政府是否有权直接收归国有。

【法律简析】法院认为，涉案旧城改造项目有利于改善居住条件和生活环境，且该区块内的被征收人均能受益，该区块内 90% 以上的被征收人同意涉案旧城改造项目，符合公共利益；涉案旧城改造所涉房屋征收范围已纳入土地利用总体规划、《舟山市定海城区分区规划（2004 - 2020 年）》及《舟山市定海城区旧城改造专项规划（2012 - 2022 年）》，且该旧城改造项目已列入 2013 年定海区国民经济和社会发展年度计划；被诉征收决定中所涉国有土地上房屋的征收程序，符合《国有土地上房屋征收与补偿条例》规定。对于该案涉及的集体土地，根据《土地管理法》第 45 条第 2 款，被告无权作出涉及集体土地上房屋的征收决定。被告在本案所涉征收范围内的农村集体土地未经依法征收的情形下，直接在作出被诉房屋征收决定时规定“涉及城市规划区内集体土地上房屋参照国有土地上房屋进行征收补偿与安置”，违反了《土地管理法》等相关规定。综上，被告作出的被诉房屋征收决定中，涉及征收集体土地上房屋部分，其不具备法定职权，违反法定程序，适用法律、法规错误。因撤销该具体行政行为将会给公共利益造成重大损失，且浙江省人民政府已批准征收被诉房屋征收决定确定的征收范围内的集体土地。

【裁判结果】判决确认被诉房屋征收决定中涉及征收集体土地上房屋的行政行为违法；责令被告采取相应的补救措施；驳回原告其他诉讼请求。

案例 7.12 罗某诉某区人民政府房屋行政决定案②

【本案争议点】某区政府的征地拆迁程序是否合法。

【法律简析】法院认为，某区人民政府提交的房屋补偿评价

---

① “浙江法院学习贯彻新《行政诉讼法》暨行政审判情况通报”，浙江法院新闻网，http://www.zjcourt.cn/art/2014/11/13/art_48_7444.html，访问日期：2019 年 4 月 16 日。

② “2015 年青海法院行政案件司法审查报告”，青海法院网，http://qhfy.chinacourt.org/public/detail.php?id=17378，访问日期：2019 年 4 月 16 日。

表无房屋征收部门、被征收人及评估师的签字或盖章确认，不能证明已履行了确定房地产评估机构名录并予以公布、确定房地产评估机构、签订评估合同、提交评估报告、评估异议复核等程序。同时，某区人民政府亦未向法庭提交征收决定、征收补偿方案等证据。

【裁判结果】判决撤销某区人民政府作出的拆补〔006〕号房屋拆迁补偿决定；责令某区人民政府重新作出行政行为。

案例7.13 李某诉某县人民政府征收行政决定案①

【本案争议点】某县政府的征收决定遗漏了补偿事项，应如何处理。

【法律简析】终审法院认为，《国有土地上房屋征收与补偿条例》第25条规定，补偿的具体内容包括补偿方式、补偿金额和支付期限、用于产权调换房屋的地点和面积、搬迁费、临时安置费或者周转用房、停产停业损失、搬迁期限、过渡方式、过渡期限等事项。其中，补偿方式、补偿金额和支付期限、搬迁费、搬迁期限这些内容是每一个被征收人都应当获得的补偿事项，每一份征收补偿决定都不能漏项，缺少其中的任何一项都不合法。某县人民政府作出的《房屋征收补偿决定书》遗漏了必须具备的补偿事项，遂将该案发回重审。在发回重审期间，某县政府作出《房屋征收补充决定书》，载明搬迁费为500元。

【裁判结果】二审法院鉴于某县人民政府在发回重审期间就遗漏的补偿事项已经作出了补充决定，结合案情驳回了李某上诉，维持了驳回李某诉讼请求的判决。

案例7.14 扶绥县渠黎镇渠黎社区居委会第一、第二村民小组诉扶绥县国土资源局责令限期交出土地行政决定案②

【本案争议点】扶绥县国土资源局责令原告限期交出土地的行政决定是

---

① “2015年青海法院行政案件司法审查报告”，青海法院网，http：//qhfy. chinacourt. org/public/detail. php？ id＝17378，访问日期：2019年4月16日。

② “广西高级人民法院公布十起民告官典型案例（2015年）”，华律网，http：//www. 66law. cn/domainblog/115540. aspx，访问日期：2019年4月16日。

否合法。

【法律简析】扶绥县人民政府对某村民小组与该政府实施的渠黎旧城改造、南宁至扶绥二级路建设项目征收的土地权属争议作出的确权处理决定，经过法院判决已经发生法律效力。后政府依处理决定征用了村民小组集体土地并支付征地补偿费，该村民小组逾期未领取征地补偿费并拒绝交出土地，2013 年扶绥县国土资源局作出责令村民小组交出已被征用土地的决定。村民小组起诉该责令限期交出土地决定。

法院认为，国土资源局的责令限期交出土地决定有 1.69 亩的土地没有在征用地的范围内，但处理决定中却已认定“该地已于 2007 年经自治区人民政府批准征收”，鉴于这一事实，国土资源局却将未征用的土地纳入已征收土地范围内，要求村民小组交出，显然是错误的。

【裁判结果】法院向国土资源局发出司法建议，该局采纳了建议并自行撤销作出的原处理决定。村民小组撤回起诉。

案例 7.15　王某某诉商丘市睢阳区人民政府房屋征收补偿决定案①

【本案争议点】睢阳区人民政府作出的房屋征收补偿决定是否合法。

【法律简析】2012 年，商丘市睢阳区人民政府启动了商丘市睢阳区长江鑫苑棚户区改造项目，王某某的房屋在该项目房屋征收的范围内。由于王某某与睢阳区政府未能达成征收补偿安置协议，睢阳区政府作出了商睢政征补〔2013〕1 号房屋补偿决定。王某某不服该补偿决定，提起行政诉讼。

法院认为，被诉房屋征收补偿决定的产权调换方式中，用于产权调换房屋的地点和面积等均不明确，不符合法律规定。

【裁判结果】判决撤销被诉商睢政补〔2013〕1 号房屋补偿决定。

① “河南高院对外公布 8 起行政典型案例（2015 年）”，河南省高级人民法院，http：//www.hncourt.gov.cn/public/detail.php？id＝154752，访问日期：2019 年 4 月 16 日。

案例 7.16　行政执法部门的工作不规范、不精细导致败诉[1]

【本案争议点】某县人民政府错发土地补偿款的行为应如何处理。

【法律简析】2013 年，经省政府批准，某县人民政府依法对杨某某的 1.7 亩土地予以征用，应付杨某某土地补偿款为 73336.00 元。在发放补偿款折子时，杨某某的弟弟来领取该补偿款折子，后其弟弟意外去世，杨某某到村委会领取补偿款存折时，村委会告知被其弟代领，后发现该存折少了 4 万元。杨某某认为该存折应当向本人发放，县人民政府发放给其弟的行为损害了其合法权益，遂诉至法院，请求确认某县人民政府发放补偿款的行政行为违法并要求给付补偿款 73336.00 元。

法院认为，虽然杨某某与其弟系兄弟关系，但两人分属不同户。由其弟代领杨某某的存折理应出具授权委托书或其他证明委托关系存在的证据。但县人民政府在证明被诉行为合法时未提供杨某某授权的相关证据。

【裁判结果】判令县人民政府给付土地补偿款 73336.00 元。

案例 7.17　王某某诉张掖市甘州区人民政府、张掖市人民政府房屋拆迁行政补偿案[2]

【本案争议点】甘州区人民政府的房屋征收程序是否合法。

【法律简析】法院认为，依据《国有土地上房屋征收与补偿条例》第 19、20 条和《甘肃省实施〈国有土地上房屋征收与补偿条例〉若干规定》第 7 条的规定，被告甘州区人民政府在房屋征收过程中，存在评估机构的选定程序违法，委托的张掖市价格认证中心无房地产评估机构，其作出的《房屋价格认证结论书》不能作为《房屋征收补偿决定》的货币补偿标准，故属主要证据不足。被告市人民政府在复议案件的办理中，对区人民政府作出的行政行为未全面审查，在对该房屋征收补偿决定中存在的问题未予纠正的前

---

① “2016 年行政机关败诉典型案例”，载“青海高法：一审全部结案中行政机关败诉率居全国首位，发布五个典型案例（2016 年）”，搜狐社会，http：//www.sohu.com/a/145761742_363891，访问日期：2019 年 4 月 16 日。

② “2016 年度行政审判十大典型案例 · 甘肃高院”，个人图书馆，http：//www.360doc.com/content/17/0108/13/27225667_621038229.shtml，访问日期：2019 年 4 月 16 日。

提下作出《行政复议决定书》。

【裁判结果】判决撤销被告还人民政府作出的《房屋征收补偿决定》及市人民政府作出的《行政复议决定书》。

深度阅读

1. 房绍坤、王洪平:《公益征收法研究(国家哲学社会科学成果文库)》,中国人民大学出版社2011年版。
2. 胡建淼:《公共行政组织及其法律规制暨行政征收与权利保护》,浙江大学出版社2008年版。
3. 金伟峰、姜裕富:《行政征收征用补偿制度研究》,浙江大学出版社2007年版。
4. 李万甫、孙红梅编:《税收征收管理法修订若干制度研究》,法律出版社2017年版。
5. 沈开举:《征收、征用与补偿》,法律出版社2006年版。
6. 闫海、王英明、吴凤君:《税收征收管理的法理与制度》,法律出版社2011年版。
7. 于宏伟:《国有土地上房屋征收与补偿条例焦点问题解析》,法律出版社2011年版。
8. 张国法:《房屋征收补偿与行政诉讼救济》,华夏出版社2011年版。

第八章　行政强制

本章提要

行政强制的概念出现于改革开放之后出版的第一本行政法教科书。[①]之后对行政强制理论的讨论不断深入。特别是进入21世纪以来，专门研究行政强制理论的著作出版。这些著作对行政强制的理论和行政强制立法等问题进行了广泛的讨论，介绍了外国行政强制的理论和制度。尤其对行政强制的法理基础、行政强制的基本原则和行政强制措施与行政强制执行的关系等问题进行重点研究。

2011年《行政强制法》审议通过，这部法律在总则部分规定了行政强制的基本原则，将行政强制分为行政强制措施和行政强制执行两类。在此基础上对行政强制措施和行政强制执行的设定、实施主体和实施程序等问题进行了规范。

在司法审查上，由于《行政强制法》的制定实施，从而为法院审理有关行政强制案件提供了审查依据。

第一节　行政强制理论概要

一、行政强制的概念和特征

（一）行政强制的概念

行政强制，是指在行政过程中，出现违反义务或者义务不履行的情况下，

① 王珉灿主编：《行政法概要》，法律出版社1983年版，第125－126页。该教材使用了“行政措施”和“强制执行”两个概念。

为确保行政的实效性，维护和实现公共利益，由行政主体或者行政主体申请法院，对公民、法人或者其他组织的人身、自由以及财产等予以强制而采取的措施。[①] 该概念也基本为《行政强制法》吸收。唯须澄清的是，外国的“即时强制”与我国的“行政强制措施”是何种关系。或认为我国的行政强制制度中，是否排除了“即时强制”？为此，有学者通过对比分析中外行政强制概念的演变和内涵，从而得出结论认为，“虽然中外有关‘行政强制’的立法与概念，在表述上有一定的差异，但总体理念上的架构是一致的”。[②] 我国立法中的“行政强制措施”对应外国的“行政法上的即时强制”；我国立法中的“行政强制执行”对应国外的“行政法上的强制执行”。

（二）行政强制的特征

20 世纪 90 年代出版的教材中，有学者将行政强制的特征概括为以下四个方面，即行政强制的主体、行政强制的对象、行政强制的目的和行政强制的法律性质（具有可诉性的具体行政行为）。[③] 现在有学者主要从行政强制的主体、行政强制的目的、行政强制的内容和行政强制的对象及客体四个方面进行说明。[④] 分析行政强制的特征主要是为了将它与其他的行政行为区别开来，以体现行政强制的特殊性。为此，下面三点特征可能是行政强制区别于其他行政行为所特有的。

1. 实施主体的独特性

大多数行政强制实施的主体是行政主体，也有一些特殊的行政强制（某些行政强制执行）的主体为法院。行政主体和法院根据法律、法规的规定实施行政强制。这是行政强制和诉讼强制及刑事强制区分的特征。

2. 强制性

强制性包含下面两个含义：（1）手段的强制性。行政机关拥有使用强制手段的权力，行政相对人抗拒行政强制要承担相应的法律责任。（2）行为的

---

① ［日］南博方：《行政法（第六版）》，杨建顺译，中国人民大学出版社 2009 年版，第 121 页。

② 胡建淼：《行政强制法论：基于〈中华人民共和国行政强制法〉》，法律出版社 2014 年版，第 46 页。

③ 罗豪才主编：《行政法学（新编本）》，北京大学出版社 1996 年版，第 231－232 页。

④ 姜明安：《行政法》，北京大学出版社 2017 年版，第 357－358 页。

强制性。行政强制是一种依职权的侵益性的行政行为。强制性是行政强制和依申请之行政行为及非强制性的依职权的行政行为区分的特征。

3. 手段性

行政强制不对行政相对人的合法权益作出结论性处分，具有暂时性、手段性的特征。一旦实现了相关目的，行政强制应当立即终结。手段性是行政强制与行政处罚、行政裁决和行政征收等依职权性的强制性的行政行为区分的特征。

以上三个特征，基本上可以把行政强制和其他类型的国家强制及其他类型化的行政行为准确加以区分。

二、行政强制的分类

《行政强制法》第2条第1款采用了将行政强制分为行政强制措施和行政强制执行的两分法。故目前我国有基于学理的分类和基于《行政强制法》两种分类观点。

（一）纯理论分类

有学者将行政强制在学术上分为以下类别：（1）即时强制和非即时强制，这是以行政机关作出强制决定的时间为准所作的分类；（2）预防性强制、制止性强制和执行性强制，这是根据强制的目的所作的分类；（3）间接强制和直接强制，这是根据是否对强制对象直接采取强制措施为标准所作的分类。[①]

（二）基于《行政强制法》的分类

按照《行政强制法》的分类，行政强制分为行政强制措施和行政强制执行两大类。

1. 行政强制措施的类别

有学者将行政强制措施分为如下类别：限制人身自由的措施、限制财产权的措施和限制住宅权的措施；事先的预防性措施、事中的制止性措施和事后的执行性措施；独立性措施与辅助性措施；检查性措施与处置性措施；综合性措施与单一性措施；常态措施与非常态措施；受《行政强制法》调整的

---

① 姜明安：《行政法》，北京大学出版社2017年版，第358－359页。

措施与受其他法调整的措施，等等。[①] 本书将行政强制措施分为以下三大类。

（1）普通行政强制措施。《行政强制法》第 9 条列举了四种类型：限制公民人身自由，查封场所、设施或者财物，扣押财物，冻结存款、汇款，并作了“其他行政强制措施”的兜底规定。

（2）行政上的即时强制，是指行政主体根据目前的紧迫情况没有时间发布命令，或者虽然有发布命令的时间，但若发布命令便难以达到预期行政目的时，为了创造出行政上所必要的状态，行政主体不必以相对人不履行义务为前提，便可对相对人的人身、自由和财产予以强制的活动或者行为。

（3）行政调查中的强制，是指为了执行行政目的，由行政主体依据其职权，对一定范围内的行政相对人进行的，能够影响相对人权益的检查、了解等信息收集活动。

2. 行政强制执行的类别

有学者将行政强制实行分为以下类别：行政机关自身强制执行与申请人民法院强制执行；对财产义务的执行与对行为义务的执行；对金钱给付义务的执行与对作为、不作为和容忍义务的执行；对可替代义务的执行与对不可替代义务的执行；直接强制执行与间接强制执行；行政机关申请的强制执行与行政裁决当事人申请的强制执行等种类。[②] 对行政强制执行的分类有诸多方法。

（1）根据执行机关的不同，行政强制执行分为行政机关强制执行（行政性执行）和行政机关申请人民法院强制执行（司法性执行）两类。

（2）根据执行的方式，行政强制执行分为以下种类：执行罚，即加处罚款或者滞纳金；强制划拨，即划拨存款、汇款；拍卖、查封和扣押，即对场所、设施或者财物的拍卖或者依法查封、扣押；代履行（代执行）；排除妨碍、恢复原状等；其他强制执行，即为实现行政的实效性而由法律设定的、尚未被类型化的强制执行。

（3）根据执行的对象，行政强制执行分为对物（财产）、行为和人身自由的三种类型：①对物（财产）的行政强制执行；②对行为的行政强制执

---

① 胡建淼：《行政强制法论：基于〈中华人民共和国行政强制法〉》，法律出版社 2014 年版，第 152 页。

② 同上书，第 322－327 页。

行；③对人身及人身自由的行政强制执行。

（4）根据强制手段相对于被强制义务人的形态，行政强制执行一般分为间接强制和直接强制两种。其一，间接强制。间接强制是指行政强制执行机关通过间接手段迫使义务人履行其应当履行的义务的行政强制执行。间接强制又分为代履行和执行罚两种。其二，直接强制。直接强制是指行政强制执行机关对拒不履行其应履行的义务的行政相对人的人身或者财产施以强制力，以达到与义务主体履行义务相同状态的行政强制措施。直接强制可分为人身强制执行和财产强制执行两种。

第二节　行政强制法律规范

一、行政强制法典

《行政强制法》于2011年通过，并自2012年1月1日起施行。根据该法的规定，除应对突发事件时行政机关采取应急措施或者临时措施，以及行政机关采取金融业审慎监管措施、进出境货物强制性技术监控措施外，所有的行政强制的设定和实施均应适用行政强制法。该法确认了行政强制的几个原则：法定原则、行政强制适当的原则、说服教育和强制相结合的原则、行政强制不得滥用的原则和保护当事人合法权益等原则。

（一）行政强制措施的种类和设定

1. 行政强制措施的种类

《行政强制法》第9条明确规定行政强制措施的种类有：限制公民人身自由，查封场所、设施或者财物，扣押财物，冻结存款、汇款，其他行政强制措施。行政强制措施一般分为以下三类。

（1）对人身自由的强制措施。限制公民人身自由的强制措施，是指为制止违法行为、避免危害发生、控制危险扩大等情形，行政机关依法对公民的人身自由实施暂时性限制。例如，强制传唤、强制隔离、强制带离现场。

（2）对财产的行政强制措施。包括查封场所、设施或者财物，扣押财物，冻结存款、汇款。这三类行政强制措施属于对财产采用的强制措施。

查封是行政机关对公民、法人或者其他组织的场所或物品进行封存，不准转移和处理的措施，可以适用于财物，也可适用于场所和设施。扣押指行政机关将公民、法人或者其他组织的财物移至另外场所加以扣留，不准被执行人占有、使用和处分的措施，主要适用于财物。冻结指限制金融资产流动的行政强制措施，包括冻结存款和冻结汇款。

（3）其他行政强制措施。这是行政强制措施种类的兜底性、概括性规定，除法律规定的四种外，还有许多强制措施没有列举，如《中华人民共和国专利法》（以下简称《专利法》）第 49 条规定的强制许可，《中华人民共和国计量法》第 9 条规定的强制检定，《动物防疫法》第 21 条规定的“隔离、扑杀、销毁、消毒、紧急免疫接种”，《中华人民共和国外汇管理条例》第 45 条、第 46 条规定的强制收兑。

2. 行政强制措施的设定

（1）法律的设定权。法律可以设定所有的行政强制措施，并且限制公民人身自由、冻结存款、汇款的行政强制措施，以及其他应由法律设定的事项，只能由法律设定。

（2）行政法规的设定权。行政法规对行政强制措施的设定包括两种情形：第一种情形是尚未制定法律，且属于国务院行政管理职权事项的，行政法规可以设定除限制公民人身自由、冻结存款、汇款和应当由法律规定的行政强制措施以外的其他行政强制措施。第二种情形是某一领域或事项已制定的法律设定了行政强制措施，且对行政强制措施的对象、条件、种类作了规定的，行政法规只能对已创设的行政强制措施作出细化规定，不得作出扩大规定；如已制定的法律未设定行政强制措施，行政法规原则上不得设定行政强制措施。不过，在符合特定条件时行政法规可以设定行政强制措施，即单行法律规定特定事项由行政法规规定具体管理措施，行政法规可以设定由法律保留设定的行政强制措施之外的其他行政强制措施。

（3）地方性法规的设定权。尚未制定法律、行政法规，且属于地方性事务的，可以设定的行政强制措施有两类，即查封场所、设施或者财物和扣押

财物。

对法律已设定的行政强制措施，地方性法规只能对法律所规定的行政强制措施的对象、条件、种类作细化规定，不得作出扩大规定。如法律中未设定行政强制措施的，地方性法规不得设定行政强制措施。

除法律、法规以外的其他规范性文件，均不得设定行政强制措施。

（二）行政强制措施实施程序

1. 实施行政强制措施的主体

行政强制措施由法律、法规规定的行政机关在法定职权范围内实施。依据《行政处罚法》的规定行使相对集中行政处罚权的行政机关，可以实施法律、法规规定的与行政处罚权有关的行政强制措施。行政强制措施应当由行政机关具备资格的行政执法人员实施，其他人员不得实施，即行政强制措施实施权不得委托。

2. 一般程序要求

实施行政强制措施的一般程序，指行政机关实施各类行政强制措施均需要遵守的程序环节和要求。

（1）报告和批准。行政机关实施行政强制措施前须向行政机关负责人报告并经批准。情况紧急，需要当场实施行政强制措施的，行政执法人员应当在 24 小时内向行政机关负责人报告，并补办批准手续。行政机关负责人认为不应当采取行政强制措施的，应当立即解除。

（2）表明身份。行政强制措施应由两名以上行政执法人员实施。实施时，执法人员应出示执法身份证件，表明身份。

（3）通知当事人到场。当事人不到场的，应邀请见证人到场，由见证人和行政执法人员在现场笔录上签名或者盖章。

（4）告知和说明理由。执法人员应当场告知当事人采取行政强制措施的理由、依据以及当事人依法享有的权利、救济途径。

（5）听取当事人的陈述和申辩。

（6）制作现场笔录。现场笔录由当事人和行政执法人员签名或者盖章，当事人拒绝的，在笔录中予以注明。

3. 限制人身自由强制措施的实施程序

行政机关实施限制人身自由强制措施后应当场告知或者实施行政强制措施后立即通知当事人家属实施行政强制措施的行政机关、地点和期限。在紧急情况下当场实施行政强制措施的，在返回行政机关后，相关工作人员应立即向行政机关负责人报告并补办批准手续。如法律规定对此类措施的其他程序作出规定，应从其规定。

行政机关实施限制人身自由的行政强制措施不得超过法定期限。实施行政强制措施的目的已经达到或者条件已经消失，行政机关应当立即解除。

4. 查封、扣押强制措施的实施程序

（1）对象要求。限于涉案的场所、设施或者财物，行政机关不得查封、扣押与违法行为无关的场所、设施或者财物，不得查封、扣押公民个人及其所扶养家属的生活必需品，对当事人的场所、设施或者财物已被其他国家机关依法查封的，不得重复查封。

（2）形式要求。行政机关决定实施查封、扣押的，应当制作并当场交付查封、扣押决定书和清单。

（3）期限。查封、扣押的期限不得超过 30 日，如法律、行政法规另有规定的，从其规定。情况复杂的，经行政机关负责人批准，可以延长，但是延长期限不得超过 30 日。延长查封、扣押的决定应当及时书面告知当事人，并说明理由。对物品需要进行检测、检验、检疫或者技术鉴定的，查封、扣押的期间不包括检测、检验、检疫或者技术鉴定的期间。检测、检验、检疫或者技术鉴定的期间应当明确，并书面告知当事人。检测、检验、检疫或者技术鉴定的费用由行政机关承担。

（4）保管及费用。对查封、扣押的场所、设施或者财物，行政机关应当妥善保管，不得使用或者损毁；造成损失的，应当承担赔偿责任。对查封的场所、设施或者财物，行政机关可以委托第三人保管，第三人不得损毁或者擅自转移、处置。因第三人的原因造成的损失，行政机关先行赔付后，有权向第三人追偿。因查封、扣押发生的保管费用由行政机关承担。

5. 冻结强制措施的实施程序

（1）只能由法律规定的行政机关实施。冻结这一强制措施的实施主体只

能由法律规定的行政机关实施，其他任何行政机关或者组织不得冻结存款、汇款。

（2）对象要求。冻结存款、汇款的数额应当与违法行为涉及的金额相当；已被其他国家机关依法冻结的，不得重复冻结。

（3）冻结通知书。行政机关依照法律规定决定实施冻结存款、汇款时，在遵守一般程序要求的同时，还应一并向金融机构交付冻结通知书。金融机构接到行政机关依法作出的冻结通知书后，应当立即予以冻结，不得拖延，不得在冻结前向当事人泄露信息。

（4）冻结决定书。作出决定的行政机关应当在 3 日内向当事人交付冻结决定书。冻结决定书应当载明下列事项：当事人的姓名或者名称、地址；冻结的理由、依据和期限；冻结的账号和数额；申请行政复议或者提起行政诉讼的途径和期限；行政机关的名称、印章和日期。

（5）期限。除法律另有规定的，冻结的期限为 30 日。自冻结存款、汇款之日起 30 日内，行政机关应当作出处理决定或者作出解除冻结决定；情况复杂的，经行政机关负责人批准，可以延长，但是延长期限不得超过 30 日。延长冻结的决定应当及时书面告知当事人，并说明理由。

（三）行政强制执行的方式和设定

1. 行政强制执行方式

《行政强制法》第 12 条规定的行政强制执行方式有：加处罚款或者滞纳金，划拨存款、汇款，拍卖或者依法处理查封、扣押的场所、设施或者财物，排除妨碍、恢复原状，代履行，其他强制执行方式等六种。不同的行政机关可以采取的行政强制执行方式应依法律规定。

（1）加处罚款或者滞纳金。这是指在当事人逾期不履行义务时，行政机关要求当事人承担一定的金钱给付义务，促使其履行义务的执行方式。如当事人不缴纳罚款，行政机关依法加处罚款或者滞纳金。值得注意的是，这里虽用的是罚款，但不是行政处罚，而是一种行政强制执行方式。这是间接强制的执行方式，属于执行罚。如《行政处罚法》规定，行政相对人到期不交罚款，每日按罚款数额的百分之三加处罚款。

（2）划拨存款、汇款。这是直接强制方式，采用这种执行方式的行政机关，需要法律的明确授权。目前，行政机关划拨存款、汇款只适用于税收、社保费征收等少数领域。

（3）拍卖或者依法处理查封、扣押的场所、设施或者财物。行政处罚法规定，采用此种执行方式，必须由法律规定。目前《税收征收管理法》《海关法》以及《行政强制法》第46条规定了此执行方式。此外，行政机关拍卖财物必须委托拍卖机构依法拍卖。

（4）排除妨碍、恢复原状。如《中华人民共和国道路交通安全法》（以下简称《道路交通安全法》）第104条、《水法》第65条、《中华人民共和国气象法》第35条规定了此执行方式。

（5）代履行。这是指行政机关依法作出要求当事人履行排除妨碍、恢复原状等义务的行政决定，当事人逾期不履行，经催告仍不履行，其后果已经或者将危害交通安全、造成环境污染或者破坏自然资源的，行政机关可以代履行，或者委托没有利害关系的第三人代履行，费用除法律另有规定外一般由当事人承担。

（6）其他强制执行方式。这是兜底性规定，除上述以外的其他执行方式，如《中华人民共和国兵役法》（以下简称《兵役法》）规定的强制履行兵役，《金银管理条例》规定的强制收购，《外汇管理条例》规定的强制回兑。

2. 行政强制执行的设定

《行政强制法》第13条规定："行政强制执行由法律设定。法律没有规定行政机关强制执行的，作出行政决定的行政机关应当申请人民法强制执行。"此规定要求行政机关的自行强制执行必须由法律设定，行政法规、地方性法规不得设定行政机关强制执行，因此，此规定限缩了行政强制法实施前授权行政机关能够自行强制执行的范围。

（四）行政机关强制执行程序

1. 行政机关自行强制执行权限

行政机关自行强制执行权的取得需要由全国人大及其常委会制定的法律授权。

《行政强制法》在规定单行法律可以授权行政机关自行强制执行时，也给予行政机关可以自行强制执行的两项授权。一是对违法建筑物、构筑物、设施等强制拆除。在程序上，行政机关应予以公告，限期当事人自行拆除。二是符合特定条件时对金钱给付义务的直接强制执行。

2. 一般程序及要求

对行政机关自行强制执行程序，无论采取何种措施均应遵循下列程序环节。

（1）督促催告。在进行强制执行前，行政机关应利用催告的方式，作最后一次的督促，让当事人自觉履行义务。

行政机关作出强制执行决定前，应当事先催告当事人履行义务。催告应当以书面形式作出，并载明下列事项：履行义务的期限；履行义务的方式；涉及金钱给付的，应当有明确的金额和给付方式；当事人依法享有的陈述权和申辩权。

在催告期间，对有证据证明有转移或者隐匿财物迹象的，行政机关可以作出立即强制执行决定。

（2）陈述与申辩。当事人收到催告书后有权进行陈述和申辩。行政机关应当充分听取当事人的意见，对当事人提出的事实、理由和证据，应当进行记录、复核。当事人提出的事实、理由或者证据成立的，行政机关应当采纳。

（3）作出强制执行决定和送达。经催告，当事人逾期仍不履行行政决定，且无正当理由的，行政机关可以作出强制执行决定。

强制执行决定应当以书面形式作出，并载明下列事项：当事人的姓名或者名称、地址；强制执行的理由和依据；强制执行的方式和时间；申请行政复议或者提起行政诉讼的途径和期限；行政机关的名称、印章和日期。

催告书、行政强制执行决定书应当直接送达当事人。当事人拒绝接收或者无法直接送达当事人的，应当依照民事诉讼法的有关规定送达。

（4）采取强制执行措施。文书经送达后，行政机关根据执行内容、标的等不同，分别采取不同的强制执行方式，并遵循不同的程序规定。行政机关不得在夜间或者法定节假日实施行政强制执行。但是，情况紧急的除外。

行政机关不得对居民生活采取停止供水、供电、供热、供燃气等方式迫使当事人履行相关行政决定。

（5）中止执行、终结执行和执行和解。第一，中止执行。有下列情形之一的，中止执行：当事人履行行政决定确有困难或者暂无履行能力的；第三人对执行标的主张权利，确有理由的；执行可能造成难以弥补的损失，且中止执行不损害公共利益的；行政机关认为需要中止执行的其他情形。

中止执行的情形消失后，行政机关应当恢复执行。对没有明显社会危害，当事人确无能力履行，中止执行满三年未恢复执行的，行政机关不再执行。

第二，终结执行。有下列情形之一的，终结执行：公民死亡，无遗产可供执行，又无义务承受人的；法人或者其他组织终止，无财产可供执行，又无义务承受人的；执行标的灭失的；据以执行的行政决定被撤销的；行政机关认为需要终结执行的其他情形。在执行中或者执行完毕后，据以执行的行政决定被撤销、变更，或者执行错误的，应当恢复原状或者退还财物；不能恢复原状或者退还财物的，依法给予赔偿。

第三，执行和解。实施行政强制执行，行政机关可以在不损害公共利益和他人合法权益的情况下，与当事人达成执行协议。执行协议可以约定分阶段履行；当事人采取补救措施的，可以减免加处的罚款或者滞纳金。执行协议应当履行，当事人不履行执行协议的，行政机关应当恢复强制执行。

3. 金钱给付义务的执行

（1）先采取间接强制措施。行政机关依法作出金钱给付义务的行政决定，当事人逾期不履行的，行政机关可以依法加处罚款或者滞纳金。加处罚款或者滞纳金的标准应当告知当事人。加处罚款或者滞纳金的数额不得超出金钱给付义务的数额。

（2）自行强制执行或申请法院执行。行政机关实施加处罚款或者滞纳金超过 30 日，经催告当事人仍不履行的，具有行政强制执行权的行政机关可以强制执行，没有行政强制执行权的行政机关应当申请人民法院强制执行。

（3）执行的程序要求。划拨存款、汇款应当由法律规定的行政机关决定，并书面通知金融机构。金融机构接到行政机关依法作出划拨存款、汇款的决定后，应当立即划拨。依法拍卖财物，由行政机关委托拍卖机构依照拍卖法的规定办理。

划拨的存款、汇款以及拍卖和依法处理所得的款项应当上缴国库或者划入财政专户。任何行政机关或者个人不得以任何形式截留、私分或者变相私分。

4. 代履行

（1）适用范围。行政机关依法作出要求当事人履行排除妨碍、恢复原状等义务的行政决定，当事人逾期不履行，经催告仍不履行，其后果已经或者将危害交通安全、造成环境污染或者破坏自然资源的，行政机关可以代履行，或者委托没有利害关系的第三人代履行。

（2）程序。原则上，代履行应当遵守下列规定：第一，代履行前送达决定书。代履行决定书应当载明当事人的姓名或者名称、地址，代履行的理由和依据、方式和时间、标的、费用预算以及代履行人；第二，催告履行。代履行三日前，催告当事人履行，当事人履行的，停止代履行；第三，实施代履行。代履行时，作出决定的行政机关应当派员到场监督，代履行完毕，行政机关到场监督的工作人员、代履行人和当事人或者见证人应当在执行文书上签名或者盖章。

代履行不得采用暴力、胁迫以及其他非法方式。对需要立即清除道路、河道、航道或者公共场所的遗洒物、障碍物或者污染物，当事人不能清除的，行政机关可以决定立即实施代履行；当事人不在场的，行政机关应当在事后立即通知当事人，并依法作出处理。

（3）费用。代履行的费用按照成本合理确定，由当事人承担。但是，法律另有规定的除外。

（五）申请法院强制执行

1. 适用条件

《行政强制法》第53条规定："当事人在法定期限内不申请行政复议或者提起行政诉讼，又不履行行政决定的，没有行政强制执行权的行政机关可以自期限届满之日起三个月内，依照本章规定申请人民法院强制执行。"因此，行政机关申请法院强制执行需要具备两个条件：一是行政机关无强制执行权；二是当事人既不寻求救济也不履行行政决定。申请期限为自期限届满之日起三个月内。

2. 行政机关提出申请

（1）申请前的催告。行政机关申请人民法院强制执行前，应当催告当事人履行义务。催告书送达十日后当事人仍未履行义务的，行政机关可以申请法院强制执行。

（2）管辖法院。行政机关可以向所在地有管辖权的人民法院申请强制执行；执行对象是不动产的，向不动产所在地有管辖权的人民法院申请强制执行。

（3）申请材料。行政机关向人民法院申请强制执行，应当提供下列材料：强制执行申请书；行政决定书及作出决定的事实、理由和依据；当事人的意见及行政机关催告情况；申请强制执行标的情况；法律、行政法规规定的其他材料。强制执行申请书应当由行政机关负责人签名，加盖行政机关的印章并注明日期。

3. 法院的受理、审理和裁定

（1）受理。法院接到行政机关强制执行的申请，应当在5日内受理。行政机关对人民法院不予受理的裁定有异议的，可以在15日内向上一级人民法院申请复议，上一级人民法院应当自收到复议申请之日起15日内作出是否受理的裁定。

（2）审查。第一，审查方式。法院对行政机关强制执行的申请进行书面审查，即通过审阅书面材料的方式进行审查。根据《行政强制法》第58条的规定，法院发现有下列情形之一的，在作出裁定前可以听取被执行人和行政机关的意见：明显缺乏事实根据的，明显缺乏法律、法规依据的，其他明显违法并损害被执行人合法权益的。

第二，审查期限与案件处理。对一般的强制执行案件，法院的审查期限为七日。经审查，如行政机关提交的申请材料齐全，且行政决定具备法定执行效力的，法院应当自受理之日起七日内作出执行裁定。对出现《行政强制法》第58条规定情形的案件，法院的审查期限为30日。法院应当白受理之日起30日内作出是否执行的裁定，裁定不予执行的，应当说明理由，并在五日内将不予执行的裁定送达行政机关。行政机关对人民法院不予执行的裁定有异议的，可以自收到裁定之日起15日内向上一级人民法院申请复议，上一级人民法院应当自收到复议申请之日起30日作出是否执行的裁定。

因情况紧急，为保障公共安全，行政机关可以申请人民法院立即执行。经法院院长批准，人民法院应当自作出执行裁定之日起五日内执行。

第三，费用。行政机关申请人民法院强制执行，不缴纳申请费。强制执行的费用由被执行人承担。法院以划拨、拍卖方式强制执行的，可以在划拨、拍卖后将强制执行的费用扣除：依法拍卖财物，由法院委托拍卖机构依照拍卖法的规定办理。划拨的存款、汇款以及拍卖和依法处理所得的款项应当上缴国库或者划入财政专户，不得以任何形式截留、私分或者变相私分。

二、其他法律法规中的行政强制

（一）行政强制措施

1. 对人身自由的行政强制

其他法律中对人身自由的强制措施有留置盘问、人身检查、强制传唤、立即拘留、禁闭、强制隔离、强制约束、强制扣留、强制搜查、强制治疗、现场管制和强行驱散等。

（1）当场盘查。《人民警察法》第9条规定，“为维护社会治安秩序，公安机关的人民警察对有违法犯罪嫌疑的人员，经出示相应证件，可以当场盘问、检查……”

（2）留置盘问（继续盘问）。《人民警察法》第9条规定，“为维护社会治安秩序，公安机关的人民警察对有违法犯罪嫌疑的人员，经出示相应证件，……经盘问、检查，有下列情形之一的，可以将其带至公安机关，经该公安机关批准，对其继续盘问：（一）被指控有犯罪行为的；（二）有现场作案嫌疑的；（三）有作案嫌疑身份不明的；（四）携带的物品有可能是赃物的。对被盘问人的留置时间自带至公安机关之时起不超过二十四小时，在特殊情况下，经县级以上公安机关批准，可以延长至四十八小时，并应当留有盘问记录。对于批准继续盘问的，应当立即通知其家属或者其所在单位。对于不批准继续盘问的，应当立即释放被盘问人。经继续盘问，公安机关认为对被盘问人需要依法采取拘留或者其他强制措施的，应当在前款规定的期间作出决定；在前款规定的期间不能作出上述决定的，应当立即释放被盘问人”。

（3）强制传唤和询问查证。《治安管理处罚法》第 82 条第 2 款规定，“公安机关应当将传唤的原因和依据告知被传唤人。对无正当理由不接受传唤或者逃避传唤的人，可以强制传唤”。该法第 83 条第 1 款规定，“对违反治安管理行为人，公安机关传唤后应当及时询问查证，询问查证的时间不得超过八小时；情况复杂，依照本法规定可能适用行政拘留处罚的，询问查证的时间不得超过二十四小时”。

（4）拘留审查。《出境入境管理法》第 60 条规定，“外国人有本法第五十九条第一款规定情形之一的，经当场盘问或者继续盘问后仍不能排除嫌疑，需要作进一步调查的，可以拘留审查。实施拘留审查，应当出示拘留审查决定书，并在二十四小时内进行询问。发现不应当拘留审查的，应当立即解除拘留审查。拘留审查的期限不得超过三十日；案情复杂的，经上一级地方人民政府公安机关或者出入境边防检查机关批准可以延长至六十日。对国籍、身份不明的外国人，拘留审查期限自查清其国籍、身份之日起计算”。

（5）限制活动范围。《出境入境管理法》第 61 条规定，“外国人有下列情形之一的，不适用拘留审查，可以限制其活动范围：（一）患有严重疾病的；（二）怀孕或者哺乳自己不满一周岁婴儿的；（三）未满十六周岁或者已满七十周岁的；（四）不宜适用拘留审查的其他情形。被限制活动范围的外国人，应当按照要求接受审查，未经公安机关批准，不得离开限定的区域。限制活动范围的期限不得超过六十日。对国籍、身份不明的外国人，限制活动范围期限自查清其国籍、身份之日起计算”。

（6）引渡拘留。《中华人民共和国引渡法》第 5 条规定，“办理引渡案件，可以根据情况，对被请求引渡人采取引渡拘留、引渡逮捕或者引渡监视居住的强制措施”。该法第 30 条第 1 款规定，“对于外国正式提出引渡请求前，因紧急情况申请对将被请求引渡的人采取羁押措施的，公安机关可以根据外国的申请采取引渡拘留措施”。

（7）强制扣留。《中华人民共和国海关法》（以下简称《海关法》）第6条规定，“海关可以行使下列权力：……（四）……对有走私嫌疑的运输工具、货物、物品和走私犯罪嫌疑人，经直属海关关长或者其授权的隶属海关关长批准，可以扣留；对走私犯罪嫌疑人，扣留时间不超过二十四小时，在特殊情况下可以延长至四十八小时”。

（8）强制隔离戒毒。《禁毒法》第38条规定，“吸毒成瘾人员有下列情形之一的，由县级以上人民政府公安机关作出强制隔离戒毒的决定：（一）拒绝接受社区戒毒的；（二）在社区戒毒期间吸食、注射毒品的；（三）严重违反社区戒毒协议的；（四）经社区戒毒、强制隔离戒毒后再次吸食、注射毒品的。对于吸毒成瘾严重，通过社区戒毒难以戒除毒瘾的人员，公安机关可以直接作出强制隔离戒毒的决定。吸毒成瘾人员自愿接受强制隔离戒毒的，经公安机关同意，可以进入强制隔离戒毒场所戒毒”。

（9）强制治疗。《中华人民共和国刑法》第18条第1款规定，“精神病人在不能辨认或者不能控制自己行为的时候造成危害结果，经法定程序鉴定确认的，不负刑事责任，……在必要的时候，由政府强制医疗”。《中华人民共和国传染病防治法》第39条规定，“医疗机构发现甲类传染病时，应当及时采取下列措施：（一）对病人、病原携带者，予以隔离治疗，隔离期限根据医学检查结果确定；（二）对疑似病人，确诊前在指定场所单独隔离治疗；（三）对医疗机构内的病人、病原携带者、疑似病人的密切接触者，在指定场所进行医学观察和采取其他必要的预防措施。拒绝隔离治疗或者隔离期未满擅自脱离隔离治疗的，可以由公安机关协助医疗机构采取强制隔离治疗措施。医疗机构发现乙类或者丙类传染病病人，应当根据病情采取必要的治疗和控制传播措施。医疗机构对本单位内被传染病病原体污染的场所、物品以及医疗废物，必须依照法律、法规的规定实施消毒和无害化处置”。

（10）强制约束。《人民警察法》第14条规定，“公安机关的人民警察对严重危害公共安全或者他人人身安全的精神病人，可以采取保护性约束措施……”《治安管理处罚法》第15条第2款规定，“醉酒的人在醉酒状态中，对本人有危险或者对他人的人身、财产或者公共安全有威胁的，应当对其采取保护性措施约束至酒醒”。《道路交通安全法》第91条第2款规定，

“醉酒驾驶机动车的，由公安机关交通管理部门约束至酒醒……”该条第4款规定，“醉酒驾驶营运机动车的，由公安机关交通管理部门约束至酒醒……”

2. 查封场所、设施或者财物

有关设定该类行政强制措施的法律、行政法规有40多部。全国人民代表大会及其常务委员会制定的法律有：《行政处罚法》《邮政法》《食品安全法》《专利法》《反垄断法》《农产品质量安全法》《道路交通安全法》《消防法》《安全生产法》《税收征收管理法》《药品管理法》《产品质量法》《证券法》等。

国务院颁布的行政法规有：《关于加强食品等产品安全监督管理的特别规定》《棉花质量监督管理条例》《进出口商品检验法实施条例》《易制毒化学品管理条例》《直销管理条例》《禁止传销条例》《麻醉药品和精神药品管理条例》《出版管理条例》和《医疗器械监督管理条例》等。

3. 扣押财物

有关设定扣押措施的法律主要有：《水土保持法》《食品卫生法》《专利法》《反垄断法》《动物防疫法》《农产品质量安全法》《治安管理处罚法》《渔业法》《农业法》《安全生产法》《药品管理法》《税收征收管理法》《道路交通安全法》《枪支管理法》《种子法》《海关法》《邮政法》等。

有关设定扣押措施的行政法规主要有：《道路交通安全法实施条例》《知识产权海关保护条例》《内河交通安全管理条例》《公安机关督察条例》《禁止传销条例》《出版管理条例》《公司登记管理条例》等。

4. 冻结存款、汇款

下列五部法律直接规定行政机关或授权具有管理公共事务职能的组织拥有实施冻结存款、汇款的行政强制措施。

(1)《海关法》第61条第1款规定，“进出口货物的纳税义务人在规定的纳税期限内有明显的转移、藏匿其应税货物以及其他财产迹象的，海关可以责令纳税义务人提供担保；纳税义务人不能提供纳税担保的，经直属海关关长或者其授权的隶属海关关长批准，海关可以采取下列税收保全措施：(一) 书面通知纳税义务人开户银行或者其他金融机构暂停支付纳税义务人相当于应纳税款的存款……”

（2）《税收征收管理法》第 38 条规定，“税务机关有根据认为从事生产、经营的纳税人有逃避纳税义务行为的，可以在规定的纳税期之前，责令限期缴纳应纳税款；在限期内发现纳税人有明显的转移、隐匿其应纳税的商品、货物以及其他财产或者应纳税的收入的迹象的，税务机关可以责成纳税人提供纳税担保。如果纳税人不能提供纳税担保，经县以上税务局（分局）局长批准，税务机关可以采取下列税收保全措施：（一）书面通知纳税人开户银行或者其他金融机构冻结纳税人的金额相当于应纳税款的存款；……”

（3）《中华人民共和国证券法》第 180 条规定，“国务院证券监督管理机构依法履行职责，有权采取下列措施：……（六）查询当事人和与被调查事件有关的单位和个人的资金账户、证券账户和银行账户；对有证据证明已经或者可能转移或者隐匿违法资金、证券等涉案财产或者隐匿、伪造、毁损重要证据的，经国务院证券监督管理机构主要负责人批准，可以冻结或者查封……”

（4）《中华人民共和国反洗钱法》第 26 条第 1 款规定，“经调查仍不能排除洗钱嫌疑的，应当立即向有管辖权的侦查机关报案。客户要求将调查所涉及的账户资金转往境外的，经国务院反洗钱行政主管部门负责人批准，可以采取临时冻结措施”。

（5）《中华人民共和国证券投资基金法》第 113 条规定，“国务院证券监督管理机构依法履行职责，有权采取下列措施：……（六）查询当事人和与被调查事件有关的单位和个人的资金账户、证券账户和银行账户；对有证据证明已经或者可能转移或者隐匿违法资金、证券等涉案财产或者隐匿、伪造、毁损重要证据的，经国务院证券监督管理机构主要负责人批准，可以冻结或者查封……”

下列三部法律规定行政机关申请司法机关冻结有关当事人的资金。

（1）《中华人民共和国银行业监督管理法》第 41 条规定，“经国务院银行业监督管理机构或者其省一级派出机构负责人批准，银行业监督管理机构有权查询涉嫌金融违法的银行业金融机构及其工作人员以及关联行为人的账户；对涉嫌转移或者隐匿违法资金的，经银行业监督管理机构负责人批准，可以申请司法机关予以冻结”。

（2）《中华人民共和国保险法》第 153 条规定，“保险公司在整顿、接管、撤销清算期间，或者出现重大风险时，国务院保险监督管理机构可以对该公司直接负责的董事、监事、高级管理人员和其他直接责任人员采取以下措施：（一）通知出境管理机关依法阻止其出境；（二）申请司法机关禁止其转移、转让或者以其他方式处分财产，或者在财产上设定其他权利”。

（3）《审计法》第 34 条第 2 款规定，“审计机关对被审计单位违反前款规定的行为，有权予以制止；必要时，经县级以上人民政府审计机关负责人批准，有权封存有关资料和违反国家规定取得的资产；对其中在金融机构的有关存款需要予以冻结的，应当向人民法院提出申请”。

（二）行政强制执行

1. 对代履行的设定

（1）《中华人民共和国海上交通安全法》第 40 条规定，“对影响安全航行、航道整治以及有潜在爆炸危险的沉没物、漂浮物，其所有人、经营人应当在主管机关限定的时间内打捞清除。否则，主管机关有权采取措施强制打捞清除，其全部费用由沉没物、漂浮物的所有人、经营人承担。本条规定不影响沉没物、漂浮物的所有人、经营人向第三方索赔的权利”。

（2）《中华人民共和国防洪法》第 42 条规定，“对河道、湖泊范围内阻碍行洪的障碍物，按照谁设障、谁清除的原则，由防汛指挥机构责令限期清除；逾期不清除的，由防汛指挥机构组织强行清除，所需费用由设障者承担。在紧急防汛期，国家防汛指挥机构或者其授权的流域、省、自治区、直辖市防汛指挥机构有权对壅水、阻水严重的桥梁、引道、码头和其他跨河工程设施作出紧急处置”。

（3）《中华人民共和国森林法》（以下简称《森林法》）第 44 条第 3 款规定，“拒不补种树木或者补种不符合国家有关规定的，由林业主管部门代为补种，所需费用由违法者支付”。

（4）《海域使用管理法》第 47 条规定，“违反本法第二十九条第二款规定，海域使用权终止，原海域使用权人不按规定拆除用海设施和构筑物的，责令限期拆除；逾期拒不拆除的，处五万元以下的罚款，并由县级以上人民政府海洋行政主管部门委托有关单位代为拆除，所需费用由原海域使用权人承担”。

（5）《水法》第65条第1款规定，“在河道管理范围内建设妨碍行洪的建筑物、构筑物，或者从事影响河势稳定、危害河岸堤防安全和其他妨碍河道行洪的活动的，由县级以上人民政府水行政主管部门或者流域管理机构依据职权，责令停止违法行为，限期拆除违法建筑物、构筑物，恢复原状；逾期不拆除、不恢复原状的，强行拆除，所需费用由违法单位或者个人负担，并处一万元以上十万元以下的罚款”。

（6）《草原法》第71条规定，“在临时占用的草原上修建永久性建筑物、构筑物的，由县级以上地方人民政府草原行政主管部门依据职权责令限期拆除；逾期不拆除的，依法强制拆除，所需费用由违法者承担。临时占用草原，占用期届满，用地单位不予恢复草原植被的，由县级以上地方人民政府草原行政主管部门依据职权责令限期恢复；逾期不恢复的，由县级以上地方人民政府草原行政主管部门代为恢复，所需费用由违法者承担”。

（7）《中华人民共和国放射性污染防治法》第56条规定，“产生放射性固体废物的单位，不按照本法第四十五条的规定对其产生的放射性固体废物进行处置的，由审批该单位立项环境影响评价文件的环境保护行政主管部门责令停止违法行为，限期改正；逾期不改正的，指定有处置能力的单位代为处置，所需费用由产生放射性固体废物的单位承担……”

（8）《中华人民共和国港口法》第55条规定，“在港口水域内从事养殖、种植活动的，由海事管理机构责令限期改正；逾期不改正的，强制拆除养殖、种植设施，拆除费用由违法行为人承担……”

（9）《公路法》第79条规定，“违反本法第五十四条规定，在公路用地范围内设置公路标志以外的其他标志的，由交通主管部门责令限期拆除，……逾期不拆除的，由交通主管部门拆除，有关费用由设置者负担”。

（10）《中华人民共和国固体废物污染环境防治法》第55条规定，“产生危险废物的单位，必须按照国家有关规定处置危险废物，不得擅自倾倒、堆放；不处置的，由所在地县级以上地方人民政府环境保护行政主管部门责令限期改正；逾期不处置或者处置不符合国家有关规定的，由所在地县级以上地方人民政府环境保护行政主管部门指定单位按照国家有关规定代为处置，处置费用由产生危险废物的单位承担”。

（11）《文物保护法》第21条第1款规定，“国有不可移动文物由使用人负责修缮、保养；非国有不可移动文物由所有人负责修缮、保养。非国有不可移动文物有损毁危险，所有人不具备修缮能力的，当地人民政府应当给予帮助；所有人具备修缮能力而拒不依法履行修缮义务的，县级以上人民政府可以给予抢救修缮，所需费用由所有人负担”。

（12）《动物防疫法》第73条规定，“违反本法规定，有下列行为之一的，由动物卫生监督机构责令改正，给予警告；拒不改正的，由动物卫生监督机构代作处理，所需处理费用由违法行为人承担，可以处一千元以下罚款：（一）对饲养的动物不按照动物疫病强制免疫计划进行免疫接种的；（二）种用、乳用动物未经检测或者经检测不合格而不按照规定处理的；（三）动物、动物产品的运载工具在装载前和卸载后没有及时清洗、消毒的”。

（13）《水污染防治法》第85条第1款规定，“有下列行为之一的，由县级以上地方人民政府环境保护主管部门责令停止违法行为，限期采取治理措施，消除污染，处以罚款；逾期不采取治理措施的，环境保护主管部门可以指定有治理能力的单位代为治理，所需费用由违法者承担：（一）向水体排放油类、酸液、碱液的；（二）向水体排放剧毒废液，或者将含有汞、镉、砷、铬、铅、氰化物、黄磷等的可溶性剧毒废渣向水体排放、倾倒或者直接埋入地下的；（三）在水体清洗装贮过油类、有毒污染物的车辆或者容器的；（四）向水体排放、倾倒工业废渣、城镇垃圾或者其他废弃物，或者在江河、湖泊、运河、渠道、水库最高水位线以下的滩地、岸坡堆放、存贮固体废弃物或者其他污染物的；（五）向水体排放、倾倒放射性固体废物或者含有高放射性、中放射性物质的废水的；（六）违反国家有关规定或者标准，向水体排放含低放射性物质的废水、热废水或者含病原体的污水的；（七）未采取防渗漏等措施，或者未建设地下水水质监测井进行监测的；（八）加油站等的地下油罐未使用双层罐或者采取建造防渗池等其他有效措施，或者未进行防渗漏监测的；（九）未按照规定采取防护性措施，或者利用无防渗漏措施的沟渠、坑塘等输送或者存贮含有毒污染物的废水、含病原体的污水或者其他废弃物的”。

（14）《消防法》第 60 条第 3 款规定，“有本条第一款第三项、第四项、第五项、第六项行为，经责令改正拒不改正的，强制执行，所需费用由违法行为人承担”。

（15）《中华人民共和国水土保持法》（以下简称《水土保持法》）第 55 条规定，“违反本法规定，在水土保持方案确定的专门存放地以外的区域倾倒砂、石、土、矸石、尾矿、废渣等的，由县级以上地方人民政府水行政主管部门责令停止违法行为，限期清理，按照倾倒数量处每立方米十元以上二十元以下的罚款；逾期仍不清理的，县级以上地方人民政府水行政主管部门可以指定有清理能力的单位代为清理，所需费用由违法行为人承担”。

2. 对加收滞纳金的设定

（1）《水法》第 70 条规定，“拒不缴纳、拖延缴纳或者拖欠水资源费的，由县级以上人民政府水行政主管部门或者流域管理机构依据职权，责令限期缴纳；逾期不缴纳的，从滞纳之日起按日加收滞纳部分千分之二的滞纳金，并处应缴或者补缴水资源费一倍以上五倍以下的罚款”。

（2）《水土保持法》第 57 条规定，“违反本法规定，拒不缴纳水土保持补偿费的，由县级以上人民政府水行政主管部门责令限期缴纳；逾期不缴纳的，自滞纳之日起按日加收滞纳部分万分之五的滞纳金，可以处应缴水土保持补偿费三倍以下的罚款”。

（3）《劳动法》第 100 条规定，“用人单位无故不缴纳社会保险费的，由劳动行政部门责令其限期缴纳；逾期不缴的，可以加收滞纳金”。

（4）《税收征收管理法》第 32 条规定，“纳税人未按照规定期限缴纳税款的，扣缴义务人未按照规定期限解缴税款的，税务机关除责令限期缴纳外，从滞纳税款之日起，按日加收滞纳税款万分之五的滞纳金”。

（5）《中华人民共和国人口与计划生育法》第 41 条规定，“不符合本法第十八条规定生育子女的公民，应当依法缴纳社会抚养费。未在规定的期限内足额缴纳应当缴纳的社会抚养费的，自欠缴之日起，按照国家有关规定加收滞纳金；仍不缴纳的，由作出征收决定的计划生育行政部门依法向人民法院申请强制执行”。

（6）《社会保险法》第 86 条规定，“用人单位未按时足额缴纳社会保险费的，由社会保险费征收机构责令限期缴纳或者补足，并自欠缴之日起，按日加收万分之五的滞纳金；逾期仍不缴纳的，由有关行政部门处欠缴数额一倍以上三倍以下的罚款”。

3. 对直接执行的设定

（1）对税款的直接执行。《税收征收管理法》第40条规定，“从事生产、经营的纳税人、扣缴义务人未按照规定的期限缴纳或者解缴税款，纳税担保人未按照规定的期限缴纳所担保的税款，由税务机关责令限期缴纳，逾期仍未缴纳的，经县以上税务局（分局）局长批准，税务机关可以采取下列强制执行措施：（一）书面通知其开户银行或者其他金融机构从其存款中扣缴税款；（二）扣押、查封、依法拍卖或者变卖其价值相当于应纳税款的商品、货物或者其他财产，以拍卖或者变卖所得抵缴税款。税务机关采取强制执行措施时，对前款所列纳税人、扣缴义务人、纳税担保人未缴纳的滞纳金同时强制执行。个人及其所扶养家属维持生活必需的住房和用品，不在强制执行措施的范围之内”。

《海关法》第60条规定，“进出口货物的纳税义务人，应当自海关填发税款缴款书之日起十五日内缴纳税款；逾期缴纳的，由海关征收滞纳金。纳税义务人、担保人超过三个月仍未缴纳的，经直属海关关长或者其授权的隶属海关关长批准，海关可以采取下列强制措施：（一）书面通知其开户银行或者其他金融机构从其存款中扣缴税款；（二）将应税货物依法变卖，以变卖所得抵缴税款；（三）扣留并依法变卖其价值相当于应纳税款的货物或者其他财产，以变卖所得抵缴税款。海关采取强制措施时，对前款所列纳税义务人、担保人未缴纳的滞纳金同时强制执行。进出境物品的纳税义务人，应当在物品放行前缴纳税款”。

（2）对罚款的直接执行。《治安管理处罚法》第104条规定，“受到罚款处罚的人应当自收到处罚决定书之日起十五日内，到指定的银行缴纳罚款。但是，有下列情形之一的，人民警察可以当场收缴罚款：（一）被处五十元以下罚款，被处罚人对罚款无异议的；（二）在边远、水上、交通不便地区，公安机关及其人民警察依照本法的规定作出罚款决定后，被处罚人向指定的银行缴纳罚款确有困难，经被处罚人提出的；（三）被处罚人在当地没有固定住所，不当场收缴事后难以执行的”。

（3）对违法建筑物的直接拆除。《城乡规划法》第64条规定，“未取得建设工程规划许可证或者未按照建设工程规划许可证的规定进行建设的，由县级以上地方人民政府城乡规划主管部门责令停止建设；尚可采取改正措施消除对规划实施的影响的，限期改正，处建设工程造价百分之五以上百分之十以下的罚款；无法采取改正措施消除影响的，限期拆除，不能拆除的，没收实物或者违法收入，可以并处建设工程造价百分之十以下的罚款”。

该法第65条规定，“在乡、村庄规划区内未依法取得乡村建设规划许可证或者未按照乡村建设规划许可证的规定进行建设的，由乡、镇人民政府责令停止建设、限期改正；逾期不改正的，可以拆除”。该法第68条规定，“城乡规划主管部门作出责令停止建设或者限期拆除的决定后，当事人不停止建设或者逾期不拆除的，建设工程所在地县级以上地方人民政府可以责成有关部门采取查封施工现场、强制拆除等措施”。

（4）对人身的直接执行。《兵役法》第66条第1款规定，“有服兵役义务的公民有下列行为之一的，由县级人民政府责令限期改正；逾期不改的，由县级人民政府强制其履行兵役义务，并可以处以罚款：（一）拒绝、逃避兵役登记和体格检查的；（二）应征公民拒绝、逃避征集的；（三）预备役人员拒绝、逃避参加军事训练、执行军事勤务和征召的”。

《治安管理处罚法》第103条规定，“对被决定给予行政拘留处罚的人，由作出决定的公安机关送达拘留所执行”。

（5）对其他义务的直接执行。《消防法》第70条第4、5款规定，“当事人逾期不执行停产停业、停止使用、停止施工决定的，由作出决定的公安机关消防机构强制执行。责令停产停业，对经济和社会生活影响较大的，由公安机关消防机构提出意见，并由公安机关报请本级人民政府依法决定。本级人民政府组织公安机关等部门实施”。

《中华人民共和国电力法》第61条规定，“违反本法第十一条第二款的规定，非法占用变电设施用地、输电线路走廊或者电缆通道的，由县级以上地方人民政府责令限期改正；逾期不改正的，强制清除障碍”。

第三节 行政强制争讼

为防止行政主体采取不当或违法行政强制给相对人带来权益损害，有关法律赋予行政相对人就违法实施的行政强制措施寻求救济的权利。《行政复议法》第6条赋予行政相对人对行政强制措施申请复议的权利。《行政诉讼法》第12条规定，行政相对人“对限制人身自由或者对财产的查封、扣押、冻结等强制措施不服的”，可以向人民法院提起行政诉讼。为保障行政相对人能够依法取得国家赔偿，《国家赔偿法》第3条、第4条分别规定违法对人身权和财产权采取行政强制措施的，受害人有取得行政赔偿的权利。

【典型案例】

案例8.1 刘某某诉山西省太原市公安局交通警察支队晋源一大队道路交通管理行政强制案①

【基本案情】2001年7月，刘某某购买东风运输汽车一辆。2006年12月12日，刘某某雇用的司机驾驶该车行驶至太原市和平路西峪乡路口时，山西省太原市公安局交通警察支队晋源一大队（以下简称晋源交警一大队）执勤民警以该车未经年审为由将该车扣留。2006年12月14日，刘某某携带审验手续前往处理。晋源交警一大队执勤民警在核实过程中又发现无法查验该车的发动机号码和车架号码，遂以涉嫌套牌为由继续扣留，并口头告知刘某某提供其他合法有效手续。刘某某虽多次托人交涉并提供更换发动机缸体、更换发动机缸体造成不显示发动机号码、车架用钢板铆钉加固致使车架号码被遮盖等证明材料，但晋源交警一大队一直以其不能提供车辆合法来历证明为由扣留。刘某某不服，提起行政诉讼。法院审理期间，组织当事人对加固车架的钢板铆钉进行了切割查验，显示该车车架号码为GAGJBDK0110××××2219，而该车行驶证载明的车架号码为LGAGJBDK0110××××2219。

【本案争议点】公安交警部门扣留涉案车辆的程序是否正当合法。

---

① 最高人民法院行政审判十大典型案例（第一批），2017年6月13日发布。

【法律简析】最高人民法院认为，在刘某某提交合法年审手续后，晋源交警一大队又发现涉案车辆涉嫌套牌时，可依法继续扣留，但其行为违反法定程序，且始终未出具任何形式的书面扣留决定。涉案车辆确系我国生产的东风运输汽车，特定汽车生产厂家生产的特定汽车的车架号码最后8位字符组成的字符串具有唯一性，切割查验后显示的车架号码和行驶证所载车架号码的最后8位字符完全一致，可以认定被扣留车辆即为行驶证载明的车辆。晋源交警一大队认定涉案车辆涉嫌套牌而持续扣留，构成主要证据不足。在刘某某提交相关材料后，晋源交警一大队既不返还，又不积极调查核实，反复要求刘某某提供客观上已无法提供的其他合法来历证明，长期扣留涉案车辆不予处理，构成滥用职权。

【裁判结果】判决撤销一审、二审判决（一审判决驳回刘某某的诉讼请求；二审判决撤销一审判决，责令晋源交警一大队在判决生效后30日内对扣留涉案车辆依法作出处理并答复刘某某，驳回刘某某的其他诉讼请求），确认晋源交警一大队扣留涉案车辆违法，判令晋源交警一大队在判决生效后30日内将涉案车辆返还刘某某。

【同类案例】

案例8.2　舒某某诉繁昌县孙村镇人民政府房屋拆除强制执行案[①]

【本案争议点】孙村镇人民政府强制拆除行为的程序是否正当合法。

【法律简析】法院认为，对违法建筑的强制拆除，应严格遵循《行政强制法》的规定。《行政强制法》第34条规定："行政机关依法作出行政决定后，当事人在行政机关决定的期限内不履行义务的，具有行政强制执行权的行政机关依照本章规定强制执行。"该法第43条第1款规定："行政机关不得在夜间或者法定节假日实行强制执行……"本案中，虽然舒某某未取得乡村建设规划许可证即在农村集体土地上建房，属违法建筑，依法应予拆除，

① "安徽发布'民告官'案件十大典型案例，行政机关败诉6件（2016年）"，人民网，http：//ah.people.com.cn/n2/2016/1008/c358266－29106413.html，访问日期：2019年4月16日。

但孙村镇城管执法分局于2015年2月9日上午10时许，向舒某某送达《限期拆除违法建设通知书》，要求其3日内自行拆除，在自行拆除期限尚未届满的情况下，孙村镇人民政府即于2月12日夜间组织实施强制拆除舒某某涉案房屋，违反法定程序。

【裁判结果】判决确认被告繁昌县孙村镇人民政府于2015年2月12日凌晨对舒某某房屋实施行政强制拆除的行为违法。

案例8.3 重庆博之鸣畜产品有限公司诉重庆市盐务管理局梁平县分局行政强制措施案①

【本案争议点】盐务管理部门实施行政强制措施的程序是否合法。

【法律简析】法院认为，梁平县分局实施扣押博之鸣公司盐产品的强制措施时虽然当场告知了采取行政强制措施的理由和依据，制作并当场交付查封决定书，但未告知原告依法享有的权利、救济途径，亦未听取原告的陈述和申辩，查封、扣押决定书遗漏应当载明的申请救济的途径和期限事项，亦未制作并当场交付查封、扣押清单。其后，梁平县分局违反了查封、扣押期限届满应当及时作出解除查封、扣押决定的法定处理方式，属程序违法且适用法律错误。

【裁判结果】判决撤销梁平县分局作出的〔梁〕盐政物字〔2014〕第04号盐业行政执法扣押财物决定书并责令将被扣押的10.875吨肠衣盐予以返还。

案例8.4 欧某某诉泸州市江阳区泰安镇人民政府土地行政强制案②

【本案争议点】泰安镇人民政府是否有实施行政强制执行的权力。

【法律简析】法院认为，本案系集体土地征收过程中产生的争议，不应

---

① "重庆法院去年受理'民告官'案近万件，附十大典型案例"，人民网，http：//cq.people.com.cn/n2/2016/0519/c365401－28366929－4.html，访问日期：2019年4月16日。

② "四川法院发布行政审判十大典型案例（2016年）"，法制网，http：//www.legaldaily.com.cn/zfzz/content/2016－05/05/content_6614259.htm？node＝81130？z_g3n4p，访问日期：2019年4月16日。

适用《国有土地上房屋征收与补偿条例》和《四川省城市房屋拆迁管理条例》的规定。被告关于代为倒房的主张，因未提交相关证据予以证明，法院不予支持。我国相关法律未设定集体土地征收过程中的行政强制执行，行政机关无权对被征地房屋实施强制拆除。被告不是县级以上地方人民政府，不具有组织实施集体土地征收相关行为的行政职权，其强制拆除欧某某房屋的行为超越职权。

【裁判结果】判决确认泸州市江阳区泰安镇人民政府于2012年6月20日强制拆除欧某某房屋的行政行为违法。

案例8.5 黄某某等三人诉苍南县灵溪镇人民政府等房屋行政强制案①

【本案争议点】乡镇人民政府、规划及国土部门联合查处并强制拆除违法建筑是否合法。

【法律简析】法院认为，涉案房屋系未经法定部门审批，擅自建设。根据《城乡规划法》《浙江省城乡规划条例》的相关规定，违反城镇规划的违法建筑，应由规划部门依法作出行政处罚决定后，再按照《城乡规划法》的规定由县级以上人民政府责成有关部门强制拆除。三被告在没有证据证实涉案土地位于城市、镇规划区内的情况下实施强制拆除行为，事实不清，证据不足；三被告在未依法作出限期拆除决定且未经县级以上地方人民政府责成的情况下，直接强制拆除原告的房屋，不符合法定程序。

【裁判结果】判决确认三被告强制拆除涉案房屋的行为违法。

案例8.6 丽水市住房和城乡建设局申请强制执行拆迁补偿安置裁决案②

【本案争议点】对征收范围内未经登记的建筑进行调查、认定和处理的房屋拆迁补偿安置裁决，应否准予强制执行。

【法律简析】法院认为，2007年3月28日丽水市国土资源局作出的《土地违法案件行政处罚决定书》，系责令陈某某退还非法占用的274.82平方米

① "浙江法院学习贯彻新《行政诉讼法》暨行政审判情况通报"，浙江法院新闻网，http://www.zjcourt.cn/art/2014/11/13/art_48_7444.html，访问日期：2019年4月16日。

② 同上。

土地，自行拆除在非法占用的274.82平方米土地上新建的建筑物和其他设施。但对其在拥有合法所有权的一层房屋之上建设的二、三层房屋，丽水市住房和城乡建设局未提供证据证明已经依照法律程序进行过认定和处理。而对该建筑物的不同处理结果，将直接影响房屋拆迁补偿安置方案的确定。故申请执行人在没有对未经依法登记、处理部分建筑进行审查、认定的情况下，直接以被执行人涉案违法建筑早在2007年就被处罚责令拆除，不能再次作出重复处理为由作出裁决，责令被执行人腾空案涉地块上包括未经处理部分建筑在内的所有房屋，明显缺乏事实根据。

【裁判结果】 对丽水市住房和城乡建设局作出的丽建裁字〔2013〕1号房屋拆迁补偿安置裁决，法院依法裁定不准予强制执行。

案例8.7 王某某等诉蔚县城市管理综合行政执法大队城管行政强制案①

【本案争议点】 蔚县城管大队扣押王某某财产的程序是否正当合法。

【法律简析】 法院认为，根据《行政强制法》的规定，行政机关实施行政强制措施应当严格履行一系列程序。蔚县城管大队在扣押王某某夫妇物品时，未经该机关主要负责人批准，未告知当事人扣押的理由、依据以及当事人依法享有的权利、救济途径，未听取当事人的陈述和申辩，未制作现场笔录，未交付扣押决定书和扣押财物清单，事后也没有依法补办相关手续，执法活动除提交的三份通知书外无其他卷宗材料，其行政行为确系违法。王某某夫妇从事食品经营应当依法办理相关手续，合法合规经营，因其属无照经营，故对其提出的赔偿请求不予支持。

【裁判结果】 判决确认蔚县城管大队强制扣押行为违法，于判决生效之日起五日内将扣押的物品交还王某某夫妇，驳回王某某夫妇的其他诉讼请求。

---

① “河北高院2015年度行政审判十大典型案例”，微公网，https：//www.weixin765.com/doc/jnqttiqf.html，访问日期：2019年4月16日。

案例 8.8　屈某诉商洛市商州区人民政府行政强制行为违法案[①]

【本案争议点】商州区人民政府强制拆除房屋的行为是否合法。

【法律简析】法院认为，根据《行政强制法》第 13 条的规定："行政强制执行由法律设定。法律没有规定行政机关强制执行的，作出行政决定的行政机关应当申请人民法院强制执行。"我国现行法律没有规定作出房屋征收决定的行政机关可直接实施强制拆除房屋的行为。本案被告在法无明确授权的情况下，强制拆除原告的房屋，超越了其法定职权。

【裁判结果】判决确认被告商洛市商州区人民政府拆除原告屈涛位于商州区西街原 132 号房屋的行为违法。

案例 8.9　王某某等三人诉吉林省长春市九台区住房和城乡建设局紧急避险决定案[②]

【本案争议点】九台区住房和城乡建设局作出的紧急避险决定和实施的拆除行为是否合法。

【法律简析】2010 年，吉林省人民政府作出批复，同意对向阳村集体土地实施征收，王某某等三人所有的房屋被列入征收范围。后王某某等三人与征收部门就房屋补偿安置问题未达成一致意见，2013 年 11 月 19 日，长春市国土资源管理局作出责令交出土地决定。2015 年 4 月 7 日，经当地街道办事处报告，吉林省建筑工程质量检测中心作出鉴定，认定涉案房屋属于"D 级危险"房屋。同年 4 月 23 日，长春市九台区住房和城乡建设局（以下简称九台区住建局）对涉案房屋作出紧急避险决定。在催告、限期拆除未果的情况下，九台区住建局于 2015 年 4 月 28 日对涉案房屋实施了强制拆除行为。终审法院认为，涉案房屋应当由征收部门进行补偿后，按照征收程序予以拆除。根据《城市危险房屋管理规定》相关要求，提出危房鉴定的申请主体应当是房屋所有人和使用人，而本案系当地街道办事处申请，主体不适格；九

---

① "陕西高院公布八起行政强制措施违法典型案例（2015 年）"，陕西法院网，http：//sxfy.chinacourt.org/article/detail/2015/12/id/2310634.shtml，访问日期：2019 年 4 月 16 日。

② "人民法院征收拆迁典型案例（2017 年第二批）"，最高人民法院网，http：//www.court.gov.cn/zixun-xiangqing-95912.html，访问日期：2019 年 4 月 16 日。

台区住建局将紧急避险决定直接贴于无人居住的房屋外墙，送达方式违法；该局在征收部门未予补偿的情况下，对涉案房屋作出被诉的紧急避险决定，不符合正当程序。

【裁判结果】判决撤销被诉的紧急避险决定，同时驳回王某某等三人要求原地重建的诉讼请求。

案例8.10　陆某某诉江苏省泰兴市人民政府济川街道办事处强制拆除案①

【本案争议点】济川街道办事处的强制拆除行为程序是否正当合法。

【法律简析】法院认为，涉案附着物被拆除时，街道办事处有工作人员在场，陆某某房屋及地上附着物位于街道办的行政辖区内，街道办事处在强拆当天日间对有主的地上附着物采取了有组织的拆除运离，且街道办事处亦实际经历了该次拆除活动。推定街道办事处系该次拆除行为的实施主体。但在街道办事处强制拆除之前并未制作、送达任何书面法律文书。

【裁判结果】该拆除行为不符合行政强制执行的法定程序。判决确认济川街道办事处拆除陆某某房屋北侧地上附着物的行为违法。

案例8.11　彭某诉深圳市南山区规划土地监察大队行政不作为案②

【本案争议点】南山区规划土地监察大队不予实施强制拆除违法建筑的行为是否合法。

【法律简析】法院认为，南山区规划土地监察大险（以下简称区监察大队）在依法作出限期拆除违法建筑的行政决定后，当事人在法定期限内不申请行政复议或者提起行政诉讼的，应当依照《行政强制法》《深圳经济特区规划土地监察条例》等法律、法规规定的强制执行程序作出处理。法律法规虽无明确规定强制执行的期限，但应在合理期限内履行其法定职责。本案中，

---

① “人民法院征收拆迁典型案例（2017年第二批）”，最高人民法院网，http://www.court.gov.cn/zixun-xiangqing-95912.html，访问日期：2019年4月16日。

② “最高人民法院发布人民法院关于行政不作为十大案例（2015年）”，最高人民法院网，http://www.court.gov.cn/zixun-xiangqing-13066.html，访问日期：2019年4月16日。

被告作出限期依法拆除的行政决定后，在行政相对人未申请行政复议亦未提起行政诉讼且拒不履行的情况下，至开庭审理之日止，在长达一年多的时间里，其仅作出催告而未对案件作进一步处理，且未提供证据证明有相关合法、合理的事由，其行为显然不当，已构成怠于履行法定职责，应予纠正。

【裁判结果】鉴于作出强制执行决定和实施强制拆除属于行政机关的行政职权，且实施行政强制拆除具有严格的法定程序，故不宜直接责令区监察大队强制拆除违法建筑，故判决区监察大队于判决生效之日起三个月内对南山区某小区A座901房的违法建设问题依法继续作出处理。

案例8.12 陕西昌隆装饰工程有限责任公司诉西安市质量技术监督局扣押行为违法案①

【本案争议点】质监部门采取的查封、扣押的行政强制措施是否合法。

【法律简析】终审法院认为，质监部门在履行对产品质量监督管理的职责时，采取查封、扣押行政强制措施的，应当符合法定的条件和对查处的案件及时处理。《中华人民共和国产品质量法》第18条规定："县级以上产品质量监督部门根据已经取得的违法嫌疑证据或者举报，对涉嫌违反本法规定的行为进行查处时，可以行使下列职权：……（四）对有根据认为不符合保障人体健康和人身、财产安全的国家标准、行业标准的产品或者有其他严重问题的产品，以及直接用于生产、销售该产品的原辅材料、包装物、生产工具，予以查封或者扣押。"由此规定，查封或者扣押产品及直接用于生产、销售该项产品的原辅材料、包袋物、生产工具，需要有证据认定其不符合产品质量标准或者有严重的质量问题。

2008年10月24日，西安市质量技术监督局（以下简称质监局）根据举报人的举报对昌隆公司所购瓷砖进行扣押，质监局在作出扣押行为时仅有举报人的举报信息，缺乏对所扣瓷砖质量的认定。质监局既不能认定该批瓷砖

---

① "陕西高院公布八起行政强制措施违法典型案例（2015年）"，陕西法院网，http://sxfy.chinacourt.org/article/detail/2015/12/id/2310634.shtml，访问日期：2019年4月16日。

不符合产品质量标准，也不能说明这些瓷砖具有严重的质量问题，仅以佛山市载龙陶瓷有限公司销售经理蒋某某的初步鉴定，即该批瓷砖在包装上和佛山市载龙陶瓷有限公司产品存在差异为由就实施了扣押行为，缺乏事实根据。同年12月23日质监局从举报人处得知被扣瓷砖是真品，并非假冒产品，但该局直到2009年1月19日才作出解封决定，其行为属于怠于履行职责，所作的扣押行为属认定事实不清，损害了昌隆公司的利益。

【裁判结果】原审法院判决驳回昌隆公司要求确认质监局的扣押行为违法的诉请，属事实不清，适用法律错误。判决：（1）撤销西安市莲湖区人民法院〔2009〕莲行初字第20号行政判决；（2）确认质监局作出的（西）质技监封字〔2008〕第4035号《质量技术监督扣押决定书》的具体行政行为违法。

案例8.13　张某某诉高陵县人民政府强制拆除行为违法案[①]

【本案争议点】高陵县人民政府的强制拆除行为是否合法。

【法律简析】法院认为，被告对原告养猪场实施拆除前，仅下发责令限期拆除整改通知，未予公告，且没有作出合法的行政决定书，直接对建筑物实施拆除，其行为不符合《土地管理法》第83条和《行政强制法》第34条、第35条及第44条的相关规定，违反了法定程序。

【裁判结果】判决确认被告高陵县人民政府2013年12月17日拆除原告张某某养殖场的行为违法。

案例8.14　姜某某诉渭南市临渭区人民政府确认房屋拆迁行为违法案[②]

【本案争议点】临渭区人民政府对房屋的强制拆除行为是否合法。

【法律简析】法院认为，2011年1月21实施的《国有土地上房屋征收与补偿条例》第35条规定："本条例自公布之日起施行。2001年6月13日国

① "陕西高院公布八起行政强制措施违法典型案例（2015年）"，陕西法院网，http://sxfy.chinacourt.org/article/detail/2015/12/id/2310634.shtml，访问日期：2019年4月16日。

② 同上。

务院公布的《城市房屋拆迁管理条例》[①] 同时废止。本条例实施前已依法取得拆迁许可证的项目，继续沿用原有的规定办理，但政府不得责成有关部门强制拆迁。”向阳街办拆迁指挥部于2010年12月27日依法取得了拆迁许可证的项目，且在2011年1月21实施的《国有土地上房屋征收与补偿条例》之前，因此，本案应适用《城市房屋拆迁管理条例》有关规定。本案中，临渭区人民政府未就拆迁补偿事宜与姜某某达成拆迁补偿协议，即于2012年3月23日组织相关单位及人员对姜某某的房屋进行了强制拆除。根据上述法律规定和案件事实，同时结合《国有土地上房屋征收与补偿条例》第35条“政府不得责成有关部门强制拆迁”的规定，临渭区人民政府在未就补偿安置事宜与姜某某达成拆迁补偿协议的情况下，即组织相关单位及人员实施了拆除姜某某房屋的行政行为，违反了上述法律规定，该拆除行为违法。

【裁判结果】 判决确认临渭区人民政府组织实施拆除姜某某房屋的行政行为违法。

案例8.15 苏某红、侯某建、冯某诉吴起县人民政府强制拆迁行为违法案[②]

【本案争议点】 吴起县人民政府的强制拆迁行为是否合法。

【法律简析】 法院认为，行政机关是否享有强制执行权，必须依据法律的规定，法无授权不可为。《国有土地上房屋征收与补偿条例》第28条第1款规定，被征收人在法定期限内不申请复议或不提起行政诉讼，在补偿决定规定的期限内又不搬迁的，由作出房屋征收决定的市、县人民政府依法申请人民法院强制执行。《最高人民法院关于办理申请人民法院强制执行国有土地上房屋征收补偿决定案件若干问题的规定》第2条第3款规定，强制执行的申请应当自被执行人的法定起诉期限届满之日起三个月内提出。本案中，

---

① 《城市房屋拆迁管理条例》实行的是“双轨制”的强制执行，一是行政机关自行强制执行，二是申请人民法院强制执行。但在行政机关自行强制执行中，是有前提条件的，必须是被拆迁人或者房屋承租人在裁决规定的搬迁期限内未搬迁的，才能由房屋所在地的市、县人民政府责成有关部门强制拆迁。如果未达成拆迁安置协议，也未经房屋拆迁管理部门裁决，行政机关是绝对不能自行强制执行的，否则，自行强制执行行为违法。

② “陕西高院公布八起行政强制措施违法典型案例（2015年）”，陕西法院网，http://sxfy.chinacourt.org/article/detail/2015/12/id/2310634.shtml，访问日期：2019年4月16日。

被告向原告作出房屋征收补偿决定后，在原告享有的法定申请复议或提起行政诉讼的期限尚未届满前，未依法申请人民法院强制执行即自行强制拆除原告房屋，被告强制拆除原告房屋的行为违法。

【裁判结果】判决确认吴起县人民政府于2013年5月30日对原告苏某红、侯某建、冯某的房屋实施的拆除行为违法。

案例8.16　昆明市呈贡区安全生产监督管理局申请强制执行行政处罚决定案①

【本案争议点】呈贡区安全生产监督管理局申请法院强制执行的行政处罚决定是否合法。

【法律简析】呈贡区安全生产监督管理局（以下简称区安监局）作出（呈）安监管罚〔2016〕4号行政处罚决定，对云南中远机械租赁有限公司（以下简称中远公司）处以罚款人民币30万元的处罚。因无法与中远公司取得联系，区安监局在处罚前于2016年5月5日在《云南日报》刊登公告送达行政处罚告知书及听证告知书，并于2016年5月13日登报公告送达了行政处罚决定书。因中远公司未按期缴纳罚款，区安监局于2017年3月28日公告送达了罚款催缴通知书，到期中远公司未履行，区安监局遂申请人民法院强制执行。法院认为，区安监局以公告方式送达行政处罚告知书及听证告知书，在60日公告送达期间未满情形下，公告送达行政处罚决定书，影响中远公司陈述、申辩及申请听证权的行使，故行政处罚决定违法。

【裁判结果】裁定不准予执行处罚决定。

案例8.17　叶某胜、叶某长、叶某发诉仁化县人民政府房屋行政强制案②

【本案争议点】仁化县人民政府强制拆除违法建筑的行为是否合法。

---

① “云南省高级人民法院公布2017行政审判十大典型案例”，中国日报网，https：//www.chinadaily.com.cn/interface/yidian/1120781/2018-06-29/cd_36482430.html？yidian_docid=0JQ45wDn，访问日期：2019年4月16日。

② “最高人民法院2014年8月29日发布征收拆迁十大案例（2014年第一批）”，最高人民法院网，http：//www.court.gov.cn/zixun-xiangqing-13405.html，访问日期：2019年4月16日。

【法律简析】法院认为，虽然叶某胜等三人使用农村集体土地建房未经政府批准属于违法建筑，但仁化县人民政府在2013年7月12日凌晨对叶某胜等三人所建的房屋进行强制拆除，程序上存在严重瑕疵，即采取强制拆除前未向叶某胜等三人发出强制拆除通知，未向强拆房屋所在地的村民委员会、村民小组张贴公告限期自行拆除，违反了《行政强制法》第34条、第44的规定。而且，仁化县人民政府在夜间实施行政强制执行，不符合《行政强制法》第43条第1款有关“行政机关不得在夜间或者法定节假日实行强制执行”的规定。

【裁判结果】判决确认仁化县人民政府于2013年7月12日对叶某胜等三人房屋实施行政强制拆除的具体行政行为违法。

深度阅读

1. 段海峰:《中国非强制性行政行为研究》，科学出版社2013年版。
2. 傅士成:《行政强制研究》，法律出版社2001年版。
3. 胡建淼:《行政强制法论：基于〈中华人民共和国行政强制法〉》，法律出版社2014年版。
4. 胡建淼主编:《行政强制》，法律出版社2002年版。
5. 田文利:《非强制性行政行为及其法治化路径研究》，水利水电出版社2008年版。
6. 王菲:《行政强制法律适用研究》，知识产权出版社2016年版。
7. 王天星:《行政紧急强制制度研究》，知识产权出版社2007年版。
8. 晏山嵘:《海关行政强制研究》，中国海关出版社2013年版。
9. 张锋、杨建峰:《行政强制法释论》，中国法制出版社2011年版。
10. 朱新力:《外国行政强制法律制度》，法律出版社2003年版。

第九章　行政许可

本章提要

行政许可的研究一直与行政审批制度密切相关，反思审批制度是行政许可法颁布之前的研究重点。在此期间，学者们还结合实证研究探索行政许可立法的思路、原则。

行政许可法颁布之后，由于该部法律的实施没有实现其立法的意图，引起学者们再次反思。实际上，这既来源于该法本身的若干缺陷，也是制度环境不理想所致。

在司法审判实践中，大多数案例属于行政许可程序不规范、不作为的问题。

第一节　行政许可理论概要

一、行政许可与相关概念

（一）行政许可与行政审批

就两者关系的界定来看，主要有以下几种观点。第一种观点认为，两者是并列关系，即行政审批与行政许可各自对应着政府内部和外部行为，没有

交叉。[①] 第二种观点认为，两者是交叉关系。行政审批，是指政府行政系统在特定当事人的请求下，对法律禁止的状态或法律不予许可的状态，赋予其是否在广延范围内取得权利或利益的行政行为；在行政许可中也有行政审批行为，但这种审批基本上是对具体权利的审批，是附着于个人对某种单一事项提出请求的审批，而行政审批中的权益是存在于广延领域内的事项，其涉及的权利内容和影响的强度都要大得多。[②] 第三种观点认为，行政审批仅为行政行为中的一个环节（审查、批准），既用于外部行为，也可用于内部行为，并且只指行政机关作出的特定行为；而行政许可只用于指代行政机关对外作出的具体行政行为。[③] 第四种观点认为，两者是等同关系，认为行政审批就是行政许可。[④]

在行政许可法颁布实施后，出现了许多行政审批以非行政许可审批的名义从行政许可中分离，导致这些非行政许可审批无法受到法律的监控和规制。

（二）行政许可与行政特许

行政特许虽未单独作为一种类型在法律文本中列出，但学者们仍然从特许权的属性、范围和方式等方面进行了有益的探讨。就行政特许的属性来讲，学者们大多从市政特许经营权、取水许可等个案分析角度。提出市政特许经营权属于准物权性质。[⑤] 就行政特许的目的来讲，实际上是以牺牲部分公共利益或对公共利益构成一定威胁为代价，满足私人利益的实现。

行政特许的范围和方式方面，由于实践出现适用领域不断扩张、运作程序和方式不规范等背离该制度目的的倾向，缺乏特许实施的持续监管等。有学者对立法规定的特许范围与方式表示疑虑，认为行政许可立法要求所有特许都要进行市场化方式配置，特许权只能通过市场化一种方式进行配置，在

① 熊文钊：《现代行政法原理》，法律出版社2000年版，第301－302页。

② 关保英："行政审批的行政法制约"，载《法学研究》2002年第6期。

③ 张兴祥：《中国行政许可法的理论与实务》，北京大学出版社2003年版，第19页。

④ 杨景宇于2002年8月23日在第九届全国人民代表大会常务委员会第二十九次会议上所作"关于《中华人民共和国行政许可法（草案）》的说明"。

⑤ 李显冬："市政特许经营中的双重法律关系"，载《国家行政学院学报》2004年第4期。

特许范围与配置方式的处理上过于简单。[①]

二、行政许可的分类

理论上，根据不同的标准，对行政许可进行不同的分类。

（一）行为许可与资格许可

这是按照许可的性质进行的分类。行为许可是指行政主体根据相对人的申请，允许其从事某种活动、实施某种行为的许可形式。此类许可的目的是允许符合法定条件的相对人从事某种类型的活动。申请该类许可不必经过严格的考试程序。资格许可是指行政机关根据相对人的申请，通过考试、考核程序核发一定证明文书，允许证件持有人从事某项职业或进行某种活动，须经过严格的考试程序。

（二）一般许可[②]和特别许可

这是以许可的范围为标准所作划分。一般许可在日本也称“警察许可”，是指行政主体对符合法定条件的申请人直接发放许可证，无特殊条件限制的许可，如产品生产许可证等。特殊许可是指除符合一般许可的条件外，对申请人还规定有特别限制的许可，又称特许，如持枪许可。

一般许可和特别许可的相同点在于，两者都基于行政相对人的申请而作出；其不同点在于，一般许可仅是对法律规范一般禁止的解除，而特别许可是赋予相对人可以与第三人抗衡的新的法律效力的行为，是为特定人设定新的权利和资格的行为。

（三）权利性许可与附加义务的许可

这是以许可是否附加义务为标准所作的分类。权利性许可是指被许可人可以自由行使许可的权利，本质上就是赋予权利；而附加义务的许可是指行政许可证的持有人在获得许可证的同时，承担了在一定期限内从事该项活动的义务，如果在法定期限内没有从事该项活动，他将因此承担一定的法律

① 周汉华：“行政许可法：观念创新与实践挑战”，载《法学研究》2005 年第 2 期。

② 也称“警察许可”。参见［日］南博方：《日本行政法》，杨建顺、周作彩译，中国人民大学出版社 1988 年版，第 25 页。

责任。

（四）排他性许可和非排他性许可

这是以许可享有的程度为标准所作的分类。排他性许可又称独占许可，指个人或组织获得该项许可后，其他任何人或组织均不能再获得该项许可，主要体现在专利和商标等领域。非排他性许可又称共存许可，是指具备法定条件的任何个人或组织经申请均可获得相应许可，一人获得后不排除其他人获得。

（五）独立证书许可和附文件许可

这是以许可是否有附件为标准所作的分类。独立证书许可，是指单独的许可证便已表明持有人被许可的活动范围、方式和时间等，无须其他文件加以补充说明的行政许可。附文件许可，是指必须附加文件予以说明被许可的活动内容、范围、方式和时间等的行政许可，如专利许可。附加文件是该类行政许可中一个不可或缺的组成部分。

此外，以许可的存续时间为标准，行政许可还可分为长期性许可和附期限许可；根据许可事项的紧急程度，可分为紧急许可、特别许可和普通许可；根据许可的内容，可分为治安许可、工商许可、资源许可、城市规划建设许可、卫生环保许可、交通运输许可、涉外经济许可、生产经营许可等。

三、行政许可的作用

行政许可制度，作为国家行政管理的手段之一，对其作用的认识还没有达成一致的意见。有学者认为，许可制度的作用主要体现在社会管理活动过程中，具体可分为三个方面：保护性作用、促进性作用、抑制性作用。本书认为，行政许可既具有积极作用，也有消极作用。①

（一）行政许可的积极作用

1. 提前控制危险

控制危险是行政许可的基本作用，但并非相对人的任何活动都要通过行政许可来解决。有些活动产生的影响属于难以补救的，有些活动则需要付出

① 应松年主编：《行政行为法》，人民出版社1993年版，第423－424页。

巨大代价才能挽回损失的，这就需要通过行政许可的方式进行前置控制。因此，行政许可作为事前监督管理手段，主要是对可能发生危险性较大的领域，特别是涉及公共安全、环境生态保护等领域进行设防，以便将可能发生的危险提前消除或降低。

2. 配置有限的经济资源

经济发展中，市场在资源配置中起决定作用，但在一些涉及稀缺资源分配领域，完全依靠市场机制会出现无序竞争、资源浪费等现象。为弥补这一弊端，由政府通过行政许可（一般为特许）的方式，禁止不具有竞争力的市场主体进入市场，把有限的公共资源配置给生产条件最好、技术最先进的企业或个人，整合资源，节约成本，提高资源利用效率。

3. 提高市场主体的信誉度

这方面许可的作用主要是通过政府的登记、信息披露和出具证明等方式，依靠其权威性能保证信息的真实性，以加速市场交易、矫正市场失真状态。从而提供诸如稳定关系、确认权利和提高市场主体信誉度的作用。

（二）行政许可的消极作用

行政许可制度虽然有上述种种积极作用，但它也有消极的一面，如果不对这一制度加以严密的规范和控制，可能会导致各种腐败现象。

1. 形成垄断

这种垄断主要存在于行政特许领域。行政许可的资源分配方式是将公共物品排他性地分配给特定社会成员，即只有获得行政许可的群体才能使用这一公共资源，而且这种排他性的占有具有稳定性和持续性，所以即使是通过竞争（招投标或拍卖）手段取得的，垄断也不可避免。行政许可形成的垄断表现为地方垄断和行业垄断。

2. 排斥或限制竞争

行政许可的滥用更会导致行政干预代替市场在资源配置中的决定作用，排斥公平竞争，遏制经济发展和市场的活力，导致资源的闲置和浪费。

3. 助长权力寻租和腐败

行政许可作为一种行政裁量行为，由于法律不可能事无巨细地制定出明

确、详尽的法律标准。行使行政许可权就有了更多自由裁量的余地，行政主体必然会利用行政许可权，获得经济上的利益，为腐败的滋生提供机会。

另外，如果行政许可制度运用过滥、范围过宽，还会窒息社会成员的思考力和创新力，不利于调动各方面的积极性。

第二节 行政许可法律规范

一、行政许可法典

2003 年颁布的《行政许可法》第 2 条规定：“本法所称行政许可，是指行政机关根据公民、法人或者其他组织的申请，经依法审查，准予其从事特定活动的行为。”该法第 3 条第 2 款规定：“有关行政机关对其他机关或者对其直接管理的事业单位的人事、财务、外事等事项的审批，不适用本法。”我国行政许可制度的基本原则有：依法设定和实施行政许可的原则，公开、公平、公正的原则，提高办事效率、提供优质服务的便民原则，保证公民、法人和其他组织陈述权、申辩权和提供法律救济的原则，依法变更或者撤回生效许可并给予补偿的信赖保护原则，对行政机关实施许可和对被许可人从事许可事项活动实行法律监督的原则。

（一）行政许可的设定

1. 行政许可的设定原则

有四个方面：遵循经济和社会发展规律，有利于发挥公民、法人和其他组织的积极性和主动性，维护公共利益和社会秩序，促进经济、社会和生态环境协调发展。

根据这一原则，行政许可法确认了设定行政许可的优先原则（《行政许可法》第 13 条）。这一原则的基本含义是，如果通过市场主体或者市场机制能自行解决行使自由权的公共相关性问题，就可以不设定行政许可。这些领域包括：第一，公民、法人或者其他组织能够自主决定的。第二，市场竞争机制能够有效调节的。第三，行业组织或者中介机构能够自律管理的。第四，行政机关采用事后监督等其他行政管理方式能够解决的。

在确认行政许可优先原则的基础上，行政许可法又确认了可以设定行政许可的六大领域。即《行政许可法》第 12 条规定的六个方面。第一，直接涉及国家安全、公共安全、经济宏观调控、生态环境保护以及直接关系人身健康、生命财产安全等的特定活动，需要按照法定条件予以批准的事项；第二，有限自然资源的开发利用、公共资源配置以及直接关系公共利益的特定行业的市场准入等，需要赋予特定权利的事项；第三，提供公众服务并且直接关系公共利益的职业、行业，需要确定具备特殊信誉、特殊条件或者特殊技能等资格、资质的事项；第四，直接关系公共安全、人身健康、生命财产安全的重要设备、设施、产品、物品，需要按照技术标准、技术规范，通过检验、检测、检疫等方式进行审定的事项；第五，企业或者其他组织的设立等，需要确定主体资格的事项；第六，法律、行政法规规定可以设定行政许可的其他事项。这六个方面总起来说是指公民、法人和其他组织从事的公共相关性特定活动。所谓公共相关性特定活动，主要是指那些可能对公共安全、宏观经济、生态环境和经济秩序造成不利影响或者危害的自由活动，或者开发利用自然资源、占用公共资源、进入特定行业市场的活动。

2. 行政许可的设定权限和形式

设定行政许可是国家机关创制有关行政许可权利义务的活动，设定行政许可应当规定行政许可的实施机关、条件、程序和期限。设定权限是关于在相关国家机关中分配行政许可设定权的制度。设定形式是设定行政许可可以采取的文件形式，即只能采用法律、行政法规和地方性法规的形式，其他规范性文件一律不得设定行政许可。

（1）经常性行政许可的设定。经常性行政许可，是由全国人民代表大会及其常务委员会以法律、国务院以行政法规、有权地方人大及其常委会以地方性法规来设定。

它们之间的相互关系，按照法律、行政法规和地方性法规的效力等级来确定，即上一个等级没有设定的，下一个等级才可以设定。

对于国务院行政法规设定的有关经济事务的行政许可，省、自治区和直辖市人民政府可以根据本行政区域经济和社会发展情况，认为可以通过前述设定的优先原则所列方式解决的，经过报国务院批准的程序后，可以在本行政区域内停止实施该行政许可。

（2）非经常性行政许可的设定。国务院可以以决定形式，省、自治区和直辖市人民政府可以以规章形式设定非经常性行政许可。国务院设定非经常性行政许可的条件是：第一，尚未制定法律；第二，在有必要的时候；第三，实施后，除了临时行政许可事项以外，国务院应当及时提请全国人民代表大会及其常委会制定法律，或者自行制定行政法规。

省、自治区和直辖市人民政府设定非经常性行政许可（临时性的行政许可）的条件是：第一，尚未制定法律、行政法规和地方性法规；第二，根据行政管理的需要，确须立即实施行政许可；第三，实施满一年需要继续实施的，应当提请本级人民代表大会及其常委会制定地方性法规。

（3）实施行政许可具体规定的制定。行政法规、地方性法规和规章可以在上位法设定的行政许可事项范围内，对实施该行政许可作出具体规定。制定具体规定的规则有二：不得增设行政许可；对行政许可条件作出的具体规定，不得增设违反上位法的其他条件。

3. 行政许可的设定程序

（1）起草程序。起草拟设定行政许可的法律、法规和规章，起草单位有两个重要程序义务：第一，应当听取意见，可以采用听证会、论证会或者其他形式；第二，向制定机关作出说明，内容是设定必要性、对经济社会可能产生的影响、听取意见和采纳意见的情况。

（2）评价程序。这种设定后评价程序有三个方面：第一，设定机关的定期评价。对已经设定的行政许可，认为通过上述设定优先原则所列方式能够解决的，应当对许可规定及时予以修改或者废止。第二，实施机关的适时评价。评价内容是实施情况和继续存在的必要性，评价意见向设定机关报告。第三，公民、法人或者其他组织提出意见和建议。提出的内容包括行政许可的设定和实施，接受意见的是设定机关和实施机关。

（二）行政许可的实施

1. 行政许可的实施机关

实施行政许可原则上应当由行政机关进行，行政机关的实施权限由法律规定。这里的“法律规定”说明，行政许可的实施权既不产生于实施机关自己的假定，也不产生于实施机关与其他人的约定。

行政机关实施行政许可，有三个重要制度：第一，委托其他行政机关实施行政许可；第二，一个行政机关行使有关行政机关的行政许可；第三，在涉及一个机关内设多个机构、地方人民政府两个以上部门分别实施行政许可的情形下，进行统一受理、统一送达、统一办理或者联合办理、集中办理。

具有管理公共事务职能的组织，可以在法律、法规授权范围内以自己的名义实施行政许可。被授权的组织适用行政许可法有关行政机关的规定。

2. 行政许可的实施程序

行政许可的实施程序可以分为普通程序制度和特别程序制度两个部分。

（1）普通程序制度，包括申请与受理、审查与决定、期限、听证、变更与延续。有以下几类规则：第一，申请人对其申请材料实质内容的真实性负责；第二，行政机关在审查申请的过程中，应当听取申请人、利害关系人的意见，申请人、利害关系人有权进行陈述和申辩；第三，行政机关依法作出不予行政许可的书面决定的，应当说明理由，并告知申请人享有依法申请行政复议或者提起行政诉讼的权利；第四，通过举行听证进行审查决定的，行政机关应当根据听证笔录，作出行政许可决定。

（2）特别程序制度，包括国务院实施行政许可，特别许可，赋予公民特定资格和赋予法人或者其他组织特定资格、资质，对重要设备、设施、产品和物品进行的检验、检测和检疫，确定企业或者其他组织主体资格，有数量限制的行政许可。行政许可法有关上述制度的特别规定具有优先适用的效力。没有作出特别规定的，才适用普通程序的规定。

（三）行政许可的监督检查

在我国行政许可制度中设立监督检查，是为了解决行政机关“重许可轻监

督"，影响行政许可有效实行的问题。监督检查制度有四个方面，即上级对下级行政机关实施行政许可的监督检查、对被许可人从事行政许可事项活动的监督检查、对被许可人履行法定义务的监督检查和对行政许可的撤销和注销。

上级对下级行政机关的监督检查按照行政层级监督制度进行，目的是及时纠正行政许可实施中的行政违法行为。对被许可人从事行政许可事项活动的监督检查，主要是关于行政机关获得被许可人从事行政许可事项活动信息的权利义务。被许可人的法定义务是指在使用特别许可，或者设计、建造、安装和使用直接关系公共安全和人身安全的重要设备和设施的公共义务。撤销是使构成违法的行政许可丧失效力的处理，注销是使由于客观原因或者法律原因不可能继续存在的行政许可失去效力的处理。

（四）行政许可的费用

行政许可费用方面有两个基本制度，即禁止收费原则和法定例外的实施。行政机关实施行政许可和对行政许可事项进行监督检查，禁止收取任何费用。对于行政机关提供的行政许可申请书格式文本，也不得收费。

行政机关实施行政许可收取费用的，必须以法律和行政法规的规定为依据，并且应当遵守以下重要规则：按照公布的法定项目和标准收费；所收取的费用必须全部上缴国库；财政部门不得向行政机关返还或者变相返还实施行政许可所收取的费用。

二、其他法律法规中的行政许可

（一）特别许可

《烟草专卖法》第3条规定："国家对烟草专卖品的生产、销售、进出口依法实行专卖管理，并实行烟草专卖许可证制度。"《烟草专卖法实施条例》第2条进一步明确规定："烟草专卖是指国家对烟草专卖品的生产、销售和进出口业务实行垄断经营、统一管理的制度。"不过，随着经济的发展和社会的进步，一般许可和特别许可的区别越来越相对化了。

（二）附条件的许可

《中华人民共和国进出境动植物检疫法》第5条第1款规定："国家禁止

下列各物进境：（一）动植物病原体（包括菌种、毒种等）、害虫及其他有害生物；（二）动植物疫情流行的国家和地区的有关动植物、动植物产品和其他检疫物；（三）动物尸体；（四）土壤。”该规定属明确禁止，同条第3款规定了对具备一定条件者解除禁止的情形，并且规定必须事先提出申请，经国家动植物检疫机关批准。

《中华人民共和国国境卫生检疫法》第4条规定：“入境、出境的人员、交通工具、运输设备以及可能传播检疫传染病的行李、货物、邮包等物品，都应当接受检疫，经国境卫生检疫机关许可，方准入境或者出境……”在这里，法律并未明确禁止，但规定必须经国家许可才能从事某项活动。

第三节　行政许可争讼

对于因行政许可引发的行政争议，哪些可以进入行政诉讼，如何确定被告，法院如何审理和裁判等，是行政许可制度中的重要问题。2009年12月14日，最高人民法院公布《最高人民法院关于审理行政许可案件若干问题的规定》对受案范围作出规定，规定下列行为可以进入行政诉讼：(1) 行政机关作出的行政许可决定以及相应的不作为。(2) 行政许可管理行为及相应的不作为。(3) 未公开行政许可决定或者未提供行政许可监督检查记录。(4) 具有事实上终止性的过程行为等。

【典型案例】

案例9.1　南京发尔士新能源有限公司诉南京市江宁区人民政府行政决定案[①]

【基本案情】江苏省南京市发展和改革委员会于2010年7月对10家企业作出废弃食用油脂定点回收加工单位备案，其中包括南京发尔士化工厂和南京立升废油脂回收处理中心。2012年11月，南京市江宁区人民

① “最高人民法院发布人民法院经济行政典型案例（2015年）”，最高人民法院网，http://www.court.gov.cn/zixun-xiangqing-15842.html，访问日期：2019年4月18日。

政府（以下简称江宁区政府）作出江宁政发〔2012〕396号《关于印发江宁区餐厨废弃物管理工作方案的通知》（以下简称396号文），明确“目前指定南京立升再生资源开发有限公司（以下简称立升公司）实施全区餐厨废弃物收运处理”。该区城市管理局和区商务局于2014年3月发出公函，要求落实396号文的规定，各生猪屠宰场点必须和立升公司签订清运协议，否则将进行行政处罚。南京发尔士新能源有限公司（以下简称发尔士公司）对396号文不服，诉至法院，请求撤销该文对立升公司的指定，并赔偿损失。

【本案争议点】江宁区人民政府的特殊许可行为是否合法。

【法律简析】法院认为，被告江宁区人民政府在396号文中的指定，实际上肯定了立升公司在江宁区开展餐厨废弃物业务的资格，构成实质上的行政许可。该区城市管理局和区商务局作出的公函已经表明被告的指定行为事实上已经实施。根据行政许可法相关规定，行政机关受理、审查、作出行政许可应当履行相应的行政程序，被告在作出指定前，未履行任何行政程序，故被诉行政行为程序违法。被告采取直接指定的方式，未通过招标等公平竞争的方式，排除了其他可能的市场参与者，构成通过行政权力限制市场竞争，违反了《江苏省餐厨废弃物管理办法》第19条和《反垄断法》第32条的规定。被告为了加强餐厨废弃物处理市场监管的需要，对该市场的正常运行作出必要的规范和限制，但不应在行政公文中采取明确指定某一公司的方式。原告发尔士公司对其赔偿请求未提交证据证实，法院对此不予支持。

【裁判结果】判决撤销被告在396号文中对立升公司指定的行政行为。

【同类案例】

案例9.2　卢某等204人诉杭州市萧山区环境保护局环保行政许可案[①]

【本案争议点】萧山区环境保护局实施的许可行为是否合法。

【法律简析】2012年5月29日，萧山区环境保护局（以下简称区环保

① “人民法院环境保护行政案件十大案例（2015年第一批）”，最高人民法院网，http://www.court.gov.cn/zixun-xiangqing-13331.html，访问日期：2019年4月18日。

局）与城投公司、省环保设计院和邀请的专家召开案涉环评报告书（复审稿）技术复审评审会并形成复审意见。2012年6月，省环保设计院形成环评报告书的送审稿。同年6月28日，城投公司向区环保局报送该环评报告书及相关的申请材料，申请对该环评报告书予以批准。区环保局于同日作出《关于风情大道改造及南伸（金城路－湘湖路）工程环境影响报告书审查意见的函》（以下简称《审查意见函》），同意该项目在萧山规划许可的区域内实施。

卢某等204人称，其均为萧山区风情大道湘湖段“苏黎世小镇”和“奥兰多小镇”两小区的居民。因不服萧山区发展和改革局审批的“风情大道改造及南伸（金城路—湘湖路）工程”可行性研究报告，向杭州市发展和改革委员会提起行政复议。在复议期间，萧山区发展和改革局提供了区环保局的《审查意见函》作为其审批依据。该204人认为涉案项目的建设将对两个小区造成不利影响，区环保局的行政许可行为侵害其合法权益，遂以该局为被告提起行政诉讼，请求法院撤销上述《审查意见函》。

法院认为，根据《浙江省建设项目环境保护管理办法》（以下简称《办法》）第22条的规定，环保行政机关受理环境影响报告书审批申请后，除了依法需要保密的建设项目，仍需通过便于公众知晓的方式公开受理信息和环境影响报告书的查询方式以及公众享有的权利等事项，并征求公众意见，征求公众意见的期限不得少于7日。

本案中，被告区环保局称其2012年4月23日受理第三人城建公司就案涉环评报告书提出的审批申请，而第三人委托评价单位省环保设计院编制的、用于申请被告批准的涉案环评报告书（报批稿）形成于2013年6月。因此，即使被告确实是2012年4月23日受理了第三人的申请，由于需要审批的环评报告书（报批稿）此时尚未编制完成，被告主张的受理行为亦不合法。被告在《承诺件受理通知书》中明确表示第三人向其申请环评审批的时间是2012年6月28日，而被告于同日即作出被诉《审查意见函》，对案涉环评报告书予以批准，其行为明显违反《办法》第22条关于环评审批行政机关在审批环节应进行公示和公众调查的相关规定，严重违反法定程序。

【裁判结果】判决撤销被告作出《审查意见函》的具体行政行为。

案例9.3 夏某某等四人诉东台市环境保护局环评行政许可案①

【本案争议点】东台市环境保护局的行政许可程序是否正当合法。

【法律简析】2013年4月1日，东台市环境保护局作出《关于对东台市东台镇四季辉煌沐浴广场洗浴服务项目环境影响报告表的审批意见》（以下简称《审批意见》），同意四季辉煌沐浴广场在景范新村17号楼及19号楼之间新建洗浴服务项目，并对该项目在运营过程中产生的废水和污水的处理、场界噪声对邻近声环境质量的影响及各类固体废物处置等提出了具体要求。夏某某等四人认为东台市环境保护局在没有召开座谈会、论证会以及征询公众意见的情况下，即作出《审批意见》，侵犯了其合法权益，故提起行政诉讼，请求法院撤销该《审批意见》。

法院认为，《行政许可法》第47条规定："行政许可直接涉及申请人与他人之间重大利益关系的，行政机关在作出行政许可决定前，应当告知申请人、利害关系人享有要求听证的权利……"本案涉及建设项目环境影响评价的行政许可行为，应当按照行政许可法规定的程序进行审批。夏某某等四个家庭作为与本案审批项目直接相邻的利害关系人，应当认定与审批项目存在重大利益关系。环保机关在审查和作出这类事关民生权益的行政许可时，应当告知夏某某等人享有陈述、申辩和听证的权利，并听取其意见。其未告知即径行作出《审批意见》违反法定程序。

【裁判结果】判决撤销东台市环境保护局作出的《审批意见》。

案例9.4 张某某等人诉江苏省环境保护厅环评行政许可案②

【本案争议点】江苏省环境保护厅环评许可行为是否合法。

【法律简析】终审法院认为，双井变电站系城市公用配套基础设施，根据《城市电力规划规范》规定，在符合条件的情况下可以在风景名胜区、自

---

① "人民法院环境保护行政案件十大案例（2015年第一批）"，最高人民法院网，http://www.court.gov.cn/zixun-xiangqing-13331.html，访问日期：2019年4月18日。

② "人民法院环境保护行政案件十大案例（2016年第二批）"，载《人民法院报》2016年3月31日，第3、4版。

然保护区和人口稠密区等敏感区域建设此类项目。涉案工程污染物预测排放量和投入运行后的实际排放量均小于或明显小于排放限值，环评符合法定审批条件。110千伏变电站所产生的是极低频场，按世界卫生组织相关准则，极低频场对环境可能造成轻度环境影响，但影响有限且可控，应予支持。同时，虽然被诉环评行政许可行为合法适当，但环保部门应采取措施加强信息公开，督促镇江供电公司将相关电磁场监测显示屏置于更加醒目的位置，方便公众及时了解实时数据，保障其环境信息知情权。

【裁判结果】判决驳回上诉，维持原判（驳回原告张某某等三人的诉讼请求）。二审法院同时认为，虽然被诉环评行政许可行为合法适当，但环保部门应采取措施加强信息公开，督促镇江供电公司将相关电磁场监测显示屏置于更加醒目的位置，方便公众及时了解实时数据，保障其环境信息知情权。

案例9.5　张某文、陶某诉四川省简阳市人民政府侵犯客运人力三轮车经营权案①

【本案争议点】简阳市人民政府的行政许可行为程序是否正当合法。

【法律简析】1999年7月15日、7月28日，简阳市人民政府针对有偿使用期限已届满两年的客运人力三轮车，发布《关于整顿城区小型车辆营运秩序的公告》（以下简称《公告》）和《关于整顿城区小型车辆营运秩序的补充公告》(以下简称《补充公告》)。其中，《公告》要求“原已具有合法证照的客运人力三轮车经营者必须在1999年7月19日至7月20日到市交警大队办公室重新登记”，《补充公告》要求“经审查，取得经营权的登记者，每辆车按8000元的标准（符合《公告》第6条规定的每辆车按7200元的标准）交纳经营权有偿使用费”。张某文等182名经营者认为简阳市人民政府作出的《公告》和《补充公告》侵犯其经营自主权，向简阳市人民法院提起行政诉讼。

最高人民法院（提审）认为，行政机关作出行政许可等授益性行政行为时，应当明确告知行政许可的期限。行政机关在作出行政许可时，行政相对人也有权知晓行政许可的期限。明确行政许可的期限，既是为了保障公共利

① 最高人民法院行政审判十大典型案例（第一批），2017年6月13日发布。

益的需要，也是为了保障许可申请人的选择权利。简阳市人民政府1996年的经营权许可在程序上存在明显不当，直接导致与其存在前后承继关系的本案被诉行政程序明显不当。本案中，四川省交通厅制定的规范性文件明确了许可期限（《四川省小型车辆营运管理规定》中“有偿使用期限一次不得超过两年”）。申请人关于本案行政许可没有期限限制的主张不能成立。虑及本案被诉行政行为作出之后，简阳市城区交通秩序得到好转，城市道路运行能力得到提高，城区市容市貌持续改善，以及通过两次“惠民”行动，绝大多数三轮车主已经分批次完成置换，如果判决撤销被诉行政行为，将会给行政管理秩序和社会公共利益带来不利影响。

【裁判结果】判决确认简阳市人民政府作出的《公告》和《补充公告》违法。

案例9.6　郑州市中原区豫星调味品厂诉郑州市人民政府行政处理决定案[①]

【本案争议点】郑州市人民政府作出的注销原告国有土地使用证的程序是否正当合法。

【法律简析】1996年12月，郑州市政府给中原区豫星调味品厂颁发国有土地使用证，载明土地性质为划拨，面积12612.7平方米。后该厂于2005年以征地补偿安置费名义给闫垌村三组汇款33万余元被拒。2006年12月，郑州市政府针对闫垌村三组的撤证申请作出注销上述国有土地使用证的决定（以下简称4号决定），理由是该厂与闫垌村三组采取欺骗手段，未如实登记。该厂进而向河南省人民政府申请复议未果，遂提起本案诉讼，请求法院撤销4号决定。

最高人民法院（提审）认为，豫星调味品厂在工商机关登记的经济性质为个体工商户，从当时有关文件看，该厂不属于“农村集体经济组织兴办的经济实体”，客观上不具备补办违法占地用地手续的资格。但是，被诉4号决定将错误登记和颁证完全归因于该厂和闫垌村三组采取“欺骗手段”，而当时有关申请表中曾将经济性质填写为“个体”。虽然存在表述前后不

① 最高人民法院行政审判十大典型案例（第一批），2017年6月13日发布。

一，但尚不构成对真实经济性质的刻意隐瞒，故4号决定认定采取欺骗手段的证据并不充分。而该决定对于行政机关审查不严问题隐而不提，事实认定有误。

同时，4号决定剥夺了豫星调味品厂继续使用涉案土地的权利，对其重大财产权益产生不利影响，郑州市人民政府既未事前告知该厂，亦未给予其陈述和申辩的机会，所做的针对法定代表人的调查笔录既未告知调查目的，也未告知可能因涉嫌欺骗未如实登记、行政机关拟注销涉案土地使用证等情况，不足以使该厂在4号决定作出前进行充分的、有针对性的陈述和申辩，程序明显不当。此外，4号决定未充分考量涉案土地在政府收取出让金之后用于房地产开发等因素，一注了之，客观上不利于豫星调味品厂主张信赖利益保护（如需查清是否存在发证到注销期间合理投入）。

【裁判结果】判决确认郑州市人民政府作出的被诉4号决定违法。

案例9.7 张某某与成都市新都区规划管理局不履行法定职责案①

【本案争议点】新都区规划管理局的行政许可程序是否正当合法。

【法律简析】法院认为，根据《行政许可法》第32条第1款第4项规定："申请材料不齐全或不符合法定形式的，应当当场或者在五日内一次告知申请人需要补正的全部内容……"本案中，原告自2008年起至2012年近四年时间，多次提出相关申请，但被告均拒绝按当事人的申请颁发相应的行政许可，又不对当事人的申请是否符合法律规定的条件进行明确清晰的说明，被告在法定期限内既未作出不予许可的决定，也未核发个人建房许可证，是违背规划许可法定职责的行为。

【裁判结果】判决被告在判决生效后20日内就原告张某某要求个人建房规划许可的请求作出具体行政行为。

---

① "四川省高级人民法院发布行政审判十大典型案例（2015年）"，法律家，http：//www.fae.cn/kx1652.html，访问日期：2019年4月18日。

案例9.8 陈某某诉厦门市同安区财政局国资管理行政批复案[①]

【本案争议点】 同安区财政局批复转让国有资产的行为是否合法。

【法律简析】 终审法院认为，根据同安区人民政府专题会议要求，在国有股权转让前，应对投资项目进行评估，评估结果作为股权转让定价的参考依据。同安区财政局未履行征集受让方于依法设立的产权交易场所公开进行竞价的法定程序，超越职权，违反企业国有资产法的规定，其作出的批复违反同安区人民政府专题会议纪要的处置程序要求，违反法律规定，超越职权，损害陈某某合法权益。

【裁判结果】 判决撤销原审判决（驳回陈某某的诉讼请求），撤销同安区财政局作出的批复。

案例9.9 宜州市湘宜锰业有限责任公司诉河池市环境保护局行政许可纠纷案[②]

【本案争议点】 河池市环境保护局作出的撤销行政许可的决定是否合法。

【法律简析】 宜州市湘宜锰业有限责任公司年产1万吨电解金属锰项目，于2005年8月获得河池市环境保护局批复同意项目建设。2010年4月广西壮族自治区环境保护厅作出桂环监字〔2010〕22号文《关于转发环保部办公厅关于对我区部分电解锰企业环境问题进行查处的监察通知》，该通知要求“对个别降低评价等级、违反审批电解锰项目，由作出行政许可的环保局自行改正、撤销原审批文件，并督促企业向自治区环保厅重新报批环境影响报告书。”河池市环境保护局依据该文件，于2010年4月作出《关于撤销宜州市湘宜锰业有限责任公司年产1万吨电解高纯金属锰工程环保行政许可的通

---

① “福建省高院首次发布典型行政案例（2016年）”，福建长安网，http://www.pafj.net/html/2016/fayuan_0728/58754.html，访问日期：2019年4月18日。

② “广西高级人民法院公布十起民告官典型案例（2015年）”，华律网，http://www.66law.cn/domainblog/115540.aspx，访问日期：2019年4月18日。

知》，撤销了其在2005年8月作出的《关于宜州市湘宜锰业有限责任公司产1万吨电解高纯金属锰工程环评报告表的批复》的行政许可。

法院认为，被告作出对湘宜锰业公司不利的行政决定时没有告知，亦没有给陈述申辩的机会，违反了行政许可法规定的公开原则，侵犯了上诉人的陈述和申辩权。

【裁判结果】判决撤销河池市环境保护局《关于撤销宜州市湘宜锰业有限责任公司年产1万吨电解高纯金属锰工程环保行政许可的通知》。

案例9.10 广西苍梧中威管道燃气发展有限责任公司诉苍梧县人民政府管道燃气特许经营行政许可纠纷案①

【本案争议点】苍梧县人民政府终止履行原特许经营许可合同的行为是否合法。

【法律简析】广西高级人民法院认为，中威公司依合同取得的管道燃气特许经营权应受法律保护，非依法定程序不能撤销。苍梧县人民政府与中金公司签订的管道燃气特许经营合同所约定的经营地域范围与中威公司的完全重合，期限基本重合。苍梧县人民政府与中金公司签订管道燃气特许经营合同的行为违法。苍梧县人民政府与中金公司签订管道燃气特许经营合同的行为违法，本应撤销，但是中金公司基本完成市政管道、管道燃气门站等设施，并已得到梧州市市政局批准试运行，如果撤销，将使龙圩镇已经使用管道燃气的用户暂停用气，其他尚未使用管道燃气的居民用上管道燃气的日期必将后延，造成公共利益的损失。

【裁判结果】判决确认苍梧县政府与中金公司签订《广西苍梧县管道燃气及加气站特许经营合同书》违法，责令苍梧县人民政府、梧州市市政和园林管理局于本判决生效之日起六个月内采取相应的补救措施，对广西苍梧中威管道燃气发展有限责任公司的合法投入予以合理弥补。

---

① "广西高级人民法院公布十起民告官典型案例（2015年）"，华律网，http：//www.66law.cn/domainblog/115540.aspx，访问日期：2019年4月18日。

案例9.11　浚县宝迪置业有限公司诉浚县住房和城乡建设局不履行行政许可法定职责案①

【本案争议点】 浚县住房和城乡建设局不履行审批职责的行为是否违法。

【法律简析】 2014年5月6日，宝迪置业有限公司（以下简称宝迪公司）根据施工进度将其开发的雅居美域小区有关楼房建设工程规划许可申请资料提交给浚县住房和城乡建设局，并同时提交了其他各项申报资料，但浚县住房和城乡建设局以存在信访问题为由，始终未履行审批职责。宝迪公司遂提起行政诉讼。

法院认为，宝迪公司提交的申请材料符合法律法规规定，且浚县住房和城乡建设局也予认可。浚县住房和城乡建设局以信访为由对宝迪公司的申请不作出处理，属于怠于履行法定职责。

【裁判结果】 判决责令浚县住房和城乡建设局在判决生效之日起20日内为宝迪公司核发建设工程规划许可证。

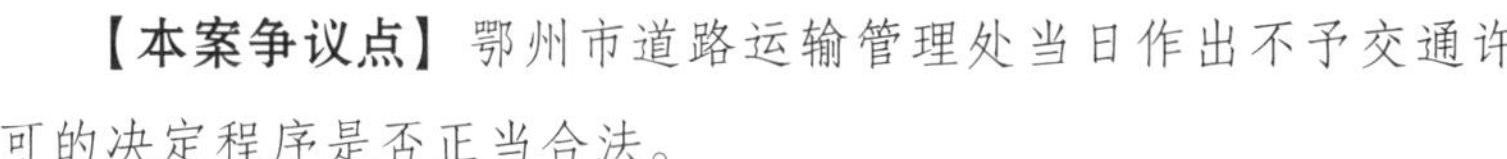

案例9.12　龚某某诉鄂州市道路运输管理处行政许可案②

【本案争议点】 鄂州市道路运输管理处当日作出不予交通许可的决定程序是否正当合法。

【法律简析】 2013年7月2日，龚某某向鄂州市道路运输管理处（以下简称市运管处）寄出书面申请书，要求将鄂城至新湾的客车班线经营权许可到其名下，同时提交了驾驶证、从业资格证等申请材料。市运管处在收到该申请材料当日，即以龚某某不符合从事道路客运经营应具备的条件、提交材料不齐全为由作出了《不予交通行政许可决定书》，龚某某不服提起行政诉讼。

法院认为，市运管处收到龚某某提出的书面申请后，对于材料不齐全或者不符合法定形式的，应根据《行政许可法》第32条第1款第4项的规定告知申请人需要补正相关材料，但其未履行上述告知义务，在没有全面审查申

---

① "河南高院对外公布8起行政典型案例（2015年）"，河南省高级人民法院，http：//www.hncourt.gov.cn/public/detail.php? id=154752，访问日期：2019年4月18日。

② "湖北省高院发布行政审判5个典型案例（2015年）"，汉丰网，http：//www.kaixian.tv/gd/2015/0501/600808_2.html，访问日期：2019年4月18日。

请人取得行政许可条件是否具备的情况下即认定申请人不符合法定条件，存在事实不清、程序违法等情形。

【裁判结果】判决撤销市运管处作出的《不予交通行政许可决定书》，并责令市运管处重新作出具体行政行为。

案例9.13 李某某诉保山市隆阳区人民政府土地行政审批决定案[①]

【本案争议点】隆阳区人民政府土地审批决定程序是否正当合法。

【法律简析】隆阳区政府以打渔社区“两委”扩大会《会议记录》作为主要依据作出《审批决定》，不符合法律规定“召开村民小组会议，应当有本村民小组十八周岁以上的村民三分之二以上，或者本村民小组三分之二以上的户的代表参加，所作决定应当经到会人员的过半数同意”的程序，应予撤销。因被诉《审批决定》已实际执行，李某某的宅基地已经被征收，地上建筑物已经被拆除，隆阳区人民政府应积极协调赔偿事宜，在协商未果的情况下，李某某也可以另行提起行政赔偿诉讼。

【裁判结果】判决撤销隆阳区人民政府作出的《审批决定》。

深度阅读

1. 白贵秀：《环境行政许可制度研究》，知识产权出版社2012年版。
2. 曾哲：《行政许可执法制度研究》，知识产权出版社2016年版。
3. 洪学农：《满意与渐进：相对集中行政许可权制度实施研究》，中国法制出版社2011年版。
4. 李燕霞、刘鹏飞：《交通行政许可研究》，人民交通出版社2006年版。
5. 王克稳：《行政许可中特许的物属性与制度构建研究》，法律出版社2015年版。
6. 王太高：《行政许可条件研究》，法律出版社2014年版。

---

① “云南省高级人民法院公布2017行政审判十大典型案例”，中国日报网，https://www.chinadaily.com.cn/interface/yidian/1120781/2018-06-29/cd_36482430.html?yidian_docid=0JQ45wDn，访问日期：2019年4月18日。

第十章　行政给付

本章提要

行政给付的理论在我国的研究起步晚，20 世纪 90 年代的个别行政法教材开始涉及行政给付的概念和特征、行政给付的形式等基本知识。① 但较为系统的研究开始于 21 世纪初，此时以行政给付为主题的专著开始出版。现今对行政给付的理论基础、功能和救济等方面的研究已经比较深入。

在行政给付立法方面，我国还没有形成行政给付的法律保障体系，至今还没有制定社会保障的基本法。2010 年的《社会保险法》只是使社会保险在制度方面有了法律遵循，其他方面的社会保障分散在有关部门法规范中。

由于行政给付的立法不足，使有关行政给付纠纷的司法审查缺乏权威性的法律依据。

第一节　行政给付理论概要

一、行政给付的理论基础

行政给付，亦称行政物质帮助，是指行政主体在公民年老、疾病或者丧失劳动能力等情况下，以及在公民下岗、失业、低经济收入或者遭受自然灾

① 罗豪才主编：《行政法学（新编本）》，北京大学出版社 1996 年版，第 242 - 244 页。

害等特殊情况下，根据申请人的申请，依照有关法律或者政策的规定，赋予其一定的物质权益或者与物质有关的权益的行政行为。① 这一概念有深厚的理论基础，这就是给付行政理论，该理论自1938年由德国行政法学者福斯多夫在《作为给付主体的行政》一文中首先提出后，在德国、日本及我国台湾地区的研究中有了较大的发展，已形成较为成熟的给付行政理论。

（一）从法治国家到福利国家

19世纪末到20世纪初，在一些国家，自由法治国的放任政策，在推进社会经济迅速发展的同时，也使社会阶级的对立、社会畸形发展、贫富差距拉大、社会不公的问题日趋恶劣。个人的生存与发展越来越依赖于政府的帮助，从而使社会国家、福利国家的理念逐渐抬头，并最终成为西方国家的政治哲学。社会国大致有五项基本内涵，即创造人民生活最低限度的生活条件、健全社会安全体系、强调社会保障的公平性、确保社会自治和自由以及建立必要的国家补偿体系等。

在现代宪法国家，社会国不仅是学理上的概念，也是诸多国家的宪法性原则。以《德国魏玛宪法》体例与精神对社会国原则的规定最为周详，甚至被后来的《德国基本法》所继承。《日本宪法》第25条规定，国民均享有最低限度的健康与文明的生活的权利。由此可见，基于社会国原则，政府应承担国民生存照顾义务。同时，社会国与法治密不可分，从而使现代福利国家的用语，已经转化为宪法意义的“社会法治国家”。

（二）生存权的诉求

从人权角度，给付行政是第二代人权中的生存权，或可称为社会权。生存权是指社会中的任何一个人都有生存下去的权利，生存权是人按其本性在一个社会和国家中享有的维持自己生命的最起码的权利。公民享有这项基本人权是生存保障的底线。

《经济、社会和文化权利国际公约》确认了生存权的基本要义，即旨在

① 这是给狭义的行政给付以尽量宽广的概念界定。当我们这样进行了概念拓宽的努力以后，就不难发现这样一种事实，狭义的行政给付即所谓行政物质帮助，它基本上与广义上的行政给付中的一部分即社会保障行政相对应。

最适宜地使用财产以确保适当生活水准，最理想地使用源自财产、工作或社会保障的收益以达到适当生活水准。这包括该公约中的工作权、最低生活水准权等。国家应该建立相应的制度保障每个人享受适当的食物和营养权、穿衣、住房和必要的关爱照管的条件。与此项权利密切相关的是家庭获得帮助权。生存权的实现是以其他经济权利为依托的，否则就无法得以保障。财产权是确保适当生活水准的权利基础，也是独立以及自由的依托。工作权提供收入以确保适当生活水准。社会保障权能够补充且在必要时充分代替源自财产和工作的不充裕的收入。故社会保障权必不可少，尤其是当个人不拥有必要的财产或由于失业、年老或残疾而不能通过工作获得适当生活水准时。受教育权也是经济的社会权利中的基本要素。

现代宪法的核心仍在于对人权的保障和维护。1919 年《德国魏玛宪法》第 161 条规定："为了维持健康和劳动能力，保护母亲、防备老年、衰弱和生活的突变，国家在被保险者的协力下，设置包括各种领域的社会保险制度。"这应该是行政给付制度在宪法上的最早依据，成为现代宪法产生的标志。《瑞士宪法》规定："联邦得协同各州与私人企业，采取措施防止经济危机，并在必要时反对失业现象。联邦得制定关于提供工作的方法的条款。"《日本宪法》也规定："全体国民均享有健康和文化的最低生活的权利。"

在我国，从 1954 年《宪法》至 1982 年《宪法》，福利制度或生存保障制度主要体现在以下几个方面：1954 年《宪法》第 93 条规定："中华人民共和国的劳动者在年老、疾病或者丧失劳动能力的时候，有获得物质帮助的权利。国家举办社会保险、社会救济和群众卫生事业，并且逐步扩大这些设施，以保证劳动者享受这种权利。"1975 年《宪法》第 27 条第 2 款规定："劳动者有休息的权利，在年老、生病或者丧失劳动能力的时候，有获得物质帮助的权利。"1978 年《宪法》第 50 条规定："劳动者在年老、生病或者丧失劳动能力的时候，有获得物质帮助的权利。国家逐步发展社会保险、社会救济、公费医疗和合作医疗等事业，以保证劳动者享受这种权利。国家关怀和保障革命残疾军人、革命烈士家属的生活。"2004 年宪法修正案在 1982 年《宪法》第 14 条之后增加 1 款，"国家建立健全同经济发展水平相适应的社会保障制度。"从而使该制度上升为国家的基本国策的地位。同时，1982年《宪法》第45条第1款规定："中华人民共和国公民在年老、疾病或者丧失劳动能力的情况下，有从国家和社会获得物质帮助的权利。国家发展为公民享有这些权利所需要的社会保险、社会救济和医疗卫生事业。"纵观宪法关于社会保障制度文字表述的变化，会发现在行政给付的对象上，我们国家也经历了一定程度的探寻，并且最终确立了以公民为对象的广泛主体。

（三）责任政府

人们之所以组织政府，其初衷就是为了确保所有社会成员的权利不受非法侵害和剥夺，所以对人权的充分尊重和保护是政府的天职。贫困不仅是对个人安全的最大威胁，也是对社会的威胁，因此，政府必须根据人们避苦求乐的天性通过立法来干预贫困问题，这成为现代国家政府的首要责任。

行政法经历了一个由夜警国家又可称为自由国家到社会法治国家的发展过程。政府形态也相应地从有限政府到责任政府的转变。政府不再拘泥于只维持治安，而是要积极作为，保障国民生活。从而使责任政府和服务行政的理念逐渐深入人心，给付行政与之相伴而生。给付行政就是政府代表国家保障公民即使在身处困难处境时仍能维持其基本生存的重要手段。在危机时刻，给付行政显然是体现了政府对风险的应对。

二、行政给付的国际视野

对西方国家的行政给付制度进行深入的研究，有利于我国理论的深化和制度的完善。有关国际人权公约中已经列出了诸多反映人民生存权的内容，如《经济、社会和文化权利公约》中，有关住房权、工作权的规定。就一些发达国家来讲，行政给付制度也已经相当发达。下面主要对英国、德国和瑞典三个国家的制度进行简要的介绍。

（一）英国的行政给付制度

1601年英国颁布的《济贫法》，拉开了社会保障以及与之相应的行政给付的序幕，奠定了政府主持公共救济事业这一基本原则，以及给付行政这一基本形式。20世纪英国相继制定了《养老金法》《国民保险法》《国民医疗保健法》《社会保障法》《国民救济法》等一系列法律。这些法律多方面的保障了公民的权利，推动了社会保障和行政给付制度的发展，这标志着行政给付体系在英国基本形成。

英国的行政给付制度主要包括国民保障制度、国民保险制度、住房援助制度、个人社会福利制度以及教育补助制度。英国的制度是在谋求福利国家的理念下建立起来的，其制度具有以下显著的特点：首先，重视制度的普遍性，这一方面体现在政府提供最低的保障；另一方面体现在采取普遍原则，对本国居民包括外国人给予一致的保障标准。其次，是保障的平等化和直接化，注重对公民实质的平等保障，基本上是对现实风险的直接保障，以预防为目的的间接保障。最后，由国家统一负责管理运行保障制度体系。

（二）德国的行政给付制度

对行政给付制度的研究发端于德国，德国无论是在行政给付理论上还是在制度构建上都已经有了深入的发展。德国的行政给付是社会保障性质的给付，德国是世界上第一个制定社会保障法的国家，也是社会保障制度体系相当完善的国家。德国的社会保障制度分为全体公民提供保障和为特殊群体提供帮助两大体系。内容包括养老保险、医疗保险、失业保险和事故保险四种，这种保险制度的对象不包括全体公民，公民只有在一定程度上履行了相关义务才有资格获得，公民是否能获得同时也取决于主管机构。

德国制度的特点首先在于以保障积极人权为价值目标。其基本方式是社会互助式的，社会保险通过社会保险机构进行互助，社会赔偿和救济等则是通过国家进行互助。以现收现付为其收支模式，没有个人的积累性质。坚持社会管理体制，管理主体是社会保险组织等具有公法人资格的准政府机构，财务组织上都具有独立性。德国在行政给付制度方面非常注重社会作用，这是其最大的优势。

（三）瑞典的行政给付制度

瑞典20世纪初就开始了国家基本养老计划。20世纪80年代后在财政压力之下，瑞典完成了从强调基本的社会权利向促进就业方向的转化。现行瑞典的社会保障项目具体包括医疗和父母保险、工伤保险、养老保险及失业保险。政府为维持高昂的保障费用，除了税收拨款，还要向雇员雇主征缴社会保障税，高福利是以高税收为保障的。保障资金由三个基金局管理运营，第一基金局管理国家政府等机构公司的缴费，第二基金局则管理大中型私人企业的缴费，第三基金局主要经手私营业主和自谋职业的缴费，基金局对基金有负责保值增值的责任。

瑞典的给付制度具有以下特征：一是普遍性，只要是瑞典公民，包括获得居留权的外籍人，都可以获得优厚的福利待遇，获得政府的给付已成为公民的基本权益；二是统一性，全国实行统一的标准且保障水平高，具备完备的法律规范；三是典型性，覆盖面广、福利程度高，有“从摇篮到坟墓”的说法。

上述三种制度模式的不足之处是由于保障水平较高，所以财政负担比较重，尤其是对以瑞典为典型的社会福利国家。而我国是人口基数大，贫富差距严重的国家，单纯地依靠政府财政支出来提高给付水平是不现实也是不可行的，因此，完善我国行政给付制度既要借鉴外国的经验也应注重结合我国国情，确保一套合理而有序的完善措施。

三、行政给付的分类

理论上根据不同的标准可以将行政给付划分为如下类别。

（一）依行政给付目的的划分

行政给付依给付行政的目的进行划分可分为保障公民基本权利的行政给付、提供公共设施的行政给付、调节经济的行政给付与奖励为目的行政给付四种类型。保障公民基本权利的行政给付与提供公共设施的行政给付满足了第一代人权发展的要求；调节经济的行政给付满足了第二代人权中经济权利的需要；行政奖励虽兼具物质与精神两方面的内容，但更多体现的实际是政府对于个人或是法人与其他组织的进步行为的一种认同，具有更多的荣誉给付含义。

宪法的价值体系核心是对基本权利的确认和保护，也应是给付行政的根本目标与出发点。

（二）依给付主体不同作出的划分

行政给付依给付主体不同可区分为中央政府作出、地方政府作出与其他主体作出的行政给付。中央政府所作出的行政行为的范围及效力应该为全国。地方政府是作出行政给付最主要的主体。而中央政府则成为保障全国范围内最基本给付的主体。从福利水平上可以推断出，地方给付行政的范围较之中央政府要更为全面具体。其他作出行政给付的主体多为政府行政主管部门或者政府职能部门的很多事业单位与企业单位，这些单位承担了更多地以公益为目的的给付职能，主要集中于教育、科技、文化、卫生等领域。

（三）以受益对象不同进行的划分

以给付行政的对象进行划分，行政给付可分为以公众为受益对象的行政给付与以个人为受益对象的行政给付。以公众为受益对象的给付行为，主要是兴办公用企业事业，如基础工程、水、电、道路运输系统建设等。以个人为受益人的行政给付，多表现为行政物质帮助，是指行政机关依法对特定的相对人提供物质利益或与物质利益有关的权益的具体行政行为。以公众为受益人的行政给付的种类要远远多于以个人为受益人的行政给付。

（四）依给付内容不同进行的划分

依给付内容不同，行政给付可分为供给行政、社会保障行政和财政资助行政。供给行政是行政主体为个人、组织提供日常生活中必不可少的公用事业服务，如公共道路、公园、学校、医院、博物馆、邮政、自来水、煤气、电力；社会保障行政是行政主体为个人、组织提供的社会保险和社会福利，如养老金、失业救济、残疾人福利；财政资助行政是行政主体对具有某种特定情形的地区（如经济贫困地区）、组织（如进行某种新产品研究、试生产的企业）、个人（如难民）予以经济资助、补贴等。

行政给付的内容是行政机关通过行政给付行为赋予给付对象一定的物质上的权益或与物质相关的权益。物质上的权益，表现为给付相对人一定数量的金钱或实物。与物质相关权益的表现形式很多，如让相对人免费入学受教育，给予相对人享受公费医疗待遇等。

四、行政给付的原则

有研究从人权保障的视角，归纳了行政给付的若干法原则，包括社会国家原则、法治主义原则、补充性原则、平等原则、信赖保护与持续给付原则、给付活动与助成性行政指导相结合的原则。① 2004 年宪法修正案，在总纲中确认了“社会保障”制度。加之公民获得物质帮助权利、退休制度等的宪法表述，这些都要求国家权力通过一定的立法、行政和司法手段保障公民社会保障权的实现。结合宪法“人权保障”“权利平等”等条款，可以总结出行政给付的诸多基本原则。

（一）法律保留原则

传统行政法理论主要关注在公民自由领域中必须采用法律保留原则，以警惕政府的不当干涉和对自由的侵害。但给付行政领域是否适用法律保留原则，目前还未形成一致的意见。本书基本赞成给付行政也应适用法律保留原则，理由有如下三点。

（1）给付行政涉及敏感的利益分配问题。本质上来讲，给付行政实际就是对国民收入的二次分配。所以，基于分配正义之考量，举凡分配的条件、资格和地位等均须有法律的根据或授权。

（2）保障公民依法请求给付的权利之需要。在给付行政领域，行政机关拒绝提供给付给公民造成的侵害可能并不逊于对财产和自由的侵害，且关涉公民的生存权。如果公民请求给付的权利没有法律的明确规定，在给付不足、拒绝给付、撤回给付和废止给付的情况下，法院的司法审查就缺乏足够充分的审查标准，将无法有效发挥保障权利的功能。

（3）从给付行政的法律效果来说，在大多数情况下可能具有混合效力和所谓第三人效力。因给付行政可能对相对人和第三人产生负担或侵益的效果，依最小的侵害保留说，给付行政也适用法律保留。

总之，法律保留原则之扩展到服务行政方面，是人民控制政府怠于履行

---

① 刘亚凡：“论支配给付行政的若干法原则——以人权保障为视角”，见杨建顺主编：《比较行政法——给付行政的法原理及实证性研究》，中国人民大学出版社 2008 年版，第 125－135 页。

行政给付及随意给付的必然选择。

（二）公平给付原则

行政给付，其目的在于赋予特定行政相对人一定的物质权益或者与物质权益有关的权益，应坚持公平、公正的原则，对符合条件的公民一律平等地实施，不允许有差别对待。对于行政给付的申请，行政机关通常只要没有正当的理由便不得拒绝给付。其大致有下列一些内容。

1. 禁止差别对待

行政给付，非有正当理由，不得为差别对待，即为行政法上的平等原则。其权利内容指行政机关本无法律义务提出一定的给付，但基于特定的行政任务，对于某特定群族的人民，基于合义务的裁量，先予合法之给付，则具有相同条件的其他人，即可援引平等原则以要求行政机关，给予相同的给付。换言之，对于其后的给付，在无法律依据下，行政机关也有一般性的给付义务。此种义务的产生，并非因法律而产生，而是依行政机关的既有裁量性给付而产生。

2. 禁止过度给付

这是指不得对不需要给付者予以给付，不得对需要给付者予以超出其所不足部分的给付，不得对起初需要给付、经受给付之后不再需要给付者予以继续给付的原则。公平也包含合理的要素。而“恣意给付”和“过多给付”同时也违反公平原则的。

3. 补充性给付

在行政给付中，除了在国家陷入战争及灾难的非常时期外，在和平期间，应由社会之力来解决其成员的生存照顾问题，而非完全依赖行政力量。政府介入社会活动，应限定在通过私人活动尚不能处理的事项中，给付行政积极介入民生和社会福利，也容易降低民众的主观能动性，从而滋生民众之惰性。所以，行政给付只是在社会成员无法凭自力保有最低限度的生活水准时，政府才有必要进行补充性给付。

（三）持续给付与信赖保护原则

除了一次性或者临时性发放的行政给付外，大多数行政给付是定期性的，应当进行连续的、稳定的供给。有时因情况发生了变化，需要改变有关基准时，应以法律或者行政法规的形式予以规定，对行政方面的改变权应设置适当的限制。当然，当有关行政给付是依据政策文件展开时，其基准的改变亦应该以相应级别的政策文件形式进行。

第二节　行政给付法律规范

从我国现行行政给付法律的效力层面上看，及于全国的仅限于《社会保险法》《残疾人保障法》《老年人权益保障法》等有限的几部法律。行政法规的数量也很少，如《军人抚恤优待条例》《城市居民最低生活保障条例》《城市生活无着的流浪乞讨人员救助管理办法》。而相关地方性法规的数量却数不胜数。根据行政给付的内容，我们从以下几个方面梳理行政给付规范。

一、供给行政给付规范

公用机构的设立和运行，是政府履行行政给付义务的方式之一，主要用于履行面向社会的普遍和持续的公共服务职能。例如，政府举办学校、医院、养老院、图书馆、博物馆、广播电台、电视台、出版社、报社、垃圾处理机构、政策性金融机构。比较民办或者社会力量举办的类似机构，它们承担的主要是公共服务职能，不以营利为目的。行政法的规范有设立和运行两个方面。设立包括机构和设施的建立、调整、撤销和人员的配置管理，运行包括服务内容、服务时间、服务方式和成本核算方式等。具体包括公共设施、公用企业、市政基础设施等。供给行政规范大多存在于如《公路法》《铁路法》等法律法规中。

二、社会保障给付规范

社会保障给付规范具体包括社会保险、社会救济、灾难救助和社会福利措施等法律规范。

（一）社会保险给付规范

2010 年全国人大常委会通过的《社会保险法》是社会保险方面的基本法律。这部法律建构了包括养老保险、医疗保险、失业保险和生育保险等在内的基本社会保险制度。

1. 基本养老保险

《社会保险法》和《老年人权益保障法》是养老保险行政给付的基本法律。其中社会保险法第二章基本养老保险规定了职工基本养老保险、公务员和参照公务员法管理的工作人员的养老保险、企事业单位养老保险、新型农村社会养老保险和城镇居民社会养老保险等制度。

2. 基本医疗保险

在《社会保险法》出台之前，我国医疗保险制度主要分为三种，一是适用于企业职工的劳保医疗制度，是根据 1951 年 2 月 26 日政务院公布的《中华人民共和国劳动保险条例》而建立起来的。该制度主要适用于国营企业和部分集体企业的职工。二是适用于机关事业单位工作人员的公费医疗制度，是 1952 年 6 月政务院发布的《关于全国各级人民政府、党派、团体及所属单位的国家机关工作人员实行公费医疗预防指示》建立起来的。三是适用于农村居民的合作医疗制度。1956 年，全国人民代表大会一届三次会议通过了《高级农村合作社示范章程》，对合作社的社员因公负伤或因公致病的医疗给予了明确规定。不久，全国普遍出现了以集体经济为基础，集体与个人相结合，具有互助互济性质的农村合作医疗。至此，我国以公费医疗、劳保医疗、农村合作医疗为主要内容的医疗保险制度基本形成。这一医疗保险体系在《社会保险法》也有残留。该法设置了职工基本医疗保险、新型农村合作医疗保险、城镇居民基本医疗保险等制度。

3. 工伤保险

《社会保险法》第四章规定了工伤保险基本制度，规定了职工应当参加工伤保险，由用人单位缴纳工伤保险费，职工不缴纳工伤保险费。用人单位应当按照本单位职工工资总额，根据社会保险经办机构确定的费率缴纳工伤保险费。国务院的《工伤保险条例》（2010 年修订）又对此制度作出了详细规范。

4. 失业保险

《社会保险法》第五章规定了失业保险的基本制度，规定了职工应当参加失业保险，由用人单位和职工按照国家规定共同缴纳失业保险费。失业人员在领取失业保险金期间，参加职工基本医疗保险，享受基本医疗保险待遇等。国务院的《失业保险条例》（1999 年实施）又对此进行了详细规定。

5. 生育保险

《社会保险法》第六章规定了生育保险的基本制度，规定了用人单位已经缴纳生育保险费的，其职工享受生育保险待遇；职工未就业配偶按照国家规定享受生育医疗费用待遇。所需资金从生育保险基金中支付。生育保险待遇包括生育医疗费用和生育津贴等。为落实该法的规定，各地大都有生育保险条例加以细化。

（二）抚恤金给付规范

《兵役法》第 59 条规定："现役军人牺牲、病故，由国家发给其遗属一次性抚恤金；其遗属无固定收入，不能维持生活，或者符合国家规定的其他条件的，由国家另行发给定期抚恤金。"《军人抚恤优待条例》第 13 条规定，现役军人死亡，根据其死亡性质和死亡时的月工资标准，由县级人民政府民政部门发给其遗属一次性抚恤金。获得荣誉称号或者立功的烈士、因公牺牲军人、病故军人，其遗属在应当享受的一次性抚恤金的基础上，由县级人民政府民政部门按照下列比例增发一次性抚恤金。该条例第 51 条规定，"本条例适用于中国人民武装警察部队"。该条例第 52 条规定，"军队离休、退休干部和退休士官的抚恤优待，依照本条例有关现役军人抚恤优待的规定执行。因参战伤亡的民兵、民工的抚恤，因参加军事演习、军事训练和执行军事勤务伤亡的预备役人员、民兵、民工以及其他人员的抚恤，参照本条例的有关规定办理"。结合其他政策性文件的规定，抚恤金主要包括：（1）牺牲、病故人员抚恤金。此类抚恤金，发给烈士和病故的军人、人民警察、参战民兵、民工，以及党政机关、民主党派、人民团体工作人员的家属。（2）伤残抚恤金。此类抚恤金包括发给革命伤残人员的抚恤金，在乡革命伤残人员的副食品价格补贴，回乡安置的特、一等革命伤残军人护理费，革命伤残人员伤口复发治疗，装修假肢和辅助器械等按规定报销的费用，在乡三等革命伤残人员疾病医疗减免的费用。(3) 烈军属、复员退伍军人生活补助费。此项补贴费包括发给在乡退伍红军老战士的生活补助费、副食品价格补贴和护理费，符合规定条件的烈属、在乡复退军人定期定量补助费和烈军属、在乡复退军人临时补助费。(4) 退伍军人安置费。此为发给无住房或严重缺房而自立确有困难无法克服的当年回乡义务兵的一次性建房补助费。

(三) 特定人员离退休金给付规范

这类行政给付主要根据是《国务院关于安置老弱病残干部的暂行办法》和《国务院关于工人退休、退职的暂行办法》(1978 年 5 月 24 日第五届全国人民代表大会常务委员会第二次会议原则批准)，由国务院颁布施行。还有国务院部委制定的规章，如民政部制定的《军队离休退休干部服务管理办法》，按照该规章其他规范规定，由民政部门实施的给付包括如下三种情形：(1) 由民政部门管理的军队离休干部的离休金、生活补助费、副食品价格补贴以及取暖补贴、护理费、丧葬费、遗属生活困难助等。(2) 由民政部门管理的军队退休干部、无军籍退休职工和由民政部门发放退休金的地方退休人员的退休金、副食品价格补贴以及取暖补贴、护理费、丧葬费、遗属生活困难补助等。(3) 由民政部门发放退职金的退职人员生活费、副食品价格补贴。

(四) 社会救济、社会福利金给付规范

1. 社会救济规范

救济的形式包括发放救济金与发放救济物资等，其对象主要是因为某种情况而生活陷入困境的公民，由民政部门依法对社会上生活困难的人给予的物质帮助。例如，对农村无劳动能力的公民发放的优待金，对城镇无劳动力人员发放的救济金，因工伤残补助费。

(1) 农村社会救济，主要是用于对农村五保户①、贫困户等的救济，基本

① 所谓五保，主要包括以下几项：保吃、保穿、保医、保住、保葬（孤儿为保教）。

规范是国务院的《农村五保供养工作条例》。老年、残疾或者未满 16 周岁的村民，无劳动能力、无生活来源又无法定赡养、抚养、扶养义务人，或者其法定赡养、抚养、扶养义务人无赡养、抚养、扶养能力的，享受农村五保供养待遇。

（2）城镇社会救济，用于对城镇居民中无依无靠无生活来源的孤老残幼和贫困户等的救济。城镇社会救济基本规范有《城市居民最低生活保障条例》，规定了八项规则：第一，取得城市居民最低生活保障给付的条件；第二，城市居民最低生活保障原则；第三，城市居民最低生活保障管辖；第四，城市居民最低生活保障资金来源；第五，城市居民最低生活保障标准；第六，城市居民最低生活保障给付程序；第七，城市居民最低生活保障给付方式和给付管理；第八，城市居民最低生活保障给付救济。

还有一些政策文件对中低收入者买经济适用房，特困者暂时租住解困房（或者称廉租房），介于廉租房和经济适用房以及经济适用房和商品房之间的公共租赁房、“两限房”等多样化的救济方式。不过，值得注意的是，后者尚处于政策调控阶段，还没有统一的法律、法规和规章依据。

2. 社会福利给付规范

社会福利给付用于对社会福利机构如社会福利院、敬老院、儿童福利院等，流浪乞讨人员收容遣送、安置，社会残疾人团体及其福利生产单位，科研机构（假肢科研机构等）的经费资助。这类给付分散于不同的法律、行政法规，甚至是地方性法规中。这类法律有：《残疾人保障法》《未成年人保护法》《妇女权益保障法》等。国务院的行政法规有：《城市生活无着的流浪乞讨人员救助管理办法》《法律援助条例》等。《城市生活无着的流浪乞讨人员救助管理办法》第 3 条第 1 款规定：“县级以上城市人民政府应当采取积极措施及时救助流浪乞讨人员，并应当将救助工作所需经费列入财政预算，予以保障。”

（五）自然灾害救济金及救济物资给付规范

该类行政给付的法律依据主要有：《突发事件应对法》《防震减灾法》等。《突发事件应对法》第 61 条第 1—2 款规定：“国务院根据受突发事件影响地区遭受损失的情况，制定扶持该地区有关行业发展的优惠政策。受突发事件影响地区的人民政府应当根据本地区遭受损失的情况，制定救助、补偿、抚慰、抚恤、安置等善后工作计划并组织实施，妥善解决因处置突发事件引发的矛盾和纠纷。”《防震减灾法》强化了政府在防震减灾方面的职能、职责，加强了物质保障、科技保障与法律责任方面的规定，规定了生活救济费和救济物资，安置抢救转移费及物资援助。此项行政给付主要包括：（1）生活救济费和救济物资，即用于解决灾民吃、穿、住及治病等困难，适当扶持灾民生产自救的经费和物资。（2）安置抢救转移及物资援助，即用于发生特大自然灾害在紧急情况下临时安置、抢救、转移灾民的费用支出及物资援助。

三、资助行政给付规范

这类给付主要包括政府、公共团体等提供的补助金、资助借贷、出资、利息补贴、保险等。资助行政分散在不同的法律中，如《就业促进法》《教育法》《义务教育法》《民办教育促进法》《职业教育法》《中小企业促进法》《促进科学技术转化法》和《科学技术进步法》。该项给付主要是解决社会成员遇有特殊事件而需要一定的经济支出，但其本身的经济状况却不足以支付此种支出，由政府给予一定经济和服务帮助，帮助其渡过难关。最典型的如大学助学补助、科研经费资助。

四、行政给付的一般程序规范

行政给付作为行政机关的一种法律行为，须按一定程序实施，尽管我国目前在行政给付方面尚无统一的法律规定，但在不同的法律、法规、规章中对不同形式的行政给付程序均作了一些简单规定。不同形式的行政给付程序也存在一些共同程序规则，主要有：申请、审查、批准和实施，一般要求书面形式。由于行政给付的标的多为一定的财物，在程序上还要求办理一定的财务手续和物品登记、交接手续。根据实践中的做法，行政给付的程序规范可分如下三种。

（一）定期性发放的行政给付程序

根据法律、法规的规定，有的行政给付是定期性发放的，如伤残抚恤金、离退休金、最低生活保障、烈军属生活困难补助；通常应当由给付对象本人或所在组织、单位提出申请，主管行政机关对其进行审查、评定等级。在某些情况下，还需要通过技术专家或专门部门的鉴定，以确定标准，然后再定期（按月或按年）发放。如《农村五保供养工作条例》规定，经村民委员会民主评议，对符合条件的，在本村范围内公告；无重大异议的，由村民委员会将评议意见和有关材料报送乡、民族乡、镇人民政府审核。

（二）一次性发放的行政给付程序

如因公牺牲或病故人员的丧葬费、退伍军人安置费、烈士家属抚恤金，通常由给付对象提出申请，主管行政机关予以审查核实，然后按照法律、法规或规章所确定的数额一次性发给。

（三）临时性发放的行政给付程序

如自然灾害救济、公民突发性困难紧急救济，有的是先由给付对象提出申请，有的则是由有关基层组织确定给付对象，并提出申请报告，主管行政机关进行审查、批准后，再直接发给给付对象，或者经有关基层组织分发给给付对象。

第三节　行政给付争讼

【典型案例】

案例 10.1　居泰安物业管理有限公司诉上海市工商行政管理局黄浦分局无主财产上缴财政案①

【基本案情】 1998 年 7 月，柏德贸易有限公司（以下简称柏德公司）以存放于上海市宝山区宗福仓库的 250 吨进口羊毛为厦门凯天贸易有限公司（以下简称凯天公司）向厦门建行的两笔借款提供质押。后该质权于 2006 年转移给本案再审申请人居泰安物业管理有限公司（以下简称居泰安公司）。

① 最高人民法院行政审判十大典型案例（第一批），2017 年 6 月 13 日发布。

1999 年，该批羊毛因涉嫌走私，被公安机关移交海关处理。因海关在调查过程中无法找到柏德公司的法定代表人，遂于同年将涉案羊毛移交本案再审被申请人上海市工商行政管理局黄浦分局（以下简称黄浦工商分局）处理。嗣后，因发现涉案羊毛已出现脱脂变质现象，黄浦工商分局遂将其先行拍卖，得款人民币 7196545.66 元，并于 1999 年 10 月 16 日在《文汇报》上刊载公告，载明：限有关该批羊毛的所有人于公告发布之日起 3 个月内，携带有关合法证明前往黄浦工商分局下属的支队接受调查，如逾期，黄浦工商分局将依照《工商行政管理机关行政处罚程序暂行规定》（以下简称《暂行规定》）第 61 条规定予以处理。由于逾期货物所有人仍未出现，黄浦工商分局于 2000 年 3 月 7 日作出“视涉案被扣羊毛为无主财产，上缴财政”的决定。厦门建行称，在黄浦工商分局处理本案期间，该行及厦门中院的办案人员曾找到黄浦工商分局查询涉案羊毛的处理情况。据此，再审申请人认为涉案羊毛并非无主财产，遂对拍卖上缴行为不服，提起诉讼，请求撤销黄浦工商分局作出的没收涉案羊毛的决定，并判决该局给付拍卖上述财产所得全部款项。

【本案争议点】在撤销原审判决的情况下，行政机关是否还要履行给付义务。

【法律简析】最高人民法院认为，判断行政行为合法性一般应当以行政行为作出时的事实为准。即使行政行为与客观事实不符，只要行政机关在作出行为当时无法发现该事实，也不应以此简单地否定行政行为的合法性。但是，本案中，黄浦工商分局在事后经权利人主张，发现涉案羊毛设有质权的情况下，应当认识到其作出的被诉行政行为与客观事实不符，并及时采取相应的措施，包括就涉案羊毛可能涉及的违法问题，依照法律规定的处理权限作出判断，并在此基础上对再审申请人提出的返还请求作出处理。

【裁判结果】最终判决撤销原审判决（驳回居泰安公司的诉讼请求），责令上海市黄浦区市场监督管理局在本判决生效之日起 15 日内将涉案羊毛涉嫌违法的问题交由有权机关处理，或者在本判决生效之日起 15 日内依职权启动调查并在其后 120 日内对再审申请人厦门居泰安物业管理有限公司提出的返还涉案羊毛拍卖款的请求作出处理。这一判决可以认为是行政给付概念的外延拓展。

案例10.2　徐某某诉五莲县社会医疗保险事业处不予报销新型农村合作医疗费用案①

【基本案情】徐某某的丈夫在2014年两次入住淄博万杰肿瘤医院治疗，2014年7月医治无效去世。在淄博万杰肿瘤医院住院治疗期间，产生了医疗费用。2014年7月21日，徐某某申请五莲县社会医疗保险事业处给予办理新农合医疗费用报销。五莲县社会医疗保险事业处于2015年1月12日作出《五莲县社会医疗保险事业处关于对申请人徐某某合作医疗报销申请的书面答复》，依据五莲县卫生局、五莲县财政局莲卫字〔2014〕2号《2014年五莲县新型农村合作医疗管理工作实施办法》第5条第2款“参合农民到市外就医，必须到政府举办的公立医疗机构”的规定，认为徐某某提供的报销材料“住院收费票据为地方税务发票，就诊的医疗机构不属于政府举办的医疗机构，不符合我县新农合报销政策规定”，决定不予报销。徐某某认为五莲县社会医疗保险事业处不予报销所依据的政策规定不符合省、市相应政策规定的精神，侵犯其合法权益，为此向五莲县人民政府提出行政复议申请。五莲县人民政府认为五莲县社会医疗保险事业处依据“市外就医的规定”符合上级规定，于2015年4月13日以莲政复决字〔2015〕1号行政复议决定维持了五莲县社会医疗保险事业处不予报销的决定。徐某某认为五莲县社会医疗保险事业处不予报销的决定错误，请求人民法院依法予以撤销，同时，请求对五莲县社会医疗保险事业处所依据政策规定的合法性进行审查。

【本案争议点】五莲县社会医疗保险事业处依据县有关部门的规定不予报销农村合作医疗费是否合法。

【法律简析】法院认为，五莲县社会医疗保险事业处作出《五莲县社会医疗保险事业处关于对申请人徐某某合作医疗报销申请的书面答复》的依据是五莲县卫生局、五莲县财政局莲卫字〔2014〕2号《2014年五莲县新型农

---

① “山东法院2017年十大行政典型案例（第1批）”，个人图书馆，http：//www.360doc.com/content/18/0121/18/13573900_723931070.shtml，访问日期：2019年4月18日。

村合作医疗管理工作实施办法》第5条第2款“参合农民到市外就医，必须到政府举办的公立医疗机构”的规定，该款规定对行政相对人的权利作出了限缩性规定，不符合上位法规范性文件的相关规定，不能作为认定涉案行政行为合法的依据，故上诉人作出涉案答复的依据不合法，属于适用法律法规错误，应予撤销。对于上诉人的新型农村合作医疗费用依据上位规范性文件的规定应否报销，需由被上诉人重新审查并作出处理。

【裁判结果】判决撤销五莲县社会医疗保险事业处作出的《五莲县社会医疗保险事业处关于对申请人徐某某合作医疗报销申请的书面答复》。责令五莲县社会医疗保险事业处于判决生效之日起60日内对徐某某的申请重新审查并作出处理。

【同类案例】

案例10.3　林某某诉济南市住房保障和房产管理局房屋行政管理案①

【本案争议点】济南市住房保障和房产管理局取消原告实物配租资格的行为是否合法。

【法律简析】一审认为，根据《济南市城市低收入家庭廉租住房管理办法》有关规定，房产行政主管部门应在作出取消当事人实物配租资格的书面处理决定生效情况下才能收回房屋。本案中，济南市住房保障和房产管理局（以下简称市房管局）未作出书面处理决定而直接收回，造成林某某该次廉租住房实物配租资格被取消，影响其相关权利。遂判决确认市房管局收回房屋、取消林某某实物配租资格的行为违法，由该局按廉租房租金标准赔偿林某某从2010年7月13日次日起至2010年8月31日的租房损失，驳回林某某其他诉讼请求。双方当事人均提出上诉。

二审认为，林某某存在连续六个月以上未实际居住情形，且在退房证明上签字履行了手续，市房管局依照有关规定取消其实物配租资格并收回廉租房的行为并无不当。同时，城市低收入家庭只能在租金补贴、实物配租等保障方式中享受一种，林某某已在当年9月取得租金补贴保障待遇，市房管局取消其实物配租资格结果正确，未作书面决定属程序瑕疵。遂撤销一审判决，

① 最高人民法院行政审判十大典型案例（第一批），2017年6月13日发布。

改判驳回林某某的诉讼请求。

【裁判结果】 最高人民法院（提审）本案后，双方当事人本着互谅互让原则达成协议，林某某获得按新政策调配的公租房及救助金7万元。

案例10.4 杨某某诉北京市通州区台湖镇人民政府案①

【本案争议点】 台湖镇人民政府不予支付困难补助和医疗补助的行为是否合法。

【法律简析】 法院认为，根据台湖镇《困难补助实施意见》及《医疗补助实施意见》第1条的规定，台湖镇人民政府对辖区内的居民给予困难补助和医疗补助的目的在于进一步提高居民健康水平和生活质量，切实缓解和解决“因病致贫、因病返贫”问题，但《困难补助实施意见》第5条、《医疗补助实施意见》第6条将签订拆迁补偿协议作为获得困难补助和医疗补助的前提条件，即“在中心镇建设及2011年15个村拆迁工作中未签订拆迁协议(包括已签约但未按规定拆除地上物）的住户不享受此政策”。该规定并无相应的法律依据，并且也与《困难补助实施意见》《医疗补助实施意见》的制定目的相悖。故台湖镇人民政府未向杨某某一户支付困难补助和医疗补助的行为不妥。

【裁判结果】 判决责令台湖镇人民政府于判决生效之日起五个工作日内向杨某某给付困难补助和医疗补助共计39564元。

案例10.5 曾某诉什邡市方亭街道办事处不履行法定职责案②

【本案争议点】 什邡市方亭街道办事处不予低保待遇的行为是否合法。

【法律简析】 法院认为，什邡市方亭街道办事处（以下简称方亭街道办）在收到曾某请求增加低保申请的第三天就依法委托曾某居住地的什邡市外西街社区居委会办理相关事项。按照《城市居民最低生活保障条例》第7条第

① “新行政诉讼法实施一年，北京法院受理行政案件同比翻番”，央广网，http：//china.cnr.cn/ygxw/20160429/t20160429_522022115_1.shtml，访问日期：2019年4月18日。

② “四川省高级人民法院发布行政审判十大典型案例（2015年）”，法律家，http：//www.fae.cn/kx1652.html，访问日期：2019年4月18日。

1 款、《四川省城市居民最低生活保障实施办法》第 16 条的规定，申请人均需如实填写调查审批表，因曾某不履行填写什邡市外西街社区居委会工作人员为其提供的联审表、审批表上本人基本信息的法定义务，致使方亭街道办不能对什邡市外西街社区居委会上报的材料进行审查核实，及时将材料和初审意见报什邡市民政局，并张榜公布初审结果。方亭街道办已履行法定职责，没有行政不作为，亦没有超过法定期限。

【裁判结果】判决驳回曾某的诉讼请求。

该判决说明，在行政给付程序中，申请人有协助义务。

案例 10.6 陈某某诉上海市社会保险事业管理中心不予先行支付决定案[①]

【本案争议点】上海市社会保险事业管理中心是否有义务先行支付工伤保险待遇。

【法律简析】陈某某于 2017 年 2 月 23 日向被告上海市社会保险事业管理中心（以下简称市社保中心）申请工伤保险待遇先行支付，请求被告从工伤保险基金中先行支付一次性伤残补助金等共计七万余元。

法院认为，原告认定工伤决定系无锡市劳动保障部门依法作出，原告提供的仲裁裁决书虽根据《江苏省劳动合同条例》《江苏省工资支付条例》《江苏省实施〈工伤保险条例〉办法》等有关条款作出，与上海市的相关补偿标准规定不尽相同，但已作为上海市相关法院强制执行的依据，故原告的申请符合工伤保险基金先行支付的法定条件。被告应当按照生效法律文书所确定的标准先行支付，然后向第三人追偿。

【裁判结果】法院通过调解，被告从原告工伤实际情况出发，考虑到原告工伤发生后的治疗及案件执行情况，同意从工伤保险基金中先行支付给原告一次性伤残补助金等相关费用。经法院释明后，原告愿意接受协调方案，遂撤回了起诉。

---

① "上海行政审判十大典型案例（2017 年）"，澎湃新闻，https://www.thepaper.cn/newsDetail_forward_2204345，访问日期：2019 年 4 月 18 日。

案例 10.7　杨某某诉钦州市社会保险事业局工伤医疗保险金给付纠纷案①

【本案争议点】被告是否有义务继续支付剩余的工伤医疗保险金。

【法律简析】2014 年 4 月 8 日，钦州市人力资源和社会保障局（以下简称市社保局）认定杨某某为工伤。杨某某从 2013 年 1 月 21 日事故发生之日起至 2014 年 8 月 13 日止在钦州市第一人民医院治疗，期间共发生医疗费 573421.12 元，杨某某已分三次向社保局提供核报医疗发票金额为 373905.1 元，得到核报金额为 364373.7 元，并向第三方追索了 82330.5 元，尚有治疗工伤的医疗费票据 117185.52 元及 138 天的住院伙食补助费、配置轮椅等费用尚未得到补偿。杨某某多次口头及书面申请，市社保局于 2014 年 10 月 10 日作出《关于杨某某请求先行支付治疗工伤医疗费用的回复》，不再继续支付医疗费用。杨某某向法院提起行政诉讼。

【裁判结果】判决撤销社保局作出的回复，责令市社保局对杨某某应当获得的工伤保险待遇，依照法律法规的标准和范围继续予以审核支付。

案例 10.8　李某诉淄博高新技术产业开发区社会保险事业处不支付工伤保险待遇案②

【本案争议点】在两个用人单位“同时就业”的，发生工伤事故如何支付工伤保险待遇。

【法律简析】法院认为，依据《实施〈中华人民共和国社会保险法〉若干规定》第 9 条规定：“职工（包括非全日制从业人员）在两个或者两个以上用人单位同时就业的，各用人单位应当分别为职工缴纳工伤保险费。职工发生工伤，由职工受到伤害时工作的单位依法承担工伤保险责任。”依据《工伤保险条例》第 62 条规定：“……依照本条例规定应当参加工伤保险而

---

① “广西高级人民法院公布十起民告官典型案例（2015 年）”，华律网，http://www.66law.cn/domainblog/115540.aspx，访问日期：2019 年 4 月 18 日。

② “山东法院 2017 年十大行政典型案例（第 1 批）”，个人图书馆，http://www.360doc.com/content/18/0121/18/13573900_723931070.shtml，访问日期：2019 年 4 月 18 日。

未参加工伤保险的用人单位职工发生工伤的，由该用人单位按照本条例规定的工伤保险待遇项目和标准支付费用……”依照上述条款规定，李某于2015年3月26日在裕民玻璃公司工作并发生工伤事故，此时李某与托普工贸公司尚未解除劳动合同关系，2015年3月的社会保险费也是由托普工贸公司缴纳，属于在两个用人单位同时就业，各用人单位应当分别为职工缴纳工伤保险费。托普工贸公司为李某缴纳了2015年3月的社会保险费，但是裕民玻璃公司未缴纳2015年3月的社会保险费。因此，裕民玻璃公司作为职工受到伤害时的工作单位和未缴纳社会保险费的单位，应依法承担工伤保险责任。依据《社会保险法》第41条第1款“职工所在用人单位未依法缴纳工伤保险费，发生工伤事故的，由用人单位支付工伤保险待遇。用人单位不支付的，从工伤保险基金中先行支付”的规定，高新技术产业开发区社会保险事业处先行支付工伤保险待遇的前提条件是用人单位不支付，而李某并没有提供法律文书或者其他有效证据证明裕民玻璃公司不支付工伤保险待遇。因此，李某要求高新技术产业开发区社会保险事业处支付工伤保险待遇的诉讼请求，无事实和法律依据。

【裁判结果】判决驳回李某的诉讼请求。

案例10.9　陈某某等诉利津县工伤保险事业处不履行支付工伤保险待遇法定职责案[①]

【本案争议点】利津县工伤保险事业处不履行支付工伤保险待遇的行为是否合法。

【法律简析】法院认为，根据《社会保险法》等法律法规及规范性文件的规定，用人单位应当按月为职工足额缴纳各项社会保险费，逾期缴纳须依法加收滞纳金。本案中，利津八建未按月为职工缴纳工伤保险费，其延期为职工缴纳工伤保险费时，利津县社会劳动保险事业处未加收滞纳金，据此应认定其对用人单位分期缴纳职工工伤保险费的方式予以认可，不属于欠缴后补缴的法定情形，职工寇某某（陈某某之妻）与利津县工伤保险事业处保险

① “山东省高级人民法院发布十大行政典型案例（2015年）”，法律家，http：//www.fae.cn/kx1725.html，访问日期：2019年4月18日。

关系成立。利津县工伤保险事业处拒绝支付寇某某的工伤保险待遇，理由不当，证据不足。

【裁判结果】判决撤销利津县工伤保险事业处作出的不支付工伤保险待遇的决定并责令其于判决生效之日起30日内重新作出行政行为。

案例10.10　王某诉柳林县民政局行政给付案①

【本案争议点】柳林县民政局不予补发定期生活补助待遇的行为是否合法。

【法律简析】法院认为，王某之父王某仁系革命烈士，离石县革命烈士英名录中有记载，该事实双方均无异议。民办发〔2012〕3号和民发〔2012〕27号发布日期均为2012年1月20日，但文件明确规定，“自2011年7月1日起，给部分烈士子女发放定期生活补助”。也就是说，文件生效日期为2011年7月1日。柳林县民政局经审核认定王某符合烈士子女享受定期生活补助的政策，即应从2011年7月1日起执行政策，为王某补发定期生活补助。柳林县民政局以申请获得审批的次月作为发放定期生活补助的起始时间，缺乏事实和法律依据。

【裁判结果】判决柳林县民政局按规定为王某给付从2011年7月1日至2015年12月31日期间的烈士子女定期生活补助。

案例10.11　赵某某、段某某诉云县人力资源和社会保障局不履行工伤保险待遇先行支付法定职责案②

【本案争议点】云县人力资源和社会保障局不予先行支付工伤保险待遇的行为是否合法。

【法律简析】2017年3月22日，澜沧江公司向云县人力资源和社会保障局（以下简称县人社局）作出情况说明，称公司经营困难，欠缴2013年12月至2017年3月的工伤保险费。赵某某、段某某向县人社局及澜沧江公司申

① “山西公布2017年行政审判十大典型案例，全部都是民告官”，人民网，http：//sx. people. com. cn/n2/2018/0516/c189132 - 31586998 - 4. html，访问日期：2019年4月18日。

② “云南省高级人民法院公布2017行政审判十大典型案例”，中国日报网，https：//www. chinadaily. com. cn/interface/yidian/1120781/2018 - 06 - 29/cd _ 36482430. html？ yidian _ docid = 0JQ45wDn，访问日期：2019年4月18日。

请支付工伤保险待遇未果，遂向法院提起诉讼。

法院认为，虽然用人单位欠缴工伤保险费，但县人社局负有工伤保险待遇核定、支付的法定职责。在收到申请后，县人社局未按法律规定的程序、步骤、时限履行职责，而是直接口头答复赵某某、段某某不符合先行支付的条件，对此，应当确认违法。

【裁判结果】判决确认县人社局不予先行支付决定违法，并由其履行支付义务。

案例10.12 曾某某诉于都县医疗保险管理局不履行核定工伤保险待遇法定职责案[①]

【本案争议点】于都县医疗保险管理局不履行核定工伤保险待遇的行为是否合法。

【法律简析】法院认为，曾某某乘坐同事摩托车送挖机配件维修时发生交通事故已被认定为工伤，其有权获得相应的工伤保险待遇。于都县医疗保险管理局应当根据法律、法规的规定履行核定曾某某工伤保险待遇法定职责。法院认为，该局称应当由曾某某一并提交民事赔偿部分的数额并对其不足部分予以补差，并以此理由拒绝支付工伤保险待遇没有法律依据。

【裁判结果】判决责令于都县医疗保险管理局在判决发生法律效力后15日内对曾某某工伤保险待遇依法作出处理决定。

深度阅读

1. 柳砚涛：《行政给付研究》，山东人民出版社2006年版。
2. 孙丽岩：《授益行政行为研究——探寻行政法通道内的公共资源配置》，法律出版社2007年版。
3. 王芳：《行政给付法治化研究》，线装书局出版2012年版。
4. 熊勇先：《行政给付诉讼研究》，法律出版社2016年版。
5. 许兵：《政府与社会保障：基于给付行政角度的分析》，国家行政学院出版

① “江西省高级人民法院发布十大行政诉讼典型案例（2015年）”，法律家，http：//www.fae.cn/kx1711.html，访问日期：2019年4月18日。

社 2013 年版。
6. 杨建顺主编:《比较行政法:给付行政的法原理及实证性研究》,中国人民大学出版社 2008 年版。
7. 于家富:《行政给付的行为规范研究:以最低生活保障制度实践中失范行为规制为中心》,中国政法大学出版社 2015 年版。
8. 喻少如:《行政给付制度研究》,人民出版社 2011 年版。

第十一章　其他行政行为

本章提要

本章所言其他行政行为主要包括行政不作为、行政确认、行政合同。

行政不作为是指行政主体及其工作人员有积极实施行政行为的职责和义务，应当履行而未履行或拖延履行其法定职责的状态。在部门法中以规定行政主体积极履行义务为内容的。

行政确认是指行政主体依法对行政相对人的法律地位、法律关系或有关法律事实进行甄别，给予确定、认定、证明（或证伪）并予以宣告的行政行为。行政确认的具体形式有权属确认、行政登记和工伤认定等。行政确认的规范主要分散在个别法律和行政法规中。

行政合同也叫行政契约，指行政机关为达到维护与增进公共利益，实现行政管理目标，与相对人之间经过协商一致达成的协议。在行政合同履行中，行政主体具有一定的优势地位。行政合同的缔结程序和履行，目前还仅靠各地的一些政策文件以及政府与相对人签订的诸多协议来约束。

上述三类行政行为在司法实务中，前两类案件较多，后一类案件较少。

第一节　行政不作为

一、行政不作为概述

（一）行政不作为的特征

1. 违法性

违法性是行政不作为的本质特征，是对公共利益维护和相对人权利保护的放弃，其后果是直接损害和侵犯了公共利益和个人利益，所以它是一种违法行为。从理论上讲根本不存在合法的行政不作为。

2. 消极性

行政不作为的消极性体现行政主体在主观上对其行政职权的放弃，在客观上不履行或拖延履行所承担的行政义务。行政主体的行政职权来源于法律的授权，行政主体只能严格依照法律规定行使职权；行政主体既不能放弃行使职权，否则即意味着失职和行政不作为。

3. 隐蔽性

由于行政不作为表现为事实上没有积极明确作出，而是消极不为，具有一定的隐蔽性。只有这种行政不作为侵犯公共利益和相对人的合法权益，引起行政争议诉诸法院时，行政主体承担的法律后果才会确定下来。

4. 危害性

行政不作为在客观上侵害公民、法人和其他组织的合法权益，损害社会公共利益，造成政府职能错位，削弱了行政职权的效力；也使社会矛盾加剧，极易引起社会冲突，严重危害社会的安定和谐，其造成的损失是不可估量的。

（二）行政不作为的构成要件

行政不作为的构成要件问题，当前学术界通行两种主张。一种主张是三要件说，一是作为义务，是行政不作为构成的前提；二是行政不作为构成的主观要件；三是行政不作为构成的客观要件。[①] 即可以概括为，行政主体具有作为义务、行政主体具有作为的可能性、行政主体在程序上表现为有所不为。另一种主张是五要件说，一是申请要件，行政相对人向行政主体提出了实施一定行为的合法申请或请求；二是职权要件，行政主体对行政相对人的申请或请求事项具有法定职责和具体的管理权限；三是期限要件，行政主体未在一定期限内按照法定程序或合理程序实施一定的行为；四是形式要件，不予答复；五是利害关系要件，行政相对人与行政机关的这种不予答复的不作为行为有法律上的利害关系。[②] 从分析框架上，三要件说更可取。

---

① 周佑勇："行政不作为构成要件的展开"，载《中国法学》2001 年第 5 期。

② 刘永廷："论行政不作为的构成要件"，载《法学杂志》2008 年第 2 期。

1. 前提要件——行政作为的义务

行政不作为以行政主体履行某种法定作为义务为前提。而这种作为义务的来源是其核心。作为义务产生的根据包括：第一，法律规范明文规定的作为义务。这类法律正面规定的行政作为义务只能来自狭义的义务性或授权性法律规范，禁止性法律规范不能正面体现行政作为义务。第二，法律间接体现的行政作为义务。其包括：所有授权性法律规范均隐含相应的行政职责，其中很大一部分是行政作为义务；行政相对人行政法上的权利义务规范也隐含行政主体的行政职责，从而包容着行政作为义务；行政法规、行政规章以外的行政规范性文件规定的行政作为义务。第三，先行行为引起的作为义务，它指由于行政主体先前实施的行为，使相对人某种合法权益处于遭受严重损害的危险状态，行政主体因此必须采取积极措施防止损害发生的作为义务。第四，其他行为产生的作为义务，如合同行为引起的作为义务。

2. 主观要件

行政主体具有履行该义务之作为的主观意志、能力，即有履行行政义务的可能性。虽然行政主体负有行政义务，但是由于客观条件的限制、意外事件以及不可抗力，导致行政主体及其工作人员由于非主观的原因而不能及时履行行政义务，便不能认定为行政不作为。只有在行政主体具有履行义务的可能性，而由于故意或过失没有在法定的或合理的期间作为的，才能构成行政不作为，即行政不作为的主观方面存在过错。

过错包含两个方面，一是故意，即明知自己负有某种行政作为义务，而故意以消极不为的态度对待之。二是过失，即应该认识到自己负有某种行政作为义务而没有认识到，或由于工作中的失误等而导致实际上对作为义务的消极违反。这和因客观原因造成的“不能为”有所区别。不能为虽也以一种不作为的表象存在，但由于其不能引起法律关系的产生、变更或消灭，也即没有法律上的意义，故没有在法学上研究的必要，因此，不属于行政不作为这一法学术语的涵盖范围。

3. 客观要件

行政主体逾期不作为。行政主体在客观上具有不履行行政义务的事实，主要体现在是否启动或者是完成了相应的行政程序。具体有两种形式：一是行政主体在接到相对人的申请获得某种权利，或依职权发现相对人的合法权益和公共利益需要获得保护的情形后，根本没有启动行政程序，属于完全的行政不作为。二是行政主体虽然启动了行政程序，但在法定的或合理的期限内没有全部完成行政程序，属于不完全的行政不作为，亦可称为拖延履行义务。

二、行政不作为的规范

行政不作为行为是违反了法律对行政机关的需要履行义务的规定的行为，所以，这些规范是分散在单行法律中的，只要行政主体不履行单行法律中有关义务性的规范，都可能构成行政不作为。如在保护公民权利的法律中，一类是履行保护公民的人身权、财产权的规定，对处于人身危险状态下的公民实施救助，在自然灾害来临，公民的生命和财产都面临风险的时候，行政主体也应该履行保护义务。另一类是履行给付、公开和监管义务的规范，这类规范又可以分为三种：一是对公民的行政给付义务，如支付社会保险、社会救助等项义务；二是政府信息公开的义务；三是对市场主体行为实施监督检查检测、保护生态环境等义务。上述三类规范，只要违反任何一类规范设定的义务，都可以构成行政不作为。

（一）法律规定行政主体的概括义务

这类法律主要是通过设定行政主体的职责，直接规定行政主体的作为义务，这些作为义务，其一般都是通过“总则”进行原则规定。如《人民警察法》第 3 条规定，“公安机关的任务是……保护公民、法人和其他组织的合法权益，保护公共财产，预防、制止、查处和惩治违法犯罪活动”。《反垄断法》第 10 条规定，“国务院规定的承担反垄断执法职责的机构……负责反垄断执法工作”。反垄断执法机构就承担了对市场垄断行为的执法职责。《中华人民共和国反不正当竞争法》第 4 条规定“履行工商行政管理职责的部门对不正当竞争行为进行查处”，那么，工商行政部门就承担了对不正当竞争行为进行查处的作为义务。

（二）法律明确规定行政主体的具体职权

这些规范一般都由单行法律通过单章规定的方式，具体规定了行政主体

的主要监督管理职权或应采取的措施。如《人民警察法》第二章职责和权力，具体规定了公安机关的职责。又如该法第13条进一步规定，“公安机关接到溺水、坠楼、自杀、走失、公共设施出现险情等危及公共安全、人身、财产安全的紧急求助，应当立即进行先期处置，同时通报相关部门，并积极参与救助。人民警察在非工作时间，遇有前款规定以及职责范围内的紧急情形，应当根据现场情况采取先期处置措施，必要时及时报告，请求支持。”《中华人民共和国大气污染防治法》第29条规定，“环境保护主管部门及其委托的环境监察机构和其他负有大气环境保护监督管理职责的部门，有权通过现场检查监测、自动监测、遥感监测、远红外摄像等方式，对排放大气污染物的企业事业单位和其他生产经营者进行监督检查。被检查者应当如实反映情况，提供必要的资料。实施检查的部门、机构及其工作人员应当为被检查者保守商业秘密”。这样的条款，随着市场经济和环境保护的任务的日益紧迫，规定的行政主体职权规范越来越多、越来越细。

（三）行政相对人权利或义务条款相对的行政作为义务

1. 相对人的权利就是行政主体的义务

这类法律或法律条款，一般都是以确认相对人的权利来相应规定行政主体的义务。如《行政许可法》规定公民、法人和其他组织有向有权的机关申请许可的权利，行政主体就有受理、审查和作出是否给予行政许可决定的义务；《政府信息公开条例》赋予相对人申请信息公开的权利，相关行政主体就有接受申请、审查和决定是否公开的义务。《工伤保险条例》第17条第2款规定，用人单位未提出申请工伤认定的，“工伤职工或者其近亲属、工会组织在事故伤害发生之日或者被诊断、鉴定为职业病之日起1年内，可以直接向用人单位所在地统筹地区社会保险行政部门提出工伤认定申请”。那么，有工伤认定资格的行政主体就有及时工伤认定的义务。

2. 相对人的义务就是行政主体的职责

对相对人从事的活动，有关法律中规定了相应的义务，行政机关有监督管理的职责。这种规范分散在不同的单行法律中，通常以禁止或不许相对人从事某种活动来相应规定行政主体的职责。如《环境保护法》第6条从原则上规定了“企业事业单位和其他生产经营者应当防止、减少环境污染和生态破坏”的义务，那么，环保部门就有对企业事业单位等进行监督检查和处罚的职责。再如《食品安全法》第34条规定了禁止生产13类食品、食品添加剂、食品相关产品。那么，相对人如果违反该条规定，食药监督部门就有监督检查和处罚的职责。

三、行政不作为的实务案例

尽管行政不作为表面上表现为行政主体无所作为的状态，但这种状态并不能逃避和豁免其应承担的法定责任。一旦行政不作为构成对相对人的权利侵害，其仍要承担法律责任。目前行政不作为的救济方式基本和普通行政违法行为的救济方式一样，有行政复议和行政诉讼两种。尤其是通过司法救济是最为公正的救济方式。法院经过审理一般会作出三种类型的判决，一是确认违法判决，二是责令履行判决，三是赔偿损失判决。或者是上述两种、三种判决类型的组合。

案例11.1　王某某诉寿光市人民政府行政不作为案①

【本案争议点】寿光市人民政府处理请求责令村委会公开村务的程序是否正当合法。

【法律简析】法院认为，依据《村民委员会组织法》第31条“村民委员会不及时公布应当公布的事项或者公布的事项不真实的，村民有权向乡、民族乡、镇的人民政府或者县级人民政府及其有关主管部门反映，有关人民政府或者主管部门应当负责调查核实，责令依法公布；经查证确有违法行为的，有关人员应当依法承担责任”之规定，被告依法负有依原告王某某的申请对其反映的事项进行调查核实以及责令褚庄村村民委员会公布相关村务的法定职责。被告在履行责令职责时，不应仅限于作出并送达责令通知，还应限定公开的合理期限并应跟进监督村委会对责令通知的执行情况，以实现公开的结果。本案中，被告虽已按法律规定向褚庄村村民委员会作出责令公开村务

---

① “最高法发布人民法院关于行政不作为十大案例（2015年）”，中国审判，http://www.chinatrial.net.cn/news/5001-2.html，访问日期：2019年4月18日。

信息通知，但未限定公开的合理期限，亦未对褚庄村村民委员会执行通知情况进行核实，被告的所谓履责行为未达到法律规定的“责令”程度，缺乏约束力和执行力，从而导致褚庄村村民委员会至本案庭审时也未向原告公开相关村务。因此，被告并未完全履行法定义务，其应继续履行责令之责。

【裁判结果】判决被告于本判决生效之日起60日内责令褚庄村村民委员会向原告限期公开相关村务信息。

案例11.2　张某某诉天津市人力资源和社会保障局、天津市社会保险基金管理中心行政不作为案[①]

【本案争议点】天津市社会保障基金管理中心不履行基金管理职责是否构成行政不作为。

【法律简析】法院认为，根据《社会保险费征缴暂行条例》第5条规定，天津市社会保障局（以下简称市社保局）具有负责全市社会保险费征缴管理和监督检查工作的行政职能，其于2011年10月19日向与其存在隶属关系的天津市社会保障基金管理中心（以下简称市社保基金中心）下达文件《关于社会保险举报投诉案件受理查处职责分工的通知》，第2项明确规定“对用人单位未按时足额缴纳社会保险费的举报、投诉，由社会保险经办机构受理查处，逾期仍不缴纳的，由社会保险经办机构提请有管辖权的劳动监察机构实施行政处罚，具体程序由市劳动监察机构与市社会保险经办机构制定”。故市社保局将信件转至市社保基金中心办理并无不当。市社保基金中心应对原告信函要求事宜作出明确处理，但其未在60天内作出答复，且在此前原告起诉该中心不履行法定职责一案中，隐瞒了市社保局下达上述文件的情况，在答辩状中否认其具备相应职责，导致原告认为起诉被告主体有误而申请撤诉，系未履行法定职责并进行推诿。其给原告出具的《关于张某某信访反映问题的答复》，在未对原告提出的请求作出明确处理的情况下，直接以信访形式答复显系不妥。

【裁判结果】（1）市社保基金中心于本判决生效之日起30日内对原告请

---

① “最高法发布人民法院关于行政不作为十大案例（2015年）”，中国审判，http://www.chinatrial.net.cn/news/5001-1.html，访问日期：2019年4月18日。

求作出处理并将结果书面告知原告，在规定期限内不履行的，从期满之日起按日处70元罚款；（2）驳回原告其他诉讼请求。

案例11.3　青岛遨广通机械施工有限公司诉即墨市工商行政管理局行政不作为案①

【本案争议点】即墨市工商行政管理局有无义务对伪造企业公章及营业执照的行为进行查处。

【法律简析】法院认为，依照公司登记管理条例及其施行细则有关规定，工商机关对于伪造、涂改、出租、转让营业执照等行为具有查处的法定职责。被告在接到举报后，应当予以立案，进行调查取证，根据调查结果作出相应处理。对原告遨广通机械施工有限公司诉请撤销《私营企业登记信息查询结果》问题，现有证据不能证明该查询结果是被告出具，且该查询结果不是具体行政行为，法院不予支持。鉴于本案审理过程中，被告自行撤销了不予立案通知书。

【裁判结果】判决被告作出的不予立案通知书违法，驳回原告撤销《私营企业登记信息查询结果》的诉讼请求。

案例11.4　张某某诉濮阳市国土资源局行政不作为案②

【本案争议点】濮阳市国土资源局不予查处违法占地的行为是否合法。

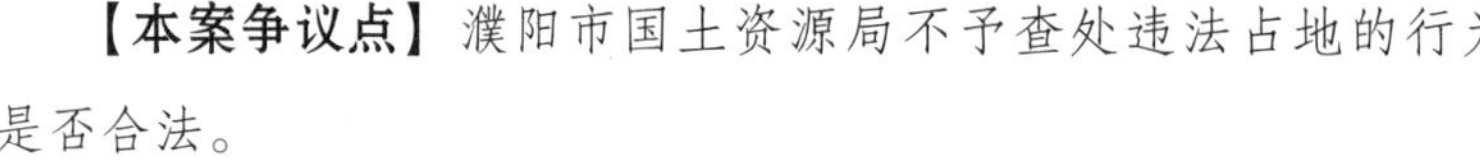

【法律简析】法院认为，土地管理部门对上级交办、其他部门移送和群众举报的土地违法案件，应当受理。土地管理部门受理土地违法案件后，应当进行审查，凡符合立案条件的，应当及时立案查处；不符合立案条件的，应当告知交办、移送案件的单位或者举报人。本案原告张某某向被告市国土局提出查处违法占地申请后，被告应当受理，被告既没有受理，也没有告知原告是否立案，故原告要求确认被告不履行法定职责违法，并限期履行法定职责的请求，有事实根据和法律依据，法院予以支持。

【裁判结果】（1）确认被告对原告要求查处违法占地申请未予受理的行

---

① “最高人民法院发布人民法院经济行政典型案例（2015年）”，最高人民法院网，http：//www. court. gov. cn/zixun-xiangqing-15842. html，访问日期：2019年4月18日。

② “最高法发布人民法院关于行政不作为十大案例（2015年）”，中国审判，http：//www. chinatrial. net. cn/news/5001－1. html，访问日期：2019年4月18日。

为违法；(2) 限被告于本判决生效之日起按《土地违法案件查处办法》的规定履行法定职责。

案例 11.5　钟某诉北京市工商行政管理局通州分局行政不作为案①

【本案争议点】通州分局未将不属于本机关管理的事项移送是否构成行政不作为。

【法律简析】法院认为，依据国务院食品安全办公室、国家工商行政管理总局、国家质量监督检验检疫总局、国家食品药品监管总局的食安办〔2013〕13 号《关于进一步做好机构改革期间食品和化妆品监管工作的通知》《北京市人民政府办公厅关于印发北京市食品药品监督管理局主要职责内设机构和人员编制规定的通知》等文件规定，目前北京市流通环节的食品安全监管职责由北京市食品药品监督管理局承担，故被告通州分局已无职责对流通环节的食品安全进行监管，且其在接到原告钟某举报时应能够确定该案件的主管机关。《工商行政管理机关行政处罚程序规定》第 15 条规定，工商行政管理机关发现所查处的案件属于其他行政机关管辖的，应当依法移送其他有关机关。本案中当被告认为原告所举报事项不属其管辖时，应当移送至有关主管机关。

【裁判结果】判决被告在 15 个工作日内就原告举报事项履行移送职责，驳回原告其他诉讼请求。

案例 11.6　沈某、蔡某诉南通市公安局开发区分局行政不作为案②

【本案争议点】南通市公安局开发区分局超期不予作出行政处罚决定的行为是否合法。

【法律简析】法院认为，根据《治安管理处罚法》第 99 条的规定，公安机关办理治安案件的期限，自受理之日起不得超过 30 日；案情重大、复杂的治安案件，经上一级公安机关的批准，可以再延长 30 日。这就意味着公安机

① “最高法院发布人民法院关于行政不作为十大案例（2015 年）”，中国审判，http：//www.chinatrial.net.cn/news/5001 -1.html，访问日期：2019 年 4 月 18 日。

② “最高法发布人民法院关于行政不作为十大案例（2015 年）”，中国审判，http：//www.chinatrial.net.cn/news/5001 -2.html，访问日期：2019 年 4 月 18 日。

关办理治安案件的一般期限为30日，最长期限不得超过60日。被告于2013年9月22日立案，至2013年12月9日作出行政处罚决定，办案期限明显超过了法律规定的一般办案期限，也超过了最长60日的办案期限。调解亦应当坚持自愿原则，当事人明确表示不愿意调解的，则不应适用调解处理。即使存在调解的事实，那么从原告沈某10月9日拒绝调解之日起至被告于12月9日作出行政处罚决定，亦长达61天，仍然超过了最长60日的办案期限。更何况被告未能在举证期限内提供经上一级公安机关批准延长办案期限的证据。

【裁判结果】 判决确认被告未在法律规定的期限内作出行政处罚决定行为违法。

案例11.7 兰州宏光驾驶员培训服务有限公司诉兰州市城关区城市管理行政执法局行政不作为案[①]

【本案争议点】 城关区城市管理行政执法局的行为是否构成行政不作为。

【法律简析】 兰州宏光驾驶员培训服务有限公司（以下简称宏光公司）以甘肃永隆文化用品有限公司（以下简称永隆公司）进行违法建设，对其练车场的正常使用造成影响为由，向其所在街道社区和甘肃省兰州市城关区城市管理行政执法局（以下简称区行政执法局）等多个机关进行举报。但以上机关对其所反映事项均无任何处理。

在一审过程中，被告意识到其不履行职责可能存在败诉风险，遂与原告宏光公司经协调达成一致意见，同意受理原告的举报事项并在其职权范围内进行调查，即依照原告的申请，履行了相应的法定职责。故原告于2013年6月7日向一审法院提交了书面撤诉申请。

【裁判结果】 裁定准许原告撤回起诉。

案例11.8 赵某某诉凤阳县武店镇人民政府行政不作为案[②]

【本案争议点】 武店镇人民政府拖延审核危房改造申请的行为是否合法。

---

① “最高法发布人民法院关于行政不作为十大案例（2015年）”，中国审判，http://www.chinatrial.net.cn/news/5001-2.html，访问日期：2019年4月18日。

② 同上。

【法律简析】法院认为，凤阳县人民政府制定的方案，对农村危房改造的申报程序及审核方法等都作出了明确规定。该方案同时规定，凤阳县危房改造确定的检查验收时间为2012年12月11日至12月31日。原告赵某某依照规定提交了危房改造申请，但被告镇人民政府在接到其申请材料后未能按照方案规定的程序和方式履行其审核职责，其行为构成行政不作为。本案审理期间，被告对原告危房改造申请进行了补充核查，认为其不符合危房改造补贴条件，并将不符合条件的理由书面告知了赵拐村村民委员会及一审法院。法院已将核查结果告知原告，但原告不愿意撤回起诉。

【裁判结果】判决确认被告不履行危房改造申请审核职责行为违法。

案例11.9　艾某某诉沈阳市卫生和计划生育委员会行政不作为案①

【本案争议点】不予手术医院及手术医生进行行政处罚是否合法。

【法律简析】终审法院认为，根据相关证据及沈阳市卫生和计划生育委员会（以下简称市卫计委）的庭审陈述，可以认定艾某某提出过举报且市卫计委已口头答复，故原审认定艾某某没有提出过申请系认定事实不清。根据《医疗机构管理条例》第5条第2款、《外科手术分级制度管理》第5条第2款的规定，艾某某申请的事项属于市卫计委的职权范围。市卫计委对艾某某举报事项已进行了调查，并作出了相关事实的认定，但针对该部分事实没有向法院提交相应的证据，应认定其证据不足；且根据其现有的调查事实，市卫计委亦应当按照相关法律规定予以处理，而不需要艾某某针对如何处理违法行为再次提出申请，故市卫计委存在不履行职责的情形。

【裁判结果】判决撤销一审判决（驳回原告的诉讼请求），责令市卫计委对艾某某的举报申请重新作出具体行政行为。

① “最高法发布人民法院关于行政不作为十大案例（2015年）”，中国审判，http://www.chinatrial.net.cn/news/5001-2.html，访问日期：2019年4月18日。

案例 11.10　吴某诉江苏省环境保护厅不履行法定职责案[①]

【本案争议点】江苏省环境保护厅不履行对噪声的管理和监督义务的行为是否合法。

【法律简析】法院认为，沿江高速公路涉案地段环保验收工作系被告直接验收并公示的。被告在验收涉案工程时已经检测到该工程在夜间都有不同程度的超标，并称正在实施安装隔声窗等降噪措施，计划 2006 年 6 月完成，故对于该工程所产生的噪声扰民问题负有不可推卸的监督管理职责。被告对于原告吴某提出的履责要求，未采取切实措施，仅作为信访事项转交下级环保部门处理。原告诉请成立，法院予以支持。

【裁判结果】判决确认被告不履行环保行政管理职责行为违法，责令被告于判决生效之日起 30 日内针对原告的投诉履行相应法定职责。

案例 11.11　锦屏县人民检察院诉锦屏县环境保护局不履行法定职责案[②]

【本案争议点】锦屏县环境保护局怠于履行监管职责的行为是否要纠正。

【法律简析】法院认为，被告作为锦屏县境内石材加工企业环评登记的审批机关，应当对企业生产建设过程中是否存在环境违法行为进行管理和监督。对企业环境违法行为应当依法立案查处。被告虽先后对鸿发、雄军等公司作出限期改正通知书和行政处罚，但由于之后未及时履行监管责任，致使有关企业违法生产至 2015 年 12 月 31 日。考虑到涉案企业已被关停和处罚，准许公益诉讼人撤回第二项诉讼请求（对雄军、鸿发两公司进行处罚）。

【裁判结果】判决被告在 2014 年 8 月 5 日至 2015 年 12 月 31 日对有关企业违法生产的行为怠于履行监管职责的行为违法。

---

① “人民法院环境保护行政案件十大案例（2016 年第二批）”，载《人民法院报》2016 年 3 月 31 日，第 3、4 版。

② 同上。

案例 11.12　酒泉飞龙工业有限责任公司诉嘉峪关市知识产权局不履行行政职责案[①]

【本案争议点】 嘉峪关市知识产权局拖延履行法定职责的行为是否合法。

【法律简析】 重审（二审裁定撤销一审判决，发回重审）法院认为，被告未按《专利行政执法办法》规定的期限逾期作出延期决定，属程序违法。被告作出中止处理决定，虽有正当事由，但未在规定的期限内作出，亦属程序违法。国家知识产权局专利复审委员会作出《无效宣告请求审查决定书》（第 22031 号），宣告 201020551501.6 号实用新型专利权全部无效。依据《专利法》的规定，专利复审委员会作出的无效审查决定不是终局裁决，原告可以在法定期限内向北京市第一中级人民法院起诉，行使权利救济，现撤销被告中止处理决定，判决被告履行行政职责，已无实际意义。原告亦没有提交因被告的行为给其造成经济损失的相关证据。

【裁判结果】 判决确认被告不履行法定职责违法，并判决驳回飞龙公司的赔偿请求。

案例 11.13　中石化巴中石化销售有限公司诉平昌县规划管理局行政不作为案[②]

【本案争议点】 平昌县规划管理局拖延作出行政许可决定的行为是否合法。

【法律简析】 法院认为，巴中石化销售有限公司（以下简称巴中石化公司）申请拟在平昌县高速公路出口南河子修建加油站项目，已向相关部门申请立项并获初步审批，平昌县规划管理局的主要职责是负责平昌县辖区内的城乡规划和审批，规划和审批南河子加油站项目与巴中石化公司有法律上的利害关系，巴中石化公司依法应具有诉讼的主体资格。巴中石化公司在向平昌县规划管理局递交规划许可申请后，申请程序是否合法、提供的材料是否

---

① “甘肃高院召开 2015 年度甘肃行政审判十大典型案例新闻发布会”，甘肃法院网，http://www.chinagscourt.gov.cn/detail.htm? id = 2334276，访问日期：2019 年 4 月 18 日。

② “四川省高级法院发布四川法院发布行政审判十大典型案例（2016 年）”，个人图书馆，http://www.360doc.com/content/17/0711/09/37063_670472579.shtml，访问日期：2019 年 4 月 18 日。

完备、申请的规划许可事项是否在平昌县规划管理局的职责范围内，是否应当依法在受理行政许可申请之日起20内作出行政许可决定，并予以书面回复，20日不能作出决定的，可依法延长十日，但平昌县规划管理局至今未对巴中石化公司申请的规划许可事项作出处理，应属于行政不作为，现巴中石化公司要求平昌县规划管理局对其申请的平昌县南河子加油站项目履行规划职责的主张符合法律规定，依法应予以支持。

【裁判结果】判决平昌县规划管理局在判决生效后20日内对巴中石化公司申请的平昌县南河子加油站项目履行建设规划法定职责。在上诉期间，平昌县规划管理局对违法行为作出了纠正。

案例11.14　四川川印印刷有限公司诉江油市财政局不履行法定职责案①

【本案争议点】江油市财政局不予受理川印印刷有限公司投诉的行为是否合法。

【法律简析】法院认为，《四川省政府采购供应商质疑处理办法》第25条第2款规定“供应商质疑具有本办法第十九条、第二十条、第二十一条规定情形，但被质疑人在初步审查期内未告知供应商的，视同受理质疑”。本案中，玖久招标公司在2013年12月5日收到了川印印刷有限公司（以下简称川印公司）的质疑书，但在2013年12月15日才进行回复，依法应视同受理质疑。因此，江油市财政局以川印公司投诉前未依法进行质疑为由，认定川印公司的投诉不符合规定并拒绝受理其投诉的处理决定违法。

【裁判结果】判决责令江油市财政局依法履行相关法律职责。

案例11.15　郑某某、张某某等人诉峨眉山市住房和城乡规划建设局不履行信息公开职责一案②

【本案争议点】峨眉山市住房和城乡规划建设局不履行信息公开的法定职责如何处理。

【法律简析】法院认为，根据《政府信息公开条例》第24条的规定，郑

---

① “四川省高级人民法院发布行政审判十大典型案例（2015年）”，法律家，http://www.fae.cn/kx1652.html，访问日期：2019年4月18日。

② 同上。

某某等人作为十里安置房的住户，有权申请峨眉山市住房和城乡规划建设局（以下简称峨眉山市住建局）公开十里安置房的有关工程建设及工程质量的政府信息。峨眉山市住建局对政府信息公开的申请，有义务在法定期限内予以答复。但峨眉山市住建局接到申请后，既未依法向郑某某等人公开相关的政府信息，也未告知郑某某等人所申请公开的政府信息是否存在或者获取的途径和方式。峨眉山市住建局逾期不予答复的行为，属于未履行法定义务的不作为行为，是违法的。

【裁判结果】判决确认峨眉山市住建局对郑某某等人公开政府信息的申请不予答复的行为违法，责令峨眉山市住建局对郑某某等人的申请限期答复。

案例 11.16 韩某某诉慈溪市观海卫镇人民政府不履行政府信息公开法定职责案[①]

【本案争议点】观海卫镇人民政府不履行政府信息公开义务的行为如何处理。

【法律简析】法院认为，在原告申请的情况下，针对原告申请作出答复是被告的法定职责，被告应当依法告知原告获取政府信息的方式和途经。原告在庭审中确认了被告工作人员口头告知了原告就第二项申请内容（当前政府对农村村民建住房的审批程序及审批条件）可以通过网上查询得知，就其余申请内容要求原告找慈溪市国土资源局观海卫分局及镇城建办领导。对原告而言，被告工作人员的该口头告知内容模糊、抽象，并不符合《政府信息公开条例》第 21 条规定的行政机关应告知申请人获取政府信息的方式和途径。故被告工作人员的口头告知行为，不能视为被告依据《政府信息公开条例》第 12 条规定作出了答复，应当认定被告未履行政府信息公开的法定职责。因原告申请信息公开内容尚需被告调查、裁量，故对原告提出的政府信息公开申请，被告应在合理期限内作出处理。

【裁判结果】判决责令被告在本判决生效之日起 30 日内对原告作出答复。

---

① “浙江法院学习贯彻新《行政诉讼法》暨行政审判情况通报”，浙江法院新闻网，http://www.zjcourt.cn/art/2014/11/13/art_48_7444.html，访问日期：2019 年 4 月 18 日。

案例 11.17 杨某某诉仙居县国土资源局不履行土地管理法定职责案①

【本案争议点】仙居县国土资源局对于原告的投诉拖延处理的行为是否合法。

【法律简析】法院认为，根据《浙江省实施〈中华人民共和国土地管理法〉办法》第3条第1款的规定，被告仙居县国土资源局具有查处本辖区内土地违法行为的法定职责。被告对原告的投诉未按行政执法程序作出相应的具体行政行为，构成拖延履行法定职责。

【裁判结果】判决责令被告在本判决生效之日起60日内，对原告的投诉作出行政行为。

案例 11.18 刘某诉某区人民政府不履行法定职责案②

【本案争议点】某区人民政府对于原告提出的补偿申请拖延处理的行为是否合法。

【法律简析】法院认为，行政主体必须履行其法定义务，其享有的法定职权同样必须履行。行政机关不履行、拖延履行、不正当履行都将构成不履行法定职责。

本案中，某区人民政府负责辖区内的房屋征收与补偿工作，对刘某提出的房屋补偿申请具有作出处理决定的法定职责。刘某因某区人民政府未在法定期间内对其申请补偿的事项作出处理，基于对某区人民政府承诺60日内履行职责的信赖，初次诉讼后撤回起诉。某区人民政府应依约作出补偿决定。某区人民政府没有在承诺期内对申请事项作出处理，属于未依法履行职责，应确认违法。其后作出的补偿决定虽实现了刘某等人的诉求，但不能改变未依法履行职责的违法性。

【裁判结果】判决确认某区人民政府未在法定期限内对刘某提出的补偿申请作出处理决定违法。

---

① "浙江法院学习贯彻新《行政诉讼法》暨行政审判情况通报"，浙江法院新闻网，http://www.zjcourt.cn/art/2014/11/13/art_48_7444.html，访问日期：2019年4月18日。

② "2015年青海法院行政案例司法审查报告"，青海法院网，http://qhfy.chinacourt.org/public/detail.php?id=17378，访问日期：2019年4月18日。

案例 11.19　易某某等六人诉北京市昌平区城市管理监察大队不履行法定职责案①

【本案争议点】昌平区城市管理监察大队以民事诉讼为由不履行法定职责是否合法。

【法律简析】法院认为，被告昌平区城市管理监察大队具有查处辖区内违法建设的法定职责。2008 年 6 月被告接到原告举报后，即对彝香楼涮肉馆涉嫌违法建设的问题进行了立案调查，并作出了《责令改正通知书》，此后被告以涉案房屋存在民事诉讼为由中止了对案件的处理。但涉案房屋的民事诉讼是基于物权上的排除妨害，是平等民事主体之间的民事争议，无论是否存在民事诉讼，事实上都不影响被告对违法建设的查处，因为被告对违法建设的查处是基于公法上的法定职责，所以被告不能以原告已就违法建设提起民事诉讼为由中止行政执法。

【裁判结果】判决责令被告昌平城市管理监察大队于 60 日内对彝香楼涮肉馆涉嫌违法建设的问题作出处理决定。

案例 11.20　广东里水鲜果批发市场有限公司诉佛山市公安局南海分局行政不作为纠纷②

【本案争议点】公安机关对报案不予处理的行为是否合法。

【法律简析】终审法院认为，南海公安分局接到里水鲜果批发有限公司（以下简称里水鲜果公司）的报案后，以刑事案件处理，经调查后认为现有证据无法证实有犯罪事实发生，遂作出《不予立案通知书》，告知报案人根据《刑事诉讼法》第 110 条的规定，决定不予立案，即南海公安分局对于里水鲜果公司的报案已经履行了相关刑事侦查的职责。由于南海公安分局除应履行刑事侦查职责外，还负有管理本辖区治安管理工作的职责。南海公安分局在《不予立案通知书》中只告知了报案人现有证据无法证实有犯罪事实发生，对于里水鲜果公司的报案情形是否有违反治安等行政法律法规的相关规

---

① 北京法院人民参阅案例 6 号（2013 年 10 月 21 日北京市高级人民法院审判委员会第 24 次会议讨论通过）。

② “广东高院发布 10 起行政诉讼典型案例”，个人图书馆，http：//www.360doc.com/content/16/0718/20/31717540_576597533.shtml，访问日期：2019 年 4 月 18 日。

定，南海公安分局未作出相应处理并将处理结果告知报案人，存在未履行法定行政职责的情形，属行政不作为。

【裁判结果】判决驳回（南海公安分局）上诉，维持原判（判决该局应在法定期限内对里水鲜果公司的报案作出行政处理）。

案例 11.21　陈某某等人诉南宁市建设委员会不履行拆迁行政裁决法定职责案①

【本案争议点】南宁市建设委员会不予拆迁裁决的行为是否合法。

【法律简析】终审法院认为，在拆迁人与被拆迁人就该部分拆迁安置补偿无法达成协议的情况下，被拆迁人提出重新裁决申请的，房屋拆迁管理部门对房屋拆迁安置补偿纠纷作出裁决的法定职责，应当包括由于城市规划调整致原裁决书无法实际执行的无可归责于拆迁当事人双方的情形，故其有责任重新作出拆迁行政裁决。

【裁判结果】判决责令南宁市建设委员会在判决生效后60天内履行对陈某某等五人回迁铺面的拆迁补偿重新作出裁决的职责。

案例 11.22　李某某诉威县公安局常庄派出所履行法定职责案②

【本案争议点】常庄派出所不予撤销错误登记的行为是否合法。

【法律简析】法院认为，2006 年 7 月 19 日，李某某因故意伤害他人被威县公安局行政拘留十日，于 2006 年 7 月 30 日执行完毕。2006 年 10 月 19 日，河北省公安厅冀公户〔2006〕328 号文件（以下简称 328 号文件）发布并实施。328 号文件第 4 条第 2 项规定的内容针对的是有严重刑事犯罪活动嫌疑人进行监管的范围。李某某因故意伤害被威县公安局行政拘留十日，后再无犯罪记录，也未受到劳动教养和刑事处罚，常庄派出所将李某某列入监管范围，后撤管原因是“刑释解教满五年没有必要继续管理”。上述列管与撤管

---

① “广西高级人民法院公布十起民告官典型案例（2015 年）”，华律网，http：//www.66law.cn/domainblog/115540.aspx，访问日期：2019 年 4 月 18 日。

② “河北高院 2015 年度行政审判十大典型案例”，微公网，https：//www.weixin765.com/doc/jnqttiqf.html，访问日期：2019 年 4 月 18 日。

行为与事实不符且没有法律依据并对李某某及亲属生活、工作带来不便。常庄派出所不予撤销错误记录行为，属于典型的不履行法定职责。

【裁判结果】 判决常庄派出所在30个工作日内撤销对李某某登记在警综平台工作对象详细信息管理类别栏中“有其他严重刑事犯罪活动嫌疑的”和违法犯罪经历详细信息人员涉案类型栏中“犯罪嫌疑人”，撤管原因栏中“刑释解教满五年没有必要继续管理”的不实刑事记录。

案例 11.23　柴某某诉大庆市房产管理局不履行法定职责案[①]

【本案争议点】 大庆市房地产管理局不予审核房产测绘数据的行为是否合法。

【法律简析】 法院认为，根据《房产测绘管理办法》第3条第2款“房产测绘单位应当采用先进技术和设备，提高测绘技术水平，接受房地产行政主管部门和测绘行政主管部门的技术指导和业务监督”及《房产测绘管理办法》第18条“用于房屋权属登记等房产管理的房产测绘成果，房地产行政主管部门应当对施测单位的资格、测绘成果的适用性、界址点准确性、面积测算依据与方法等内容进行审核。审核后的房产测绘成果纳入房产档案统一管理”的规定，大庆市房产管理局作为大庆市的房地产行政主管部门，对房产测绘单位负有监督职责。本案中，柴某某申请大庆市房产管理局查处测绘公司公示的房产测绘数据即柴某某房屋初始登记所依据的测绘成果，属于大庆市房产管理局的职责范围，其应当依法履行调查职责，给予柴某某答复。

【裁判结果】 判决大庆市房产管理局于判决生效之日起30日内将调查结果书面告知柴某某。

案例 11.24　周某诉某公安分局拖延履行法定职责案[②]

【本案争议点】 某公安分局是否有义务维持社区居民的生活秩序。

---

① “黑龙江省行政审判十大典型案例（2017年）”，黑龙江法院网，http：//www. hljcourt. gov. cn/public/detail. php? id = 20626，访问日期：2019年4月18日。

② “湖南省高级人民法院发布九起行政审判典型案例（2016年）”，法律家，http：//www. fae. cn/kx1911. html，访问日期：2019年4月18日。

【法律简析】原告周某居住在长沙市某社区，部分社区居民经常在晚上8点左右到其楼下的人行道上跳广场舞，音响器材音量过大，严重影响其安静生活。周某报警要求某公安分局依法进行处理。某公安分局接警后，多次到现场劝说跳舞居民将音响音量调小，或者更换跳舞场地，但一直未有明显效果。法院认为，某公安分局对于原告报警所称的部分居民在原告楼下跳广场舞并使用音响器材这一行为是否存在违法事项，是否需要进行行政处罚等实质问题并未依法予以认定。

【裁判结果】判决某公安分局依法对周某的报案作出处理。判决生效后，该公安分局又数次对跳舞的人们进行劝解、教育，并加强与当地社区的合作，引导广场舞队转移至距离原处百米之外的空坪上。原告所住的社区也在政府部门的积极协调和支持下，与长沙某汽车站达成一致，将在车站附近建设一块专门用于广场舞等娱乐活动的健身场所，既避免噪声扰民，又给跳舞健身爱好者自由活动的场所。

案例11.25 亓某诉新泰市国土资源局不履行法定职责案①

【本案争议点】新泰市国土资源局不予处理土地违法行为的法定职责是否合法。

【法律简析】因山东新矿集团翟镇煤矿（以下简称翟镇煤矿）常年采煤，在原告住宅东部堆积成一座矸石山。造成矸石山西侧南北走向的一条河道严重弯曲，泄洪不畅。后来，新泰市翟镇翟家庄东村村民委员会（以下简称翟东村委）与翟镇煤矿签订《河道改道协议》后，在耕地内开挖新河道。挖河过程中因大暴雨。原告家庭财产被淹，造成经济损失294803元。起诉后，法院最终判决翟镇煤矿赔偿原告财产损失的30%计88440.90元，驳回了原告对翟东村委的诉讼请求。其后，原告不断到各级政府部门信访，举报翟镇煤矿、翟东村委违法占用耕地挖河，要求依法处理。山东省国土资源厅、泰安市国土资源局、新泰市政府先后要求被告调查核实并答复原告。法院认为，土地违法行为的利害关系人以信访形式请求土地管理部门履行查处土地违法

① “山东法院2017年十大行政典型案例（第1批）”，个人图书馆，http：//www.360doc.com/content/18/0121/18/13573900_723931070.shtml，访问日期：2019年4月18日。

行为法定职责，被告对原告举报的占地挖河问题既未立案查处，亦未告知原告不予立案查处的事实、理由、依据，以及陈述权、申辩权，其行为属不履行法定职责。

【裁判结果】判决限新泰市国土资源局于判决生效之日起两个月内对亓某作出答复。

案例 11.26　张某庆诉平阴县公安局行政不作为案[①]

【本案争议点】平阴县公安局对侵犯公民财产权的行为不予处理是否合法。

【法律简析】法院认为，平阴县公安局负有“维护社会治安秩序，保障公共安全，保护公民、法人和其他组织的合法权益”的法定职责。本案中，张某立强行扣留张某庆车辆的行为，侵犯了张某庆的财产权。张某庆无力制止不法行为的侵害，只能求助于公安机关，而通过法律化解矛盾，是健康、有序的社会解决纠纷的基本手段。本案张某庆的岳父母家与张某立家之间存在家庭纠纷，张某庆与张某立并无家庭纠纷存在，平阴县公安局以该纠纷属家庭矛盾纠纷不予处理，属认定事实不清。张某立的行为扰乱了张某庆正常的生产、生活秩序，具有明显的社会危害性，违反了治安管理处罚法的规定。平阴县公安局以张某庆与张某立之间存在家庭纠纷为由，对张某立的扣车行为不作处理，实际上是鼓励张某立通过私力救济的方式解决矛盾。因此，平阴县公安局对张某立的扣车行为不作处理，属于不履行保护公民财产权法定职责的不作为行为。

【裁判结果】判决平阴县公安局于本判决生效后，在法定期限内依法对张某庆的报案作出处理。

案例 11.27　常某诉太谷县公安局不履行法定职责案[②]

【本案争议点】太谷县公安局以存在民事纠纷为由不予处理侵犯公民财产权的行为是否合法。

---

① “山东省高级人民法院发布十大行政典型案例（2015 年）”，法律家，http：//www. fae. cn/kx1725. html，访问日期：2019 年 4 月 18 日。

② “山西公布 2017 年行政审判十大典型案例，全部都是民告官”，人民网，http：//sx. people. com. cn/n2/2018/0516/c189132 – 31586998 – 2. html，访问日期：2019 年 4 月 18 日。

【法律简析】终审法院认为，贺某明认为其父贺某名下的土地承包经营权应由其继承，进而雇人将常某耕种的玉米青苗毁损是客观事实。依照我国相关法律规定，当事人存在民事纠纷应当通过调解、仲裁、诉讼等途径予以解决，即使采取私力救济也不得超过必要限度。当事人以存在民事纠纷为由恃强夺取、毁坏他人财产的，属于违法行为，公安机关应当予以制止和处罚。太谷县公安局以涉案土地存在土地承包经营权纠纷为由不予调查处理，缺乏法律依据。

【裁判结果】判决驳回上诉，维持原判［（1）撤销太谷县公安局作出的太公行终止决字〔2016〕003号终止案件调查决定书；（2）太谷县公安局在法定期间内依法履行调查处理常某在涉案土地上所有的玉米苗被毁损的法定职责］。

案例11.28 杨某某等九人诉保山市人民政府不履行行政复议法定职责案①

【本案争议点】保山市人民政府不予受理行政复议的申请是否合法。

【法律简析】杨某某等九人因安置方案不能达到其要求，于2017年6月26日向区人民政府寄送要求实施整体搬迁避让措施、落实搬迁地点并开挖地基，落实相关搬迁补助、补偿配套资金，保障申请人生命财产安全等的申请。2017年9月30日，因认为区人民政府未作答复，杨某某等九人向保山市人民政府提交行政复议申请。2017年10月13日，市人民政府作出不予受理行政复议申请的决定。

法院认为，在复议非前置的情况下，当事人可以选择复议，也可以选择诉讼，当选择复议而复议机关不予受理时，当事人起诉复议机关不予受理决定，是为了让行政争议通过行政程序解决。复议机关不予受理决定实质上是对当事人救济请求的拒绝，法院对此类案件应审查行政复议机关对当事人救济请求的拒绝是否具有合法性。对复议机关不予受理不具有合法性的，应当责令复议机关予以受理。

① "云南省高级人民法院公布2017行政审判十大典型案例"，中国日报网，https://www.chinadaily.com.cn/interface/yidian/1120781/2018-06-29/cd_36482430.html?yidian_docid=0JQ45wDn，访问日期：2019年4月18日。

【裁判结果】判决撤销保山市人民政府不予受理复议申请的决定，责令保山市人民政府受理杨某某等九人的行政复议申请。

案例 11.29 田某某、陈某诉富宁县交通运输局不履行法定职责案①

【本案争议点】富宁县交通运输局在履职过程中，未设置警示标志是否违法。

【法律简析】法院认为，行政机关在履行职责过程中，应当依法全面及时履责。本案中富宁县交通运输局及其下属公路管理机构虽然履行了职责，但在履行职责过程中，没有及时在塌方路段设置警示标志、绕行标志，封闭该路段不准行人通行，未尽到审慎、妥善处理之职。本案富宁县交通运输局在塌方路段未设置警示标志，造成多人死亡的后果。

【裁判结果】判决确认富宁县交通运输局在事故路段没有及时设置警示标志、绕行标志，采取安全防范措施的行政行为违法。

案例 11.30 宕昌县人民检察院诉宕昌县水务局水务行政征收不履行法定职责案②

【本案争议点】宕昌县水务局不予征收管理费的行为如何处理。

【法律简析】法院认为，被告县水务局作为宕昌县人民政府负责全县水务工作的职能部门，2009 年至 2014 年，违反了《甘肃省河道采砂收费管理实施细则》及《陇南市关于进一步加强和规范开采经营砂、石、土、水、金等资源税费征收管理的意见》的规定，造成国有资产流失。宕昌县检察院要求确认被告 2009 年至 2014 年擅自降低河道采砂管理费收费标准的水务征收行政行为违法，应予支持；宕昌县检察院发出检察建议书后，被告虽然进行了整改，采取措施向采砂企业及个人追缴了大部分河道采砂管理费，但至今

① “云南省高级人民法院公布 2017 行政审判十大典型案例”，中国日报网，https://www.chinadaily.com.cn/interface/yidian/1120781/2018-06-29/cd_36482430.html? yidian_docid=0JQ45 wDn，访问日期：2019 年 4 月 18 日。

② “2016 年度行政审判十大典型案例 · 甘肃高院”，个人图书馆，http://www.360doc.com/content/17/0108/13/27225667_621038229.shtml，访问日期：2019 年 4 月 18 日。

仍有53万元未追缴到位，国有资产仍处于受侵害状态，故公益诉讼人要求被告依法履行职责，向采砂企业及个人继续追缴2009年至2014年欠缴的河道采砂管理费的请求，应予支持。

【裁判结果】判决确认被告宕昌县水务局2009年至2014年擅自降低河道采砂管理费收费标准的水务征收行政行为违法，被告宕昌县水务局在判决生效后对采砂企业及个人尚未交清的河道采砂管理费继续予以追缴。

案例11.31 芦某某诉兰州市住房保障和房地产管理局不履行法定职责案①

【本案争议点】兰州市房地产管理局不予补发房产证的行为是否合法。

【法律简析】终审法院认为，一审法院认为，兰州市住房保障和房地产管理局（以下简称市房管局）作为国家房屋管理的行政机关，具有依法办理房屋权属登记的法定职责。被告在认定原告房屋权属登记正确的情况下而不予补发登记没有法律依据，属不履行法定职责，原告的诉讼请求成立，依法应予支持，判决限被告市房管局在判决书生效之日起30日内对原告芦某某补发房屋权属证书的申请事项作出行政行为。

二审法院认为，本案二审期间，市房管局按照机构调整要求将相关登记业务移交不动产登记管理局管理，该局不再办理登记业务。鉴于市房管局已将相关登记业务移交不动产登记管理局管理，该局不再具有办理登记业务的职责，故判决其对芦某某补发房屋权属证书的申请事项作出行政行为已无法完成。

【裁判结果】判决撤消一审判决，判决确认被告对芦某某补发房屋权属证书的申请事项未履行书面告知职责的行为违法。

案例11.32 张掖恒达青特种经济动物养殖有限公司诉张掖市甘州区公安分局不履行法定职责案②

【本案争议点】张掖市甘州区公安分局不予处理公民财产权遭受侵害的行为是否合法。

---

① “2016年度行政审判十大典型案例·甘肃高院”，个人图书馆，http://www.360doc.com/content/17/0108/13/27225667_621038229.shtml，访问日期：2019年4月18日。

② 同上。

【法律简析】法院认为，根据《人民警察法》第2条、第6条，以及《公安机关组织管理条例》第2条的规定，公安机关及人民警察负有保护公民人身权、财产权免受不法侵害的法定职责，应当对公民要求保护人身权、财产权的请求，在法定期限内及时有效履行。另据《治安管理处罚法》第78条的规定，原告因经营养殖场房屋及其他财物被花儿村三社村民拆除损毁而向被告报警，又于2016年3月10日提出立案查处申请，请求被告对花儿村三社村民故意毁坏原告养殖场房屋及其财产的违法行为进行立案查处，被告应当对原告的报警根据警情作出相应处理，或对原告立案查处申请是否予以立案作出决定和给予答复。但被告在受理原告报警和立案查处申请后，既未有效处置警情，又未立案调查或向原告说明理由，其行为违反了《人民警察法》第21条、《公安机关办理行政案件程序规定》第47条第1款的规定，应属不履行法定职责，故原告诉请理由成立。

据《行政诉讼法》第34条的规定，被告对作出的行政行为负有举证责任。被告主张接到原告报警后即指派辖区派出所安排出警对现场行为进行了制止，并向原告进行了相关事项告知。同时主张在原告提出立案查处申请后，已向原告进行了口头告知，且由于原告未能向被告提供财产损失证据以进行核查，才使被告无法对案件作进一步调查。对其主张，被告未能在举证期限内向法院提供证据证实，应视为被告对其主张没有证据，故应由其承担举证不能的不利后果，被告的上述主张因无证据证实，法院不予支持。

【裁判结果】判决确认被告不履行保护公民财产权法定职责行为违法，并于判决生效之日起一个月内按法定程序对是否受理原告的立案查处申请及履行法定职责作出处理决定。

案例11.33　叶某某诉湖南省株洲市规划局、株洲市石峰区人民政府不履行拆除违法建筑法定职责案[①]

【本案争议点】石峰区人民政府不履行强制拆除违法建筑的行为是否合法。

---

① “最高人民法院2014年8月29日发布征收拆迁十大案例（2014年第一批）”，最高人民法院网，http：//www.court.gov.cn/zixun-xiangqing-13405.html，访问日期：2019年4月18日。

【法律简析】法院认为，被告株洲市石峰区人民政府于2010年12月接到株洲市规划局对沈富湘株规罚告字〔2010〕第004号行政处罚告知书和株规罚字（石）〔2013〕第0021号行政处罚决定书后，应按照株洲市规划局的授权积极履行法定职责，组织实施强制拆除违法建设。虽然被告株洲市石峰区人民政府在履行职责中对沈某某违法建设进行协调等工作，但未积极采取措施，其拆除违法建设工作未到位，属于不完全履行拆除违法建筑的法定职责。

【裁判结果】判决被告株洲市石峰区人民政府在三个月内履行拆除沈某某违法建设法定职责的行政行为。

第二节　行政确认

行政确认是指行政主体依法对相对方的法律地位、法律关系和法律事实进行甄别，使之获得法律效果的行政行为。

一、行政确认概述

（一）行政确认的概念、特征和作用

行政确认，是指行政主体依法对行政相对人的法律地位、法律关系或者有关法律事实进行甄别，给予确定、认可、证明（或者否定）并予以宣告的行政行为。行政确认具有下列特征。

（1）行政确认行为的主体是行政主体。只有行政机关以及法律、法规授权的组织，依法作出的确认才称为行政确认。

（2）行政确认行为具有强制力。行政确认权直接来源于国家行政管理权，是由相关法律规范授予的。所以，行政确认行为是行政主体所为的具有强制力的行政行为。

（3）行政确认的内容是对相对人的法律地位、权利义务的认定（肯定性或否定性）行为。通过对这些事实、关系进行审核、鉴别，以确定行政相对人是否具备某种法律地位，是否享有某种权利，是否应承担某种义务。如土

地所有权确认的对象是土地，非法出版物的确认对象是书、期刊、报纸、音像制品，伤残等级的确认对象是伤残人的身体状况，产品质量的确认对象是工业产品、消费品等。

（4）行政确认是要式性和羁束性行政行为。行政确认一般必须以法定的书面形式作出；行政主体的确认行为，很少自由裁量的余地，甚至自由裁量的空间很小，一般应严格按照法律规定和技术鉴定规范进行。

行政确认是国家行政管理的一种重要手段，并能为法院审判活动提供准确、客观的事实依据；有利于行政机关进行科学管理，有利于保护个人、组织的合法权益；有利于预防和解决各种纠纷。

（二）行政确认的主要形式

根据法律规范和行政活动的实际情况，一般认为，行政确认主要有如下五种具体形式：确定、认定（认证）、证明、登记、鉴证等。①

（1）确定。确定是指对个人或者组织法律地位与权利义务的确定，如颁发土地使用权证、宅基地使用权证与房屋产权证书等，以确定相对人的财产权。

（2）认定（认证）。认定是指对个人或者组织已有的法律地位、权利义务以及确认事项是否符合法律要求的承认和肯定，如对解除合同效力的确认，对交通事故责任的认定，对企业性质的判定和产品质量是否合格的认证。

（3）证明。证明是指行政主体向其他人明确肯定被证明对象的法律地位、权利义务或者某种情况，如各种学历、学位证明、居民身份、货物原产地证明。

（4）登记。登记是指行政主体应申请人申请，在政府有关登记簿册中记载相对人的某种情况或者事实，并依法予以正式确认的行为，如工商业登记、房屋产权登记和户口登记。

（5）鉴证。鉴证是指行政主体对某种法律关系的合法性予以审查后，确

---

① 有学者认为行政确认主要有确定、认可（认证）、证明、登记、批准、鉴证和行政鉴定等形式。参见罗豪才主编：《行政法学》，北京大学出版社 1996 年版，第 188－189 页。姜明安主编：《行政法学》，法律出版社 1998 年版，第 103 页。

认或者证明其效力的行为，如工商管理机关对经济合同的鉴证，有关部门对选举是否合法的确认、对文化制品是否合法的确认。

（三）行政确认的基本分类

1. 依申请的确认和依职权的确认

根据行政机关是否主动进行确认，可将确认分为依申请的确认（如对所有权、使用权的确认）和依职权的确认（如饮食行业，经行政机关监督检查，合格者给予合格证，即卫生合格证明）。① 实际上，依职权实施行政确认的情形较少，行政确认的绝大多数是基于行政相对人的申请而得以实施的。

2. 对身份的确认、对能力的确认和对事实的确认

根据行政确认的内容，其还可以分为对身份的确认（如居民身份证、结婚证）、对能力的确认（如各种技术职称）和对事实的确认（如专利权、商标权、土地所有权的确认）。②

（四）行政确认与行政许可、行政处罚的区别

1. 行政确认与行政许可的区别

有学者认为，两者在所为的意思，所针对的事项，申请人的目的，行为性质、内容和方式以及表现形态等方面都有所区别。③

2. 行政确认与行政处罚的区别

有学者认为，行政确认与行政处罚在对象、内容和法律效果方面都有所不同。在对象上，行政确认的对象是行为或事实，而行政处罚的对象是违法行为；在内容上，行政确认的内容是确认法律地位、法律关系或法律事实，行政处罚的内容是给予违法行为进行制裁；在法律效果上，行政确认一般不创设权利或者义务，对相对人不产生直接的约束力，而行政处罚一旦作出，就直接涉及相对人权利义务的创设或变更、免除，对当事人产生直接的约束力。④

---

① 姜明安：《行政法》，北京大学出版社 2017 年版，第 390 页。

② 同上。

③ 杨解君：“整合视野下的行政许可定位分析”，载《江海学刊》2001 年第 4 期。

④ 姜明安：《行政法》，北京大学出版社 2017 年版，第 388 页。

（五）行政确认的原则

1. 依法确认的原则

行政确认的目的在于维护公共利益，保护公民、法人和其他组织的合法权益。因此，行政确认必须严格按照法律、法规和规章的规定进行，遵循法定程序，确保法律所保护的公益和行政相对人权益得以实现。

2. 客观、公正的原则

行政确认，是对法律事实和法律关系的证明或者明确，因而必须始终贯彻客观、公正的原则，不允许有任何偏私。为此，需要建立一系列监督、制约机制，还须完善程序公开、权利告知等有关公证程序。①

3. 保守秘密的原则

行政确认往往较多地涉及商业秘密和个人隐私，尽管其确认程序要求公开、公正，但同时必须坚决贯彻保守秘密的原则，并且，行政确认的结果不得随意用于行政管理行为以外的信息提供。

二、行政确认的规范

目前，我国法律、法规规定的有关特定法律关系的行政确认大致有如下内容。

（一）普通行政确认规范

1. 合同效力的确认

主要是两类合同效力的确认。一是劳动合同效力的确认。《劳动合同法》第26条第2款规定："对劳动合同的无效或者部分无效有争议的，由劳动争议仲裁机构或者人民法院确认。"这是劳动争议仲裁委员会对劳动合同的无效或者部分无效有争议的行政确认。二是一般民事合同效力的确认。1999年《合同法》第44条第2款规定："法律、行政法规规定应当办理批准、登记手续生效的，依照其规定。"同时，该法第96条第1款规定了人民法院或者仲裁机构确认解除合同效力的制度。该条第2款规定："法律、行政法规规定

① 权利告知程序在20世纪80年代初期已首先在行政确认领域得以确立，参见我国原《公证暂行条例》第25条。有关告知程序，参见我国《行政处罚法》和《行政许可法》的有关规定。

解除合同应当办理批准、登记等手续的，依照其规定。”这些对民事合同批准、登记的规定，实质上是对行政确认的肯定。

2. 专利权的确认

《专利法》第3条规定，授予专利权是行政机关的专属权力，国务院专利行政部门负责管理全国的专利工作；统一受理和审查专利申请，依法授予专利权。授予专利权需要对专利权进行确认，包括是否为职务发明（《中华人民共和国专利法实施细则》第12条）的专利权确认等。

3. 其他事项确认

如《消防法》第39条规定，公安消防部门负责调查、认定火灾原因，核定火灾损失，查明火灾事故责任。

（二）行政登记规范

1. 婚姻户口登记

《婚姻登记条例》是国务院根据《中华人民共和国婚姻法》（以下简称《婚姻法》）制定，为规范婚姻登记工作，保护婚姻当事人的合法权益。该条例第7条规定，“婚姻登记机关应当对结婚登记当事人出具的证件、证明材料进行审查并询问相关情况。对当事人符合结婚条件的，应当当场予以登记，发给结婚证；对当事人不符合结婚条件不予登记的，应当向当事人说明理由”。该条例第13条规定，“婚姻登记机关应当对离婚登记当事人出具的证件、证明材料进行审查并询问相关情况。对当事人确属自愿离婚，并已对子女抚养、财产、债务等问题达成一致处理意见的，应当当场予以登记，发给离婚证”。

2. 工商登记

主要包括《公司法》《行政许可法》中的工商登记规范。《公司法》第6条规定，“设立公司，应当依法向公司登记机关申请设立登记。符合本法规定的设立条件的，由公司登记机关分别登记为有限责任公司或者股份有限公司；不符合本法规定的设立条件的，不得登记为有限责任公司或者股份有限公司”。该法第32条第3款规定，“公司应当将股东的姓名或者名称向公司登记机关登记；登记事项发生变更的，应当办理变更登记。未经登记或者变更登记的，不得对抗第三人”。

《行政许可法》规定，“企业或者其他组织的设立等，需要确定主体资格的事项”可以设定行政许可。只要申请人提交的申请材料齐全、符合法定形式，行政机关就应当当场予以登记。需要对申请材料的实质内容进行核实的，行政机关应当指派两名以上工作人员进行核查。实定法将登记作为行政许可的一种类型加以规定，实际上印证了登记等行政确认行为的规制属性。

3. 房地产登记

（1）不动产所有权的确认。包括城镇私有房屋所有权、土地所有权等。《土地管理法》第11条第1款规定：“农民集体所有的土地，由县级人民政府登记造册，核发证书，确认所有权。”

（2）不动产使用权的确认。不动产使用权包括自然资源使用权、土地使用权等。《土地管理法》第11条第4款规定：“确认林地、草原的所有权或者使用权，确认水面、滩涂的养殖使用权，分别依照《森林法》《草原法》和《渔业法》的有关规定办理。”

（三）工伤认定规范

国务院的《工伤保险条例》是工伤认定的主要规范依据。该法第17条规定，“职工发生事故伤害或者按照职业病防治法规定被诊断、鉴定为职业病，所在单位应当自事故伤害发生之日或者被诊断、鉴定为职业病之日起30日内，向统筹地区社会保险行政部门提出工伤认定申请。遇有特殊情况，经报社会保险行政部门同意，申请时限可以适当延长。”该法第19条第1款规定，“社会保险行政部门受理工伤认定申请后，根据审核需要可以对事故伤害进行调查核实，用人单位、职工、工会组织、医疗机构以及有关部门应当予以协助。职业病诊断和诊断争议的鉴定，依照职业病防治法的有关规定执行。对依法取得职业病诊断证明书或者职业病诊断鉴定书的，社会保险行政部门不再进行调查核实”。由此，该条例规定了社保行政部门为工伤认定部门，并规范了工伤认定的程序。

三、行政确认的实务案例

（一）普通行政确认

案例11.34 沈某某诉张掖市甘州区人民政府安全生产行政批复案①

【本案争议点】 甘州区人民政府的批复及事故调查报告是否合法。

【法律简析】 法院认为，甘州区人民政府作出的批复属内部公文，在没有外化之前属内部行政行为，不具有可诉性。但该批复已作为民事案件的判案依据，对原告的权利义务产生了实际影响，符合《行政诉讼法》关于原告主体资格的规定。作为批复及事故调查报告依据的《车辆事故技术分析报告》，存在鉴定人无鉴定资质，鉴定结论缺乏应当具备的内容，鉴定程序违法等问题。

【裁判结果】 判决撤销批复及事故调查报告，责令被告重新对涉案事故进行调查。

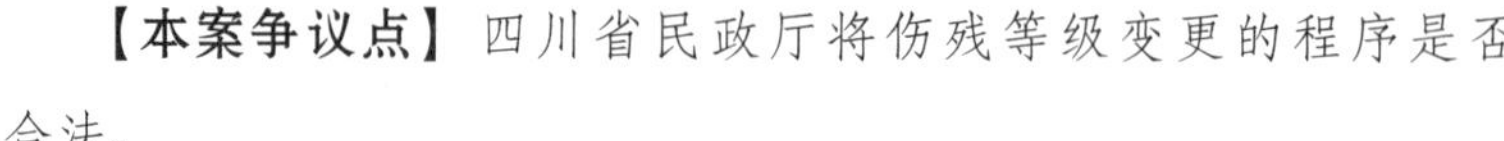

案例11.35 刘某某诉四川省民政厅伤残等级行政批复案②

【本案争议点】 四川省民政厅将伤残等级变更的程序是否合法。

【法律简析】 法院认为，该案例涉及民政部门在伤残者申请将伤残等级调整为较高等级时，是否可以径行将其伤残等级调整为更低等级的问题。行政机关作出的行政行为必须有明确的法律规范依据，不能在法外行政。根据《军人抚恤优待条例》的规定，刘某某在被评定残疾等级后，因认为残疾情况发生严重恶化，可以申请重新评定为更高的残疾等级。《伤残抚恤管理办法》亦规定，对申请不符合条件的，由民政部门作出相应处理后，将相关材料逐级退还申请人。这说明，民政部门在认为当事人的申请不符合

---

① “甘肃高院召开2015年度甘肃行政审判十大典型案例新闻发布会”，甘肃法院网，http://www.chinagscourt.gov.cn/detail.htm?id=2334276，访问日期：2019年4月18日。

② “四川法院发布行政审判十大典型案例（2016年）”，法制网，http://www.legaldaily.com.cn/judicial/content/2016-05/05/content_6614121.htm?node=80533，访问日期：2019年4月18日。

条件时，并没有径行降低申请人残疾等级的权力。本案中，民政部门的做法不仅有违正当程序原则，更因为没有法律规范的支撑而对申请人的信赖利益造成了侵犯。

【裁判结果】判决撤销四川省民政厅作出的川民函〔2011〕354号批复中将刘某某的伤残等级由七级调整为八级的具体行政行为，并责令四川省民政厅在60日内对刘某某的调残申请重新作出处理。

案例11.36　岳阳市华特商贸发展有限公司诉岳阳市人民政府、岳阳市规划局、岳阳市国土资源管理局不履行确认初始容积率法定职责案①

【本案争议点】岳阳市人民政府等三被告不予确认初始容积率是否合法。

【法律简析】终审法院认为，根据《建设用地容积率管理办法》第9条的规定，华特公司建设用地之容积率的调整，需要岳阳市规划局、岳阳市国土资源管理局、岳阳市人民政府共同参与。即调整容积率是三个单位共同的法定职责。华特公司2013年10月25日即向岳阳市规划部门请求按岳阳市人民政府批复的白石岭小区控制性详规所确认的土地容积率调整其项目建设用地容积率，进行土地开发，但直至一审起诉时，岳阳市有关部门仍未给华特公司明确回复，故法院一审判决“岳阳市人民政府、岳阳市规划局、岳阳市国土资源管理局迟迟不依法确定华特公司所有的土地初始容积率的行为违法”，有事实和法律依据。

但本案中，华特公司项目的初始容积率究竟以“92控规”标注为准，还是以实际建设项目的容积率为准，或是以宗地出让时所在地域级别基准地价设定的容积率为准，还需要岳阳市人民政府、岳阳市规划局、岳阳市国土资源管理局根据容积率管理的相关规定和本案事实综合判断。行政机关有裁量余地，法院一审直接判令岳阳市人民政府、岳阳市规划局、岳阳市国土资源管理局于判决书生效之日起30日内依据“92控规”确认华特公司所有的土地初始容积率为4.05不当，应予纠正。

---

① “湖南省高级人民法院发布九起行政审判典型案例（2016年）”，法律家，http://www.fae.cn/kx1911.html，访问日期：2019年4月18日。

【裁判结果】(1)维持岳阳市中级人民法院一审行政判决第一项(三被告不依法确定华特公司所有的土地初始容积率的行为违法);(2)撤销岳阳市中级人民法院一审行政判决第二项(限三被告于本判决书生效之日起30日内依据《城陵矶经济技术开发区白石岭小区东片控制性详细规划》确认华特公司所有的土地初始容积率为4.05);(3)限岳阳市人民政府、岳阳市规划局、岳阳市国土资源管理局于本判决书生效之日起30日内根据容积率管理的有关规定和本案事实确认华特公司所有的土地初始容积率。

案例11.37 古浪县泗水镇光辉村新庄组诉古浪县人民政府土地权属处理决定案①

【本案争议点】县人民政府作出的土地权属确认是否合法。

【法律简析】法院认为,根据《土地管理法》第16条和国土资源部《土地权属争议调查处理办法》第13条第3款的规定,被告古浪县人民政府具有处理土地所有权和使用权争议的职权,对原告新庄组与第三人王滩庄组之间的土地权属争议审查处理并作出确权决定,是依法行使职权的具体行政行为。被告古浪县人民政府在做了大量调查协调工作后,从实际出发,依据调查结果确定争议土地的权属,作出的处理决定符合事实情况和法律规定。

【裁判结果】判决驳回原告新庄组的诉讼请求。

(二)工伤认定

案例11.38 孙某某诉天津新技术产业园区劳动人事局工伤认定案②

【本案争议点】(1)孙某某摔伤地点是否属于其"工作场所";(2)孙某某是否"因工作原因"摔伤;(3)孙某某工作过程中不够谨慎的过失是否影响工伤认定。

【法律简析】法院认为:(1)关于孙某某摔伤地点是否属于其"工作场所"问题。《工伤保险条例》第14条第1项规定,职工在工作时间和工作场所内,因工作原因受到事故伤害,应当认定为工伤。该规定中的"工作场

---

① "2016年度行政审判十大典型案例·甘肃高院",个人图书馆,http://www.360doc.com/content/17/0108/13/27225667_621038229.shtml,访问日期:2019年4月18日。

② 最高人民法院指导案例40号(最高人民法院审判委员会讨论通过,2014年12月25日发布)。

所”，是指与职工工作职责相关的场所，在有多个工作场所的情形下，还应包括职工来往于多个工作场所之间的合理区域。本案中，位于商业中心八楼的中力公司办公室，是孙某某的工作场所，而其完成去机场接人的工作任务需驾驶的汽车停车处，是孙某某的另一处工作场所。汽车停在商业中心一楼的门外，孙某某要完成开车任务，必须从商业中心八楼下到一楼门外停车处，故从商业中心八楼到停车处是孙某某来往于两个工作场所之间的合理区域，也应当认定为孙某某的工作场所。该园区劳动人事局（以下简称园区劳动局）认为孙某某摔伤地点不属于其工作场所，系将完成工作任务的合理路线排除在工作场所之外，既不符合立法本意，也有悖于生活常识。(2) 关于孙某某是否“因工作原因”摔伤的问题。《工伤保险条例》第14条第1项规定的“因工作原因”，指职工受伤与其从事本职工作之间存在关联关系，即职工受伤与其从事本职工作存在一定关联。孙某某为完成开车接人的工作任务，必须从商业中心八楼的中力公司办公室下到一楼进入汽车驾驶室，该行为与其工作任务密切相关，是孙某某为完成工作任务客观上必须进行的行为，不属于超出其工作职责范围的其他不相关的个人行为。因此，孙某某在一楼门口台阶处摔伤，系为完成工作任务所致。园区劳动局主张孙某某在下楼过程中摔伤，与其开车任务没有直接的因果关系，不符合“因工作原因”致伤，缺乏事实根据。另外，孙某某接受本单位领导指派的开车接人任务后，从中力公司所在商业中心八楼下到一楼，在前往院内汽车停放处的途中摔倒，孙某某当时尚未离开公司所在院内，不属于“因公外出”的情形，而是属于在工作时间和工作场所内。(3) 关于孙某某工作中不够谨慎的过失是否影响工伤认定的问题。《工伤保险条例》第16条规定了排除工伤认定的三种法定情形，即因故意犯罪、醉酒或者吸毒、自残或者自杀的，不得认定为工伤或者视同工伤。职工从事工作中存在过失，不属于上述排除工伤认定的法定情形，不能阻却职工受伤与其从事本职工作之间的关联关系。工伤事故中，受伤职工有时具有疏忽大意、精力不集中等过失行为，工伤保险正是分担事故风险、提供劳动保障的重要制度。如果将职工个人主观上的过失作为认定工伤的排除条件，违反工伤保险“无过失补偿”的基本原则，不符合《工伤保险条例》保障劳动者合法权益的立法目的。据此，即使孙某某工作中在行走时确实有失谨慎，也不影响其摔伤系“因工作原因”的认定结论。园区劳动局以导致孙某某摔伤的原因不是雨、雪天气使台阶地滑，而是因为孙某某自己精力不集中导致为由，主张孙某某不属于“因工作原因”摔伤而不予认定工伤，缺乏法律依据。

【裁判结果】（1）撤销园区劳动局所作〔2004〕0001号《工伤认定决定书》；（2）限园区劳动局在判决生效后60日内重新作出具体行政行为。

案例11.39　何某某诉抚州市人力资源和社会保障局工伤行政确认及抚州市人民政府行政复议案[①]

【本案争议点】抚州市人力资源和社会保障局不予认定工伤的行为是否合法。

【法律简析】法院认为，根据《工伤保险条例》《最高人民法院关于审理工伤保险行政案件若干问题的规定》等法律、法规的相关规定，是否属于“上下班途中”应从上下班时间、行驶路线以及是否以上下班为目的等三个方面进行认定。本案中，何某某常年从其居住地往返工作单位上下班途中看望、照顾其母亲，事发当天何某某在上班前一小时左右的上班途中给其年迈的母亲送早餐时发生交通事故，符合认定“上下班途中”的要求以及认定工伤的规定。

【裁判结果】判决撤销抚州市人力资源和社会保障局不予认定工伤决定以及抚州市人民政府行政复议决定，责令抚州市人力资源和社会保障局在60日内重新作出行政行为。

案例11.40　朱某某诉丽水市人力资源和社会保障局工伤行政确认案[②]

【本案争议点】丽水市人力资源和社会保障局不予认定工伤的行政确认是否合法。

---

① “江西高院发布2017年行政诉讼典型案例”，江西法院网，http：//jxfy. chinacourt. org/article/detail/2017/12/id/3098145. shtml，访问日期：2019年4月18日。

② “浙江法院学习贯彻新《行政诉讼法》暨行政审判情况通报”，浙江法院新闻网，http：//www. zjcourt. cn/art/2014/11/13/art_ 48_ 7444. html，访问日期：2019年4月18日。

【法律简析】原告朱某某系浙江人爱卫生用品有限公司员工（工种为操作工）。2012年7月25日12时50分许，原告在停止生产的机器上转动模轮，并将手指插入模轮螺丝孔内带动模轮旋转，致手指被挡板卡伤，经诊断为右手食指末节缺损伤。被告认定原告系玩耍致伤的事实缺少充分、有效的证据支持，在作出不予认定工伤决定后调查取证的行为违反程序。被诉决定依据不足、程序违法。原告主张撤销理由成立，予以支持。

【裁判结果】判决撤销被诉的不予工伤认定决定；责令被告于判决生效后60日内重新作出具体行政行为。

案例11.41 余某某不服福州市人力资源和社会保障局工伤行政确认案①

【本案争议点】福州市人力资源和社会保障局不予认定工伤的行为是否合法。

【法律简析】法院认为，余某某从工作场所下班，顺便买菜并不改变“上下班途中”的基本性质，其遭遇机动车事故伤害的时间、路线均在“上下班途中”的合理时间和范围内。福州市人力资源和社会保障局不予认定为工伤，认定事实和适用法律错误，依法应予以撤销。

【裁判结果】判决撤销福州市人力资源和社会保障局不予工伤认定的行为。

案例11.42 兰某某等人诉佛山市顺德区民政和人力资源社会保障局劳动行政确认纠纷②

【本案争议点】佛山市顺德区民政和人力资源社会保障局对于醉酒后造成交通事故死亡不予认定为工伤的行为是否合法。

【法律简析】终审法院认为，虽然《工伤保险条例》第16条规定了三种不得认定为工伤或者视同工伤的情形，但是即使客观上职工存在所规定的三种情形之一的过失行为，如果伤害并非因职工过失行为所造成的，则仍不应

① “福建省高院首次发布典型行政案例（2016年）”，福建长安网，http://www.pafj.net/html/2016/fayuan_0728/58754.html，访问日期：2019年4月18日。

② “广东高院发布10起行政诉讼典型案例”，个人图书馆，http://360doc.com/content/16/0718/20/31717540_576592533.shtml，访问日期：2019年4月18日。

适用《工伤保险条例》第16条的规定。如果对认定或视同工伤的例外情形与事故发生原因之间的关联性一概不考虑，明显将例外情形泛化，凡是职工存在《工伤保险条例》第16条规定的行为的，即不认定为工伤，不符合《工伤保险条例》的立法目的。《道路交通事故认定书》虽然认为叶某某醉酒后驾驶自行车，但是亦认为该违法行为对于此次交通事故的发生没有因果关系，认定叶某某在此事故中无责任。被告在未考虑上述因素的情况下，直接适用《工伤保险条例》第16条的规定作出被诉《工伤认定决定书》，认定叶某某的死亡不属于工伤，属于适用法律错误。

【裁判结果】判决撤销被诉《工伤认定决定书》，责令被告在60日内重新作出行政行为。

案例11.43　赵某某诉廊坊市人力资源和社会保障局工伤行政确认案[①]

【本案争议点】廊坊市人力资源和社会保障局不予认定为工伤的行为是否合法。

【法律简析】法院认为，赵某某下班后虽不是直接回家途中受到交通事故伤害，但目的地仍是其住所地。且自其下班离开单位到修理摩托车直至回家途中发生交通事故，整个过程是持续、连贯的。廊坊市人力资源和社会保障局以赵某某发生交通事故不是在上下班的合理时间、合理路线为由，认定赵某某不属工伤，属于适用法律错误。

【裁判结果】判决撤销廊坊市人力资源和社会保障局作出的不予认定工伤决定书，责令廊坊市人力资源和社会保障局于判决生效之日起60日内重新作出行政行为。

案例11.44　刘某某诉大庆市人力资源和社会保障局工伤认定案[②]

【本案争议点】大庆市人力资源和社会保障局对于不以最终

---

① “河北高院2015年度行政审判十大典型案例”，个人图书馆，http://www.360doc.com/content/16/1105/14/21727081_604119243.shtml，访问日期：2019年4月18日。

② “黑龙江省行政审判十大典型案例（2017年）”，黑龙江法院网，http://www.hljcourt.gov.cn/public/detail.php?id=20626，访问日期：2019年4月18日。

回到居住地为目的而造成事故（对“上下班途中”的认定），不予工伤认定是否合法。

【法律简析】法院认为，《最高人民法院关于审理工伤保险行政案件若干问题的规定》第6条规定：“对社会保险行政部门认定下列情形为‘上下班途中’的，人民法院应予支持：（一）在合理时间内往返工作地和住所地、经常居住地、单位宿舍的合理路线的上下班途中；（二）在合理时间内往返工作地与配偶、父母、子女居住地的合理路线的上下班途中；（三）从事属于日常工作生活所需要的活动，且在合理时间和合理路线的上下班途中；（四）在合理时间内其他合理路线的上下班途中。”刘某某早上8点下班，在8点10分即发生交通事故，属于在合理时间内。刘某某下班后从单位直接到医院护理病危的岳母，且其岳母于当日去世，属于突发事件，是从事日常生活所需要的活动，亦符合人之常理，应当认定为合理路线。因此，刘某某所受损伤应认定为上下班途中发生的交通事故所致，故大庆市人力资源和社会保障局作出的不予认定工伤决定明显不当。

【裁判结果】判决撤销大庆市人力资源和社会保障局作出的不予认定工伤决定，并责令其于判决生效后30日内重新作出决定。

案例11.45　崔某某诉甘南县人力资源和社会保障局工伤认定案①

【本案争议点】甘南县人力资源和社会保障局对已达法定退休年龄的工人不予工伤认定是否合法。

【法律简析】终审法院认为，《最高人民法院关于审理劳动争议案件适用法律若干问题的解释（三）》第7条规定：“用人单位与其招用的已经依法享受养老保险待遇或领取退休金的人员发生用工争议，向人民法院提起诉讼的，人民法院应当按劳务关系处理。”本案中，崔某某生前从甘南县城乡居民社会养老保险中心领取的每月55元的养老金，是地方政府政策性补贴，并不属于上述司法解释所指的养老保险待遇范畴，崔某某不属于法律法规规定的业

① “黑龙江省行政审判十大典型案例（2017年）”，黑龙江法院网，http://www.hljcourt.gov.cn/public/detail.php?id=20626，访问日期：2019年4月18日。

已享受养老保险待遇的人员。因此，崔某某在甘南县环卫站的管理下从事道路清扫工作并领取劳动报酬，其与甘南县环卫站形成劳动关系。根据《最高人民法院行政审判庭关于超过法定退休年龄的进城务工农民因工伤亡的，应否适用〈工伤保险条例〉的答复》（〔2010〕行他第10号），用人单位聘用的超过法定退休年龄的务工农民，在工作时间内、因工作原因伤亡的，应当适用《工伤保险条例》的有关规定进行工伤认定。

【裁判结果】判决撤销甘南县人民法院一审行政判决（驳回诉讼请求）和甘南县人力资源和社会保障局作出的不予受理通知，限甘南县人力资源和社会保障局在判决送达之日起15日内受理工伤认定申请。

案例11.46　焦某诉青岛市人力资源和社会保障局工伤行政确认案①

【本案争议点】青岛市人力资源和社会保障局不予工伤认定是否合法。

【法律简析】法院认为，《最高人民法院关于审理工伤保险行政案件若干问题的规定》第5条规定："社会保险行政部门认定下列情形为'因工外出期间'的，人民法院应予支持：（一）职工受用人单位指派或者因工作需要在工作场所以外从事与工作职责有关的活动期间……"《人力资源社会保障部关于执行若干问题的意见》第4条规定："职工在参加用人单位组织或者受用人单位指派参加其他单位组织的活动中受到事故伤害的，应当视为工作原因，但参加与工作无关的活动除外。"本案中，焦某系青岛市市南区亿情琏美容院的职工，参加青岛市市南区亿情琏美容院组织的赴泰旅游活动受到伤害，属于职工参加用人单位组织的活动受到伤害的情形，且青岛市人力资源和社会保障局提交的工伤事故调查笔录及补充说明均证实，焦某系因符合青岛市市南区亿情琏美容院工作业绩要求而享有出国旅游的福利，旅游活动与工作存在本质上的关联性，属于与工作有关的活动。

【裁判结果】判决撤销该工伤不予认定决定书，责令青岛市人力资源和

① "山东法院2017年十大行政典型案例（第1批）"，个人图书馆，http：//www.360doc.com/content/18/0121/18/13573900_723931070.shtml，访问日期：2019年4月18日。

社会保障局于判决生效之日起 15 日内对焦某重新作出关于工伤认定的行政行为。

案例 11.47 李某某诉昌邑市人力资源和社会保障局工伤认定案①

【本案争议点】 昌邑市人力资源和社会保障局（对职工死亡时间的确定有疑问）不予工伤认定的行为是否合法。

【法律简析】 法院认为，《工伤保险条例》第 15 条规定："职工有下列情形之一的，视同工伤：（一）在工作时间和工作岗位，突发疾病死亡或者在 48 小时之内经抢救无效死亡的……"鉴于我国法律目前对死亡标准的判定没有作出明确规定，并结合该条例第 1 条"为了保障因工作遭受事故伤害或者患职业病的职工获得医疗救治和经济补偿，促进工伤预防和职业康复，分散用人单位的工伤风险，制定本条例"所体现的保护劳动者合法权益的立法精神，在适用该条例第 15 条第 1 项规定时应当作出对劳动者有利的解释。职工脑死亡时其死亡已经具有不可逆性，持续救治只能延缓死亡时间，因此，职工突发疾病在 48 小时之内经抢救无效死亡的，在适用该条例第 15 条第 1 项规定时应当从保护职工合法权益角度考虑按照脑死亡的标准予以解释。本案可以确认曹某某在工作时间、工作岗位上突发疾病被送入医院当天即处于脑死亡状态，无生存希望。对此，在目前我国法律未对死亡判定标准作出明确规定的情况下，被告作为劳动保障行政部门，应当对曹某某送医当天是否已脑死亡进行调查核实，以确定曹某某是否符合《工伤保险条例》第 15 条第 1 款第 1 项视同工伤的情形，其以临床死亡时间超过 48 小时为由作出不伤认定结论，属于认定事实不清，且对法律的理解和适用不当，依法不予支持。

【裁判结果】 判决撤销昌邑市人力资源和社会保障局作出的昌人工伤认字〔2014〕09203 号不予认定工伤决定书，并判令昌邑市人力资源和社会保障局于判决生效之日起 60 日内重新作出工伤认定结论。

---

① "山东省高级人民法院发布十大行政典型案例（2015 年）"，法律家，http://www.fae.cn/kx1725.html，访问日期：2019 年 4 月 18 日。

案例 11.48 姚某诉晋城市人力资源和社会保障局工伤认定案①

【本案争议点】晋城市人力资源和社会保障局对于因公外出被宣布死亡的职工不予认定工伤的行为是否合法。

【法律简析】法院认为，《工伤保险条例》第 14 条第 5 项规定，职工因公外出期间，由于工作原因受到伤害或者发生事故下落不明的，应认定为工伤；第 19 条第 2 款规定，用人单位不认为属于工伤的，由用人单位承担举证责任。本案中，姚某已被人民法院宣告失踪、宣告死亡，具有同自然失踪、自然死亡相同的法律后果。各方当事人均认可姚某失踪时属因公外出期间。对于姚某失踪的原因是否属于工作原因，各方当事人均未能提供证据证明姚某失踪的具体时间、地点、原因，但根据现有证据，也不能排除姚某的失踪与工作之间存在因果关系。在用人单位举证不能，被告又未能查实姚某的失踪与工作无关的情况下，不予认定工伤决定属认定事实不清，适用法律法规错误，应予撤销。

【裁判结果】判决撤销晋城市人力资源和社会保障局作出的不予认定工伤决定，限其在判决生效后 30 日内重新作出行政行为。

案例 11.49 廖某某诉上犹县人力资源和社会保障局工伤行政认定案②

【本案争议点】上犹县人力资源和社会保障局以无区分事故责任为由，不予作出工伤认定是否合法。

【法律简析】法院认为，根据《工伤保险条例》第 14 条第 6 项规定，职工在上下班途中受到交通事故伤害的，其本人负主要责任或全部责任的方不予认定为工伤。本案中交管大队未区分事故责任，上犹县人力资源和社会保障局（以下简称上犹县人社局）不同意认定廖某某为工伤，须有证据证明廖某某在本次交通事故中负事故主要责任或全部责任，但上犹县人社局未查清

① “山西公布 2017 年行政审判十大典型案例，全部都是民告官”，人民网，http://sx.people.com.cn/n2/2018/0516/c189132-31586998-5.html，访问日期：2019 年 4 月 18 日。

② “江西省高级人民高院发布十大行政诉讼典型案例（2015 年）”，法律家，http://www.fae.cn/kx1711.html，访问日期：2019 年 4 月 18 日。

该项事实即作出不予认定工伤决定，主要证据不足。

【裁判结果】 判决撤销上犹县人社局不予认定工伤决定，并责令其于判决生效后60日内重新作出认定。

（三）行政登记

1. 工商登记

案例 11.50 丹阳市珥陵镇鸿润超市诉丹阳市市场监督管理局行政登记案①

【本案争议点】 丹阳市市场监督管理局不予变更增加经营项目登记的行为，以及附带的相关规范性文件是否合法。

【法律简析】 法院认为，《个体工商户条例》第4条规定国家对个体工商户实行市场平等准入、公平待遇的原则。申请办理个体工商户登记，申请登记的经营范围不属于法律、行政法规禁止进入的行业的，登记机关应当依法予以登记。本案中，原告鸿润超市申请变更登记增加的经营项目为蔬菜零售，并非法律、行政法规禁止进入的行业。被告适用29号文中“菜市场周边200米范围内不得设置与菜市场经营类同的农副产品经销网点”的规定，对原告的申请不予登记，但该规定与商务部《标准化菜市场设置与管理规范》不一致，与《商务部等13部门关于进一步加强农产品市场体系建设的指导意见》第7项“积极发展菜市场、便民菜店、平价商店、社区电商直通车等多种零售业态”不相符，也违反上述市场平等准入、公平待遇的原则，依法不能作为认定被诉登记行为合法的依据。

【裁判结果】 判决撤销涉案驳回通知书，责令被告于判决生效后15个工作日内对原告的申请重新作出登记。

案例 11.51 陈某某诉兰州市工商行政管理局工商行政登记案②

【本案争议点】 兰州市工商行政管理局核准第一次变更登记

---

① “最高人民法院发布人民法院经济行政典型案例（2015年）”，最高人民法院网，http：//www. court. gov. cn/zixun-xiangqing-15842. html，访问日期：2019年4月18日。

② “甘肃高院召开2015年度甘肃行政审判十大典型案例新闻发布会”，甘肃法院网，http：//www. chinagscourt. gov. cn/detail. htm？id＝2334276，访问日期：2019年4月18日。

的行为是否合法。

【法律简析】法院认为，被告明知永瑞公司存在内容相矛盾的两份股东会决议，仍然采用之前的已被新的股东会决议否定的前会议决议内容，作出准予变更登记的行政行为，缺乏事实依据，主要证据不足，违反了法人意思自治原则。

【裁判结果】判决撤销兰州市工商行政管理局作出的变更登记行为。

2. 婚姻和户口登记

案例 11.52　蒋某初诉淮北市杜集区民政局婚姻登记案①

【本案争议点】对淮北市杜集区民政局的错误登记行为如何处理。

【法律简析】法院认为，蒋某芬未达到法定结婚年龄，冒用原告的身份与王某某申请结婚登记，被告杜集区民政局审查中未发现该冒用事实，为其办理了"蒋某初"与王某某的结婚登记，颁发了结婚证。《婚姻法》规定一夫一妻制是我国婚姻家庭的基本制度，不允许同时存在两个以上的结婚登记状况。根据本案的事实，蒋某初与王某某结婚登记行为明显违法，应确认为无效行为。

【裁判结果】判决确认被告淮北市杜集区民政局为原告蒋某初和第三人王某某进行的结婚登记行政行为无效。

案例 11.53　刘甲诉北京市昌平区民政局案②

【本案争议点】北京市昌平区民政局由于当事人隐瞒真实情况而错误登记的行为如何处理。

【法律简析】法院认为，根据《婚姻法》的规定，结婚必须男女双方完全自愿，要求结婚的男女双方必须亲自到婚姻登记机关进行结婚登记。本案中，被诉婚姻登记的双方当事人系刘甲和王某某，实为刘乙为与王某某结婚，因向婚姻登记机关隐瞒真实情况而导致的错误婚姻登记行为。被诉的婚姻登

---

① "安徽发布'民告官'案件十大典型案例，行政机关败诉 6 件（2016 年）"，人民网，http://ah.people.com.cn/n2/2016/1008/c358266-29106413.html，访问日期：2019 年 4 月 18 日。

② "新行政诉讼法实施一年，北京法院受理行政案件同比翻番"，央广网，http://china.cnr.cn/ygxw/20160429/t20160429_522022115_1.shtml，访问日期：2019 年 4 月 18 日。

记行为当属无效的行政行为。

【裁判结果】 判决确认原昌平县平西府乡人民政府于1994年10月28日为刘甲与王某某办理的结婚登记行为无效。

案例11.54 沈某某诉乐昌市公安局公安行政登记纠纷①

【本案争议点】 乐昌市公安局注销已经办理入户手续户籍的行为是否合法。

【法律简析】 终审法院认为，《国务院批转公安部关于处理户口迁移的规定的通知》并没有限制农村之间的户籍迁移，只要理由正当，行政机关应当准予落户，并且乐昌市公安局也无法提供其他法律、法规、规章作为其限制农村之间迁移户口的依据。乐昌市公安局所依据的规范性文件，即《广东省公安厅关于进一步加强和规范户政管理工作的通知》和《广东省公安机关警务规范化建设汇编》的规定，由于缩窄了农村之间迁移户口的条件，限制了行政相对人的合法权益，不能作为乐昌市公安局行政行为合法的依据，乐昌市公安局的行政行为不合法。

【裁判结果】 判决撤销乐昌市公安局注销沈某某等人户籍登记的行为。

3. 房地产登记

案例11.55 周某某诉重庆市垫江县国土资源和房屋管理局不履行房屋行政登记受理职责案②

【本案争议点】 重庆市垫江县国土资源和房屋管理局以申请材料没有继承公证文书为由不予办理房屋转移登记是否合法。

【法律简析】 法院认为，《房屋登记办法》第33条规定："申请房屋所有权转移登记，应当提交下列材料：（一）登记申请书；（二）申请人身份证明；（三）房屋所有权证书或者房地产权证书；（四）证明房屋所有权发生转移的材料；（五）其他必要材料。第（四）项材料，可以是买卖合同、互换合同、赠与合同、受遗赠证明、继承证明、分割协议、合并协议、人民法院

---

① "广东高院发布10起行政诉讼典型案例"，个人图书馆，http://www.360doc.com/content/16/0718/20/31717540_576597484.shtml，访问日期：2019年4月18日。

② "重庆法院去年受理'民告官'案近万件，附十大典型案例"，人民网，http://cq.people.com.cn/n2/2016/0519/c365401-28366929-10.html，访问日期：2019年4月18日。

或者仲裁委员会生效的法律文书，或者其他证明房屋所有权发生转移的材料。”前述规定并没有要求必须对提交的材料进行公证。故被告提出因周某某没提交继承公证文书而不予受理房屋转移登记的理由不能成立，被告要求周某某提交继承公证文书，无相关的法律、法规依据，增加了周某某的义务，被告以周某某未提交继承公证文书，不予受理房屋转移登记申请的理由不成立，不予支持。

【裁判结果】判决垫江县国土资源和房屋管理局在判决生效之日起五日内受理周某某的申请。

案例 11.56　裴某鹏诉漳县人民政府土地行政登记案①

【本案争议点】漳县人民政府土地使用权变更登记的程序是否合法。

【法律简析】法院认为，根据《土地登记办法》第 9 条第 1 款第 3 项的规定，申请人应当提交土地权属来源证明。裴某军在办理变更登记时并未提交该证明材料；村委会的两份证明材料只能证明裴某军的身份，并不能证明土地权属来源；变更登记时，被告在《集体土地使用证》记事内容栏内记载“成家分户后，该宅基地使用权由裴某军使用”，但被告未能提供该户家庭分户的相关证明材料。本案变更登记时，被告并未对利害关系人裴某鹏进行过询问。经法庭调查，裴某鹏本人也不在现场。另外，本案的变更登记未经审批，程序违法。

【裁判结果】判决撤销被告漳县人民政府作出的对漳集用〔2000〕字第 400053 号《集体土地使用证》上土地使用者裴某鹏变更登记为裴某军的行政行为。

案例 11.57　邱某与成都市城乡房产管理局房屋行政登记案②

【本案争议点】成都市城乡房产管理局不予办理房屋继承登记手续是否合法。

---

① “甘肃高院召开 2015 年度甘肃行政审判十大典型案例新闻发布会”，甘肃法院网，http://www.chinagscourt.gov.cn/detail.htm?id=2334276，访问日期：2019 年 4 月 18 日。

② “四川省高级人民法院发布行政审判十大典型案例（2015 年）”，法律家，http://www.fae.cn/kx1652.html，访问日期：2019 年 4 月 18 日。

【法律简析】法院认为，《房屋登记办法》第 17 条规定，申请人提交的申请登记材料齐全且符合法定形式的，应当予以受理，并出具书面凭证。申请人提交的申请登记材料不齐全或者不符合法定形式的，应当不予受理，并告知申请人需要补正的内容。本案中，邱某向被告申请办理房屋继承的登记，根据上述规定，被告对邱某、林某某的申请进行审查后，认为申请人登记材料不齐全，应作出不予受理决定，并书面告知其需要补正的内容。但被告收到申请后未作出书面决定，属于行政不作为。

【裁判结果】判决撤销被告作出的《信访事项告知书》，限被告在判决发生法律效力后在法定期限内对邱某、林某某的房屋登记申请作出处理。

案例 11.58　某社诉某区人民政府土地行政登记案[①]

【本案争议点】某区人民政府变更土地使用权的登记行为是否合法。

【法律简析】终审法院认为，有权机关批准征收土地是土地征收补偿的前提条件。《土地管理法》第 45 条规定“征收下列土地的，由国务院批准：(一) 基本农田；(二) 基本农田以外的耕地超过三十五公顷的；(三) 其他土地超过七十公顷的。征收前款规定以外的土地的，由省、自治区、直辖市人民政府批准，并报国务院备案……”按照上述规定，根据被征收土地的类型，有权批准机关仅为国务院和省、自治区、直辖市人民政府。市、县人民政府在未经批准的情况下实施的征收行为违反法律规定。本案中，某区人民政府在进行变更登记时未尽到审慎合理的审查义务，向某公司颁发国有土地使用证的行为违法。鉴于涉案地块上的混合商住楼已经建设完成，并对外出售完毕，第三人已经通过购买的方式取得了房屋，故针对征收环节责令某区人民政府采取补救措施。

【裁判结果】判决维持一审判决（某区人民政府向某公司颁发国有土地使用权证的行为违法；驳回某村一社要求赔偿的诉讼请求），并责令某区政府采取补救措施。

---

① “2015 年青海法院行政案件司法审查报告”，青海法院网，http：//qhfy. chinacourt. org/public/detail. php? id = 17378，访问日期：2019 年 4 月 18 日。

案例 11.59　张某某等诉上海市不动产登记局房地产抵押登记案①

【本案争议点】上海市不动产登记局的房地产抵押登记程序是否合法。

【法律简析】终审法院认为，房地产抵押登记有专门的法律规定。登记机关对于附记的审查应当尽到审慎的义务，记载事项应当慎重，不宜随意记载限制他人权利的内容。本案中，卞某某、杨某某共同申请办理镇坪路房屋抵押登记，并提供了房地产登记申请书、身份证明、镇坪路房屋房地产权证书、抵押借款合同等材料。镇坪路房屋的抵押登记符合法律规定，应当认定为合法有效。抵押借款合同中虽然约定了“另有抵押物蒲汇塘路房屋为200万元债权担保，余额抵押”的内容，但张某某、张某彦没有在抵押登记合同上签名，也没有到普陀区房地产登记处作出相应意思表示。房地产登记机构仅依据合同表述而将该段文字内容记载于被诉抵押登记的附记栏中，但是对蒲汇塘路房屋余额抵押之事项是否成立，没有进行审查核实。因此，被诉抵押登记的附记行为主要证据不足，登记机构未尽到审慎审查义务。

【裁判结果】改判部分撤销被诉抵押登记附记栏中的记载内容（上海市不动产登记局实施的房产抵押登记行为，主要证据不足，未尽到审慎审查义务，改判部分撤销被诉抵押登记附记栏中的记载内容）。

案例 11.60　梁某某诉佛山市顺德区人民政府房地产权登记纠纷②

【本案争议点】顺德区人民政府办理的房地产权登记是否合法。

【法律简析】终审法院认为，《中华人民共和国公证法》第36条规定：“经公证的民事法律行为、有法律意义的事实和文书，应当作为认定事实的根据，但有相反证据足以推翻该项公证的除外。”法院认为，广东省第一强

① “上海行政审判十大典型案例（2017年）”，澎湃新闻，https://www.thepaper.cn/newsDetail_forward_2204345，访问日期：2019年4月18日。

② “广东省高院发布10起行政诉讼典型案例”，个人图书馆，http://www.360doc.com/content/16/0718/20/31717540_576597484.shtml，访问日期：2019年4月18日。

制隔离戒毒所出具的《解除强制隔离戒毒证明书》足以推翻《公证书》的内容，该委托公证不能作为办理涉案房屋过户登记的依据。被诉《房地产权证》丧失合法的基础，应予撤销。潘某飞既作为涉案房屋出让方的受托人又作为买受方骏力公司的法定代表人，参与到涉案房屋的转让过程中，故骏力公司认为其善意取得不能成立，不予支持。

【裁判结果】判决驳回上诉，维持原判（撤销被诉《房地产权证》）。

案例 11.61　杨某某等四人诉沧县人民政府土地行政登记案[①]

【本案争议点】沧县人民政府土地登记程序是否合法。

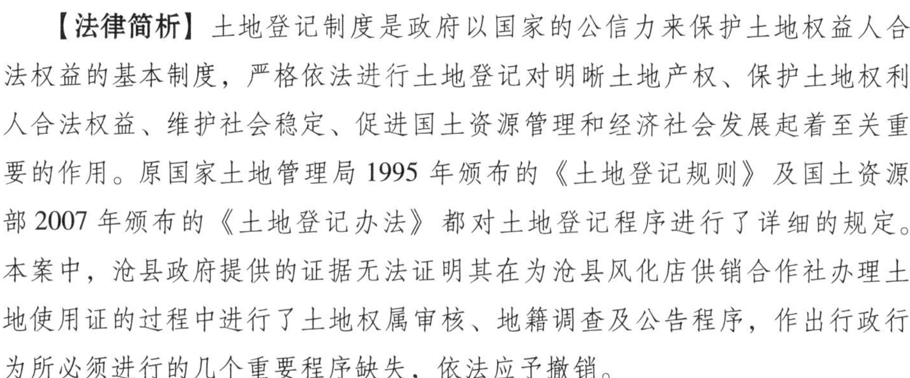

【法律简析】土地登记制度是政府以国家的公信力来保护土地权益人合法权益的基本制度，严格依法进行土地登记对明晰土地产权、保护土地权利人合法权益、维护社会稳定、促进国土资源管理和经济社会发展起着至关重要的作用。原国家土地管理局 1995 年颁布的《土地登记规则》及国土资源部 2007 年颁布的《土地登记办法》都对土地登记程序进行了详细的规定。本案中，沧县政府提供的证据无法证明其在为沧县风化店供销合作社办理土地使用证的过程中进行了土地权属审核、地籍调查及公告程序，作出行政行为所必须进行的几个重要程序缺失，依法应予撤销。

【裁判结果】判决撤销沧国用〔96〕字第 1488 号国有土地使用证。

案例 11.62　黄某、刘某诉朔州市房产管理局不履行法定职责案[②]

【本案争议点】朔州市房产管理局不予办理抵押权注销登记的行为是否合法。

【法律简析】法院认为，房产管理局作为县级以上地方人民政府房产主管部门，负责本行政辖区内的房屋登记工作，具有办理房屋抵押登记的法定职责。本案生效民事判决免除了黄某、刘某的抵押担保责任，信用社享有的抵押权灭失。黄某、刘某根据生效民事判决向房管局申请抵押权注销登记，

---

① “河北高院 2015 年度行政审判十大典型案例”，微公网，https：//www. weixin765. com/doc/jnqttiqf. html，访问日期：2019 年 4 月 18 日。

② “山西公布 2017 年行政审判十大典型案例，全部都是民告官”，人民网，http：//sx. people. com. cn/n2/2018/0516/c189132 -31586998 -3. html，访问日期：2019 年 4 月 18 日。

有事实和法律依据。在信用社拒不配合不提供他项权证书的情况下，被告应当依法履行职责，为黄某、刘某办理抵押权注销登记。

【裁判结果】判决被告朔州市房产管理局于判决生效之日起30日内履行职责，针对两原告请求注销抵押房屋上设立的他项权证并返还房屋所有权证的申请作出行政行为。

案例11.63 朱某某诉彭泽县房产管理局房屋行政登记案①

【本案争议点】彭泽县房产管理局办理的房产过户登记程序是否合法。

【法律简析】案件所涉争议房屋系彭泽县龙城镇渊明路12栋2单元502室，原所有权人为吴某某。2010年2月，吴某某将该房屋出售给杨某某，但未办理产权过户手续。2011年上半年，丁某与杨某某协商，用龙兴公寓一套房产（朱某某系该房产购买人）与杨某某购买的涉案房屋互换。2012年6月12日，杨某某在未得到丁某之父丁某春书面授权和其本人未到场、申请登记材料内容由其代填的情况下，向彭泽县房产管理局申请将涉案房屋由吴某某直接过户给丁某春。6月18日，彭泽县房产管理局为丁某春颁发了彭房权证龙城镇字第12－A0893号房屋所有权证。

法院认为，彭泽县房产管理局在办理涉案房屋产权转移登记时，对申请材料疏于审查，导致并非丁某春本人申报的转移登记申请得到登记，该行政行为违反了《房屋登记办法》的相关规定。

【裁判结果】判决撤销其颁发的彭房权证龙城镇字第12－A0893号房屋所有权证。

4. 其他权属登记

案例11.64 朱某诉曲靖市交通警察支队车辆转移登记案②

【本案争议点】被告办理的车辆转移登记程序是否合法。

【法律简析】2012年，朱某购得一辆路虎揽胜越野汽车，同

---

① “江西省高级人民法院发布十大行政诉讼典型案例（2015年）”，法律家，http：//www.fae.cn/kx1711.html，访问日期：2019年4月18日。

② “云南省高级人民法院公布2017行政审判十大典型案例”，中国日报网，https：//www.chinadaily.com.cn/interface/yidian/1120781/2018－06－29/cd_36482430.html？yidian_docid＝0JQ45wDn，访问日期：2019年4月18日。

年向曲靖市交警支队车辆管理所（以下简称市车管所）办理了初始登记。朱某与柳某存在借贷纠纷。2015 年 9 月 24 日，柳某找到代办登记业务的第三人范某某，委托范某某办理朱某的行驶证和车辆转移登记事宜，将伪造朱某签名的《机动车业务委托书》交给范某某。范某某到车管所补办了车主朱某的行驶证后，车管所审查了范某某提交的材料，办理了车辆转移登记，将朱某的路虎车转移登记在柳某名下。

法院认为，登记行为所依据的材料系伪造且登记结果与真实权属情况不一致，市车管所未尽到审慎审查义务。

【裁判结果】判决曲靖市交通警察支队的登记结果错误，判决撤销错误登记行为。

案例 11.65　资溪县高阜镇莒洲村民委员会诉资溪县人民政府林业行政登记案①

【本案争议点】资溪县人民政府林业权属登记行为的程序是否合法。

【法律简析】法院认为，根据《江西省林权登记管理办法（试行）》第 21 条的规定，“林权登记申请受理后，由林业主管部门组织林权调查，经调查认定林权权属合法，界址清楚、面积准确的，对申请初始登记的，由林业主管部门在森林、林木和林地所在地进行公告，公告期为三十日……”资溪县人民政府未提供其进行了公告程序的相关证据。从《林权登记申请表》内容可以看出，林业主管部门和发证机关在意见栏中均未签署审核意见及盖具公章。资溪县人民政府作出的登记颁证行为违反了法律规定。

【裁判结果】判决撤销资溪县人民政府 2006 年 12 月颁发给三江村委会及村民方某某等人的林权证。

案例 11.66　林某辉诉浮梁县人民政府土地行政登记案②

【本案争议点】浮梁县人民政府拖延为林某辉登记颁证的行为是否合法。

---

① “江西省高级人民法院发布十大行政诉讼典型案例（2015 年）”，法律家，http：//www. fae. cn/kx1711. html，访问日期：2019 年 4 月 18 日。

② “江西高院发布 2017 年行政诉讼典型案例”，江西法院网，http：//jxfy. chinacourt. org/article/detail/2017/12/id/3098145. shtml，访问日期：2019 年 4 月 18 日。

【**法律简析**】法院认为，林某辉于1998年签订了二轮土地承包合同，并于2006年依法取得了该土地承包经营权证。同时，林某民与林某辉就涉案土地签订的协议已被生效民事判决确认无效，林某民系城镇居民，没有签订承包合同，无土地承包权属凭证，其在无事实依据情况下提出的异议不属于法律上的权属争议。浮梁县人民政府以涉案土地存在权属争议为由暂缓为林某辉登记发证的理由不能成立，该政府应当按照省工作方案的规定为林某辉登记发证。该政府称其只是暂缓颁证不是拒绝颁证，其行为不构成不履行法定职责。但根据省工作方案，2015年年底前浮梁县人民政府应当全面完成辖区内承包地的登记颁证工作。林某辉所在村也已经基本完成了该项工作，浮梁县人民政府直至本案一审前仍未给林某辉登记办证，该拖延履行行为已经构成不履行法定职责。

【**裁判结果**】因相关法律并未对县人民政府的登记颁证行为规定期限，为了保护林某辉的合法权益，法院酌定浮梁县人民政府于判决生效之日起60日内为林某辉已取得承包经营权的3.5亩承包地登记颁证。

第三节　行政合同

一、行政合同概述

（一）行政合同的概念、范围和特征

1. 行政合同的概念

行政合同的出现和发展，大体基于以下现实，第一，市场经济的建立。在市场经济下，作为市场主体的企业和个人，具有独立的经济地位，行政部门再不能任意发号施令。在有关公共工程和基础建设方面，要获得企业的配合，就必须通过协商一致的办法，通过签订合同来实现。第二，公民权利意识的增强。特别是政府部门在征收和征用个人财产的时候，依据行政命令来无偿取得私有财产，也必须在签订补偿协议的情况下才是合法的、有效的。

第三，现代行政管理体制的转型。现代行政已经渗入公民参与的要素，行政管理和服务，特别是一些公共服务领域，行政部门已经难当此任，往往借助于社会的力量，采用行政合同的方式，将一些公共服务交由公司或企业来运作。如政府提供公共服务产品、公共工程建设等领域，都可以通过行政合同的形式来实现。行政合同的本质是利用协商机制和市场机制实现行政职能。

有学者将其分为广狭两种，广义上的行政合同是指，“包括行政主体为实现行政管理目标而与行政相对人签订的合同，以及行政主体之间签订的合同”。狭义的行政合同指“行政主体与行政相对人之间签订的涉及公共利益的合同”。[①] 也有学者将行政合同和行政协议分别定义，认为行政合同是“行政机关以事实行政管理为目的，与行政相对人就有关行政事项协商一致而成立的一种行政行为”。而行政协议则是“行政机关之间为实现行政目的而达成的合意”。[②] 这里的“行政协议”包含在了上述广义的行政合同之中了。本书采用狭义的行政合同的含义。

2. 行政合同的范围

行政合同包括两种形态：其一是行政主体与相对人之间的合同；其二是特定领域中受行政主体支配的行政相对人之间的合同。这两种形态的行政合同都是行政法研究的范围。

3. 行政合同的特征

与民事合同相比，行政合同有如下特征：（1）一方为行政主体；（2）以公法上的效果发生为目的；（3）基于当事人意思一致而成立；（4）贯彻行政优益权原则；（5）纠纷通过行政法上的途径解决。

（二）行政合同的作用

伴随着国家任务的扩充和机能的变迁，现代各国对行政合同展开了空前广泛和深入的研究，并呈法制化的倾向，许多国家都确立了行政合同

① 姜明安：《行政法》，北京大学出版社 2017 年版，第 430 页。也有学者将行政合同称为“行政协议”。参见应松年主编：《行政法与行政诉讼法学》，高等教育出版社 2017 年版，第 241 页。

② 章剑生：《现代行政法总论》，法律出版社 2014 年版，第 209、217 页。

制度。

1. 有利于更好地实现行政目标，防止官僚主义

虽然行政合同中存在行政主体和相对一方当事人之间的地位上的不平等，但是订立行政合同可以使行政主体和相对人的权利义务相对确定和明晰，合同内容对当事人双方均是一种限制和制约。因此，行政主体虽然享有行政优益权，但其行为必须受合同规定的制约。给相对人带来损害或损失，行政主体应该给相对人以相应的赔偿或补偿。

2. 有利于行政相对人更好地发挥积极性和创造性

在文化、科研、教育、资源开发以及环保、给付行政等领域，用简单的行政命令手段，往往难以达到理想的行政目标。采取行政合同的方式，利用优惠待遇等一系列利益机制，可以激励相对人充分发挥其主观能动性和最大的创造性。因此，正确运用行政合同，可以保证行政权的正确运用和充分发挥行政相对人的积极性和创造性。

3. 可以使合同争议获得有效解决的机制

如果在履行行政合同中发生争议，当事人可以据此向人民法院提起诉讼，寻求法律保护或救济。

（三）行政合同的缔结和履行

1. 行政合同的缔结

缔结行政合同的条件是行政机关具有缔约能力，包括行政管理的权限和财产债务清偿的能力。在现实中，行政合同的缔结主要有三种方式：一是行政机关与相对人协商缔结行政合同，这种方式主要适用于除法律、法规规定以外的行政合同；二是通过招投标程序与相对人缔结的行政合同，这种方式必须采用法律规定的程序进行；三是通过拍卖程序与相对人缔结的行政合同，这种方式也要遵循法定程序。在缔结行政合同的形式上，应当采用书面形式，法律、法规另有规定的除外。

2. 行政合同的履行

行政合同的履行基本遵循民事合同的规则，包括实际履行、自主履行、全面履行和及时履行等原则。此外，由于行政合同毕竟与民事合同有所区别，

故在双方履行合同过程中，行政机关具有某些优益权。如行政主体依法监督对方、进行检查、提出意见和建议等权力；在履行行政合同过程中，基于公共利益的需要，可以单方变更合同条款或解除合同的权力，但必须给予相对人必要的补偿。

二、行政合同的规范

我国在行政合同的立法方面比较分散，不同的合同规定在不同的法律文件中。甚或规定在同一法律文件的不同条款中。有的比较系统，如《政府采购法》《招投标法》和《拍卖法》，但大多比较分散，甚至采用政策措施加以规定。现在大多数国家是将行政合同的规范明确写入行政程序法中，如1976年《德国行政程序法》明确规定："公法契约之缔结，应以书面为之。但法规另有其他方式之规定者，不在此限。"下面以类型化的方式来梳理一下行政合同的主要规范。

（一）土地等资源类合同

1. 土地使用权出让合同

《中华人民共和国城镇国有土地使用权出让和转让暂行条例》中提到了土地使用权出让合同，它是指政府以土地所有者的身份将土地使用权在一定时期内让与土地使用者，并由土地使用者向国家支付土地使用权出让金的合同行为。在这种合同中，政府管理部门既是出让方，又是监督方。政府的权力为：出让国有土地使用权；对未按合同规定进行开发、利用、经营的，责令纠正并予以行政处罚；批准改变土地用途。

2. 公用征收合同

公用征收合同是指国家行政机关为实现社会公共利益，与相对人签订的，在依法给予补偿的前提下征收其财产为内容的合同。这种合同广泛运用于交通运输、城市建设、土地管理等领域。我国《土地管理法》《水法》等都有较为明确的规定。

3. 工业企业承包、租赁合同

工业企业承包、租赁合同是由政府指定的有关部门作为发包方，实行承包经营的企业作为承包方，双方经协商而签订的、确定双方权利义务的合同，包括全民所有制工业企业签订承包经营合同，全民所有制小型工业企业签订租赁合同。《全民所有制工业企业承包经营责任制暂行条例》对此种合同作出了明确规定。

（二）特许经营许可类合同

缔结政府特许权合同的行政机关需要有法律赋予的行政特许权。主要涉及市政公用事业或公共工程的特许经营领域，一旦政府成了特许经营的实施主体或特许经营协议的缔约者，那么政府特许经营协议就成为行政合同的一种。

当然从实质上，特许经营许可类合同属于特殊的行政许可范畴，但必须以合同或行政许可证的方式来规范政府与经营者的权利与义务。这类合同一般应当通过招标、拍卖等公平竞争的方式作出决定，具体程序，依照有关法律、行政法规的规定进行。

（三）政府订货类合同

合同法对这种合同的法律适用问题作出了例外规定。《合同法》第 38 条规定，国家根据需要下达指令性任务或者国家订货任务的，有关法人、其他组织之间应当依照有关法律、行政法规规定的权利义务订立合同。国家订货的重要情形是为了保证国防重点建设以及国家战略储备等需要进行的订货。

政府订货合同，是指行政主体基于国防与社会保障等方面的需要，与对方当事人签订的订购有关物资、产品的合同。政府订货合同的突出特征是，行政主体方的意思表示具有不可拒绝性，相对人必须接受并且认真履行订货单中规定的任务。双方在完成工作的费用方面以及双方的权利、义务、责任的配置方面可以协商。例如，国家军用物资和其他有关重要物资的订购，通常采取这种合同形式。粮食、棉花、烟草等订购合同，是以国家为粮食、棉花、烟草等的种植提供优惠条件并保证收购，农民向国家交纳粮食、棉花、烟草等并取得相应报酬为内容，由各级人民政府及主管部门与农民之间就粮食、棉花、烟草等的种植、订购达成的协议。

（四）工程建设项目类合同

工程建设项目类合同是指行政主体为了公共利益的需要，就建造某项公共设施的工程建设的承包和作为报酬支付一定价金事宜，与建筑公司等企业之间，经协商达成一致而订立的合同。如《招标投标法》（2017 年修正）第 46 条规定："招标人和中标人应当自中标通知书发出之日起三十日内，按照招标文件和中标人的投标文件订立书面合同。招标人和中标人不得再行订立背离合同实质性内容的其他协议。招标文件要求中标人提交履约保证金的，中标人应当提交。"

（五）科研合同

科研合同，是指科研主管部门与科研机构、科技人员之间，就国家下达的重大科研项目，经过协商订立的有关国家提供资助，科研机构、科研人员将研究成果提供给国家的合同。《科学技术拨款管理的暂行规定》（1986 年 1 月 23 日，国务院发布）规定了这种合同形式。如其第 3 条第 2 项规定："国家重大科技项目普遍实行合同制。用于这些项目的科技三项费用或其他财政拨款，应当根据项目的预测经济效益和偿还能力，分别实行有偿或无偿使用。凡经济效益好、具备偿还能力的项目，应当在合同中规定全部或部分偿还投资。承担单位是企业的，应当在缴纳所得税前，用该项目投产后的新增利润归还；是科研单位的，用该项目实现的收入归还。凡没有偿还能力的项目，可在合同中规定免还。"

三、行政合同实务案例

案例 11.67 萍乡市亚鹏房地产开发有限公司诉萍乡市国土资源局不履行行政协议案①

【本案争议点】萍乡市国土资源局对变更土地使用用途请求需要补交土地出让金是否合法。

【法律简析】法院生效裁判认为，行政协议是行政机关为实现公共利益

① 最高人民法院指导案例 76 号（最高人民法院审判委员会讨论通过，2016 年 12 月 28 日发布）。

或者行政管理目标，在法定职责范围内与公民、法人或者其他组织协商订立的具有行政法上权利义务内容的协议，本案行政协议即是该市国土资源局代表国家与亚鹏房地产开发有限公司（以下简称亚鹏公司）签订的国有土地使用权出让合同。行政协议强调诚实信用、平等自愿，一经签订，各方当事人必须严格遵守，行政机关无正当理由不得在约定之外附加另一方当事人义务或单方变更解除。

本案中，TG－0403号地块出让时对外公布的土地用途是“开发用地为商住综合用地，冷藏车间维持现状”，出让合同中约定为“出让宗地的用途为商住综合用地，冷藏车间维持现状”。但被告与亚鹏公司就该约定的理解产生分歧，而萍乡市规划局对原萍乡市肉类联合加工厂复函确认TG－0403号国有土地使用权面积23173.3平方米（含冷藏车间）的用地性质是商住综合用地。萍乡市规划局的解释与挂牌出让公告明确的用地性质一致，且该解释是萍乡市规划局在职权范围内作出的，符合法律规定和实际情况，有助于树立诚信政府形象，并无重大明显的违法情形，具有法律效力，并对萍乡市国土资源局关于土地使用性质的判断产生约束力。因此，法院对被告提出的冷藏车间占地为工业用地的主张不予支持。亚鹏公司要求被告对“萍国用〔2006〕第43750号”土地证（土地使用权面积8359.1平方米）地类更正为商住综合用地，具有正当理由，被告应予以更正。亚鹏公司作为土地受让方按约支付了全部价款，被告要求亚鹏公司如若变更土地用途则应补交土地出让金，缺乏事实依据和法律依据，且有违诚实信用原则。

【裁判结果】判决萍乡市国土资源局在生效之日起90内对相关证载土地用途予以更正，撤销上述答复第二项，即应补交土地出让金208.36万元的决定。

案例11.68　王某某诉北京市房山区住房和城乡建设委员会拆迁补偿安置行政裁决案①

【本案争议点】北京市房山区住房和城乡建设委员会认定的

① “人民法院征收拆迁典型案例（2017年第二批）”，最高人民法院网，http：//www.court.gov.cn/zixun-xiangqing-95912.html，访问日期：2019年4月18日。

在册人口数量是否合理。

【法律简析】终审法院认为，依据《北京市集体土地房屋拆迁管理办法》第8条第1款第3项有关“用地单位取得征地或者占地批准文件后，可以向区、县国土房管局申请在用地范围内暂停办理入户、分户，但因婚姻、出生、回国、军人退伍转业、经批准由外省市投靠直系亲属、刑满释放和解除劳动教养等原因必须入户、分户的除外”的规定，王某某儿媳因婚姻原因入户，其孙女因出生原因入户，不属于上述条款中规定的暂停办理入户和分户的范围，不属于因擅自办理入户而在拆迁时不予认定的范围。据此，被诉的行政裁决将王某某户的在册人口认定为5人，属于认定事实不清、证据不足。

【裁判结果】二审法院判决撤销一审判决（驳回王某某的诉讼请求）及被诉的行政裁决（将王某某的在册人口认定为5人），并责令被告重新作出处理。

案例11.69 王某某诉辽宁省沈阳市浑南现代商贸区管理委员会履行补偿职责案①

【本案争议点】区管理委员会是否应当双倍支付临时安置补助费。

【法律简析】终审法院认为，由于2016年5月王某某与房屋征收办重新签订货币补偿协议时，双方关于是否双倍给付过渡期安置费问题正在民事诉讼过程中，未就该问题进行约定。根据《沈阳市国有土地上房屋征收与补偿办法》第36条第3项有关“超期未回迁的，按照双倍支付临时安置补助费。选择货币补偿的，一次性支付4个月临时安置补助费”的规定，浑南商贸区管理委员会应当双倍支付王某某2015年2月至2016年5月的临时安置补助费。

【裁判结果】虑及王某某已经按照一倍标准领取了临时安置补助费，二审法院遂撤销一审判决，判令浑南商贸区管理委员会以每月996.3元为标准，支付王某某2015年2月至2016年5月的另一倍的临时安置补助费15940.8元。

---

① “人民法院征收拆迁典型案例（2017年第二批）”，最高人民法院网，http://www.court.gov.cn/zixun-xiangqing-95912.html，访问日期：2019年4月18日。

案例11.70 李某某诉淮南市潘集区城乡建设委员会不履行房屋征收补偿协议案①

【本案争议点】 潘集区城乡建设委员会逾期不予支付征收补偿款的行为是否构成违约。

【法律简析】 法院认为，潘集区城乡建设委员会（以下简称潘集区建委）是政府征收决定确定的征收部门，具有签订涉诉征收补偿协议的主体资格。该协议系双方真实意思表示，且不违反法律的强制性规定，属有效协议，对双方均具有约束力。李某某依约履行义务后，潘集区建委即应向其支付约定的补偿款，故对李某某要求潘集区建委给付23万元补偿款的诉请予以支持。因协议约定每月支付所欠款项20%的违约金过分高于造成的损失，且超过法律规定的范围，法院兼顾协议的履行状况和当事人过错程度，将违约金酌定为2万元。

【裁判结果】 判令潘集区建委于判决生效后十日内一次性支付李某某临时安置费、搬迁补助费、自建房补偿款合计人民币23万元、违约金人民币2万元，合计人民币25万元。

案例11.71 何某某诉重庆市潼南县国有土地房屋征收与补偿管理中心履行行政协议案②

【本案争议点】 潼南县国有土地房屋征收与补偿管理中心是否履行了征收与补偿协议的内容。

【法律简析】 法院认为，原告与被告于2013年9月12日签订的城市房屋征收补偿安置协议是在双方当事人自愿的情况下遵循公平原则依法签订，该协议具有法律效力，对双方当事人具有法律上的约束力。本案中，原告主张装饰装修费、搬家费和奖励问题。因原告与被告签订协议的补充条款中规定，还房不补贴装饰、装修费，放弃搬家费和奖励。根据《潼南县柏树坪片区旧城改造项目房屋征收补偿方案》，原告应当享有被补贴装饰、装修费以及搬

---

① "安徽发布'民告官'案件十大典型案例，行政机关败诉6件（2016年）"，人民网，http：//ah. people. com. cn/n2/2016/1008/c358266－29106413. html，访问日期：2019年4月18日。

② "重庆法院去年受理'民告官'案近万件，附十大典型案例"，人民网，http：//cq. people. com. cn/n2/2016/0519/c365401－28366929－5. html，访问日期：2019年4月18日。

家补助费的权利，被告给予原告装饰、装修补助及搬家补助费是其法定职责。虽然在协议中原告放弃了以上几项费用的补贴，但是现在原告要求给付以上几项费用，根据法定义务优先的规则，被告应当继续履行给付以上几项费用的法定职责。

【裁判结果】 原告请求支付其附属设施费中的装饰、装修补助 88895 元、搬家补助费 33124.2 元的诉讼请求，依法予以支持。而原告要求被告给付其除装饰、装修费以外的其他附属设施补助费的诉讼请求缺乏事实依据，依法不予支持。

案例 11.72 刘某某诉富裕县房屋征收办公室房屋征收补偿协议案①

【本案争议点】 富裕县房屋征收办公室不予履行补偿协议的行为是否合法。

【法律简析】 法院认为，富裕县房屋征收办公室依据《国有土地上房屋征收与补偿条例》《富裕县国有土地上房屋征收与补偿办法》等相关规定与刘某某签订 002 号非住宅房屋征收补偿安置协议，事实清楚、程序合法、适用法律正确，符合法律、法规、规范性文件的相关规定。富裕县房屋征收办公室在没有严格按照法定程序且没有事实依据的情况下，以刘某某提交的个体工商户营业执照在工商注册部门没有档案登记信息为由，未按照约定继续履行 002 号协议，属于未履行法定职责。

【裁判结果】 判决确认 002 号协议合法有效，富裕县房屋征收办公室继续履行该协议，并赔偿刘某某的各项损失共计 205582 元。

案例 11.73 黎某某诉韶关市人民政府、韶关市国土资源局行政补偿纠纷②

【本案争议点】 行政补偿合同相关当事人对涉案协议如何履行。

---

① “黑龙江省行政审判十大典型案例（2017 年）”，黑龙江法院网，http：//www.hljcourt.gov.cn/public/detail.php? id=20626，访问日期：2019 年 4 月 18 日。

② “广东省高院发布 10 起行政诉讼典型案例”，个人图书馆，http：//www.360doc.com/content/16/0718/20/31717540_576597533.shtml，访问日期：2019 年 4 月 18 日。

【法律简析】法院认为，涉案《附着物拆迁补偿协议》是大地公司受浈江区农业局的委托与黎某某签订的。合同当事人对涉案协议的履行问题产生争议，依法应由签订协议的当事人各方协商解决或者循法律途径解决。韶关市国土局既非签订上述补偿协议的行政主体，也非处理涉案补偿协议纠纷的有权机关，其作出的被诉答复意见，认定涉案《附着物拆迁补偿协议》不宜继续履行，超越其职责范围。黎某某要求有关行政机关继续履行涉案《附着物拆迁补偿协议》，应以合同的相对方即与其签订协议的行政主体为对象依法寻求救济，其起诉请求韶关市国土资源局继续履行上述补偿协议，缺乏事实根据和法律依据。

【裁判结果】判决撤销韶关市国土资源局答复意见中关于涉案《附着物拆迁补偿协议》不宜继续履行的决定，驳回黎某某要求韶关市国土资源局继续履行涉案《附着物拆迁补偿协议》的诉讼请求。

案例 11.74　占某某诉广饶县住房和城乡规划建设局房屋征收补偿行政协议案①

【本案争议点】广饶县住房和城乡规划建设局对于拆除房屋后仍不予支付征收补偿款的行为是否合法。

【法律简析】法院认为，涉案征收补偿协议系广饶县住房和城乡规划建设局（以下简称县住建局）为实现其行政管理目标，在法定职责范围内与占某某协商订立的具有行政法上权利义务内容的协议，属有效协议，对双方均具有法律约束力。在订立、履行征收补偿协议过程中，县住建局作为行政机关，虽然享有单方面的行政优益权，但该优益权应当进行必要的限制。占某某依约履行义务后，县住建局应依约向占某某支付征收补偿款。

【裁判结果】判令县住建局继续履行协议，于判决生效后十日内向占某某支付征收补偿款 70160 元。

---

① “山东省高级人民法院发布十大行政典型案例（2015 年）”，法律家，http：//www.fae.cn/kx1725.html，访问日期：2019 年 4 月 18 日。

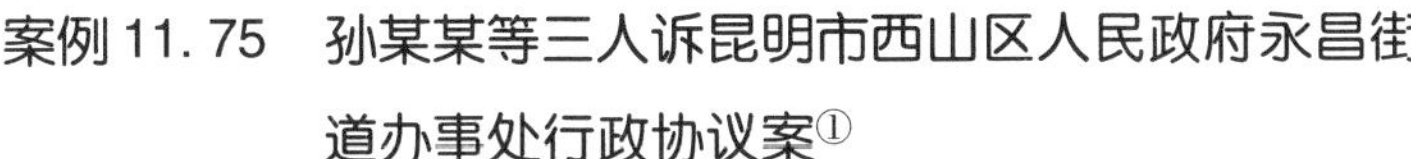

案例11.75　孙某某等三人诉昆明市西山区人民政府永昌街道办事处行政协议案[①]

【本案争议点】（1）多支付的过渡安置费是否应予抵扣。（2）违约金及利息请求应否得到支持。

【法律简析】终审法院认为，孙某某等三人主张过渡安置补助费不应抵扣，无事实和法律依据，不应得到支持。违约金以当事人约定为必要，因双方合同中并无约定，该请求不能得到支持。利息请求性质上属于法定孳息，与本金有附随性，本质上属于违约方占用对方资金所获得的不当收益，属于损失的一种，该请求应得到支持。

【裁判结果】判决维持一审判决第一项（永昌街道办事处向孙某某等三人支付房屋拆迁回购款1539581元）；撤销一审判决第二项（驳回孙某某等三人的其他诉讼请求）；由永昌街道办事处支付1539581元回购款的利息（按同期银行贷款利息进行计算，自2014年7月26日起至实际支付房屋回购款之日止）；驳回孙某某等三人的其他诉讼请求。

案例11.76　武某某诉天水市秦州区天水镇人民政府房屋征收行政奖励案[②]

【本案争议点】天水镇人民政府不予补发征收奖励补偿款的行为是否合理。

【法律简析】一审法院判决，由被告天水镇人民政府，在判决生效后十日以内，向原告武某某支付房屋拆迁奖励金3.5万元。被告不服提起上诉。终审法院认为，根据庭审查明的事实，被上诉人武某某在对其房屋与其他被征收人（张某娃、张某祥）的房屋同时进行拆迁，且已拆迁完毕后，要求上诉人天水市镇人民政府兑现奖励资金时，上诉人天水市秦州区天水镇人民政府以被上诉人武某某未签订拆迁协议，没有按时拆迁完毕为由拒绝支付。但上诉人既未提供任何证据证明未签订拆迁协议是由被上诉人武某某造成，也

---

① “云南省高级人民法院公布2017行政审判十大典型案例”，中国日报网，https：//www.chinadaily.com.cn/interface/yidian/1120781/2018－06－29/cd_ 36482430.html？yidian_ docid＝0JQ45wDn，访问日期：2019年4月18日。

② “2016年度行政审判十大典型案例·甘肃高院”，个人图书馆，http：//www.360doc.com/content/17/0108/13/27225667_ 621038229.shtml，访问日期：2019年4月18日。

无证据证明被上诉人武某某未按期拆迁完房屋的事实。一审法院要求上诉人对其关于被上诉人武某某不符合奖励条件的主张承担举证责任，并无不当。

原审判决认定事实清楚，适用法律正确，审判程序合法。

【裁判结果】 判决驳回（天水镇人民政府）上诉，维持原判（由被告天水镇人民政府在本判决生效后十日内，向原告武某某支付房屋拆迁奖励金3.5万元）。

深度阅读

1. 杜仪方：《行政不作为的国家赔偿》，中国法制出版社2017年版。
2. 胡宝岭：《行政合同争议司法审查研究》，中国政法大学出版社2015年版。
3. 胡悦：《房地产登记制度研究——行政权力的视角》，吉林大学出版社2007年版。
4. 霍振宇：《行政登记与司法审查》，法律出版社2010年版。
5. 李霞：《行政合同研究：以公私合作为背景》，社会科学文献出版社2015年版。
6. 梁津明：《行政不作为之行政法律责任探究》，中国检察出版社2011年版。
7. 刘莘、王达：《房地产行政登记理论与实务》，中国建材工业出版社2008年版。
8. 茅铭晨：《中国行政登记法律制度研究》，上海财经大学出版社2010年版。
9. 王达：《房屋登记行政行为及司法审查》，中国建材工业出版社2012年版。
10. 王达：《房屋所有权抵押权登记行政诉讼理论与实务（修订版）》，水利水电出版社2007年版。
11. 王新华、牛连水：《国外及我国香港澳门和台湾地区人口登记法律制度比较》，中国人民公安大学出版社2011年版。
12. 王旭军：《行政合同司法审查》，法律出版社2013年版。
13. 杨解君：《中国行政合同的理论与实践探索》，法律出版社2009年版。
14. 杨曙光：《工伤行政确认研究——以法律适用的实际问题为视角》，法律出版社2016年版。
15. 郑秀丽：《行政合同过程研究》，法律出版社2016年版。
16. 周佑勇：《行政不作为判解》，武汉大学出版社2000年版。